혁신하는 교회

The Innovative Church
© 2020 by Scott Cormode
Originally published in English under the title
The Innovative Church: How Leaders and Their Congregations
Can Adapt in an Ever-Changing World by Baker Academic,
A division of Baker Publishing Group
P.O. Box 6287, Grand Rapids, MI 49516, U. S. A.
All rights reserved.

Used and translated by the permission of Baker Publishing Group
through rMaeng2, Seoul, Republic of Korea.

This Korean edition © 2024 by Duranno Ministry, Seoul, Republic of Korea.

이 책의 한국어판 저작권은 알맹2를 통하여 Baker Publishing Group과 독점 계약한 두란노서원에 있습니다.
신 저작권법에 의하여 한국 내에서 보호받는 저작물이므로 무단 전재와 무단 복제를 금합니다

혁신하는 교회

지은이 | 스콧 코모드
옮긴이 | 윤종석
초판 발행 | 2024. 6. 19.
등록번호 | 제1988-000080호
등록된 곳 | 서울특별시 용산구 서빙고로65길 38
발행처 | 사단법인 두란노서원
영업부 | 02)2078-3333 FAX | 080-749-3705
출판부 | 02)2078-3330

책값은 뒤표지에 있습니다.
ISBN 978-89-531-4869-7 03230

독자의 의견을 기다립니다.
tpress@duranno.com   www.duranno.com

두란노서원은 바울 사도가 3차 전도 여행 때 에베소에서 성령 받은 제자들을 따로 세워 하나님의 말씀으로 양육
하던 장소입니다. 사도행전 19장 8-20절의 정신에 따라 첫째 목회자를 돕는 사역과 평신도를 훈련시키는 사역,
둘째 세계선교TM와 문서선교단행본·잡지 사역, 셋째 예수문화 및 경배와 찬양 사역, 그리고 가정·상담 사역 등을 감
당하고 있습니다. 1980년 12월 22일에 창립된 두란노서원은 주님 오실 때까지 이 사역들을 계속할 것입니다.

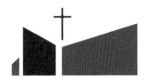

THE
INNOVATIVE
CHURCH

경청하는 리더, 생활밀착형 목회, 환대하는 공동체

혁신하는 교회

스콧 코모드 지음 | 윤종석 옮김

두란노

추천의 글

전 세계적인 탈종교화의 흐름 속에서 교회는 세속화와 물질주의, 창조 질서를 위협하는 여러 도전에 직면하고 있다. 모든 교회와 목회자들에게, 성도들의 삶의 자리에 보다 더 가까이 다가가기 위한 고민과 함께 복음의 본질을 지키기 위한 끊임없는 자기 성찰이 필요한 시대이다. 스콧 코모드의 《혁신하는 교회》는 시대적인 변화에 반응하며 복음에 기초한 혁신을 원하는 모든 목회자에게 실질적인 도움이 될 책이다.

— 이재훈, 온누리교회 위임목사

스콧 코모드 박사는 크리스천 리더십 분야에서 세계적인 권위가 있는 학자이다. 그는 이론과 실제 사례를 융합한 이 책에서 한국 교회에도 매우 중요한 메시지를 전하고 있다. 심오한 신학적, 성경적 근거를 바탕으로 코모드 박사는 현장에서 검증된 방법을 통해 21세기 교회의 혁신적인 변화를 위한 실용적이고 통찰력 있는 방안을 제시한다. 이 책은 교회의 혁신적인 변화를 위해서는 먼저 성도들이 가장 관심을 두고 있는 문제가 무엇인지를 파악하고 그들의 목소리를 경청해서 그 문제 해결을 위해 힘써야 한다고 독려한다. 특히 하나님의 말씀, 세상의 필요, 성도의 아픔에 귀 기울이며 교회의 새 길을 모색하려는 한국 교회 목회자들에게 실질적인 도움을 주리라고 확신한다.

— 김창환, 풀러신학대학원 로버트 와일리 공공신학 교수

'교회 혁신'은 우리가 살고 있는 이 시대에 거부할 수 없는 필수 과제가 되었다. 그런데 그 혁신은 기독교 고유의 여러 전통도 그대로 이어받아야 한다. 그래야 지금 세상에 생명과 희망과 치유를 충실하게 제시할 수 있다. 쉽고 실제적이면서도 지적으로 치밀한 이 지침서에 엄청난 지혜가 농축되어 있다. 격동기에 교회의 적응과 성장을 이끌려는 모든 리더를 위한 책이다. 코모드는 당면한 도전의 핵심을 짚어 내면서 교회의 앞길에 희망을 제시한다.

　　　── 드와이트 샤일리, 루터신학대학원 교수

근래에 내가 생각하기로는 《혁신하는 교회》만큼 시의적절한 책이 없다. 팬데믹과 인종 차별 같은 미결 과제로 대변되는 사회 격변 앞에서 교회는 혁신에 대해서는 물론이고 우리를 떠밀어 전진하게 해 줄 '갈망과 상실'이라는 인간 기본 경험에 대해서도 개념과 전략을 경청할 필요가 있다. 코모드가 내놓는 교회 혁신 방안은 철저히 신학과 성경에 기초해서 현장 검증을 거친 것이다. 우리가 작금의 침체와 위기에서 벗어나 희망찬 미래를 맞이하려면 꼭 읽어야 할 책이다.

　　　── 그랜트 하기야, 연합감리교회(UMC) 로스앤젤레스 지부 주재 감독

혁신에 대한 스콧 코모드의 세심하고 실제적인 통찰은 그동안 수많은 교회와 사역 기관에 도움을 주었다. 이제 당신의 교회에 영향을 미칠 차례다. 각자의 사역 정황 속에서 사람들의 변화 적응력을 길러 주려는 모든 리더에게 스콧은 신빙성 있는 목소리요 믿을 만한 자원이다. 분명히 당신도 이 책을 가까이 두고 자주 들춰 보게 될 것이다.

— 캐라 파월, 풀러청소년연구소 실무이사

성경과 실천 신학, 개인 간증, 교회 실사례를 통합하고 거기에 창의력과 리더십에 대한 최고 수준의 학식까지 더하여 코모드는 리더들이 교회를 재조정하여 세상의 변화에 부응하도록 돕는다. 공감하는 경청에 대한 부분만으로도 책값이 아깝지 않다. 교회 리더들이 쉽게 읽을 수 있고 그들에게 도전이 될 이 책을 나도 신학교 리더십 과목에서 활용하려 한다.

— R. 로버트 크리치, 조지 W. 트루엣신학대학원 교수

《혁신하는 교회》는 코모드가 현장에서 검증한 연구를 21세기 교회 혁신에 접목한 실제적이고 통찰력 있는 지침서다. 급변하는 문화 속에서 생존을 넘어 승승장구하는 교회를 원하는 리더라면 이 책으로 시작하라.

— 질 버 스티그, 미국개혁교회(RCA) 부총재

세대간의 대물림을 중시하는 이 책을,

부모님께,
두 딸 던리와 엘리자베스에게,
그리고 아내 지니에게 바친다.

차례

머리말

　　얼마 전에 나는 텍사스주 어느 큰 교회의 혁신 팀과 대화를 나누었다. 이쪽 패서디나에서 열린 혁신 컨퍼런스에 그 팀이 다녀간 뒤로 처음 갖는 후속 화상 모임이었다. 컨퍼런스에서 이 팀은 뜻밖의 상황에 기민하게 대처하는 법과 사회 변화에 맞서 혁신하는 법을 배웠다.

　　그 팀의 한 명이 화면 속에서 말했다. "지난 두 주 동안 난리를 겪고 보니 우리 혁신 작업이 매우 비범한 방법이라고 생각됩니다." 패서디나를 떠나던 2020년 3월 7일 토요일에만 해도 그들은 평소의 일상으로 돌아가는 줄 알았다. 그런데 화요일쯤 코로나19가 엄청나게 확산되면서 목요일에 그 교회는 주말 예배를 모두 취소했다. 혁신 컨퍼런스가 끝난 지 채 일주일도 안 되는 금요일에는 온 국민에게 외출 자제령이 내려졌다. 화상으로 만난 그들도 직계 가족 이외의 모든 사람과 사회적 거리 두기를 하며 각자 집에 머물고 있었음은 물론이다.

　그들은 교인들의 마음에 큰 변화가 일어났다고 전했다. 그들이 컨퍼런스에서 돌아와 혁신 개념을 제안했을 때는 그 개념이 평소 교회가 일하던 방식에 맞지 않았기 때문에 중직자들은 불편해했다. 그런데 일주일 후에 바로 그 중직자들이 새로운 개념대로 해 보자며 마음을 바꿨다. 그래서 이 팀은 몇 달 후에나 출범할 수 있으면 다행이겠다 싶었던 실험을 그 주말에 바로 시작하기로 결정했다.

　많은 혁신이 그러하듯 이 프로젝트도 서로 무관한 두 가지 담론의 연관성을 인식하면서 시작되었다.[1] 우선 교계에서는 교회가 달라져야 한다는 자성의 목소리가 점점 더 긴박해졌다. 막상 어떻게 달라져야 할지는 막막하면서도 말이다. 그와 동시에 첨단 기술 분야에서는 초기의 한 컴퓨터 기술자의 말처럼 "미래를 예측하는 최선의 방법은 미래를 창조하는 것이다"[2]라는 인식이 확산되면서 혁신에 대한 말이 들려왔다. 그때부터 나는 혁신 관련 서적을 찾아 읽었다. 그런 자료를 읽으면서 그것이 늘 변화하는 세상에 맞게 교회를 재조정하는 데 어떻게 도움이 될지를 살폈다. 나는 2015년 겨울에 이 책 원고의 대부분을 썼다. 풀러신학대학원에서 내게 안식년을 허락하고 맥스 디 프리 리더십 센터(Max De Pree Center for Leadership)에서 보조금을 대 준 덕분이었다.

　대개는 원고가 완성되면 바로 책을 출간하는 게 당연한 수순이다. 하지만 나는 이런 개념이 교회에 정말 유익할지 확인하고 싶었다. 그래서 이

후 4년간 현장 검증을 실시하면서 교회 리더들과 더불어 이 책의 개념과 통찰을 다듬어 나갔다.

개념을 실행하면서 〈청소년 사역 혁신〉, 〈청년 사역 혁신〉, 〈직업 혁신〉 등 세 가지 혁신 프로젝트를 병행했다. 릴리재단에서 기금 일체를 부담해 주었고, 풀러청소년연구소가 이를 운영하면서 아주 세심히 살펴 주었다.

세 가지 프로젝트에 100여 개 교회가 참여했고 절차는 모두 동일했다. 전국 각지의 교회들은 우리의 지도에 따라 서너 명의 리더 팀을 구성했다. 팀별로 우선 온라인 교육을 통해 혁신의 의미(2장), 변화를 낳는 경청(3장), 일상생활의 영적 의미를 해석하는 일의 중요성(4장)을 배웠다. 그 후 참여 교회의 모든 팀이 패서디나에 사흘간 컨퍼런스로 모여 기독교적 혁신 과정을 공부하면서(6장) 젊은 층을 혁신된 기독교 실천에 참여시킬 새롭고 창의적인 방법을 모색했다(5장).

팀마다 혁신 프로젝트의 모델을 가지고 자기 교회로 돌아가 10주 과정의 실험을 통해 각자의 모델을 실행했다. 그 과정 내내 우리는 리더들이 진행 상황을 점검하고 교훈을 정리할 수 있도록 매달 전화로 의견을 나눴다. 그렇게 해서 2019년에 나는 수백 명의 교회 리더들과 협력하면서 배운 내용을 반영해서 원고를 개정했다.

이 책의 한 가지 중요한 통찰은 리더에게 추종자란 없으며 다만 리더는 자신에게 맡겨진 사람들을 돌봐야 한다는 것이다. 따라서 리더는 자신이 맡은 사람들에게 꼭 필요한 존재가 되어야 한다. 이 책도 동일한 과정을 거쳤다.

처음에 이 책은 개념을 전개한 과정을 장황하고 꼼꼼하게 설명한 학술서에 훨씬 가까웠으나 그 모든 리더와 협업한 뒤로 학술적 내용은 대폭 후주로 옮기거나 아예 들어냈다.[3] 내가 맡아서 돌봐야 사람들은 이 책의 독자들이다. 이 책의 열매는 이 책의 독자들이 맡아서 돌봐야 할 사람들의 삶 속에 맺힐 것이다. 이 책을 읽을 때 자신만을 위해 읽지 말고, 읽으면서 자문하라. 이 책의 통찰을 어떻게 활용해서 하나님이 내게 돌보라고 맡기신 사람들을 섬길 수 있을까?

원고를 끝손질하는 지금도 팬데믹의 위력이 전 세계를 휩쓸고 있다. 마침 10장에 소개한 밀레니얼교회(가명)에서 내게 전화를 했다. 사회 변화를 외면하던 그 교회의 좌충우돌 분투기를 나는 10장에 기술했다. 안일한 상태에 있던 그들을 팬데믹이 흔들어 깨웠다. 근래까지도 필요 없다던 바로 그 변화를 이제는 그들이 오히려 갈구한다. 이번 팬데믹이 우리에게 주는 교훈이 있다면 그것은 주변 세상이 변화하는데 우리만 가만히 있을 수는 없다는 것이다. 미래 교회는 혁신과 기민성을 배워야 한다.

**THE
INNOVATIVE
CHURCH**

1부

목회 패러다임 전환,
성도의 삶에 밀착하는 교회로

1.

빠르게 변하는 세상,
제자리걸음인 교회

우리가 예배하는 방식, 우리가 좋아하는 성경 본문, 우리가 만나게 될 거라 예상되는 교인 등 현재 우리가 경험하는 교회는 거의 다 과거에 생겨나 굳어진 것이다. 세상은 변했는데 교회의 기본 틀은 여전히 그대로다. 지금의 교회는 이제는 더 이상 존재하지 않는 세상에 맞춰져 있다.

에리카는 이 사실을 너무도 잘 알고 있다. 2018년 플로리다주에서 중등부 사역 팀을 이끌고 풀러신학대학원으로 혁신 컨퍼런스에 참석하러 올 때 에리카는 부담감을 갖고 있었다.[1] 중등부 학생들이 희망과 기쁨을 품고 고통의 세상을 헤쳐 나가려면 도움이 필요하다는 것이었다. 그런데 기존 방식의 교회 사역은 학생들의 아픔을 인정하려 들지 않았다. 중고등부를 이끄는 기존 방식이란 학생들의 관심을 딴 데로 돌리면서 고통 없는 세상을 약속하는 식이었다. 고통 중에 만나 주시는 하나님을 구하는 데는 중점을 두지 않았다. 에리카가 담당 중학생들(및 학부모)의 말을 듣노라면 지금 아이들이 과거보다 훨씬 더 불안하고 바쁘고 스트레스가 많다는 게 보였다. 교회의 예전 방식으로는 에리카의 학생들이 매일 맞닥뜨리는 상황들을 다룰 수 없었다.

세상은 달라졌건만 교회는 제자리걸음이다. 인터넷은 사람들이 정보를 얻는 방식을 혁신했고, SNS는 공동체의 의미를 바꿔 놓았으며, 2008년 이후의 경제는 평범한 노동자의 근무 시간을 연장시켰다. 시간과 돈과 공동체에 대한 기본 전제가 다 바뀌었고, 교인 신분과 성경공부와 교회론에 대해서도 마찬가지다. 그런데 교회는 이런 환경 변화가 있기 이전과 똑같이 행동하고 있고, 교인들도 세상이 그냥 이전으로 돌아갔으면 하고 바랄 때가 많다. 교회의 기본 요소(예배, 교육, 교제 등)에 대해 우리 그리스도인이 품고 있는 사고 모델(mental models, "세상의 의미를 해석하는 데 쓰이는 범주"이며 자세한 설명은 2장 '사고 모델' 단락에 있다[이 책 48-60쪽]. — 옮긴이)은 20세기 중반에 형성된 것이다. 그때는 사회 변화로 인해 지금처럼 거의 모든 사회 제도의 의미가 바뀌기 한참 전이었다. 신학자 드와이트 샤일리가 지적했듯이, "하나님의 모든 약속은 그리스도 안에서 변함없지만 미국 교회의 상태와 미래는 갈수록 더 불투명하다."[2] 세상은 늘 변화하고 있기 때문이다.

실제로 변화 속도가 더 빨라지고 있다. 지난번 일로 아직도 휘청거리고 있는데 새로운 일이 우리를 덮쳐 온다. 과거의 교회는 변화와 변화 사이에 적응할 시간이 있었다. 사회 변화의 초기 충격을 흡수하고 상황이 가라앉기를 기다렸다가 이미 새로운 현실에 적응한 이들에게 배우면 됐다. 하지만 '기다렸다가 따라 하기' 전략도 이제는 통하지 않는다. 교회사 거의 내내 그리스도인들은 산업혁명 같은 격변에 맞서 재조정할 시간이 길게는 한 세기나 있었고, 20세기에만 해도 대개 한 세대만 지나면 교회가 자동차의 도래나 신도시의 부상 같은 변화에 적응할 수 있었다. 그러나 이제 전면적 변화의 주기가 수십 년에서 수년으로 짧아졌다.[3] 변화와 변화 사이에 시간이 충분하지 않은 채로 다음번 변화의 파도가 밀려온다. '기다렸다가 따라 하기' 전략이 더는 통하지 않는 이유는 우리가 사는 "세상에 급류가 끊이지 않기" 때문이다.[4] 적응하기도 전에 다음번 물결이 몰아친다. 그래서 우리는 늘 변화하는 문화 속에서 살아가는 법을 배워야 한다.

사회 변화에 대처하는 법을 알아낸다 해도 교회는 또 다른 문제에 부딪친다. 달랑 한 가지만 고치고는 거기서 멈추고 싶어지는 것이다. 다시는 변화할 필요가 없다며 안도의 한숨을 내쉬는 셈이다. 일례로 예배 방식의 변화를 생각해 보라. 19세기 말에 개신교의 첨단 교회들이 예배에 오르간 음악을 도입하자 논란이 불거졌다. 하나님께 드리는 순수한 예배를 소위 "혁신가들"이 겉치레에 신경 쓰느라 망친다며 기성 신학자들이 반대하고 나선 것이다.[5] 물론 20세기에는 교회들이 오르간 음악에 너무 익숙해져, 혁신가들이 오르간을 기타로 대체하자 고뇌의 절규가 터져 나왔다. 일단 변화가 공식화되면 교회는 대개 그 상태에 영영 안주하려 한다. 하지만 그러는 사이에 문화는 저만치 더 달아나 있다. 변화하다 멈추려는 계획도 교회에 도움이 되지 않기는 '기다렸다가 따라 하기' 전략과 다를 바 없다. 이런 전략에 매달린다는 것은 우리가 더는 연주되지 않는 노랫가락에 맞추어 춤추고 있다는 뜻이다. 세상의 필요에서 동떨어지지 않으려면 어떻게든 재조정해야 한다. 그게 바로 혁신이다.

혁신하는 교회

변화된 세상이 혁신을 요구하듯 변화된 종교계도 혁신하는 교회를 요구한다. 그런데 문제가 있다. 혁신에 대한 대다수 책을 보면 최고의 혁신일수록 과거의 틀을 허물고 더 좋은 것으로 대체할 것을 전제한다. 스마트폰이 카메라를 무용지물로 만들고, 아마존이 책방을 몰아낸 것처럼 말이다. "과거와의 연결 고리를 끊고 퇴로를 차단하라"라는 것이다. 하지만 우리 그리스도인은 그럴 수 없다. 우리는 떼려야 뗄 수 없이, 그러면서도 즐겁게, 과거에 매여 있다. 바울의 고린도전서 읽기를 그만두고, 이웃을 자신처럼 사랑하기를 그만두고, "예수님이 주님이시다"라고 고백하기를 그만둔다는 것은 우리에게 있을 수 없는 일이다. 우리는 과거를 버릴 수 없다.

모든 그리스도인의 신앙은 물려받은 기독교 전통에 의존한다. 신앙이란 받는 것이지 우리가 만들어 내는 게 아니다. 예컨대 기도 같은 실천이나 "예수님이 주님이시다"와 같은 신념을 스스로 지어 내는 그리스도인은 없다. 그것을 우리는 하나님께 받고, 앞서간 이들에게서 받았다. 기독교 전통에 의존하는 것이다. 그런데 신학자 그레고리 존스가 지적했듯이 "전통과 전통주의는 근본적으로 다르다." 그는 예일대학교 역사학자 야로슬라브 펠리칸의 말을 인용했다. "전통은 죽은 자들의 살아 있는 믿음이고, 전통주의는 살아 있는 자들의 죽은 믿음이다."[6] 우리가 경험하는 기독교가 지난 여러 세기 동안 달라졌다는 것을 어느 정도 알고 있지만(일례로, 이제 라틴어로 노래하는 교회는 거의 없다), 우리는 현재가 과거보다 낫고 미래는 현재와 비슷해야 한다고 믿는 경향이 있다.

그러다 보니 새로운 개념이 미심쩍어 보인다. 물론 우리는 예수 그리스도를 증언하는 성경의 권위에 기초해야 하고, 역사적 교회가 정립한 신학에 닻을 내려야 한다.[7] 그러나 복음을 제시하는 방법에서는 관행에 얽매여서는 안 된다. 기독교적 혁신은 과거를 버릴 수 없지만, 미래에 맞는 새로운 표현 방법을 모색해야 한다.[8]

이로써 교회 혁신의 과제가 명료해진다. 그리스도인의 신뢰성은 과거에서 이어지는 전통을 중시하는 데 달려 있는데, 어떻게 혁신이 가능할까?

다시 말해서, **어떻게 우리는 불변하는 기독교 신앙에 확고히 헌신한 상태에서 그 신앙을 늘 변화하는 문화 속에서 표현할 혁신적 방법을 찾아낼 것인가?**

여기서 우리는 다시 재조정의 은유로 돌아간다. 다시 조정하려면 기준이 필요하다. 시간을 맞추려면, 믿을 만한 기준이 되는 시계(대개 스마트폰)를 본다. 노래할 때는 뮤지션의 박자를 따르고, 작물을 심으면 제철을 기다려 수확한다. 그런데 기독교의 재조정은 유독 까다로운 면이 있다. 늘 변화하는 문화와 영원히 변함없는 복음을 둘 다 존중해야 하기 때문이다. 그래서 우리는 사람과 실천(여기서 '실천'이란 기도와 예배와 구제와 전도 같은 것을 뜻한다)이라는 이중 기준을 활용한다. 즉 하나님이 우리에게 돌보라고 맡기신 사람들의 늘 변화하는 갈망과 상실을 경청하면서 동시에 영원히 변함없는 복음을 구성하는 여러 실천에 힘쓰는 것이다. 그러려면 기독교 리더십을 보는 우리의 관점을 재조정해야 한다.

심기와 물 주기

세상이 예측 가능하다고 생각하는 사람은 늘 똑같은 방식대로 하면서 늘 똑같은 결과가 보장되기를 바란다. 그러면 교회를 이끄는 일이 조립 라인을 가동하는 것처럼 된다. 조립 라인에서는 모든 부품을 기계에 제대로 끼우기만 하면 매번 바라는 대로 완성품이 나온다. 오류가 발생하면 결과가 좋아질 때까지 조정해 주면 된다. 그러나 세상은 조립 라인을 가동하는 것처럼 예측 가능하지 않다. 내일 일도 모르는 게 우리다.

우리는 오히려 농부처럼 생각해야 한다. 농부가 하는 일은 철따라 다르다. 봄에 비가 오고 여름에 햇볕이 내리쬐는 거야 농부도 알지만 강우량이나 일조량이 얼마나 될지는 알 길이 없다. 그래서 자고로 농부는 자신이 할 수 있는 일과 할 수 없는 일을 알고 거기에 맞추어 자신을 조정한다. 그리스도인 리더도 그래야 한다. 하나님이 하시는 일이 결정적 요소이며 우리 힘으로는 최상의 결과를 이룰 수 없음을 인정해야 한다. 리더십을 그런 관점에서 보아야 한다.

짤막한 성경 구절에 기독교 리더십이 압축되어 있다. 우여곡절 끝에 고린도에 교회를 세우면서 바울은 "나는 심었고 아볼로는 물을 주었으되 오직 하나님께서 자라나게 하셨나니"라고 고백했다(고전 3:6). 기독교 리더십에서는 하나님의 활동이 결정적 작업이다. 바울과 아볼로가 고린도의 성도를 보살폈지만 키우신 분은 하나님이시다. 물론 그들도 그리스도인 리더로서 일하긴 했으나 그 일은 하나님이 일하실 때만 의미가 있다. 이 구분이 중요하다. 그리스도인 리더가 하는 일이란 심고 물을 주는 데 불과하다.

우리 그리스도인은 하나님이 맡기신 사람들을 농부처럼 밤낮없이 보살핀다. 그러나 우리가 그들을 자라나게 할 수는 없다. 우리는 조립 라인을 가동하는 게 아니며, 따라서 우리가 원하는 결과가 보장되지 않는다. 우리는 성장에 도움이 될 환경을 조성하여 사람들을 양육할 뿐이며, 결국 그들을 하나님께 넘겨 드린다. 하나님만이 그들을 자라나게 하실 수 있다. 현재의 세상 속으로 들어가기 위해 우리의 길을 혁신하려면 우리도 농부처럼 생각해야 한다.

내 할아버지는 성경에서 말하는 청지기였다. 멀리 사는 지주를 대신

해서 140에이커(약 0.6km²) 땅의 감귤 나무를 재배했다. 할아버지는 과수에 정성을 쏟았고 당연히 풍작을 원했지만, 해마다 작물을 자라나게 하시는 분은 하나님이심을 알았다. 결정적 작업은 늘 하나님이 하셨다. 그렇다면 할아버지는 무엇을 했을까? 환경을 관리해서 과수원을 기름지게 했다. 바울과 아볼로처럼 할아버지도 며칠이고 심고 물을 주었다. 할아버지는 수확은 보장할 수 없었지만 관개와 토질과 온도를 제어하여 농작물의 성장을 촉진할 수는 있었다.

농부는 최적의 환경을 유지하고자 백방으로 노력한다. 할아버지는 겨울밤에 냉해를 막으려고 여러 밤을 꼬박 새웠다. 할아버지의 일터인 캘리포니아 남부 골짜기는 간혹 기온이 영하로 떨어지면 과수가 얼어붙을 위험이 있었다. 그런 밤이면 할아버지는 두 그루 나무 사이마다 '훈증 연통'이라고 하는 것을 세웠다. 불타는 엔진 오일을 가득 넣은, 높고 넓은 파이프였다. 연통은 냄새와 연기를 내뿜으면서 나무가 얼지 않게 했다. 훈증은 아주 피곤하고 지저분한 작업이었다. 밤새도록 할아버지는 연통마다 새까만 액체의 불이 꺼지지 않게 했다. 아침이면 온몸이 기름 찌꺼기로 뒤덮였지만 덕분에 과수는 살아남았다(예수님을 대변하는 리더라면, 당신도 검댕으로 뒤덮이는 날이 있게 마련이다). 할아버지는 과수원을 맡아 돌보는 청지기였다. 심고 물을 준다 해서 성장이 보장되지는 않지만, 성장에 도움이 될 환경을 조성하는 데 집중할 수는 있었다.

결정적 작업을 하나님이 하신다는 개념 덕분에 리더로서 우리가 이끄는 방식이 달라지고, 기도 같은 기독교 실천을 보는 관점도 변한다. 예컨대 아내 지니가 암에 걸렸을 때 나는 예전과 다르게 기도하는 법을 배웠다. 당시 내가 생각하던 기도는 너무 단순한 모델이라서 내 인식이 더 깊어져야 했다. 때로 나는 마치 하나님께 빚이라도 받아 내는 양 기도했었다. 내가 기도만 똑바로 하면 그분도 부득이 내 뜻대로 해 주시려니 생각한 것이다. 그런가 하면, 기도해 봐야 이루어지는 것은 없고 내 기분만 달래는 것뿐이라는 듯 그냥 독백처럼 기도할 때도 있었다. 둘 다 옳은 관점이 아닌 줄 알면서도 나는 그렇게 기도하고 있었다. 나는 내게 중요한 사안일수록 하나님께 넘겨 드리는 기도를 배워야 했다.

그 깨달음은 내게 한없이 소중한 아내가 철저히 내 소관과 영향력 밖에 있다는 사실을 인정했을 때 찾아왔다. 아내의 병이 낫기를 간절히 바라는 내가 그 결과를 보장하는 데는 속수무책이었다. 나는 하도 심란해서 처음에는 체념했다. 그냥 하나님이 알아서 하실 거라고 되뇌며 나는 더 이상 생각하지 않으려 했다. 암 선고에 충격을 받아 그렇게 나 자신을 정서적으로 보호한 것이다.

그러나 곧 나는 체념하는 대신 믿음을 표현하는 법을 배웠다. [9] 농부가 과수를 하나님께 넘겨 드리듯 내 나름의 작은 의식(儀式)을 통해 날마다 지니를 하나님께 넘겨 드리며 하루를 시작한 것이다. 출근길이 하나님과 단 둘이 있는 첫 시간이라서 매일 그때 이렇게 기도했다. "하나님, 제 힘으로 될 일이라면 직접 해 보겠지만 저는 못합니다. 주님을 의지하는 수밖에 없습니다. 그래서 두렵고 떨림으로 지니를 주님께 넘겨 드립니다." 내 가장 소중한 존재를 받아 달라는 뜻으로, 나는 기도하면서 하나님께 뭔가를 올려 드리는 손짓을 할 때도 많았다.

벌써 10년이나 지난 일이지만(아내는 완쾌되었다) 그 뒤로 내 기도 방식이 달라졌다. 이제 내게 기도란 믿음과 의심을 솔직히 고백하면서 내 사랑하는 이들과 두려움을 하나님께 이렇게 넘겨 드리는 것이다. "하나님, 제가 할 수 있는 일이라면 직접 하겠는데 저는 못하니까 이 사람(또는 상황)을 주님께 넘겨 드립니다. 제가 믿습니다. 저의 믿음 없음을 도와주소서." 기도할 때 사람을 하나님께 올려 드리는 일은 내 몫이지만, 결정적 작업은 하나님이 하신다. 내 몫의 일이 기도에서 가장 중요한 부분이라고 생각한다면 이는 비참한 착각이다.

그리스도인 리더들도 기독교적 혁신을 추구할 때 비슷한 착각을 자주한다. 우리가 하는 일이 결정적 요소인 것처럼 행동해서는 안 된다. 우리가 개발하는 프로그램이나 과정으로 사람들의 성장이 보장된다는 듯이 말이다. 에리카는 혁신 컨퍼런스에 참석하러 패서디나에 올 때 자신의 학생들이 하나님께 속해 있고 하나님만이 학생들을 고통 중에 만나 주실 수 있음을 잘 알았다. 그러나 어떤 그리스도인 리더들은 대개 엉뚱한 책임감 때문에, 사람들에게 예수님을 믿으면 삶이 변화된다는 사실을 보장해 줄 만한 신통한 프로그램을 찾아내려 한다. 우리는 망각하기 쉽지만, 우리 믿음은 하나님의 선물이지 자체 개발한 프로그램의 산물이 아니다. 우리가 하는 일이란 심고 물을 주는 것뿐이다. 파종과 급수가 없이는 나무가 자랄 수 없다. 그래서 우리는 하나님이 맡기신 만큼의 책임을 다한 뒤, 그 사람들을 하나님께 넘겨 드린다. 과수를 하나님께 넘겨 드린 할아버지처럼 말이다.

모든 그리스도인 리더에게는 돌보도록 맡겨진 사람들이 있다. 당신의 과수원은 전통적 형태가 아닐 수 있다. 당신이 돌보는 것은 도시 한가운데 정원이거나 쩍쩍 갈라진 고목일 수 있다. 당신의 숲에 나무가 많을 수도 있고 몇 안 되는 식물만 드문드문 있을 수도 있다. 어쨌든 모든 그리스도인 리더는 청지기다. 우리는 다 심고 물을 주어 자신이 맡은 사람들을 돌본다.

기독교적 혁신의 다섯 가지 질문

혁신은 대개 기존 질문에 새롭게 답한다고 되는 게 아니라, 일상 경험에 대한 새로운 질문에서 싹튼다. 저명한 학자 피터 드러커는 모든 기업이 답해야 할 다섯 가지 질문을 만들어 기업의 과제를 재규정했다.[10] 대개 그 질문들은 이렇게 약술된다. "당신의 고객은 누구이며, 그 고객이 가치 있게 여기는 것은 무엇인가?" 이 질문들은 본래 기업용으로 고안된 것이므로 제품이나 서비스에 대해 비용을 지불할 "고객"이 전제된다. 우리 그리스도인의 목표는 이익 창출이 아니므로 다른 질문이 필요하다. 하나님의 목적을 추구하는 그리스도인과 기독교 기관에 길잡이가 되어 줄 질문 말이다.

우리가 심고 물을 주는 데 지침이 될 질문이긴 하지만, 질문의 출발점은 우리가 할 일이 아니라 하나님이 세상에서 하시는 일이다. 고린도후서 5장 19절에 보면 하나님이 "그리스도 안에 계시사 세상을 자기와 화목하게 하시며" 우리에게도 화목하게 하는 직분을 주셨다고 한다. "그러므로 우리가 그리스도를 대신하여 사신이 되어…"(20절).[11] 우리는 하나님이 이미 세상에서 하고 계신 일에 그분의 동역자로 부름받았다. '사신' 즉 '대사'란 그런 뜻이다. '대사'[12]는 두 나라를 중재하는 사람이다.[13] 성자 예수님이 성육신하여 하나님과 인류를 중재하신 것과 같다. 대사는 자국 시민이면서 양국의 우호 관계를 조성할 목적으로 타국에 거주한다. 모든 그리스도인은 대사로 부름받았다. 그리스도인 대사도 하나님 나라의 시민이면서 양쪽의 관계를 원활하게 할 목적으로 잠시 이 땅의 시민으로 살아간다. 저마다 다른 환경, 다른 장소, 다른 사람들 속에서 예수님을 대변하지만 결국 모든 그리스도인은 대사로 **부름받았다.** 이 세상에서 하나님 나라의 대사로 일하려면 그 본분에 충실하게 해 줄 일련의 질문이 필요하다.

우선 질문을 소개한 뒤 여러 장에 걸쳐 이를 자세히 설명할 것이다.

> 질문 1. 하나님이 당신에게 돌보라고 맡기신 사람들은 누구인가?
>
> 질문 2. 그들은 인간 조건을 구성하는 갈망과 상실을 어떻게 경험하고 있는가?
>
> 질문 3. 그들은 어떤 큰 거짓말을 믿고 있기에 복음을 듣지 못하는가?
>
> 질문 4. 당신은 그런 갈망과 상실의 영적 의미를 어떻게 해석하는가?
>
> 질문 5. 그 영적 의미를 공동의 희망 이야기로 어떻게 바꿔 쓸 수 있는가?

혁신을 배우러 패서디나에 온 청소년 사역자 에리카에게로 다시 돌아가 보자. 에리카도 혁신 과정을 거치면서 이 다섯 가지 질문에 답했다. 처음 세 질문은 사람들의 늘 변화하는 경험을 생각하게 하고, 마지막 두 질문은 영원히 변함없는 복음에 기초한 대응책을 마련하는 데 도움이 되었다. 전체 질문을 통해 에리카는 **공동의 희망 이야기**를 창출하여 **자신이 맡아 돌봐야 할 사람들의 갈망과 상실의 영적 의미를 해석**할 수 있었다. 이것이 기독교적 혁신이다.

질문 1. 하나님이 당신에게 돌보라고 맡기신 사람들은 누구인가?

그리스도인 리더에게는 '추종자'가 없다. 추종자는 예수님께만 있고 그리스도인 리더에게는 맡아 돌봐야 할 사람들이 있을 뿐이다. 리더십 모델을 "하나님이 맡기신 사람들을 돌본다"라는 개념으로 재규정하는 데는 세 가지 신학적 근거가 있다. 첫째로, 맡기시는 하나님의 역할이 부각된다. 둘째로, 우리가 이미 하나님께 속해 있는 사람들의 청지기일 뿐이라는 사실이 강조된다. 셋째로, 성과의 척도는 내 의도에 있지 않고 내게 맡겨진 사람들에게 미친 내 수고의 영향에 있다.

교회는 엉뚱한 이유로 혁신에 힘쓸 때가 많다. "교회를 살리기 위해서"나 "젊은 층 가정을 끌어들이기 위해서"는 목표가 될 수 없다. 교회라는 기관에 초점을 맞춘 목표는 다 부적격이다. 혁신의 목표는 하나님이 우리에게 돌보라고 맡기신 사람들에게 집중되어야 하며, 그러려면 자신이 섬기는 대상을 알아야 한다.

에리카는 자신이 누구를 섬기도록 부름받았는지 정확히 알고 있었다. 그녀가 책임질 대상은 중고등부 중에서도 특히 중학생이었고, 거기에 학부모와 교회 전체에 대한 책임이 더해졌다. 처음부터 그녀는 자신에게 맡겨진 중학생들을 돌보는 게 자신의 소명임을 알았다.

질문 2. 그들은 인간 조건을 구성하는 갈망과 상실을 어떻게 경험하고 있는가?

리더십은 경청으로 시작된다.[14] 사상 최고의 리더십 행위는 사상 최고의 경청 행위로 시작되었다. 말씀이 육신이 되어 우리 가운데 거하신 것이다. 예수님은 우리 입장을 이해하신 정도가 아니라 직접 우리처럼 인간으로 사셨다. 하나님이 내게 한 사람을 맡겨 돌보게 하실 때마다 나는 우선 그 사람의 이야기를 들어야 한다. 상대를 새로운 이야기 속으로 초대할 수 있으려면 먼저 그 사람만의 배경 이야기를 알아야 하기 때문이다. 그들에게 무엇이 가장 중요한지를 알아야 한다. 그들을 규정하는 이야기를 알아야만 그들에게 희망을 줄 복음 이야기 속으로 그들을 초대할 수 있다. 경청하지 않으면 그들을 천편일률적으로 대할 수밖에 없다.

무엇을 들어야 할까? 사회학자 로버트 우스나우에 따르면, 현재 많은 교회가 위기에 처한 이유는 엉뚱한 것을 듣기 때문이다.[15] 대다수 리더가 듣는 내용은 교인들의 관심사가 아니라 교회의 관심사다. 하지만 우리에게 맡겨진 사람들을 돌보려면 바로 그들의 가장 중요한 문제를 들어야 한다. 일과 돈, 건강과 가정 같은 문제야말로 인간 조건을 구성하는 보편적 주제다.[16] 아울러 삶과 죽음과 관계에 대한, 그리고 이 모두의 의미에 대한 근본적 의문을 누구나 가지고 있다. 이런 문제가 사람들을 잠 못 이루게 한다.

일례로 최근에 내가 어떤 설교를 들었는데 그 설교는 이제 막 참담한 상실을 겪은 공동체를 위한 설교였다. 그 공동체의 고통에 대해 나도 들었던 터라, 의당 설교에서 교인들의 불안한 마음을 다루어 주리라 생각했다. 그런데 목사가 설교한 것은 죄를 자백해야 한다는 교리였다. 공동체의 고통은 언급도 하지 않았다. 사람들을 잠 못 이루게 하는 문제를 설교자가 중시하지 않은 것이다. 지난 한 주 동안, 자신이 자백하지 않은 죄보다 공동체의 무서운 상황을 생각하느라 밤잠을 설친 사람이 훨씬 많았을 것이다.

죄에 대한 설교가 잘못됐다는 말이 아니다. 죄는 교회가 반드시 다루어야 할 주제다. 다만 이 경우에는 목사가 둔감했다고 할 수 있다. 당신이 만일 망연자실한 어느 가정과 함께 병원 응급실에서 대기 중이라면, 그 순간 그 가정에게 죄를 자백하라고 하지는 않을 것이다. 매정한 일일 테니 말이다. 마찬가지로 사람들이 두려워하고 힘들어할 때는 우리의 설교와 교육에서 그 당면 문제를 다루어야 한다.

　잘 대답하려고 경청한다는 생각은 우리가 흔히 범하는 오류다. 사실은, 우리 자신이 변화되려고 경청하는 것이다. 사람들의 갈망과 상실을 정말 공감하며 듣는다면 듣는 이가 달라질 수밖에 없다. 그러려면 공감의 의미를 바로 알아야 한다.[17] 공감하려면 상대의 감정을 나 자신 안에 불러일으켜야 한다. 당신이 내게 상실의 사연을 들려준다면, 예컨대 병약한 부모를 어떻게 돌봐야 할지 불안하다고 말한다면, 설령 내 부모가 노쇠하지는 않더라도 나 또한 병든 친구와 가족 때문에 걱정해 본 적은 있다. 상대에게 공감하려면 상대의 고통에 주목하는 데서 더 나아가, 사랑하는 사람 때문에 걱정하던 그때의 내 감정을 소환해야 한다. 당신의 감정이 내 안에 공유된 것을 당신도 알게 되면 어떤 유대감이 싹트는데, 이를 공감이라 한다. 이 책에서는 이것을 "변화를 낳는 경청"이라 부른다. 듣는 사람이 변화되는 게 경청의 목표이기 때문이다.

　패서디나에 오기 전에 에리카의 리더 팀은 경청 과정을 거쳤다. 그들이 맡은 중학생들을 잠 못 이루게 하는 문제에 관해 들은 것이다. "학교 스트레스, 교우 관계, 스포츠 경기, SNS, 역기능적 가정, 숙제"에 더하여 에리카 팀이 "가치 붕괴의 원인(예상과 경험)"이라 칭한 내용도 있었다.[18] 경청을 통해 그들은 학생들이 불안하고 바쁘고 스트레스가 많음을 알 수 있었고, 혁신을 제안하려면 학생들이 말해 준 고통스러운 갈망을 다루어야만 함을 알았다.

질문 3. 그들은 어떤 큰 거짓말을 믿고 있기에 복음을 듣지 못하는가?

대다수 사람의 삶에서 갈망과 상실이 워낙 막강하다 보니 우리는 인간 조건을 제대로 다룰 방도를 모색하기보다 그냥 땜질식으로 문제에 대처하기 일쑤다. 사람들은 현재 자신의 갈망과 상실에 압도될 수 있고, 그래서 큰 거짓말로 이를 피할 때가 많다. '큰 거짓말'이란 왜곡된 신념이고 허위를 떠받치는 세계관이다.

복음에 맞서는 큰 거짓말이라면 우리도 다 익숙하다. "돈으로 행복을 살 수 있다." "너만 생각해." "욕심은 좋은 것이다." 이런 개념이 그에 해당한다. 그러나 교회 안에까지 들어온 더 미묘한 거짓말과 왜곡도 있다. 소리 내어 말하지는 않을지 몰라도 우리의 행동만 보면 그런 큰 거짓말이 사실처럼 보인다. 예컨대 여러 교회와 함께 혁신 작업을 하던 중에 우리는 이렇게 믿는 그리스도인들을 보았다. "어떤 죄는 더 중해서 우리를 규정하지만, 어떤 죄는 용납될 만해서 우리에게 영향을 미치지 못한다." "나쁜 짓만 하지 않으면 선행이야 부족해도 괜찮다." "믿음 좋은 그리스도인은 세상에서 성공하게 되어 있다." 대부분 사람들은 복음을 왜곡하는 큰 거짓말을 믿고 있다.

사실 세상도 이런 큰 거짓말에 의존한다. 쇼핑몰의 큰 거짓말("무슨 옷을 입느냐가 곧 당신을 말해 준다", "고객은 항상 옳다", "구매력이 곧 존재감이다" 등), SNS 에 배어든 큰 거짓말("게시물이 곧 너다", "친구와 팔로워는 같다", "공동체는 관심받는 곳이다" 등)을 생각해 보라. 기독교 실천을 왜곡하는 큰 거짓말도 있다("주일 성수가 곧 예배다", "교회는 내 필요를 채워 주려고 존재한다" 등). 큰 거짓말은 복음의 진리를 보지 못하게 하고 하나님의 사랑을 알지 못하게 한다.

풀러 혁신 컨퍼런스에 참석하기 위한 온라인 준비 과정의 일환으로 에리카는 중학생들의 갈망과 상실만 아니라 그들의 불안하고 바쁘고 스트 레스 많은 삶 배후의 큰 거짓말도 들었다. 그들은 늘 속으로 "나는 소중한 존재일까?"라고 묻고 있었다. 그래서 에리카는 그들이 믿는 큰 거짓말을 "사랑은 조건적이다"라고 표현했다. 아무도 소리 내어 그렇게 말하지는 않 았지만, 이 아이들을 날마다 괴롭히는 조건적 수용에 대한 두려움이 그 정 서로 압축되었다. 자연히 에리카는 자신이 추구하려는 혁신 프로젝트가 이 큰 거짓말에 대한 영적 해법을 제시해야 함을 인식했다. 결국 혁신을 통해 아이들에게, 그녀의 표현대로라면, "은혜에 기초한 정체성"을 정립하게 해 주고 싶었다. "나를 조건 없이 아시고 사랑하시는" 하나님을 경험할 수 있 도록 말이다.

질문 4. 당신은 그런 갈망과 상실의 영적 의미를 어떻게 해석하는가?

모든 그리스도인 리더는 영적 의미를 해석하도록 부름받았다.[19] 맡아 돌봐야 할 사람들의 갈망과 상실을 이해하는 일은 꼭 필요한 출발점일 뿐 거기서 멈추면 안 된다. 그리스도인은 자신이 맡아 돌봐야 할 사람들의 갈망과 상실의 영적 의미를 해석해야 한다. 구름같이 허다한 성경의 증인들도 똑같이 했다. 하나님이 세우신 리더가 사람들의 평범한 경험이 갖는 영적 의미를 설명하는 모습을 성경 도처에서 볼 수 있다.

예수님이 가르치신 방식을 보라. 예수님은 매번 율법의 의미 자체를 재해석하셨다. 예컨대 "죄 없는 자부터 돌을 던지라"[20]라는 말씀으로 자신의 죄를 볼 줄 모르는 군중의 독선적 교만을 지적하셨다. 또 선한 사마리아인 비유로 율법을 새롭고 불편하게 확장하여 "네 이웃을 사랑하라"라는 계명이 자기가 속한 집단의 편안한 울타리 너머로 뻗어 나감을 보여 주셨다. "나중 된 자로서 먼저 되고"라는 예수님의 해석은 사람들의 삶의 초점을 바꿔 놓았다. 사람들은 권력과 지위를 하나님께 복을 받았다는 증거로 여겼으나 이는 큰 거짓말이다. 오히려 예수님은 사람들을 대신하여 죽는 종의 은유를 제시하면서 제자들에게 "누구든지 나를 따라오려거든 자기를 부인하고 자기 십자가를 지고 나를 따를 것이니라"(막 8:34)라고 말씀하셨다. 이렇듯 예수님은 사람들의 갈망과 상실의 영적 의미를 밝혀내 그들을 돌보셨다.

에리카도 중학생들이 믿는 "사랑은 조건적이다"라는 큰 거짓말을 듣고 나서 바로 그 일에 착수했다. "조건적인 수용이 아니라, 하나님 안에서 찾을 수 있는 정체성" 곧 "무조건적으로 하나님이 나를 아시고 사랑해 주신다는 해방감"을 누리게 해 주고 싶었던 것이다. 이를 위해 에리카는 애통이라는 기독교 실천에 집중하기로 했다. 하나님께 화나 있을 때조차도 애통은 하나님께 솔직히 말씀드리는 통로가 되기 때문이다. 중학생들에게 애통을 소개하면서 에리카는 비록 그들의 삶이 엉망이어도 하나님은 그들을 사랑하신다고 가르쳤다.

기독교 실천은 혁신에 특히 유용하다. 옛것이면서 동시에 새롭기 때문이다. 옛것이라 함은 각 실천이 처음부터 기독교의 필수 요소였기 때문이고, 새롭다 함은 각 실천의 표현이 시대에 따라 크게 달라지기 때문이다. 그런데 중간에 우리는 일부 실천을 망각(또는 경시)했다. 그런 실천을 되살리면 혁신에 가속도가 붙는다. 혁신 컨퍼런스의 예비 단계에서 우리는 에리카에게 혁신된 기독교 실천을 몇 가지 소개했는데 애통도 그중 하나다. 중학생들이 "은혜에 기초한 정체성"을 정립해야, 매일 접하는 "조건적 수용"을 격퇴할 수 있겠기에, 에리카는 그들에게 도움이 되고자 애통이라는 옛 실천을 배우며 활용법을 구상했다.

기독교 실천은 심고 물을 주는 한 방법이다. 성장 환경을 조성한다는 점에서 그렇다. 훈증 연통(지금은 바람을 일으키는 기계를 쓴다)이 앞서간 농부들이 쌓아 놓은 지혜라면, 실천은 우리 신앙 선조들이 쌓아 놓은 지혜. 다만 이렇게 심고 물을 준다 해서 성장이 보장된다는 생각은 금물이다. 하나님만이 자라나게 하신다. 고린도후서에 확언되어 있듯이 하나님은 오히려 우리의 연약함을 통해 일하신다. 우리의 파종과 급수는 성장을 보장하기에는 역부족이다. 우리가 기도한다 해서 하나님께 응답의 의무가 생겨나지 않는 것과 마찬가지다. 우리가 기도함은 하나님이 기도를 권하시다 못해 명하시기 때문이다. 모든 기독교 실천이 그렇듯이 기도도 우리를 도로 그분의 손안에 데려다 놓는다. 우리는 실천을 통해 심고 물을 줄 뿐이고 능히 자라나게 하시는 분은 하나님뿐이다.

마찬가지로 애통이라는 기독교 실천을 통해서도 우리는 (하나님께 화나 있을 때일수록 특히 더) 감정을 솔직히 표현하되 결국 자신의 삶을 그분께 돌려 드릴 수 있다. 에리카는 우선 미완성 문장을 활용해서 중학생들에게 시편의 화법처럼 하나님께 말씀드리는 법을 가르쳤다. 에리카가 미완성 형태로 짤막하게 작성한 애통의 문장은 종류별로 다음과 같다.

- 하나님, ＿＿＿＿＿＿＿＿ 이 이해가 안 됩니다.
- 하나님, ＿＿＿＿＿＿＿＿ 을 좀 고쳐 주세요.
- 하나님, ＿＿＿＿＿＿＿＿ 한다 해도 제 미래를 하나님께 맡깁니다.
- 하나님, ＿＿＿＿＿＿＿＿ 일 때도 하나님을 찬양하겠습니다.

이 방법으로 에리카는 아이들이 불안하고 바쁘고 스트레스 많은 삶의 영적 의미를 찾아내도록 도울 수 있었다. 에리카는 그들이 하나님께 자신을 솔직히 표현할 수 있다면 그때 자유로워지고 하나님과 정직하게 소통하면서 그들의 삶을 해치는 조건적 수용이라는 큰 거짓말을 물리치리라 믿었다. 그래서 몇 주 동안 중학생들에게 문장의 빈칸을 채우면서 각자의 고통을 하나님께 표현하게 했다. 이 연습을 충분히 하고 나자 아이들은 스스럼없이 자신의 애통을 글로 쓸 수 있게 되었다.

질문 5. 그 영적 의미를 공동의 희망 이야기로 어떻게 바꿔 쓸 수 있는가?

기독교적 혁신의 궁극 목표는 사람들을 새로운 이야기 속으로 초대하는 것이다. 그것은 공동체의 이야기요 희망의 이야기다. 사람은 어떻게 변화될까? 계획이나 추상적 교리 진술을 이해한다고 변화되는 게 아니다. 사람은 이야기에 참여할 때 변화된다. 이야기가 우리를 특정한 궤도에 올려놓는다.[21]

예수님의 본을 따라가 보자. 예수님은 사람들을 비유라는 이야기 속으로 초대하셨다. 어떤 비유에는 여리고로 가다가 강도를 만나 구타당한 사람과 뜻밖에 그를 보살핀 사마리아인이 등장한다. 유산을 탕진하고 돌아와 아버지 품에 안긴 둘째 아들의 이야기도 있는데, 예수님은 사람들이 그 아들에게서 자신의 모습을 보도록 이끄셨다. 혹시 자신이 아버지의 자비를 못마땅해한 큰아들과 같지는 않은지 점검해 보게도 하셨다. 예수님은 "하나님의 나라는 …와 같으니"라는 말씀을 자주 하셨다. 세세한 가르침으로 하나님 나라를 규정하시기보다 사람들을 하나님이 품으신 비전 속으로 초대하신 것이다. 이야기를 통해 제시된 이 비전의 세계는 "나중 된 자로서 먼저 되는" 곳이다.[22]

엘라 솔트마쉬는 이야기가 어떻게 인간의 변화를 가능하게 하는지를 기술했다.[23] 솔트마쉬는 이야기가 하는 일을 세 가지로 설명했다. 늘 변화하는 문화와 영원히 변함없는 복음을 둘 다 존중하려면 우리의 재조정에도 이 세 가지가 필요하다. 첫째로, **이야기는 사람들이 삶의 의미를 해석하게 한다.**[24] 학자들에 따르면, 데이터가 우리의 오감에 들어올 때는 뒤죽박죽이라 별로 의미가 없다. 그런데 우리 뇌는 데이터를 패턴으로 체계화하는 법을 학습했다. 그런 패턴은 대개 이야기 형태를 띤다.

둘째로, 솔트마쉬에 따르면 **이야기는 사람들을 결속시켜** 공동체를 창출한다. 솔트마쉬의 글에 인용된 소설가 존 스타인벡의 명언이 있다. "우리는 평생 덜 외로워지려고 애쓰는 외로운 동물이다." 그래서 이야기가 등장한다. 스타인벡의 말처럼, 우리는 "듣는 사람이 '그래, 그렇고말고. 내가 보기에도 그래'라고 말해 주기를 갈구하며" 이야기를 건넨다. 우리 이야기를 듣는 이들이 우리 이야기 속에서 그들 자신을 발견한다면, 그들은 자신의 상황을 재평가하여 "당신은 당신이 생각하는 것처럼 혼자가 아니에요"라는 결론에 도달할 수 있다.[25] 공동의 이야기는 소통을 이끌어 내고, 이야기로 맺어진 그 소통이 공동체를 세운다. 그래서 공동의 이야기는 희망을 낳는다.

셋째로, 솔트마쉬는 새로운 이야기를 통해 **우리를 규정하는 이야기를 다시 쓸 수 있다**고 말한다. 사람마다 자신을 규정하는 이야기가 있어 그것을 자신에게 되뇐다. 우리를 규정하는 이야기는 "내가 저지른 잘못을 하나님은 결코 용서하시지 않을 거야"처럼 개인적 내러티브일 수도 있고, "사회가 내게 열등감을 심어 주었어"처럼 문화적 내러티브일 수도 있고, "나는 하나님의 까다로운 기준에 절대 도달하지 못할 거야"처럼 신학적 내러티브일 수도 있다. 이런 이야기는 우리를 규정할 뿐 아니라 종종 속박한다. 그리스도인 리더가 할 수 있는 위력적인 일은 사람들이 인생 내러티브를 다시 쓰도록, 즉 ("나는 하나님께 용서받지 못해"와 같은) 큰 거짓말 대신 (무슨 잘못을 했든 "모든 믿는 자에게" 용서를 베푸신다는 로마서 3장 22절과 같은) 복음의 진리를 제시해 주는 것이다.

그렇다면 우리 그리스도인을 규정하는 이야기는 무엇일까? "내가 그리스도와 함께 십자가에 못 박혔나니 그런즉 이제는 내가 사는 것이 아니요 오직 내 안에 그리스도께서 사시는 것이라"(갈 2:20). "자기를 부인하고 날마다 제 십자가를 지고 나를 따를 것이니라"(눅 9:23). "네 이웃을 네 자신과 같이 사랑하라"(마 19:19). 이 모든 말씀은 우리를 초대하여 예수께서 그분의 제자들에게 들려주신 이야기의 틀을 우리도 따라가게 한다. 우리는 이 초대를 반기지만, 그와 동시에 일상생활을 해 나가는 데 더 구체적인 무엇이 필요함을 느낀다. 그 자리를 채워 주는 게 바로 기독교 실천이다.

기독교 실천은 이야기가 의식(儀式)으로 발전한 것이다.[26] 실천은 우리가 따라가야 할 틀(내러티브의 노선)을 제시한다. 예컨대 그리스도인은 환대를 실천한다. 손님 대접은 사도 시대로부터 이어져 온 기독교 실천이다.[27] 그리스도인의 환대는 각자 음식을 가져와서 함께 먹는 식사 정도가 아니라 외부인을 내부인처럼 대하면서 평소 내부인에게 국한된 (식탁에 동석하는 등의) 특권을 외부인과 공유하는 것이다. 자신을 희생하신 구주 예수님은 우리에게 자아를 부인하라고 명하신다. 예수님의 틀에 맞게 자신의 삶을 다시 써 나가려는 사람은 아무런 대가도 바라지 않고 환대를 실천하게 되어 있다. 돌려받을 생각도 없고 감사를 바라지도 않는다. 우리가 환대를 실천하여 사람들에게 거저 베푸는 이유는 오직 우리도 하나님의 사랑과 은혜를 선물로 거저 받았기 때문이다. 이런 실천을 통해 우리는 믿음을 표현한다. 처음부터 기독교의 특징이었던 여러 실천에 우리 삶을 맞추는 것이다.

나는 비전을 "공동의 희망 이야기"로 정의한다. 비전은 사람들을 감화하고 매혹하여 자신보다 큰 무엇에 동참하게 한다.[28] 다시 말하거니와, 사람을 변화시키는 것은 계획이나 교리가 아니다. 사람은 이야기와 연결될 때 변화된다. 이야기에 감화되어 자신의 궤도를 수정하는 것이다.

때로 자신이 느끼고 있는 큰 곤경을 마침내 어떤 이야기가 명명해 줄 때 그 변화가 일어날 수 있다. 예컨대 마틴 루터 킹 목사가 초기에 성공한 큰 이유는 그가 계획을 제시해서가 아니라 딜레마를 해결했기 때문이라고 나는 생각한다. 그가 짐 크로 법(공공장소에서 흑인과 백인을 분리시키던 차별법 — 옮긴이)에 매여 사는 것의 의미에 관해 말했을 때 사람들은 그 이야기 속에서 그들 자신을 보았다. 마침내 킹 목사가 계획을 제시할 때가 되자 그것조차도 이야기 형태를 띠었다. 사실 "나에게는 꿈이 있습니다"라는 그의 연설은 이야기의 옷을 입은 비전이었다. 청중은 비폭력이 최고의 철학이라는 지적 결단에 도달한 게 아니다(킹 목사 자신은 그렇게 결단했지만 말이다).[29] 그들이 이 비전을 '믿은' 이유는 그것이 그림으로 그려졌기 때문이다. 전개되는 이야기가 눈에 보였고, 그 이야기 속에서 자신이 보였던 것이다. 이렇듯 비전은 공동의 희망 이야기다.

그리스도인이 제시하는 것은 "미래의 희망"보다 더 구체적이다. 우리는 복음에 근거한 희망, 즉 예수 그리스도의 삶과 죽음과 부활에 근거한 희망을 제시한다. 그리스도인의 희망은 흔히들 말하는 희망과는 다르다. "비가 왔으면 좋겠다"라고 말할 때의 희망은 미래에 대한 소원의 표현이다. 소원이 이루어지리라고 믿을 만한 근거는 있을 수도 있고 없을 수도 있다. 이루어지기를 바랄 뿐이다. 그리스도인의 희망은 다르다. 우리의 희망은 날씨 같은 사물에 있지 않고 구주이신 그분께 있다. 그래서 그리스도인의 희망은 잠잠한 확신에 더 가깝다. 예수님께 전부를 걸고 안심하는 것이다. 그래서 우리도 그분처럼 사람들을 이야기 속으로 초대하여 그 희망을 나눈다.

에리카도 중학생들에게 똑같이 했다. 그 아이들에게 가장 감동적인 경험은 자신의 애통을 글로 쓰는 시간이었다. 미완성 문장으로 연습한 덕분에 마침내 담대히 속마음을 글로 옮길 수 있었다.

에리카가 한 일은 기독교적 혁신이다. 그녀는 자신이 맡아 돌봐야 할 중학생들(질문 1)의 갈망과 상실에 초점을 맞추었다(질문 2). "사랑은 조건적이다"라는 큰 거짓말을 물리치고(질문 3), 그러기 위해 "하나님은 무조건적으로 나를 아시고 사랑하신다"라는 개념을 그들이 애통이라는 실천을 통해 체험하게 했다(질문 4). 덕분에 그들은 삶의 내러티브를 다시 써 나갈 수 있었다(질문 5). 그것은 자신이 하나님의 사랑받는 자녀임을 알 때, 자유로이 참된 자아가 될 수 있다는 희망의 이야기였다. 기존 모델을 주장하는 교회는 에리카에게 중학생을 상대로 사역하려면 그들에게 예의범절을 가르쳐야 한다고 말했다. 그런데 이 혁신 덕분에 에리카는 "너희가 하나님 앞에서 무엇을 쏟아 내든, 하나님은 피하지 않고 다 받아 주신다"라고 선언할 수 있었다.

2.

'복음으로 세상을 해석하는'
세계관을 말하다

랄프 윈터는 혁신가였다. 1974년 7월에 윈터 박사는 기독교 역사상 최대 규모였을 선교사 모임에서 연단에 섰다. 스위스 로잔에서 열린 세계 복음화대회에 150개국의 선교회 리더들이 모였다. 그들이 성경 시대로까지 거슬러 올라가는 한 계보의 후손으로 자처한 것은 지당한 일이다. 적어도 사도행전 11장에서 바나바가 바울을 안디옥으로 데려온 이후로 교회가 해외 선교를 실천해 왔음을 그들은 알았다.[1] 선교 리더들은 자신들이 국경을 넘어 스칸디나비아에 신앙을 전한 중세 수도사들의 후예임을 자처했고, 허드슨 테일러의 중국내지선교회 같은 기관에 특히 유대감을 느꼈다. 그 컨퍼런스에 참석한 선교 리더들은 이렇듯 과거에 대해서는 모두 생각이 같았으나 미래를 내다볼 때는 견해가 갈렸다.

그곳에 올 때 일부 리더는 선교 시대가 끝났다고 선포할 준비가 되어 있었다. 그들은 전 세계 거의 모든 나라에 이미 교회가 세워졌다는 사실을 지적했다. 그들이 믿기로는, 이후의 해외 선교 활동은 토착 교회를 통제하려는 제국주의적 시도에 불과할 터였다. 반면 다른 리더들은 비록 거의 모든 나라에 복음이 들어가긴 했어도 교회를 개척만 해놓고 그 교회가 미숙한 채로 버려둘 수는 없다고 보았다. 사도 바울이 선교 여행 중에 세운 교회들을 버려두지 않았던 것처럼 말이다. 선교 활동을 중단해야 하는가, 아니면 지속해야 하는가? 랄프 윈터가 로잔대회에 참석할 당시에 그것이 선교 리더들에게 초미의 문제였다. 그런데 윈터는 어느 쪽도 답이 아니라고 말했다. 그 대신 선교의 **실천을 혁신해야** 한다고 말했다.

랄프 윈터는 선교 활동의 본질 자체에 대해 대다수 선교 리더들이 품고 있던 사고 모델을 수정해 주어야 했다. 당시 선교 리더들이 가장 중시하던 본문은 예수님의 고별사였다. 그것이 마태복음에는 "가서 모든 민족을 제자로 삼아"라고 기록되어 있고(마 28:19-20), 누가는 예수님을 따르는 이들이 "땅끝까지 이르러" 증인이 되어야 한다고 말했다(행 1:8). 컨퍼런스에 모인 모든 선교사는 교회가 이 명령을 마침내 완수했다는 데에는 견해가 일치했으나 그다음 단계가 무엇인지에 대해서는 그렇지 못했다. 윈터는 견해가 일치되는 부분에서조차 그들이 모두 잘못 생각하고 있다고 말문을 열었다. "복음이 이미 땅끝까지 이르렀다는 사실은 놀랍지만, 그것 때문에 우리가 심각하게 오해하고 있는 부분이 있습니다." 모든 나라에 이미 그리스도의 제자가 있긴 하지만, 그렇다고 "이제 그리스도인들이 지상명령을 완수했다"라는 생각은 오해라는 것이다.[2]

이어 윈터는 성경에서 가장 중시되는 선교 본문을 재해석했고, 이로써 선교 운동의 개념을 바꿔 놓았다. 그에 따르면 그리스도인들이 지상명령을 오해한 이유는 "나라"라는 단어를 오해했기 때문이다(마태복음 28장 19절의 "민족"이 여러 역본에 "나라"로 번역되어 있음 — 옮긴이). 성경에서 "나라"는 정부가 감독하는 지리적 국경으로 구분되는 국가가 아니라는 것이다. 성경에서 말하는 나라가 그런 뜻이라면 실제로 복음은 이미 모든 나라에 전파되었다. 그러나 윈터는 "나라"라는 단어가 민족 집단이나 문화 집단을 뜻하며 한 국가 내에 그런 집단이 많이 있을 수 있다고 말했다. 그가 예로 든 나라 파키스탄에는 실제로 전국 교단이 있지만 "인구의 97퍼센트가 교회와 문화적으로 동떨어져" 있었고, 남인도교회라는 교단도 "교인의 97퍼센트가 인도 남부의 100여 개 사회 계급(카스트) 중 5개 계급 출신"에 불과했다.[3] "나라"라는 단어에 대한 단순한 오해 때문에 선교 리더들이 지상명령을 심각하게 오해했음을 윈터가 증명해 보인 것이다. 그래서 그는 이 단어에 대한 그들의 사고 모델을 수정해 주었고, 그 결과 세계 선교를 보는 그들의 관점이 재조정되었다.

이렇게 윈터는 그곳에 모인 선교사들이 마태복음 28장을 오해한 것이 문제였다고 명시한 뒤에, 또 다른 중요한 선교 관련 성경 본문에 그 문제의 답이 나와 있음을 보여 주었다. 사도행전 1장 8절이 문화적 동심원의 형태로, 즉 한 도시(예루살렘)에서 주변 지역(유대와 사마리아)을 거쳐 세계로 퍼져 나간다는 것이었다. "너희가 … 예루살렘과 온 유대와 사마리아와 땅끝까지 이르러 내 증인이 되리라." 그에 따르면, 예수님은 "지리적 거리만 아니라 문화적 거리를 말씀하시며" 앞으로 복음이 어떻게 확산될지를 보여 주셨다. 윈터가 자세히 설명했듯이, 사마리아인은 지리적으로는 유대인과 가깝지만 문화적으로는 멀었다(윈터의 표현에 의하면, 그들은 "편견의 벽" 때문에 분리되어 있었다).

윈터가 현대 문화 사례로 소개한 인도 북부 나가 부족의 교회도 사도행전 1장 8절의 동심원과 비슷한 방식으로 복음을 전했다. 같은 언어를 쓰는 사람들(윈터의 표현에 의하면, "예루살렘"에 해당하는 E1 전도)로부터 시작하여, 언어가 비슷한 인근의 동족("사마리아"에 해당하는 E2 전도)에게로 범위를 넓힌 것이다. 나가 부족의 교회가 인도의 먼 지역 사람들에게 복음을 전하려면 타문화 전도("땅끝"에 해당하는 E3 전도)가 필요할 것이다. 결국 윈터는 문화적으로 복음을 접한 적이 없는 집단을 지칭하는 "미전도 종족"이란 용어를 만들었다. 그 "미전도 종족" 개념이 오늘날까지 전도 선교에 활기를 불어넣고 있다.

로잔대회로 모였을 때 많은 선교 리더가 "선교 명령이 완수되었다"라며 세계 선교의 일시 정지를 요구했다. 이때 윈터가 세계 선교를 타문화 선교로 재규정함으로써 그들의 사고 모델을 수정했다. 예수님이 말씀하신 "나라"를 민족 집단으로 보고 모든 민족 집단에 복음을 전해야 한다는 것이었다. **윈터는 기독교 전통의 범위 내에서 혁신했다.** 사람들에게 선교를 (그리하여 그들 자신을) 새로운 관점에서 보게 함으로써 전통적 신념(지상명령)과 그것의 표현인 전통적 실천(선교)을 혁신했다. 컨퍼런스가 시작될 때는 선교 활동을 그만두어야 할지 긴가민가했던 리더들이 컨퍼런스가 끝날 때는 활동을 재개하기로 유례없이 활기차게 헌신했다. 윈터가 기독교 실천을 혁신한 결과였다.

윈터의 개념은 기독교 선교에 혁신을 불러왔다. 그 이후로 선교회들은 "나라"를 정치적 국가가 아니라 민족 집단으로 생각해 왔다. 로잔대회가 있은 지 25년 후에 〈타임〉은 "랄프 윈터는 (오늘날까지도) 복음주의의 진정한 본령으로 남아 있는 해외 선교 활동에 변혁을 일으켰다"라고 말했다.[4] 그가 제시한 새로운 개념은 선교사들이 자신과 세상을 보는 관점을 바꿔 놓았고, 이로써 선교사들이 여태 보지 못했던 활동의 장이 열렸다. 랄프 윈터는 기독교적 혁신가였다.

랄프 윈터가 혁신한 때는 지금으로부터 두 세대 전이었다. 이번에는 현시대의 상황을 보면서 우리에게 무슨 문제가 있는지 알아보자. 컴퓨터 프로그래머로 일하는 두 직장 동료가 대화를 나눈다고 하자. 이 둘이 건물을 청소하는 잡역부, 또는 카페에서 커피를 마시며 생각에 잠긴 은퇴자, 또는 쉬는 시간에 수다를 떠는 십 대 학생이라 해도 관계없다.

우선 그리스도인인 지나가 있다. 옆자리의 톰이라는 청년은 대학을 졸업한 후 처음으로 이 직장에 입사했다. 톰의 부모는 이민자로서 희생적으로 아들을 교육했다. 톰은 지나에게 근무 시간도 길고 일가친지와 떨어져 살다 보니 자신이 외롭고 사랑받지 못하는 느낌이라고 털어놓는다. 대화하던 중 적절한 때에 지나는 따뜻한 마음으로 톰에게 예수님의 죽음과 부활에 대해 말해 준다. 하나님이 크신 사랑으로 그분의 아들을 보내 우리처럼 인간으로 살고 우리를 위해 죽게 하셨으므로 톰도 하나님을 만나고 사람들과 연결될 수 있으며, 외로움과 사랑받지 못한다는 느낌 대신 사랑과 공동체의 희망을 누릴 수 있다고 말해 준다. 여기까지는 우리 그리스도인이 대대로 전도할 때 나누어 온 많은 대화들과 비슷하다. 그런데 이 복음이 톰에게 희망으로 여겨지지 않는다면 어떨까? 그가 지나에게 예수님의 십자가 죽음이 아주 참혹해 보인다며 "예수님 이야기에서 그 죽음은 빼면 안 될까요?"라고 묻는다면 말이다.

기독교적 혁신이 세상의 혁신과 어떻게 달라야 하는지가 그 순간에 분명해진다. 지나가 신앙 없는 사업가라면 "고객"의 말을 경청하여 예수님의 죽음이 톰에게 불쾌감을 준다는 것을 알고 나서, 부끄러운 죄나 흉측한 죽음을 더는 언급할 필요가 없게 복음을 새로 고칠 것이다. 하지만 그녀는 그럴 수 없다. 우리는 어쩔 수 없이 (그러면서도 복되게) 예수 그리스도의 죽음과 부활에 영원히 매여 있다. 지나는 톰을 위해 복음을 새로 고칠 수 없다. 하지만 그렇다고 복음을 설명할 때 기존 방식으로 되풀이할 수만도 없다. 혁신이 가능하다. 지나는 영원히 변함없는 복음을 하나님이 자신에게 돌보라고 맡기신 이 사람의 현재 경험과 연결할 새로운 방법을 모색할 수 있다.

지나의 경우에서 보듯이, 그리스도인은 현시대의 필요에 맞게 혁신과 전통을 융합해야 한다. 즉 과거를 존중하면서도 밝고 새로운 미래를 창출해야 한다. 바로 이 질문이 이 책과 이번 장의 핵심이다. 어떻게 우리는 불변하는 기독교 신앙에 확고히 헌신한 상태에서 그 신앙을 늘 변화하는 문화 속에서 표현할 혁신적 방법을 찾아낼 것인가? 교회를 재조정하려면 **의미를 창출하는 혁신**이 필요하다.

이번 장에서 논할 '의미 창출'은 지금부터 넉 장에 걸쳐 다룰 큰 주제의 일부다. 2-5장에서 살펴볼 질문은 "교회를 재조정하는 목표는 무엇인가?"이며, 이번 장에서는 기독교적 혁신이 어떤 의미이고 교회의 재조정과는 어떤 관계인지를 설명할 것이다. **기독교적 혁신의 목표는 공동의 희망 이야기를 창출하여 하나님이 우리에게 돌보라고 맡기신 사람들의 갈망과 상실의 영적 의미를 해석해 주는 것이다.** 그것이 이번 장 끝에서 도달할 결론이다. 그다음 석 장에서는 그 진술을 풀어 나가면서 1) 그런 갈망과 상실을 어떻게 이해하고 2) 그것의 영적 의미를 어떻게 해석하며 3) 어떻게 역사적 기독교 실천을 회복(또는 혁신)하여 가까운 미래를 위한 공동의 희망 이야기를 창출할 것인지 기술할 것이다. 넉 장을 종합하면 우리가 추구할 목표가 나온다. 그것은 영원히 변함없는 기독교 신앙에 한결같이 헌신하면서 그와 동시에 그 복음을 늘 변화하는 문화 속에서 제시하는 것이다.[5]

넉 장의 흐름을 훑어보았으니 이제 이번 장의 논점에 집중하자. 2장의 목적은 기독교적 혁신의 의미를 기술하는 것이다. 즉 교회를 재조정하려는 그리스도인 리더가 꼭 해야 할 일이라 할 수 있다. 결론적으로 말해서, 기독교적 혁신을 이루려면 우리가 맡아 돌봐야 할 사람들의 갈망과 상실의 영적 의미를 해석해야 한다. 그 결론에 도달하기 위해 이번 장에서 다음 세 가지를 설명할 것이다.

1. 사고 모델이란 무엇이고, 그 모델이 어떻게 우리에게 이야기로서 다가오며, 그것이 어떻게 우리의 행동을 좌우하는가?
2. 일련의 신념인 기독교 전통(우리는 거기에 확고히 헌신한 상태다)은 시대에 맞게 표현되어야 한다. 어떻게 우리는 전통적 신념을 보전하면서 그 표현 방법을 시대에 맞게 재조정할 것인가?
3. 기독교적 혁신은 의미의 혁신이며, 따라서 우리는 (종종 사고 모델을 수정하여) 옛 실천을 재해석할 수 있다.

사고 모델(Mental Models)

최고의 리더들은 소위 '사고 모델'을 수정하여 세상을 보는 우리의 관점을 바꿔 놓는다.[6] '사고 모델'이란 세상의 의미를 해석하는 데 쓰이는 범주다. 일례로 자동차를 생각해 보라. 지금 머릿속에 자동차 이미지를 떠올려 보라. 볼보를 생각한 사람도 있고 뷰익을 생각한 사람도 있겠지만, 어떤 제조사와 모델을 택했든 네 바퀴와 앞면 유리와 핸들이 있을 것이다. 왜 그럴까? 자동차는 **당연히** 바퀴가 넷이기 때문이다. 앞바퀴가 하나뿐인 콘셉트 카를 보면 당신은 "저게 뭔지 모르겠지만 일반적인 자동차는 아니다"라고 말할 것이다. 차에 대한 당신의 사고 모델에는 네 바퀴가 포함되어 있다. 사고 모델은 해당 사물에 대해 우리 머릿속에 품고 있는 **당연한** 이미지다.

이것은 싱거운 예니까 다른 경우를 생각해 보자. 설교자에 대한 당신의 사고 모델은 무엇인가? 신학생들에게 설교자가 어떤 사람이냐고 물으면 다양한 답이 나올 것이다. "왼손에 성경책을 펼쳐 들고 강단 한가운데서서 본문을 한 구절씩 해석하는 사람"이라고 말할 학생도 있을 것이다. 그런 설교자도 있겠지만 모두가 설교를 그렇게 하지는 않을 것이다. 하지만 성경책을 펼쳐 든 설교자만 본 사람이라면, 다른 방식의 설교는 다 삼류차만큼이나 이상해 보일 것이다.

차차 말하겠지만, 기독교 리더십의 정수는 사람들의 사고 모델을 수정하여 **하나님의 사람들이 삶의 의미를 기독교적 범주로 해석하게 하는** 것이다. 내가 말하는 "영적 의미의 해석"이란 바로 그런 뜻이다. 하지만 그 얘기를 하기에 앞서, 사고 모델을 변화시킨 한 사례를 제시하고자 한다. 마가복음 8장에 기술된 예수님을 보자.

마가복음 중심부에서 예수님은 제자들의 사고 모델을 재조정하신 뒤, 그 재조정된 관점 때문에 세상에서 그들의 행동 방식이 달라질 것을 보여주신다. 마가복음 전반부 이야기는 점점 고조되면서 전환점에 이르도록 구성되어 있고, 전환점 이후의 나머지 이야기는 십자가로 수렴된다. 8장 끝부분의 대화가 바로 그 전환점이다.

27절부터 예수님은 제자들에게 그분의 정체성을 해석하려는 군중의 사고 모델을 거론하신다. 예수님이 제자들에게 "사람들이 나를 누구라고 하느냐"라고 물으시자, 그들은 "세례 요한이라 하고 더러는 엘리야, 더러는 선지자 중의 하나라 하나이다"라고 대답한다. 예수님은 "사람들이 무슨 사고 모델로 나를 해석하더냐"라고 물으신 셈이다. 사람들은 예수님을 어떤 존재로 여겨야 할지 몰랐다. 그래서 역사를 거슬러 올라가 전례를 찾았다. 자신들이 생각하는 그분에게 들어맞을 만한 사고 모델을 찾은 것이다. 실제로 하나님의 백성에게는 하나님 말씀을 대언하다가 그들을 불편하게 해서 결국 그들에게 무시당하고 살해되는 인물을 지칭하는 단어가 있었다. 바로 '선지자'라는 단어다. 그래서 군중은 예수님을 그렇게 해석한다. 예수님을 선지자라 부른다.

이제 예수님은 제자들에게 그들 자신은 어떤 사고 모델로 그분을 해석하는지 물으신다. "또 물으시되 너희는 나를 누구라 하느냐 베드로가 대답하여 이르되 주는 그리스도(메시아)시니이다 하매"(29절). 제자들이 보기에 예수님은 선지자 이상이었고, 그분의 사역을 해석하는 데 가장 걸맞은 사고 모델은 '메시아'였다. 그들이 그 사고 모델로 예수님을 해석한 것은 옳았다. 적어도 그들의 생각에는 그랬다. 하지만 그들이 다음 단계로 성장하도록 예수님은 이 사고 모델의 의미를 바로잡아 주셔야 했다.

예수님은 제자들의 사고 모델이 틀렸음을 아셨다. 제자들이 생각하는 메시아는 예수님이 의도하신 바와 달랐다. 제자들은 예수님이 왕이 되어 로마인을 몰아내고 나라를 세워 주변국을 정복하실 줄 알았다. 하지만 예수님은 그들이 바라는 왕이 되실 마음이 없었다. 그래서 **자신이** 어떤 뜻으로 '메시아'라는 호칭을 받아들이는지를 설명하신다. "인자가 많은 고난을 받고 장로들과 대제사장들과 서기관들에게 버린 바 되어 죽임을 당하고 사흘 만에 살아나야 할 것을 비로소 그들에게 가르치시되 드러내 놓고 이 말씀을 하시니…"(막 8:31-32).

예수님은 메시아의 기본 정체성을 해석할 새로운 사고 모델을 제시하신다. 메시아를 고난당하는 분으로 묘사하신 것이다. 그런데 제자들은 그렇게 가르치시려는 그분께 올바르게 반응하지 않는다. 베드로는 새로운 사고 모델이 몹시 못마땅해서 예수님의 뜻을 바꾸려 한다. "베드로가 예수를 붙들고 항변하매 예수께서 돌이키사 제자들을 보시며 베드로를 꾸짖어 이르시되 사탄아 내 뒤로 물러가라 네가 하나님의 일을 생각하지 아니하고 도리어 사람의 일을 생각하는도다 하시고"(32-33절).

예수님은 베드로와 제자들을 떠밀어 새로운 사고 모델을 받아들이게 하신다. 메시아가 정복하고 군림하는 분이 아니라 고난당하고 구원하는 분임을 그들에게 알려 주신 것이다. 제자들의 사고 모델을 수정해 주시는 그분의 일은 아직 끝나지 않았다. 그 일을 보려면 두 장을 건너뛰어야 한다. 마가복음 10장에서 야고보와 요한은 "주의 영광 중에서" 자신들을 그분의 좌우에 앉게 해 주시기를 청했다(37절). 메시아에 대한 제자들의 사고 모델에서, 군림하는 왕의 개념이 얼마나 핵심이었는지를 이 말에서 확인할 수 있다. 그들이 생각한 영광 중의 예수님은 다윗 같은 왕이었다. 왕이니 당연히 왕궁도 있을 테고 왕궁의 큰 보좌에 앉아 다스리실 줄로 생각한 것이다. 야고보와 요한은 왕의 다음 자리에 오르고 싶었다. 그래서 메시아 예수님의 큰 보좌 양옆에 있을 작은 보좌를 차지하려 했다.

리더십 학자 로널드 하이페츠는 "인간은 변화에 저항하지 않고 상실에 저항한다"라고 말했다.[7] 마가복음 8장에서 제자들이 메시아에 대한 사고 모델을 변화시켜 주시려는 예수님께 (베드로의 입을 빌려) 저항한 이유는 자기네가 잃을 게 있었기 때문이다. 그들이 잃을까 봐 두려워한 게 무엇인지 이제 분명해졌다. 예수님은 메시아의 의미에 대한 사고 모델만 아니라 메시아의 제자가 된다는 의미에 대한 사고 모델까지 수정해 주셨다. 그들로서는 손해를 보는 일이었다. 작은 보좌를 잃을 테니 말이다. 군림하는 왕이라면 아랫사람들에게 한자리씩 챙겨 줄 수 있겠지만, 고난당하는 구원자는 그들에게 비탄만 안겨 줄 것이다.

그래서 예수님은 쐐기를 박으신다. 예수님은 '제자'에 대한 새로운 사고 모델 때문에 그들이 무엇을 잃게 될지를 밝히신다. "무리와 제자들을 불러 이르시되 누구든지 나를 따라오려거든 자기를 부인하고 자기 십자가를 지고 나를 따를 것이니라 누구든지 자기 목숨을 구원하고자 하면 잃을 것이요 누구든지 나와 복음을 위하여 자기 목숨을 잃으면 구원하리라 사람이 만일 온 천하를 얻고도 자기 목숨을 잃으면 무엇이 유익하리요 사람이 무엇을 주고 자기 목숨과 바꾸겠느냐"(막 8:34-37).

예수님은 제자들에게 그분(메시아)을 해석할 가장 중요한 사고 모델만 아니라 그들 자신(메시아의 제자)을 해석할 사고 모델까지 고칠 것을 요구하셨다. 새로운 사고 모델을 실천하여 앞으로는 그들의 모든 행동이 달라지기를 바라셨다. 이 본문은 마가복음의 중심축이며 그 뒤로는 모든 내용이 십자가를 향해 나아간다. 예수께서 여기에 새로운 사고 모델을 밝히신 뒤로는 전체 이야기의 방향이 메시아와 제자의 새로운 의미를 실천하는 쪽으로 선회한다. 제자들은 오순절에 성령이 임하시기 전까지는 새로운 사고 모델에 함축된 의미를 다 이해하지 못했다. 그러나 마가복음 8장 이후로 그들이 충실하게 행동하려면 새로운 사고 모델을 체화해야만 했다. 이렇듯 예수님은 **사람들의 사고 모델을 변화시키는** 리더십의 모본이시다.

사고 모델이 바뀌면 사람들이 세상에 나가 행동하는 방식도 달라진다. 제자들이 메시아가 군림하러 왔다고 생각했을 때는 예컨대 그중 둘이 작은 보좌에 앉게 해 달라고 청탁할 만도 했다. 로마의 십자가에서 메시아가 수모와 치욕을 당하며 공개 처형될 리가 없다고 생각할 만도 했다. 그러나 메시아가 고난당하고 구원하러 오셨다면 메시아의 제자 또한 사람들을 섬기며 사는 게 이치에 맞다. 다시 말해서 예수님의 의미와 자신들의 의미에 대한 제자들의 사고 모델이 바뀐 결과, 그들이 사회에서 하나님의 도움으로 하고자 한 행동도 변화되었다. 그리스도인 리더가 사람들의 사고 모델을 변화시켜 주면 그들의 행동도 달라지게 마련이다.

더 근래의 사례를 보자. 마틴 루터 킹 목사가 창출한 흑인의 길은 그가 도입하기 전까지만 해도 존재하지 않았다. 그는 우리가 말하는 "의미 창출의 혁신"을 통해 그 일을 이루었다. 킹 목사 이전까지는 흑인이 짐 크로 법의 억압 속에서 살아갈 방법은 둘뿐이었다. 폭력을 행사해서 저항하든지 아니면 괴로워도 굴복하는 수밖에 없었다. 그런데 킹 목사가 제3의 길을 열어 미국 남부에 비폭력의 씨앗을 심었다. 1955-56년의 몽고메리 버스 승차 보이콧을 기점으로 그는 새로운 반응 방식을 창출했다.[8] 사람들에게 세상과 자신의 상황을 새로운 관점에서 해석하게 해 준 것이다.

킹 목사가 대중 앞에 처음 선 때는 보이콧 첫날 밤이었다. 그날 민권 운동 최초의 위대한 연설이 울려 퍼졌다. 킹 목사가 연단에 선 월요일 밤,

사회 전반은 그의 동포인 흑인들이 잘못하는 거라고 말했다. 하지만 킹 목사가 지적했듯이 흑인들은 세간의 사고 모델 때문에 잘못 알고 있었을 뿐이다. 흑인은 착한 미국인이 되거나 착한 그리스도인이 되거나, 이 중 어느 한쪽만 택해야 했다. 둘 다는 될 수 없다고 했다. 그 사고 모델에 따르면, 착한 그리스도인은 정의를 부르짖지만, 착한 미국인은 법을 준수한다. 그런데 당시에 정의를 위해 싸우려면 폭력 시위가 불가피했으므로 사회 불의에 맞서려는 사람은 법을 어길 수밖에 없었다(이는 하나님께 불순종하는 것일 수도 있었다). 그날 밤 킹 목사는 흑인들의 관점을 바꿔 놓았다. 그는 그들이 착한 그리스도인이면서 착한 미국인이 될 수 있으며, 그들이 하려는 일도 미국인이 늘 해 왔던 일이자 그리스도인이 늘 해 왔던 일이라고 단언했다. 그리스도인이 정의를 부르짖듯이 미국 시민이 법을 준수한다는 데는 그도 이의가 없었다. 그래서 정의를 위해 싸우되 **동시에** 법도 지키자고 말했다. 그 방법으로 그가 제시한 개념은 그들로서는 처음 들은 것이었다. 그 방법이 바로 비폭력 시위였다.[9]

킹 목사 이전까지 흑인은 울며 겨자 먹기로 법을 지키거나 폭력으로 정의를 쟁취하려 하거나 둘 중 하나밖에 할 수 없었다. 이런 그들에게 필요한 것은 우리가 흔히 '혁신'이란 단어와 연계하는 물리적 발명품이 아니라 세상을 보는 새로운 관점, 즉 **행동의 새로운 장을 열어 줄 새로운 의미**였다. 킹 목사는 그들이 비폭력을 통해 그리스도인으로서 정의를 사랑할 뿐 아니라 미국인으로서 법도 준수할 수 있음을 보여 주었다. 이런 의미 창출의 혁신은 과거를 버리는 게 아니라 대개 기존 개념을 재조정한다. 킹 목사는 과거 구약에 나오는 정의와 20세기 간디가 말한 비폭력을 결합해서 흑인들이 생각해 보지 못한 제3의 길을 창출했다. 이것이 기독교적 혁신이다.

사고 모델의 세 가지 특성을 강조하고 싶다. 이는 미래를 혁신하려는 우리에게 중요한 부분이다. 사고 모델은 행동을 좌우한다. 사고 모델은 대개 우리에게 이야기로 찾아온다. 사고 모델이 행동을 좌우하기 때문에 이야기가 바뀌면 행동도 달라진다.

첫째로, **사고 모델은 행동을 좌우한다.** 교회를 재조정하려면 교회의 말만 달라져서는 안 되고 교인들의 행동이 달라져야 한다. 사람들의 행동을 변화시키는 가장 확실한 방법은 세상을 보는 관점 즉 그들의 사고 모델을 바로잡아 주는 것이다. 예수님의 제자들이 메시아를 정복 왕으로 생각했을 때는 왕의 최측근인 자신도 마땅히 명예와 안락한 삶을 누릴 줄로 알았다. 그러나 예수님이 고난당하고 죽으러 오셨음을 깨달은 뒤로는 그들의 행동이 달라졌다. 자신들도 세상에서 고난당할 것을 각오했고 고난을 피하지 않았다. 예수님께 보좌를 달라고 청탁했던 요한이 사도행전 4장에서 공회 앞에 섰을 때는 베드로와 함께 감옥에 갇힐 것을 각오했다. 메시아도 똑같은 일을 겪으셨음을 알았기 때문이다.

둘째로, **사고 모델은 대개 우리에게 이야기로 찾아온다.** 사람들은 상황을 가장 잘 이해하게 해 줄 이야기를 찾는다. 사회학자 앤 스위들러는 "문화의 틀은 상상 속의 상황을 중심으로 구성되는 경향이 있다"라고 말했다.[10] 예컨대 우리 교회는 큰 편이라서 예배 후 교제 시간에 간혹 우는 아이가 있다. 우는 아이를 만나면 나는 상황의 의미를 해석하려 한다. 대개 부모의 표정을 보면 감이 잡히는데, 화난 부모와 걱정하는 부모로 나뉜다. 부모가 화나 있을 때는 대개 아이가 뭔가 잘못해서 혼나느라 울고 있는 상황으로 읽힌다. 부모가 걱정되어 보일 때는 단서를 더 찾는다. 만일 무릎이 까져 있다면 아이가 넘어져서 다쳤다는 결론이 가능하다. 여기서 주목할 것은 의미의 해석 과정을 설명하는 내 말 속에 이야기가 전제되어 있다는 것이다. 전자의 경우에 나는 무턱대고 아이가 잘못했다고 말하는 게 아니라 문맥 속에서 단서를 찾는다. 아이는 말을 안 들어서 혼나고 울고 있는 것이다. 당연히 이것은 앞뒤로 이어지는 이야기의 한 장면이다. 무릎이 까진 아이에 대해 말할 때도 나는 어렸을 때 내 무릎이 까졌던 경험과 무릎이 까진 내 딸들을 끌어안아 주던 때를 떠올린다. 이 역시 이야기이며 따라서 배경도 있고 함축된 의미도 있다(예컨대, 무릎이 까진 정도면 심한 부상은 아니다). 새로운 상황을 이해하려 할 때 내게 가장 자연스러운 방법은 전후의 이야기를 살피는 것이다.

이야기에 기초한 논리 전개는 우리가 소위 추상적 사고를 할 때도 똑같이 나타난다. 스위들러는 사랑의 개념에 대해 사람들을 인터뷰했다. 그런데 사람들이 보여 준 것은 흔히 합리적 사고와 연계되는 연역 과정이 아니었다. 우리는 사람들이 최선의 상태에서 신념과 가치 같은 추상적 개념을 통해 순수한 결론에 도달한 뒤, 그 추상적 결론을 특정 상황에 대입한다고 생각하는 경향이 있다. 스위들러의 연구 결과는 달랐다. "사람들은 논리에 거의 얽매이지 않으며" 그래서 "논리적 연역이 사회 활동에 직접 영향을 미치는 경우는 드물다."[11] 그 대신 인간은 이야기를 되뇐다. 스위들러의 인터뷰 과정에 자주 등장한 몇 가지 중요한 내러티브가 있다. 경우에 따라 사람들은 전형적 이야기에 반대하는 식으로 자신을 규정했다. 예컨대 많은 사람이 결혼에 대한 "할리우드의 이상"에 동의하지 않는다고 말했다. 미친 듯이 사랑에 빠져 장애물을 극복하고 영원히 행복하게 사는 부부란 없다는 것이다. 응답자들은 그 이미지를 빌려서 오히려 사랑이란 힘든 일이라고 말했다. 무슨 원리나 일반론을 제시한 게 아니라, 할리우드의 이상으로 굳어진 이야기를 하고 나서 사랑이란 그와 같지 않다고 덧붙인 것이다. 그와 반대로 전형적 이야기를 긍정적 이상으로 볼 때도 있었다.

그런데 스위들러가 발견한 더 의미심장한 사실이 있다. 이야기는 단지 예화로 끝나지 않았다. 사랑에 대한 개념을 정립할 때도 사람들은 전형적 장면을 머릿속에 재현했다. 예를 들어, 그들은 자신의 욕구를 말할 때 타인의 욕구와 비교해서 말했다. 스위들러는 "그들이 문화적으로 이해한 사랑은 사랑에 대한 단일한 이미지나 은유나 이론의 논리적 일관성을 중심으로 이루어진 게 아니라, 중요한 상황이나 문제를 중심으로 이루어졌다"라고 결론지었다.[12] 그래서 전략을 세워 대처해야 할 상황이 비슷하면 결국 사랑에 대한 그들의 개념도 서로 비슷해졌다. 이렇듯 사고 모델은 대개 우리에게 이야기로 찾아온다.

셋째로, **이야기가 바뀌면 행동도 달라진다.** 이야기가 바뀌면 행동을 좌우하는 사고 모델이 달라지기 때문이다. 그래서 사고 모델과 의미 창출과 이야기에 대한 이 모든 논의는 교회를 재조정하는 데 매우 중요하다.

사람이나 교회의 행동을 변화시키려면 사고 모델을 수정해 주어야 하고, 사고 모델을 수정하려면 현재 되뇌는 이야기를 다른 것으로 대체해야 한다. 앞서 보았듯이 킹 목사가 사고 모델을 수정해 준 덕분에 사람들은 세상을 더 건강한 방식으로 대할 수 있었다. 다음 두 가지 예도 되뇌는 이야기가 바뀌면 어떻게 사고 모델도 바뀌어 새로운 행동을 낳는지를 생생히 보여 준다.

우선 디자인 기업 IDEO(아이디오)의 업무를 보자.[13] IDEO는 난해한 작업을 수시로 의뢰받는데 그중에는 정말 생사가 달린 것도 있다. 어린이와 MRI에 관련된 주문이 그랬다. 아이들은 MRI 검사를 받을 때 대개 좁은 공간과 시끄러운 소리 때문에 무서워했다. 검사받는 동안 그들을 가만히 있게 하려면 거의 매번 수면 마취를 해야 했다. 그래서 수면 마취가 필요 없는 어린이용 신형 MRI를 창안하는 일을 IDEO가 맡았다.

그 말은 곧 기계를 새로 설계한다는 뜻이었다. 이렇게 장비를 새로 만드는 것을 "제품 혁신"이라 한다. 하지만 IDEO는 새로운 기계를 만들 필요가 없었다. 새로운 사고 모델을 통해 새로운 의미를 창출하면 될 일이었다.

우선 IDEO 직원들은 섬기는 대상인 아이들의 말을 경청했다. 어린이의 관점에서 보면 MRI는 무섭다. 차가운 금속성인 데다 비좁고 시끄럽다. 하지만 그들은 아이들을 여러 정황에서 관찰했다. 아이들은 시끄러운 영화를 즐기는 편이고, 디즈니랜드의 무서운 기구를 자청해서 탄다. 바로 그 대목에서 그들은 어린이에게 필요한 게 새로운 기계가 아니라 새로운 이야기임을 깨달았다. 차가운 금속과 비좁은 공간에 새로운 의미를 부여해 주어야 했다.

그래서 IDEO는 두 가지 시나리오를 짜서 두 대의 MRI를 각각 해적선과 공주의 성으로 꾸몄다. 병원 의료진을 훈련해서 이 경험을 모험으로 재규정하게 했고, 아이들에게도 지금부터 모험을 떠날 거라고 말해 주었다. 아이들이 해적이나 공주 중에서 하나를 고르면 그에 맞는 복장과 극중 대사가 주어진다. 다만 이 게임에 참여하려면 용감해야 한다. 어떤 아이는 환자복 대신 예쁜 공주 옷을 입고 MRI 검사실에 들어갈 것이고, 어떤 아이는 자기가 맡은 역할과 대사에 집중하면서 들어갈 것이다.

새로운 이야기는 효과가 좋았다. 실제로 어린이의 85퍼센트가 수면 마취 없이 MRI 검사를 마쳤다. 이것이 혁신이다. 아이들에게 필요한 것은 신형 장비나 새로운 검사법이나 거창한 사회적 변화가 아니라 새로운 의미였다. 사고 모델을 수정해 줄 새로운 이야기였다. IDEO는 아이들의 경험에 제대로 의미를 부여해 주면 그들이 용감해지리라는 것을 알았다. 그게 핵심이었다. 차갑고 시끄러운 MRI는 이제 기계가 아니라 해적선이었다.[14] 이것이 의미 창출의 혁신이다.

이야기가 바뀌면 사고 모델도 바뀌어 사람들이 그 이야기로 자신의 행동을 해석한다는 또 다른 예가 있다. 마약 카르텔과 FARC(콜롬비아무장혁명군) 게릴라와 콜롬비아 정부의 장기전이 비교적 소강상태에 들어갔을 때, 일부 게릴라 전사는 달리 갈 데가 없어 계속 정글에서 살았다. 많은 콜롬비아 시민이 보기에 그들은 잃어버린 세대였다. 그들을 사회로 복귀시킬 방도를 아무도 찾아낼 수 없었기 때문이다.

콜롬비아 정부는 광고 전문가 호세 미겔 소콜로프에게 도움을 청했다.[15] 소콜로프는 크리스마스를 기회 삼아 FARC 반군에게 다르게 접근하기로 했다. 2013년에 가장 감동적인 프로그램이 시행되었다. 소콜로프는 많은 FARC 반군의 어머니들을 만났고, 어머니들은 그에게 자기 아들의 어릴 적 사진을 주었다. 아들이 보면 자기 어머니가 보낸 것일 수밖에 없다고 알 만한 사진이었다. 크리스마스 무렵에 정부는 그들의 사진이 실린 전단지를 정글에 두루 살포했다. 소콜로프가 전하려 한 메시지는 분명했다. "게릴라이기 전에 너는 내 아들이야. 그러니 이번 크리스마스에는 집으로 돌아오렴. 항상 너를 기다리고 있으마." 예상은 적중했다.

사진은 반군에게 새로운 이야기를 주었고, 이로써 자신에 대한 사고 모델이 달라졌다. 그들은 자신을 사회에서 지명 수배된 범죄자로 보지 않고 집에서 어머니가 두 팔 벌려 기다리는 아들로 보았다. 사고 모델이 바뀌자 행동도 달라졌다. 이게 다 "지명 수배"라는 표현이 "아들을 찾습니다"로 바뀐 결과였다. 수배된 범죄자일 때는 정글에 남아 있어야 하지만, 어머니가 찾는 아들일 때는 집으로 돌아가야 한다. 콜롬비아 정부에 필요한 것은 새로운 사회 프로그램이 아니라 사람들에게 심어 줄 새로운 사고 모델이었다. 사고 모델은 이야기로 작용해서 많은 범죄자를 아들로 바꿔 놓았다. 이것이 의미 창출의 혁신이었다.

기독교 전통: 기독교와 기독교 세계는 다르다

기독교 전통은 이미 잘 정립되어 있는 일련의 사고 모델이다. 모든 그리스도인의 신앙은 물려받은 기독교 전통에 의존한다. 신앙이란, 받는 것이지 우리가 만들어 내는 게 아니다. 예컨대 기도 같은 실천이나 "예수님이 주님이시다"와 같은 믿음을 스스로 지어내는 그리스도인은 없다. 그것을 우리는 하나님께 받고, 앞서간 이들에게서 받는다.

문제는 더는 존재하지 않는 세상에 맞게 구축된 과거를 우리가 강박적으로 고집할 때 발생한다.[16] 과거의 그리스도인은 세속 사회가 교회를 지지하던 기독교 세계라는 전통을 당연히 전제했다. 그러나 기독교 세계는 1960년대 이후에 붕괴했다.[17] **더는 기독교 세계에 의존할 수 없기에 우리에게 혁신이 필요하다.**

그런데 지금도 우리의 사고 모델은 (그리고 그 사고 모델대로 행동하는 기관들도) 더는 존재하지 않는 세상을 당연한 것으로 전제한다. 기독교 전통과 기독교 세계는 다르다. **기독교 전통은 지금 어떠해야 하는지를 규정하지만, 기독교 세계는 과거에 어떠했는지를 규정한다.** 기독교 전통은 그리스도 예수 안에서 계시된 하나님을 우리가 성령의 증언으로 말미암아 예배한다고 말하지만, 기독교 세계는 그 예배를 표현하려면 찬송과 설교와 헌금으로 이루어진 주일 아침 예배에 참석해야 한다고 말한다. 예배의 실천을 예배의 표현과 하나로 뭉뚱그리면 문제에 빠진다. 어리석게도 우리는 늘 하던 대로 해야 한다고 생각한다. 그러나 기독교 세계를 고수하려는 욕심 때문에 기독교 전통을 새롭게 선포하지 못해서는 안 된다. 그레그 존스는 이것을 긍정적으로 이렇게 표현했다. "전통을 물려받은 사람일수록 가차 없이 혁신하여 전통의 생명력을 수호하도록 부름받았다."[18] 그렇게 혁신하려면 기존의 기독교 전통에 기초하여 새로운 기독교적 범주를 만들어 내야 한다.

누구나 다양한 문화 내러티브에 부딪치게 마련이고, 그런 내러티브는 각 사람을 자체 세계관 속으로 유인한다. 제임스 K. A. 스미스는 그렇게 서로 경합하는 내러티브를 "문화 예배"(cultural liturgies)라 칭했다. 기독교 예배가 우리를 빚어내는 것과 똑같이 그 내러티브도 우리를 형성하려 하기 때문이다.[19] 쇼핑몰에 가는 사람들을 떠올려 보라. 당신은 약국에서 감기약을 사려는 노인일 수도 있고, 유행하는 가게에서 옷을 사려는 청소년일 수도 있지만, 어쨌든 시장의 '문화 예배'에 참석하는 중이다. 그곳은 사고파는 세상이라 모든 것에 가격이 매겨져 있다. 그곳의 규칙이 당신의 기대와 행동을 지배한다.

예컨대 내가 옷가게에서 셔츠를 산다 하자. 일단 가게는 어떤 곳이어야 하고(가격표가 찾기 쉬운 곳에 붙어 있어야 한다는 등), 점원은 어떤 사람이어야 한다는(내 질문에 친절하게 답해 주어야 한다는 등) 사고 모델이 내게 있다. 게다가 쇼핑은 나를 그 이상으로 빚어낸다. 인간의 만남을 상업적 교환으로, 인간을 (관계가 아니라) 기능으로 보도록 가르치는 것이다. 심지어 내 기대에 못 미치는 점원을 어떻게 대해야 하는지도 가르친다. (부끄러운 고백이지만) 나는 가족이나 친구에게 심통을 부리기보다 점원이나 회사를 상대로 화내기가 훨씬 쉽다. 실제로 근래에 인터넷이 끊겨서 케이블 회사에 전화했는데, 다섯 번째에야 겨우 통화가 되었다. 마침내 사람과 연결되었을 때 나는 화가 나 있었다. 전화 상담원의 잘못이 아닌 줄은 나도 알지만, 그런데도 그 상담원을 퉁명스럽게 대한 이유는 나 자신을 거래 예배의 참석자로 보았기 때문이다. 내 사고 모델에 따르면, 나는 '고객'이고, 그녀는 하나님의 형상대로 지어진 인간(기독교 예배의 가르침)이라기보다 내 돈만 받아먹고 서비스는 형편없는 회사의 대리인이었다.

스미스는 "모든 예배는 교육의 일부로서 우리를 특정 인간이 되도록 가르친다"라고 썼다.[20] 상업 예배는 나를 짜증내는(또한 짜증나게 하는) 전형적 고객이 되도록 가르쳤다. 은혜로우신 하나님의 대사가 되도록 가르치는 기독교 예배와 경합한 것이다. 교회가 정체된 이유 중 하나는 우리가 잘못된 사고 모델에 길들여져 있기 때문이다. 우리는 세속 예배를 받아들이고 기독교를 기독교 세계로 대체한다.

기독교적 혁신에는 의미 혁신이 수반된다

기독교적 혁신이 일반 혁신과 똑같을 수는 없지만 그리스도인은 일반 혁신가들에게 배울 게 있다. 기독교적 혁신이 어떻게 다른지 보기 전에 혁신 개념의 발전 과정을 추적해 보는 것도 유익하다. 덕분에 '혁신'에 대한 우리의 사고 모델이 명료해질 수 있다.[21]

일반 학자들에게 '혁신'의 의미는 최소한 다섯 가지다.[22] 기독교적 혁신과 가장 밀접하게 관계되는 것은 다섯 번째 개념이지만, 그래도 전부를 간략히 살펴볼 필요가 있다. 이것이 종종 그리스도인 리더들을 혼란에 빠뜨리기 때문이다. 첫째로 **제품 혁신**이다. 대다수 사람이 '혁신'이란 단어를 들을 때 떠올리는 사고 모델이다. 전구를 발명한 토머스 에디슨이나 아이폰을 개발한 애플사처럼 때로 혁신은 장비를 가리킨다. 이는 교회를 재조정하려는 기독교적 혁신과는 거의 무관하다.[23]

둘째로 **과정 혁신**이다. 헨리 포드의 획기적 조립 라인이나 제조업계의 품질 관리법을 바꿔 놓은 '도요타 방식'이 이에 해당한다.[24] 그러나 교회의 재조정은 방법론을 바꾸어서는 요원하다.

셋째는 **인터넷 혁신**이다. 그 결과는 우버나 구글 어스 같은 앱이나 웹사이트를 만드는 것이다. 그러나 교회의 경우에는 메시지 내용이 달라지지 않는 한, 인터넷 설교만으로는 변화될 수 없다.

넷째는 **사회 혁신**이다. 이 용어는 두 가지로 상반되게 정의된다. 그레고리 디즈가 정의하는 사회 기업가는 사회적 가치를 위해 변화를 추구하는 사람으로서 가용 자원을 이용하거나 영리 회사의 변화를 외부 업체에 맡긴다.[25] 반면 로저 마틴과 샐리 오스버그는 사회 기업가란 "직접 행동을 취해 … 기존 시스템을 바꾸는" 사람이라 주장한다.[26] 그동안 이런 혁신 개념이 그리스도인들의 주의를 적잖이 끌었다. 일부 리더가 그것을 세상에서 선을 행하는 한 방식이자 어쩌면 새로운 구조 속에 복음 메시지를 도입하는 한 방식으로 보았기 때문이다.[27] 거기까지는 정말 좋다. 그러나 이 책의 목표는 우리가 맡아 돌봐야 할 사람들에게 복음을 소통하는 방식을 변화시키는 데 있다. 복음을 전할 구조를 변화시키면 일련의 다른 (중요한) 문제는 해결되겠지만, 교회를 재조정하여 더는 존재하지 않는 세상에서 벗어나게 할 수는 없다. 우리가 이루려는 재조정은 혁신에 대한 이상의 네 가지 정의로는 불가능하다.

그런데 혁신을 구축하는 이 네 가지 방식에는 공통점이 있다. 특히 문제를 대하는 일반 저자들의 접근법이 그렇다. 그들은 조지프 슘페터의 "창조적 파괴" 개념에서 큰 영향을 받았기 때문에[28] 혁신이 "파괴적"[29]이고 "비연속적"[30]이라 주장한다. 그래서 세상에서 말하는 혁신은 대부분 (아마도 한물간) 장비나 과정이나 앱이나 사회 시스템 등을 새것으로 대체하는 것이다.[31] 이런 혁신에 대해 읽는 그리스도인도 자연히 과거를 버리고 싶어질 수 있으나, 앞서 보았듯이 우리는 과거를 버릴 수 없다. 그래서 우리에게는 혁신에 대한 다른 사고 모델이 필요하다.[32]

혁신을 보는 다섯 번째 관점은 전통을 살리려는 기독교의 취지에 더 잘 들어맞는 **의미 혁신**이다. 폴 디마지오는 이를 "문화 기업가 정신"이라 표현했다.[33] 그리스도인 리더의 과제는 자신이 맡아 돌봐야 할 사람들의 삶의 영적 의미를 해석하는 것이다. 그래야 영적 성장이 가능해진다. 우리는 사람들에게 삶의 내러티브를 쓰는 데 필요한 여러 범주를 교리와 이야기 둘 다의 형태로 제공한다. 가장 위력적인 혁신은 새로운 장비나 웹사이트가 아니라 새로운 해석 즉 새로운 세계관이다.

"기관이 혁신에 성공하려면 과거의 속박에서 벗어날 게 아니라 … 과거를 중요하게 이용해야 한다"라는 혁신 학자 앤드류 하거돈의 말이 바로 그런 뜻이다.[34] 의미를 창출하기 위해 완전히 새로운 개념을 생각해 내야 하는 경우는 거의 없다. 예컨대 종교개혁이라는 혁신은 완전히 새로운 개념에 기초한 게 아니라 바울의 로마서를 새롭게 해석한 결과였다. 종교개혁은 새로운 범주("은혜로 말미암는 이신칭의" 등)를 만들어 사람들에게 삶의 내러티브를 쓸 새로운 방식("나는 은혜로 구원받았다" 등)을 제시했다. 이것이 '의미 창출의 혁신'이다. 랄프 윈터의 통찰이 혁신인 까닭도 그가 '나라'라는 단어에 새로운 의미를 부여했기 때문이다. 윈터는 자신이 새로운 의미를 부여한 게 아니라 단어의 본래 의미를 회복했다고 말할 것이다. 루터도 은혜로 말미암는 이신칭의가 본래 로마서에 강조되어 있는데 자신은 그것을 되찾았을 뿐이라고 말할 것이다. 하지만 각각의 청중에게는 그것이 혁신이었다. 의미 혁신이었다. 이제부터 이 책에서 말하는 '혁신'은 '의미 창출의 혁신'을 뜻한다. 그래서 우리는 이 혁신을 더 배울 필요가 있다.

하거돈이 설명하는 혁신은 과거를 버려야 한다고 주장하는 혁신 학자들의 접근법과는 사뭇 다르다. 그의 접근법은 기독교 전통을 중시하는 혁신에 도움이 된다. 하거돈에 따르면 혁신의 관건은 대개 새로운 의미를 창출하는 것이며, 그러려면 새로운 문화적 도구가 필요하다. 이 말은 토머스 에디슨 같은 발명가들에게도 똑같이 적용된다. 스위들러의 영향을 받은 하거돈은 새로운 문화적 도구를 창출하는 과정이 왜, 어떻게 효과를 내는지 설명한 뒤, 그 지식을 활용하는 기관을 구축하는 법을 보여 준다. 그가 "재조합 혁신"[35]이라 칭한 이 과정은 새로운 문화적 도구의 개발을 중심으로 이루어지며,[36] 그런 도구는 특히 과거와 이어져 있다. 그래서 그는 "기관이 혁신에 성공하려면 과거의 속박에서 벗어날 게 아니라 … 과거를 중요하게 이용해야 한다"라고 말한 것이다.[37] 이는 우리에게 기쁜 소식이다. 우리의 신뢰성은 과거에 충실한 데 달려 있기 때문이다.

하거돈은 우선 사람들이 문화적 도구를 어디서 얻는지부터 기술한다. 도구를 새롭게 혁신하려면 도구가 어떻게 만들어지는지를 알아야 하기 때문이다. 문화적 도구는 각 사람을 둘러싸고 있는 네트워크의 산물이다. 모든 인간은 개념과 관계의 네트워크에 연결되어 있다.[38] 그중에는 조직 구조를 통해 규정되는 (조직도 같은) 공식 네트워크도 있지만, 하거돈에게 더 중요한 것은 개념과 특히 사고 모델을 형성하는 네트워크다.

하거돈은 사람들의 세계관에 영향을 미치는 교류에 더 관심이 많다. 예컨대 내가 일정한 블로그를 아침마다 읽는 반면에 상사와는 일주일에 한 번만 대화한다면, 상사보다 블로그가 내게 더 큰 영향을 미치거나 상사와의 교류보다 블로그의 영향이 더 폭넓은 주제에 두루 미칠 것이다.[39] 어쨌든 나는 관계와 개념과 교류의 네트워크에 둘러싸여 있으며, 이런 네트워크로부터 세상을 해석할 일련의 선택 사항들을 수집한다. 이런 선택 사항들을 스위들러는 도구 키트(tool kit)라 칭했다.[40] 기독교적 혁신의 관건은 사람들에게 예수님을 따르면서 **동시에** 삶의 문제에도 대처할 수 있는 새로운 선택 사항들을 만들어 주는 것이다.

우리는 혁신을 여태 없던 무엇을 창출하는 것이라 생각하는 경향이 있다. 물론 그럴 수도 있다. 그러나 기독교 기관이 무에서 유를 창출할 소지는 낮다. 우리의 혁신은 전통적 신앙을 원재료로 삼아 세상을 해석할 새로운 선택 사항을 창출하는 것이다. 실제로 혁신은 대개 기존 개념들을 새로운 상황에 맞게 융합한 결과다.[41] 즉 우리가 맡아 돌봐야 할 사람들에게 영적 의미를 새롭게 해석해 주는 것이다. 랄프 윈터는 외국에 선교사를 파송하는 행위를 창시한 게 아니라 선교의 의미를 혁신했다. 비폭력 시위 개념도 마틴 루터 킹 목사가 창시한 게 아니라 마하트마 간디에게서 빌려와 소개한 것을 사람들이 혁신으로 경험했다. 두 사람 다 기존 개념의 재조합을 통해 새로운 의미를 창출했다.

또 다른 예를 보면, 하거돈이 말한 의미 창출의 혁신이 무슨 뜻인지 더 잘 이해될 것이다. 지난 세대에 복음주의 교계에 널리 퍼진 "구도자를 위한 예배"를 생각해 보라. 구도자를 위한 예배는 해 아래 새것이 아니라 오랜 세월 시행된 기존 기독교 예배를 변형한 것이다. 기독교 예배이긴 한데 다만 새로운 점은 기독교의 틀에 아직 익숙하지 않은 사람들이 공감할 수 있도록 고안했다는 것이다. 그뿐 아니라 이 혁신적 예배는 특정한 사람들(예수님을 모르지만 사실은 그분께 관심이 있을지도 모르는 사람들)의 필요(갈망과 상실)에 민감하게 부응하도록 조정되었다.

이 예배가 출현한 계기는 아직 예수님을 모르는 이들을, 일부 그리스도인이 자신이 맡아 돌봐야 할 사람들로 보았기 때문이다. 예배 자체는 별로 새롭지 않고 대대로 이어져 온 요소들로 이루어졌지만, 전통적 예배 방식에 익숙한 사람들에게는 새롭게 느껴졌다. 새로운 정도가 아니라 아예옳지 않다고 보는 사람도 많았다. '새롭고 다르다'는 점이 일각의 우려를 자아낸 것이다. 그래서 구도자를 위한 예배라는 방식은 초기에 큰 논란을 일으켰다. 하지만 이제는 미국 기독교의 다양한 사역 중 일부로 받아들여진다. 이 예배가 어떻게 논란을 딛고 보편화되었을까? 이 기독교적 혁신은 어떻게 정착되었을까?

구도자를 위한 예배에 벌어진 현상을 사회학에서는 "정당해졌다"라고 표현한다. 한때 부당하던 것(예배에 대한 대중의 사고 모델에 들어맞지 않기 때문에 기독교 예배의 표현으로는 부당하다)이 대중의 마음속에서 정당해진 것이다(이제 예배에 대한 사고 모델이 확장되었기 때문에 정당한 예배 표현이 되었다). 이런 개념은 문화를 도구 키트로 본 앤 스위들러의 아주 영향력 있는 저작에 기초한 것이다.[42]

스위들러에 따르면 인간이 취할 수 있는 행동은 의외로 제한되어 있다. 문화는 우리의 연장통에 들어가는 만큼만 그 도구를 제공해 줄 뿐이다. 우리는 문화가 현 시점에 적절하게(정당하게) 여기는 행동만 취할 수 있다. 예컨대 주일 아침 예배에서 하나님께 멧비둘기로 제사드리는 것은 문화적으로 적절하지 못하다. 과거에는 하나님의 백성이 지시받은 대로 그런 제사를 드렸지만, 이제는 우리의 대제사장 예수께서 친히 단번에 영원한 제물이 되셨기에 더는 동물 제사가 필요 없다는 게 우리 그리스도인의 입장이다(참조. 히 7장). 마찬가지로 그리스도인이 방언 기도를 하거나, 대학 기숙사 방에서 혼성으로 모여 성경을 공부하거나, 교회에서 청소년을 외국에 주말 단기 선교로 보내는 것이 얼마 전까지만 해도 적절하지(정당하지) 못했다. 그러나 이제 그런 행동도 다 정당해졌다. 스위들러의 표현으로 하자면, 이제 문화적 도구 키트가 되어 그리스도인이 세상에서 행동할 때 쓸 수 있게 된 것이다.[43] 이것이 기독교적 혁신과 직결되는 이유는 **현재 그리스도인에게 주어져 있는 문화적 도구 키트가 과거 시대의 기독교에 맞게 고안된 것이기 때문이다.** 지금 우리가 맡은 일에는 걸맞은 도구가 없어 기존 도구로 임시변통하고 있다. 그래서 기독교적 혁신은 새로운 도구에 정당성을 부여하는 과정이기도 하다.

사람들이 정당성을 부여하는 과정은 그다지 논리적이지 못하다. 1990년대 초에 "구도자를 위한 예배"를 처음 경험했을 때는 나도 회의가 들었다. 예배로서 정당해 보이지 않았다. 내 사고 모델에 따르면 예배에는 반드시 일정한 요소들과 특히 죄의 자백이 들어가야 했기 때문이다. 교회 한복판에 "푸드 코트"를 차려 놓고 샌드위치를 파는 것도 너무 상업화돼 보였다(성전의 환전상이 떠올랐다). 또 하나 우려된 것은 구도자를 위한 예배를 시행하는 교회 중 내가 아는 다수가 여성 리더를 인정하지 않았다는 점이다.

그러다 내게 희한한 일이 벌어졌다. 업무차 다른 지역에 갈 일이 있었는데 친구가 나더러 자기 자매가 다니는 교회에 나가 보라고 권했다. 그래서 자매분에게 연락하여 함께 그 교회에 가기로 했다. 그 교회는 구도자를 위한 교회로 전국에서 잘 알려진 곳이었고, 마침 친구의 자매는 교회 운영위원회에 참여한 최초의 여성이었다(여성도 리더로 세우려고 의식적으로 노력하는 교회였다). 교회에 가기 전날에야 알았는데 마침 옛 친구도 그날 그 도시에 온다기에 우리는 함께 야구를 보기로 했다. 내가 교회부터 다녀오겠다고 했더니 친구도 교회에 함께 가겠다고 했다. 예배 후에 야구장으로 가자는 것이었다. 어리석게도 나는 친구가 딱히 그리스도인이 아니라서 그를 교회로 초대할 생각을 못했다.

차를 몰고 함께 교회로 가는 길에 내 친구는 "영적인 세계"에 마음이 열려 있다고 설명했고, 그날의 경험도 아주 좋아했다. 노래도 부르고 기도도 하면서 정말 구도자답게 행동했다. 예배 후에는 푸드 코트에서 많은 사람이 우리 탁자에 와서 우리와 대화했다. 온 교인이 식사하러 나온 것 같았다. 그들은 수다도 떨고 교회 업무도 처리하고 병약한 친구들의 근황도 나누었다. 서로를 위해 기도하기도 했다. 내가 부당하다고 느끼던 세 가지 요소가 모두 예상을 빗나갔음을 문득 깨달았다. 내가 푸드 코트에서 여성 리더와 만족한 구도자 사이에 앉아 환대와 **코이노니아**를 경험하고 있었던 것이다. 아직 반감도 있긴 했다. 왠지 옳게 **느껴지지** 않았다. 내가 알던 바와 달랐고 신학교에서 배운 내용과도 달랐다. 예배란 어떠해야 한다는 내 사고 모델에 맞지 않았다. 그날의 경험으로 내 모든 반론에 대한 답이 나왔는데도 꺼림칙했다. 결국 반감을 떨쳐냈지만 요지는 분명하다. 사고 모델을 바꾸기가 힘들다는 것이다.

피터 드러커는 "한 지식 분야의 혁신은 그 분야 바깥에서 시작되는 경향이 있다"라고 말했다.[44] 그러나 우리는 곁길로 새서는 혁신에 이를 수 없다. 여전히 성경과 역사적 신앙에 매여 있기 때문이다. 그래서 우리 목표는 역사적 신앙을 넘어서는 게 아니라 역사적 신앙을 새롭게 이해하는 것이다. 의미 창출의 혁신을 이룰 새로운 사고 모델이 필요하다. 마지막 사례 하나로 이번 장을 맺으려 한다.

미국 교회는 1980년대 디트로이트의 자동차 제조업계가 범한 것과 똑같은 과오에 빠져 있다. 사고 모델과 관계된 과오다. 1980년대에 "디트로이트는 사람들이 자동차를 구입하는 기준이 품질이나 신뢰성이 아니라 스타일이라고 믿었다."[45] 이를 뒷받침해 줄 여론조사 결과도 있었다. 미국인들이 차의 성능보다 외양을 더 중시한다고 답했던 것이다. 고객과 스스로에 대한 자동차 회사들의 사고 모델은 거기서 생겨났다. 예수님과 자신들에 대한 제자들의 사고 모델이 틀렸던 것과 마찬가지다. 당시의 한 유명한 연구에 따르면 디트로이트는 자기네 "본업이 자동차 제조가 아니라 돈벌기"이며 "자동차란 주로 지위의 상징이다"라고 단정했다. 그래서 차의 품질에 별로 신경 쓰지 않았고 고객들도 마찬가지려니 생각했다. 이런 착각 때문에 결국 그들은 차의 외양보다 품질을 더 중시한 도요타 같은 아시아 회사들에게 경쟁에서 밀려났다.

여기 교회가 중요하게 눈여겨 볼 대목이 있다. 피터 센게는 "사고 모델의 문제는 그것이 옳거나 틀렸다는 데 있지 않다. 어차피 모든 사고 모델은 지나치게 단순할 수밖에 없다"라고 말했다. 문제는 **우리가 사고 모델을 검토하지 않고 그냥 당연시한다는** 것이다. 디트로이트는 스타일을 중시하는 미국인의 취향을 인식한 정도가 아니라 그 개념을 일반화하여 "대중이 중시하는 것은 스타일뿐이다'라고 말했다." 마치 누구나 각자의 사고 모델을 안다는 듯이 사람들의 말을 그대로 믿은 것이다. "그들은 사고 모델을 인식하지 못했기에 검토하지 않았고, 검토하지 않으니 달라질 리도 없었다." 그 결과 "세상이 변화할수록 디트로이트의 사고 모델과 현실의 괴리는 더 커졌고" 그들이 내리는 결정은 갈수록 더 부실해졌다. 디트로이트는 미국 국민을 잘못 이해했기에 자신을 잘못 이해했고, 더는 존재하지 않는(어쩌면 처음부터 없었던) 세상에 맞춰진 기업 모델에 늪처럼 빠져들었다.

사고 모델을 검토하지 않는 문제가 기업에만 해당한다고 생각하면 오산이다. 이번에는 교회를 보자. 로버트 우스나우에 따르면 미국 교회가 고전하는 이유는 교회와 교인들을 보는 관점이 잘못되어 있기 때문이다. 우스나우는 교회의 대변자인 성직자들이 품고 있는 사고 모델이 삶을 분열시킨다고 지적했다. 그들이 전하는 복음은 영적 주제만 다룰 뿐 일상생활의 제반 문제는 건드리지 않는다. 그의 비평은 1990년대에 쓴 것인데도 섬뜩하리만치 지금에 딱 들어맞아 보인다. 그는 성직자들이 "최근 몇 년간, 언론에 나오는 이슈만 거론하며 문화에 휩쓸릴 뿐 … 교인들이 일상생활에서 직면하는 관심사는 언급하지 않는다"라고 썼다. 교인들의 삶은 "먹고살기 위해 더 열심히 일해야 한다는 압박감, 실직하면 안 된다는 걱정, 자신과 가족을 위해 쓸 시간이 부족한 현실, 맞벌이 생활로 인한 부부관계의 긴장, 광고와 시장의 끊임없는 요구"로 가득 차 있는데 말이다. 해법은 교회가 교회에 대한 사고 모델을 재조정하여 "전통의 신성한 가르침"을 교인들의 "고달프고 빡빡한 삶에 접목함으로써 그 가르침을 보전하는 것"이다.[46] 디트로이트의 자동차 회사들처럼 교회도 자신을 잘못 규정해 왔다. 디트로이트가 자동차 제조 대신 돈 벌기를 본업으로 생각했듯이, 교회도 본업이 일상생활의 영적 의미를 해석하는 게 아니라 교회를 세우는 것이라고 생각할 때가 너무 많다. 그래서 우리는 재조정해야 한다.

이번 장에서 많은 사례를 보았듯이 혁신하려면 사고 모델을 수정하여 새로운 의미를 창출해야 한다. 예수님은 마가복음 8장에서 '메시아'에 대한 제자들의 사고 모델을 수정하여 하나님 나라에 대한 개념을 바로잡아 주셨다. 랄프 윈터는 '나라'라는 단어를 둘러싼 사고 모델을 수정하여 세계 선교의 실천에 변화를 일으켰다. 마틴 루터 킹 목사는 비폭력 개념을 도입해서 남부 흑인들이 법을 준수하는 시민이자 정의를 추구하는 그리스도인이 될 수 있게 했다. 디자인 기업 IDEO는 무서운 진단 과정을 이야기 형태의 즐거운 모험으로 전환하여 아이들이 MRI 검사를 견딜 수 있게 했다. 콜롬비아 정부는 가정의 메시지를 통해 수배 범죄자를 실종된 아들로 탈바꿈시켰다. 마르틴 루터는 로마서의 의미를 새롭게 해석하여 종교개혁의 불씨를 당겼다. 구도자를 위한 예배는 예배 방식을 재규정하여 기독교를 경험한 적 없는 사람들을 환대했다. 이 모든 사례에서 혁신은 제품이나 과정이나 사회 프로그램이나 앱이 아니었다. 혁신은 의미를 창출하는 새로운 방식으로 찾아왔다. 교회를 재조정하는 수단은 바로 의미 창출의 혁신이다.

구체적으로 어떻게 재조정할 것인가? 일상생활의 관심사를 다루는 의미 창출의 혁신을 어떻게 이룰 것인가? 그러려면 두 가지 과제를 수행해야 한다. 두 가지 기준에 맞추어 우리를 조정해야 하기 때문이다. 일상생활을 이해하려면 늘 변화하는 문화에 맞추어 우리를 조정해야 하고, 일상생활의 영적 의미를 해석하려면 영원히 변함없는 복음에 맞추어 우리를 조정해야 한다. 이제 어떻게 재조정할 것인가라는 구체적 질문으로 넘어가 보자.

3.

사람들의 갈망과 상실에 공감하며 경청하다

캐서린은 35년 전 교회가 창립될 때 유치원생이었다. 그녀의 성장기에 주일은 으레 의자와 음향 장비를 설치하는 것으로 시작되었다. 차고에서 시작한 교회는 학교 구내식당과 창고를 거쳐 마침내 자체 건물을 마련했다.

캐서린과 교회 친구들은 언제나 아이와 어른과 노년이라는 3세대로 이루어진 교회에 익숙했다. 20대 내내 캐서린은 자신이 아이 세대라고 생각했다. 어른들이 교회를 운영했기 때문이다. 20대 중반에 결혼한 그녀는 비교적 일찍 태어난 예쁜 두 아이로 인해 행복했으나 남편이 떠나는 바람에 망연자실했다. 현재 두 자녀는 열한 살과 열세 살이며 캐서린의 부모는 70대에 들어섰다. 어느 날 그녀는 교회가 끝난 후 친구를 보며 쓸쓸하게 "이제 **우리가** 어른이구나"라고 말했다.[1]

캐서린은 자기 소관 밖의 일에도 책임감을 느낀다. 교회가 성장하던 때만 해도 모든 아이를 수용할 공간을 확보하는 게 가장 큰 문제였다. 지금은 교회가 작아졌다. 물론 인원수도 줄었지만 더 큰 걱정거리는 에너지와 간절함마저 줄었다는 사실이다. 다들 조금씩 지쳐 보인다. 캐서린의 대가족과 교회는 서로 비슷한 상태다. 노년 세대의 힘이 약해지면서 캐서린 세대가 현상 유지라도 하려고 안간힘을 쓰고 있다.

캐서린은 침구류와 욕실 용품을 파는 가게에서 팀장으로 일한다. 계산대 직원으로 출발했지만 열심히 일한 덕에 빠르게 승진했다. 아침에 일어나면 아이들 등교부터 시킨다. 아침을 잘 먹이려고 노력하지만 중학생인 두 아이는 등굣길 차 안에서 허겁지겁 베이글로 때울 때도 있다.

캐서린은 거기서 곧장 가게로 출근한다. 정식 근무는 9시에 시작되지만 대개 8시 조금 넘어 도착한다. 그래도 시간이 모자라 본사의 서류 작업을 다 마치기도 전에 직원들이 출근한다. 그때가 9시 반이다. 점장은 캐서린을 아주 좋아한다. 그녀를 사실상의 부점장처럼 대할 정도다. 덕분에 그녀는 칭찬과 신뢰를 많이 받지만 일도 더 많아져 딱히 자기 일이 아닌 일까지 하게 된다. 언젠가는 독립해서 자기 가게를 차리고 싶다.

직원들을 관리하고 새로 입고되는 제품을 수령하고 고객을 상대하다 보면 하루가 후딱 지나간다. 그때그때 벌어지는 일에 대응할 뿐이지 생각할 시간은 별로 없다. 직원들의 피드백에 따르면 캐서린은 그들에게 엄마 같은 존재다. 직장에서 겪는 문제를 해결하도록 도와줄 뿐 아니라 퇴근 후에도 그들의 삶에 대해 들어 준다.

캐서린이 집에 오면 6시 반쯤 된다. 점심시간이라고 해 봐야 제로 콜라에 다이어트 바 하나를 삼킬 시간밖에 안 되므로 거의 10시간 내내 일한 셈이다. 급히 저녁을 준비해서 7시에 아이들에게 먹인다. 숙제가 이미 끝났어야 정상인데 아이들이 어른의 감독 없이 스스로 하는 적은 거의 없다. 그래서 두세 시간 동안 그녀가 아이들을 재촉하여 숙제를 마치고 늦지 않게 잠자리에 들게 한다.

캐서린은 10시에 자리에 눕는다. 하루 중 가장 좋은 때일 것 같지만 오히려 두려운 시간이다. 자기가 버는 돈으로는 먹고살기도 힘들다는 사실을 이때 생각하기 때문이다(전남편은 캐서린을 전혀 도와주지 않는다). 월급의 절반

이상이 방 두 칸짜리 아파트의 월세로 나간다. 가게를 차리면 돈을 더 벌겠지만 그만큼 시간도 더 들 텐데, 여기서 어떻게 더 시간을 낸단 말인가? 그녀는 은퇴 자금과 자녀의 대학 학자금을 저축할 수 없어 죄책감이 든다. 불시의 사태에 대비한 생명 보험이 없는 것도 문제고, 부모님에 대한 걱정도 떨칠 수 없다. 어머니가 평생 서서 일한 대가로 건강이 나빠졌기에 캐서린도 자신의 건강이 그 나이 때 어찌될지 걱정이다.

캐서린은 주말에 격주로 휴무라서 두 자녀를 교회 주일학교에 데려갈 시간이 없다. 그래도 한 달에 두 번은 교회에 데려가려 애쓴다. 그녀는 하나님이 아이들에게 다가와 주시기를 기도한다. 다섯 살도 안 된 두 자녀와 그녀를 두고 남편이 떠났을 때, 교회가 그녀에게 큰 도움이 되었다. 그런데 캐서린은 두 아이가 교회에서 예수님의 사랑에 대해 들을 시간이 부족해서 걱정이다. "아이들의 삶에서 하나님의 존재감이 더 커졌으면 좋겠어요."

리더십은 경청으로 시작된다. 그것이 이번 장의 주제다. 기독교 리더십을 가르칠 때면 나는 신학생에게 강의할 때든 일반인에게 강연할 때든 제목과 무관하게 늘 똑같은 방식으로 시작한다. 실내에 들어오는 사람들에게 확실히 보이도록 어떤 문장을 빨간색으로 흰색 칠판에 써 놓거나 파워포인트 화면에 띄워 놓는다. "리더십은 경청으로 시작된다"라는 문장이다.

이것이 리더십의 전형은 아니다. 예컨대 캐서린의 두 자녀가 다니는 중학교에서 1학년 학생들을 모아 놓고 리더의 정의를 묻는다면 그들은 "리더란 남에게 일을 지시하는 사람이다"라고 답할 것이다. 우리 문화의 리더십 개념을 잘 정의한 말이다(리더십에 대한 우리의 사고 모델을 보여 준다). 우리는 리더가 말하는 사람이라고 생각하는 경향이 있다. 솔직히 나도 이 전형에 일조했다. 그리스도인 리더가 해야 할 말을 주제로 책까지 썼으니 말이다.[2] 말하기도 분명히 중요하긴 하다.

그러나 말하기 **전에** 해야 할 일이 있다. 리더십은 경청으로 시작된다. 10주 과정 과목에서 나는 그 말을 아마 50번도 더 할 것이다. 학생의 질문에 답할 때 대개 이런 말로 운을 뗀다. "어디서부터 시작해야 할까요? 리더십은 경청으로 시작됩니다." 이어서, 리더가 말하거나 행동하기 전에 어떻게 경청해야 하는지를 자세히 설명한다. 그 말을 하도 많이 했더니 그것이 교수로서 내 정체성의 일부가 되었나 보다. 한번은 내게 배운 졸업생을 먼 타지의 공항에서 우연히 만났는데, 그는 분명히 나를 알아보았으나 즉시 내 이름을 부르며 인사하지는 않았다. 그 대신 내게 다가와 "리더십은 경청으로 시작됩니다"라고 말했다. 그리스도인 리더가 하는 모든 일은 거기서 흘러나온다.

교회를 재조정하는 데 도움이 될 다섯 가지 질문을 기억할 것이다. 환기하는 의미로 아래에 다시 열거한다. 읽으면서 특히 처음 세 가지 질문에 주목하라. 이 셋은 모두 경청과 관계되는 질문이다.

질문 1. 하나님이 당신에게 돌보라고 맡기신 사람들은 누구인가?

질문 2. 그들은 인간 조건을 구성하는 갈망과 상실을 어떻게 경험하고 있는가?

질문 3. 그들은 어떤 큰 거짓말을 믿고 있기에 복음을 듣지 못하는가?

질문 4. 당신은 그런 갈망과 상실의 영적 의미를 어떻게 해석하는가?

질문 5. 그 영적 의미를 공동의 희망 이야기로 어떻게 바꿔 쓸 수 있는가?

이번 3장에서는 처음 세 가지 질문을 살펴보고 나머지 두 가지 질문은 4-5장에서 다룰 것이다. 이번 장의 초점은 처음 세 가지 질문이 경청과 관계된다는 것이고, 그 내용은 다음 세 가지 질문으로 구성된다.

1. 누구의 말을 경청할 것인가? (하나님의 말씀과 우리가 맡아 돌봐야 할 사람들의 말을 듣는다.)
2. 무엇을 경청할 것인가? (갈망과 상실과 큰 거짓말을 듣는다.)
3. 어떻게 잘 경청할 것인가? (공감하며 듣는다.)

우리가 사람들의 말을 경청하는 일차적 이유는 그들이 하나님의 형상대로 지어져 그만한 자격이 있기 때문이다. 그들은 세상에서 그 형상을 가진 사람들이며, 우리가 그리스도인 리더로서 할 일은 누구를 만나든 그 사람 안에 있는 하나님의 불씨를 존중하는 것이다. 그러나 경청해야 할 이유는 또 있는데, 이것이 교회의 재조정과 직결되는 이유다.

우리는 변화되기 위해 경청한다. 교회를 재조정할 수 있으려면 먼저 자신부터 재조정되어야 한다. 그리스도인 리더는 맡아 돌봐야 할 사람들의 필요에 깊이 몰입해야 한다. 그래야 그것이 우리를 변화시킨다. 사람들의 일상적 고충은 우리를 온갖 이기적 추구에서 끌어내, 교회에 속한 우리가 하나님이 맡기신 사람들을 섬기기 위해, 곧 이웃인 그들을 나 자신처럼 사랑하기 위해 존재한다는 사실을 일깨워 준다. 우리부터 변화되어야 사람들에게 변화를 요구할 수 있다. 사실 리더는 자신의 관심사와 의제를 이루기 위해 이끄는 사람이 아니다. **우리는 듣고 나서 자신이 변화되려고 경청한다. 혁신은 변화를 낳는 경청으로 시작된다. 잘 들으면 듣는 사람이 달라진다.**

누구의 말을 경청할 것인가?

1) 하나님의 말씀을 경청한다

리더십은 경청으로 시작된다. 하나님의 말씀과 우리가 맡아 돌봐야 할 사람들의 말을 경청해야 한다는 뜻이다. 이번 장의 주안점은 사람들의 말을 듣는 데 있다. 그러나 그 부분을 살펴보기 전에 강조해야 할 것이 있다. 하나님의 이름으로 이끄는 모든 리더들은 기꺼이 변화되려는 마음으로 사역에 임해야 한다. 앤 스트리티 윔벌리는 이를 "하나님과 서로에게 완전히 열린 마음"이라 표현했다. 윔벌리가 설명했듯이 우리는 바쁘게 사느라 자신의 세계관에 매몰될 때가 많다. 이기적 욕구에 빠져 자신의 의제와 직무와 입장만 생각하는 것이다. 그래서 윔벌리는 "하나님께 완전히 마음을 열려는, 편견 없는 침묵"을 주문한다.[3] 우리는 성경을 통해, 찬양을 통해, 묵상을 통해 하나님의 말씀을 경청한다. 이 경청이 모든 행동에 앞선다. 하나님이 우리를 불러 섬기게 하신 사람들의 말을 경청하는 것도 거기서 파생된다.

2) 우리가 맡아 돌봐야 할 사람들의 말을 경청한다

그리스도인 리더에게는 "추종자"가 없다.[4] 추종자는 예수님께만 있고 그리스도인 리더에게는 돌보도록 맡겨진 사람들이 있을 뿐이다. 리더십 모델을 "맡겨진 사람들을 돌본다"라는 개념으로 재규정하는 데는 세 가지 신학적 근거가 있다. 첫째로, 맡기시는 하나님의 역할을 부각한다. 우리 모두를 그리스도의 대사라 칭하는 고린도후서 5장 18-20을 보면 하나님이 그리스도 예수 안에 계시사 "세상을 자기와 화목하게" 하셨다는 사실이 먼저 강조된다. 우리의 모든 행위는 하나님이 이미 행하셨고 지금도 행하고 계시며 장차 행하실 일에서 파생된다. 하나님은 우리에게 사람들을 맡기심으로써 우리도 하나님을 본받아 그들을 돌보도록 부르신다.

둘째로, 우리는 이미 하나님께 속해 있는 사람들의 청지기일 뿐임을 강조한다. 우리가 맡아 돌봐야 할 사람들은 하나님의 형상대로 지어진 **하나님의** 사람들이지 내 목표를 이루도록 지어진 내 사람들이 아니다. 나는 그들을 내 마음대로 휘둘러도 되는 도구처럼 대할 수 없고, 편하게 무시해도 되는 천편일률적 존재로 취급해서도 안 된다. 그들은 하나님께 속해 있다.

셋째로, 성과를 재는 척도는 내 의도에 있지 않고 내게 맡겨진 사람들에게 미친 내 수고의 영향에 있다. 청지기로서 감귤을 재배한 내 할아버지는 과수가 자신의 것이 아니며, 자신이 얼마나 수고했는지는 나무에 열매가 어떻게 맺히느냐에 달려 있음을 알았다. 할아버지는 주인과 과수 사이에 계셨다. 마찬가지로 그리스도인 리더는 하나님이 바울과 아볼로를 불러 각각 심고 물을 주게 하셨을지라도 고린도 교인들이 바울이나 아볼로의 사람들이 아님을 안다. 사람은 하나님께 속해 있으며 하나님만이 자라나게 하신다.

이렇듯 하나님은 리더를 일하라고 부르시는 게 아니라 사람들에게 가라고 부르신다.[5] **내 목적은 내 취향이나 계획에서 나오는 게 아니라 내게 맡겨진 사람들에게서 나온다.** 사람들의 필요가 리더로서 내가 하는 일을 규정한다. 교회를 향한 내 취향이나 계획이 사람들의 필요와 다를 경우, 내 희망과 구상보다 사람들의 필요가 우선해야 한다. 이 교훈을 나는 삶 속에서 배워야 했다. 설명하자면 이렇다.

하나님은 내게 두 딸을 주셨다. 결혼하기 오래전부터 나는 자녀와 함께 농구할 날을 꿈꾸었다. 농구를 아주 좋아하다 보니 지금도 매주 두 번씩 즐긴다. 마침 내가 장신의 여인과 사랑에 빠졌기에 자녀에게 농구를 가르칠 날에 대한 희망은 더욱 부풀었고, 자녀가 둘 다 딸이라는 사실은 문제되지 않았다. 딸에게도 즐겁게 농구를 가르칠 수 있다.

하지만 그럴 일은 없었다. 두 딸은 엄마와 아빠를 번갈아 보고는 엄마가 훨씬 더 재미있다고 판단했다(나도 동의한다). 엄마는 뜨개질과 바느질을 하고 빵을 굽는다. 엄마는 컴퓨터 프로그래머다. 딸들은 스포츠에는 관심이 없다. 그 대신 패션과 음식과 과학을 좋아한다.

자녀의 필요는 내 흥미와 달랐고 내가 예상한 아빠 노릇과도 어긋났다. 그래서 나는 어떻게 했을까? 하나님이 나에게 돌보도록 맡기신 아이들의 관심사를 따라가야 했다. 내 천성과는 다른 부분을 개발해야 했다. 아이들에게 내 취향을 따르라고 강요할 게 아니라 내 쪽에서 아이들의 취향을 받아들여야 했다. 덕분에 이제 나는 패션이 가족의 화제로 등장해도 펜슬 스커트, 루시 슬리브, 보이프렌드 재킷에 대한 대화에 낄 수 있다. 다만 따뜻한 색조와 차가운 색조를 구분하지 못해 아직도 딸들에게 웃음을 주고 있다. 나는 패션에는 별로 관심이 없지만 두 딸과 관련된 일이라면 열심히

하고 싶다.[6]

딸들은 하나님이 내게 돌보라고 맡기신 사람들이다. 내가 딸들을 고른 게 아니라 하나님이 그들을 내게 선물로 주셨다. 그 선물로 인해 내게 의무가 생겼다. 나는 딸들에게 필요한 존재가 되어야 했다. 아버지로서의 소명을 다하여 열정을 품고 내게 맡겨진 딸들을 돌보려면 내 천성과는 다른 '열정'을 개발해야 했다. 중요한 것은 내가 아니라 내가 맡아 돌봐야 할 사람들이다. **소명의 관건은 당신이 아니다. 당신은 당신에게 맡겨진 사람들에게 필요한 존재가 되어야 한다.**

당신이 맡아 돌봐야 할 사람들의 말을 경청하는 것이 혁신의 첫 단계다. 이는 일반 회사도 인정하는 사실이다. 오래전에 구글은 단순한 인터넷 검색 이상으로 일을 확장하기로 했다. 그러려면 어떤 프로젝트가 혁신 작업의 중심이고 어떤 프로젝트가 지엽인지를 판단해야 했다.[7] 이에 회사는 다음 문구를 모든 결정의 지침으로 삼았다. "사용자에게 집중하라."[8] 구글은 무엇이 돈이 될지를 묻거나 직원들의 기술이나 취향을 따진 게 아니라 웹사이트를 사용할 사람들을 섬김으로써 승자가 되었다. 이후 구글의 모든 혁신은 사용자에게로 귀결되었다.

듀크대학교 신학대학원의 그레그 존스가 하는 말도 비슷하다. "사고에서나 삶에서나 우리는 본연의 목적을 지향한다. 우리의 목적은 하나님의 통치를 증언하는 것이다. 그것이 우리를 혁신으로 떠민다."[9] 하나님은 우리가 맡아 돌봐야 할 사람들을 위해 일하시고, 그들과 함께 일하시며, 우리는 하나님이 하시는 그 일을 증언한다. 우리는 대사처럼 하나님과 사람들을 중재한다. 파송된 대사가 하는 모든 일은 자신이 섬겨야 할 사람들과 직결된다. 모든 기독교적 혁신은 하나님이 우리에게 맡기신 사람들을 섬기기 위한 것이다.

3) 우연히 만난 사람의 말을 경청한다

그렇다면 하나님이 우리에게 돌보라고 맡기신 사람들은 누구일까? 그들은 우리가 택해서 섬기는 사람들일 때도 있다. 목사가 어느 교회에 청빙되어 가거나, 은퇴자가 노숙인 쉼터에서 자원봉사하는 경우다. 그러나 우리가 섬겨야 할 사람은 우리 옆에 있는 사람일 때가 더 많다. 사무실 통로 건너편에서 일하는 사람이나 아파트의 맞은편 호수에 사는 사람처럼 말이다. 그런가 하면 회전초(뿌리에서 떨어져 나와 바람에 굴러다니는 식물 — 옮긴이)처럼 우리 삶 속에 뜻하지 않게 들어오는 사람들도 있다.

나는 하나님이 우리 삶 속에 날려 보내시는 회전초의 은유가 참 좋다. 두 가지 예를 들어 보자. 몇 년 전에 모교에서 내게 이메일을 보냈다. 대학 측에서 나를 만나고 싶다며 사람을 보내겠다는 것이었다. 필시 모금 담당자이겠거니 싶어 별로 대화할 마음은 없었다. 그러나 내가 일하는 신학교도 모금을 하기 때문에 다른 학교는 어떻게 하는지 보는 것도 재미있겠다는 생각이 들었다. 젊은 모금 담당자는 내 사무실을 찾아와 모교의 근황을 전해 주었다.

떠나기 전에 그가 내 사무실을 둘러보며 무심코 말했다. "하나님에 대한 책이 많네요. 하나님에 대해 물어봐도 될까요?" 내가 뭐라고 말하겠는가? "물론이죠. 예수님에 대해 이야기해 봅시다." 그의 고민과 질문에 대해 대화가 이어졌고, 나는 그에게 다음에 또 오라고 권했다. 그 뒤로 그는 한 달에 한 번쯤 와서 "하나님에 대해 대화했고" 결국 어느 교회에 등록하여 세례도 받았다. 그쯤 되니 나도 인정할 수밖에 없었다. 비록 예고 없이 내 사무실에 불려 날아온 회전초였지만 그는 하나님이 내게 돌보라고 맡기신 사람이었던 것이다. 나는 그를 도울 책임이 있었다.

내 아내에게도 비슷한 일이 있었다. 아내가 성경공부 저녁 모임에 참석했는데 귀가할 때 아내의 소그룹에 속한 한 여자에게 차편이 필요했다. 마침 같은 방향이라서 아내가 그녀를 태워 주었다. 그 후로 매주 동승하는 동안 그녀의 필요를 알게 되어 아내가 그녀를 돕기 시작했다. 이 여자는 하나님이 아내의 삶 속에 보내신 회전초였고, 머잖아 아내가 맡아 돌봐야 할 사람이 되었다.

이 주제에 성경적으로 주목하는 사람은 누구나 알겠지만, 지금 우리는 잘 알려진 복음 이야기 중 하나에 들어와 있다. "우리가 맡아 돌봐야 할 사람들은 누구일까?"라는 질문은 결국 젊은 율법 교사가 예수님께 던진 "내 이웃이 누구입니까"라는 질문과 비슷하다. 우리의 소명은 더도 말고 덜도 말고 하나님이 우리 곁에 보내 주시는 이웃을 사랑하는 것이다.

이웃에 대한 우리의 정의는 예수님이 정의하신 것과 같아야 한다. 선한 사마리아인의 비유[10]에서 제사장과 레위인은 자기 일에 몰두한 나머지 다친 사람의 필요를 인식하지 못했다. 그들은 부상자의 이웃이 되기를 거부했고 그를 이웃으로 인정하지도 않았다.[11] 마찬가지로 교회인 우리도 우리의 의제에 열중하느라 우리에게 맡겨진 사람들의 말을 경청하는 데 소홀할 수 있다. 리더십이 경청으로 시작될진대, 우리는 이웃이 되어 하나님이 우리 곁에 두신 사람들의 말을 들어야 한다.

더 구체적으로 들어가 보자. 이번 장 서두에 싱글 맘 캐서린을 소개했는데, 그녀가 맡아 돌봐야 사람들은 누구일까? 우선 가정이 있으니 그녀는 두 자녀를 돌봐야 하고, 연로한 부모님까지 (점점 더) 맡아 돌봐야 한다. 침구류와 욕실 용품을 파는 가게의 팀장으로서는 직원들을 (또한 어느 정도는 고객들도) 맡아서 돌봐야 한다. 또 이전에 교회 어린이 사역을 도왔던 그녀는 이제 시간이 없어 봉사는 못하지만 그래도 아이들에게 관심이 많다.

이웃 사랑의 표현으로 그녀가 가게의 젊은 직원들을 보살피는 일이 점점 늘고 있다. 그들은 그녀에게 업무 관련 문제나 사생활에 대한 조언을 구한다. 그녀는 판매직 여직원들을 은근히 자신의 "양"이라 칭한다. 사람들을 맡아 돌본다는 것은 바로 그런 의미다. 그런데 혁신(교회의 재조정)에 대한 논의가 더 진도를 나가면 이제 우리는 개인 차원을 벗어나야 한다. 하나님이 교회에 돌보라고 맡기신 사람들도 찾아내야 한다.

많은 사람을 맡아 돌보는 캐서린을 다시 교회가 맡아 돌본다. 교회 리더들은 그녀의 가정을 도울 의무가 있다. 그녀는 교회에 매주 나가고 싶어도 일 때문에 그럴 수 없지만, 그래도 교회는 마땅히 그녀에게 다가가야 한다. 그녀의 말을 경청하고 그녀의 입장을 이해해야 한다. 캐서린은 교회에 맡겨져 있다.

캐서린의 교회가 맡아 돌봐야 할 사람들은 또 누구일까? 그 교회에는 좋은 사람들이 가득하며 그들은 대부분 평생 그리스도인이었다. 이 사람들의 필요를 교회가 어느 정도 채워 주어야 한다. 하지만 거기서 끝나서는 안 된다. 교회가 속한 동네의 인구는 40퍼센트가 히스패닉인데 교인은 거의 다 백인이다. 히스패닉이 왜 그렇게 적은지 교인들에게 물으면 그들은 히스패닉이 전통적으로 천주교인이라는 사실을 지적한다. 그 말도 맞지만 실제로 그 사람들은 대부분 천주교회에 다니지 않는다. 냉담한 천주교인도 예수님의 사랑을 들어야 한다. 캐서린의 교회는 모든 이웃에게 다가가야 하는 줄은 아는데 방법을 모른다. 그 이웃들에게 무슨 말을 해야 할지 모른다. 다행히 다음 단계(다섯 가지 질문 중 네 번째)는 무슨 말을 할 것인지와 관계되며, 말하기 전에 어떻게 듣는지는 정말 중요하다. 그래서 기독교적 혁신으로 나아가는 다음 단계도 첫 단계처럼 경청이다.

무엇을 경청할 것인가?

변화를 낳는 경청(듣는 사람을 변화시키는 경청)의 첫 단계는 물론 우리가 맡아 돌봐야 할 사람들의 말을 경청하는 것이다. 이 첫 단계가 즉각 불러일으키는 의문이 있다. "그렇다면 무엇을 경청할 것인가?"

변화되기 위해 경청하려면 무엇보다 우리가 맡아 돌봐야 할 사람들의 갈망과 상실에 귀 기울여야 한다. 이것이 우리의 모든 혁신 작업의 중심축이다. 세상이 달라졌다는 것은 우리 그리스도인 리더들도 안다. 하지만 이 중심축 덕분에 우리는 더 구체적으로 들어갈 수 있게 되었다. **가장 중요한 변화, 곧 복음으로 대응해야 할 변화는 우리가 맡아 돌봐야 할 사람들의 갈망과 상실에 영향을 미치는 변화들이다. 우리는 거기서부터 출발한다.**

그런데 일단 갈망과 상실의 개념을 이해하고 나면 거기서 드러나는 사실이 있다. 사람들이 특히 더 속수무책으로 느끼는 부분들, 즉 그들이 으레 문제에 부딪치는 생활 영역들이 있다. 우리는 그런 부분을 잘 경청해야 한다. 구체적으로 말하자면 소위 큰 거짓말을 경청해야 한다. 어쨌든 모든 경청은 우리가 맡아 돌봐야 할 사람들의 갈망과 상실에서부터 시작된다.

1) 갈망과 상실을 경청한다

우리는 결국 사람들을 복음 이야기 속으로 초대하려 한다. 그러나 누군가를 이야기 속으로 초대할 수 있으려면 먼저 그 사람의 이야기부터 알아야 한다. 무엇이 그에게 가장 중요하고 어떤 이야기가 그를 규정하는지를 이해해야 한다. 그래야만 희망을 주는 복음 이야기 속으로 그를 초대할 수 있다. 그렇지 않으면 그냥 그를 천편일률적으로 대하는 것이다.

로버트 우스나우에 따르면, 현재 많은 교회가 위기에 처한 이유는 엉뚱한 것에 주목하기 때문이다. 설령 경청했다 해도 그동안 우리는 엉뚱한 것만 들었다.[12] 그의 말처럼 대다수 교회는 (다른 사람들의) 도덕과 관련된 문화 전쟁 논쟁거리에, 그리고 (그리스도인을 연합시키는 거시적 신학 주제보다 그리스도인을 분열시키는 소소한 신학 문제에 주목하는) 시시콜콜한 교리에 더 관심이 많다. 우스나우는 이런 가치와 신념이 중요하지 않다고 말하지 않는다. 오히려 반대다. 우리가 믿는 내용이 워낙 중요하기 때문에 그것이 사람들의 일상생활과 연결되어야 한다는 것이다.

우리에게 맡겨진 사람들을 돌보려면 그들의 가장 중요한 관심사를 들어야 한다. 바로 일과 돈, 건강과 가정 같은 문제들이다. 나는 그것을 이렇게 설명한다. 밤에 당신이 베개를 베고 눕는 순간이 있다. 잠들기 전 바로 그 순간에 그날의 온갖 염려가 몰려온다. 그 순간을 아는가? 당신에게 가장 중요한 문제들이 한꺼번에 머릿속에 떠오른다. 그중에는 당신이 동경하고 갈망하는 것도 있고, 행여 잃을까 봐 두려운 것도 있다. 기독교적 혁신을 이루려면 먼저 하나님이 우리에게 돌보라고 맡기신 사람들의 말을 경청하여 그들의 이야기를 알아야 한다. 바로 그런 문제가 사람들을 잠 못 이루게 한다.

이는 인간이라면 누구나 직면하는 아주 중요한 문제들이며, 이것을 지칭하는 이름도 있다. 서구 전통은 이런 희망과 두려움을 "인간 조건"이라 칭한다. 바로 우리가 말하는 "갈망과 상실"이다. 인간 조건을 규정하는 질문은 무엇이 삶을 가치 있게 하며, 왜 가치 있게 살기가 이토록 힘드냐는 것이다. 목적과 의미에 관한 질문도 있다. 이게 전부일까? 내 행동이 무엇 하나라도 정말 중요할까? 고통을 감수하면서까지 살아갈 가치가 있을까? 나는 커서 무엇이 되고 싶은가?(모든 연령대 사람에게 다 해당한다.) 공동체의 필요성과 관계된 질문도 있다. 나를 정말 아는 사람이 있을까? 내가 실제로 어떤 사람인지 알고도 사람들은 나를 좋아할까? 공동체에 속해 있으면서도 어떻게 하면 내 개성을 잃지 않을 수 있을까? 어쩔 수 없이 고립된다 해도 그에 굴하지 않으면서 어떻게 개인으로 남을 수 있을까?

풀러청소년연구소는 갈망과 상실을 이런 말로 요약한다. 즉 모든 청소년은 으레 정체성과 소속과 목적에 대한 의문으로 씨름한다는 것이다(사실은 나이와 관계없이 누구나 다 그렇다).[13]

인간 조건을 규정하는 질문에는 인간의 기본적 두려움에 관한 것도 있다. 죽음에 대한 두려움, 정죄에 대한 두려움(이런 내 모습으로 정말 충분할까?), 수치심이나 죄책감에 대한 두려움 등이다. 인간의 기본적 고충(일과 가정과 건강과 재정 등에 대한 고충, 그리고 그것들이 서로 충돌할 때 발생하는 역할 갈등)을 해결해야 하는 난제가 인간 조건 속에 내재되어 있다. 인간이라면 누구나 이런 의문으로 씨름한다. 각 질문마다 인간이라는 존재의 핵심과 맞닿아 있기 때문이다.

사람들이 '인간 조건'을 논하기에는 너무 엄두가 나지 않을 때가 많다. 그것이 너무 난해하거나 추상적으로 느껴지기 때문이다. 실제로 대다수 사람들이 잠 못 이루며 생각에 잠기는 문제는 '인간 조건'이 아니라 인간 조건을 구성하는 여러 요소다. 이를테면 자녀나 부모, 직장 문제나 학교 문제, 기다려 온 친구와의 점심식사 등이 그에 해당한다. 안전이나 굶주림의 문제로 고생하는 사람도 있고,[14] 건강이나 재정 때문에 고민인 사람도 있다.

자기만의 갈망(희망, 꿈, 동경)은 누구에게나 있다. 그중에는 큰 것도 있어서, 예컨대 나는 자녀의 건강을 희망하거나 자신의 어떤 성취를 동경할 수 있다. 반면 당장 상사와의 만남이 좋게 끝나기를 희망하거나, 이번 주말 요긴한 휴식을 바라는 소소한 갈망도 있다. 뒤집어 생각해 보면, 상실은 갈망이 무산된 결과다. 사랑하는 사람이 건강하기를 바랐는데 그가 세상을 떠난다면 그것이 내게는 상실의 경험이다. 상사와의 만남이 잘되기를 바랐는데 그가 당신을 부당 대우한다면 이 또한 상실이다.

당신은 잠자리에 누워 뒤척이며, 낮에 있었던 직장 미팅이나 친구와의 대화를 머릿속에 재생한 적이 있는가? 당신이 했던 말 때문에 잠자리에서 자책한 적이 있는가? '그때 이렇게 말할 걸' 하며 15분 동안이나 생각해 본 적이 있는가? 사람들이 잠 못 이루며 머릿속에 재생하는 이야기들을 당신이 안다면, 리더로서 당신이 이끄는 방식이 얼마나 달라질지 생각해 보라. 변화를 낳는 경청이란 이렇게 서로 맞물려 인간 조건을 구성하는 갈망과 상실을 듣고 자신이 변화되는 것이다.

몇 가지 사례를 소개하려 한다.[15] 사실 인간 조건을 구성하는 갈망과 상실로서 가장 현 세대의 공감을 자아내는 사례들은 픽사 영화에 나온다 (7장에서 픽사가 인간의 갈망과 상실을 이해하려고 어떻게 공들여 노력하는지 살펴본 뒤, 그것이 교회 문화에 주는 교훈도 짚어 볼 것이다).[16]

갈망과 상실에 대해 가르칠 때 나는 학생들에게 영화 〈업〉(Up)의 첫 시퀀스를 보여 주면서 인물들을 잠 못 이루게 하는 게 무엇인지 경청하게 한다.[17] 이 장면은 부부가 교회 강단에서 행복하게 결혼하는 것으로 시작된다. 대사 없이 전개되는 이야기 속에서 부부는 집을 꾸미고, 자녀를 고대하고, 불임 사실을 알게 되고, 상심을 달래고, 모험을 떠나는 휴가를 계획하지만 그 휴가비로 생필품을 구입한다. 그렇게 함께 살고 함께 일하며 함께 늙어 가다가 결국 아내가 병으로 먼저 세상을 떠나면서 둘은 헤어진다. 4분짜리 시퀀스가 끝날 때는 교회의 같은 자리에 아내를 잃고 장례를 치른 남편만 홀로 남아 있다. 이것을 학생들에게 보여 준 뒤 이 짧은 시퀀스 안에 담겨 있는 갈망과 상실을 모두 열거하게 한다. 그러면 자녀, 배우자, 생산적인 일, 모험, 사랑 등이 언급된다. 바로 이것이 모든 인간이 갈망하는 것들이자 또한 하나씩 잃을 때마다 애통하는 것들이다.

인간 조건을 다룬 또 다른 픽사 영화는 아카데미상을 받은 〈바오〉(Bao)라는 단편 영화로, 중국인 이민자인 중년의 어머니에 대한 이야기다. 영화는 허구적 상황으로 시작된다. 나중에야 밝혀지지만 사실은 그녀가 오후에 낮잠을 자다가 꿈을 꾼 것이다.

꿈속에서 이 중년 여자는 중국 만두인 바오를 빚고 있다. 남편은 그녀에게 내 줄 시간이 없는 듯 신문을 읽으며 허겁지겁 식사하고는 서류 가방을 들고 말없이 잰걸음으로 집을 나선다. 여자가 계속 만두를 빚고 있는데 만두 하나가 살아난다(꿈속이나 만화에서는 가능한 일이다). 팔다리가 솟아난 만두는 그녀에게 함박웃음으로 보답한다. 여자는 살아 움직이는 만두와 친구가 된다. 그녀는 자식 같은 만두를 데리고 장에도 가고 공원에서 태극권도 한다. 그러면서 아무 데로나 가려고 하는 그를 보호한다. 시간이 흘러 만두는 반항의 사춘기를 거쳐 청년이 된다. 장성한 그는 누가 봐도 중국인이 아닌 백인 여자와 사귀더니 머잖아 이 백인과 결혼하겠다고 고집한다. 만두가 짐을 꾸려 문간으로 향하자 여자는 필사적으로 말리다가 그만 만두를 집어 입 안에 넣고 통째로 꿀꺽 삼켜 버린다. 자식 같은 만두를 잃은 그녀는 그제야 망연자실하여 통곡한다. 이 단편 애니메이션은 거기서 끝나지 않는다.

낮잠을 자다 깬 그녀의 뒤쪽으로 그녀의 진짜 아들이 희미하게 등장한다. 정말 그는 만두와 약간 비슷해 보인다. 여자가 꿈꾸고 있었음을 관객은 이때 깨닫는다. 실제로 백인과 결혼한 소중한 아들이 꿈에 만두로 나왔던 것이다. 꿈에서 교훈을 얻은 그녀는 이제 신혼부부인 아들과 며느리를 받아들이기로 한다. 이 짤막한 영화는 온 가족이 함께 만두를 빚는 장면으로 끝난다.[18]

이 영화는 많은 상을 받았다. 애니메이션에 대해서만 아니라(물론 그것도 훌륭하겠지만) 특히 사회적 반향 때문이었다. 영화 속의 이야기는 우리를 인간 조건의 갈망과 상실 속으로 데려간다. 부모라면 누구나 자녀를 과잉보호하고 싶은 마음을 알고, 자녀라면 누구나 어서 자라 부모 품을 떠나고 싶은 마음을 안다. 그런 충동이 인간 안에 내재되어 있다. 이 영화는 그것을 이민자 가정에 대입했을 뿐이다. 이민자들에게는 그것이 약간 다르게 전개되지만, 독립하려는 갈망과 독립에 수반되는 상실은 만인이 경험하는 것이다. 아들이 장성하여 집을 떠날 때 어머니가 느끼는 시원섭섭함에는 누구나 공감할 수 있다. 어머니는 아들이 철들어 독립하기를 원하지만, 막상 아들이 철들어 더는 일상생활에서 어머니의 도움을 필요로 하지 않으면 그 상실을 슬퍼한다. 이는 인간 조건의 일부다.

인간 조건이란 세상 모든 사람이 그런 갈망과 상실을 경험한다는 것이다. 바로 우리네 공동의 이야기다. 복음은 인간 조건에 대한 하나님의 반응이다. 공동의 희망 이야기인 복음을 전하려면 공동의 고통 이야기, 공동의 갈망 이야기, 공동의 상실 이야기를 인식해야 한다. **복음은 우리네 공동의 갈망과 상실 이야기에 대한 하나님의 희망찬 반응이며, 그 복음이 우리의 공통된 경험을 공동의 희망 이야기로 전환시킨다.**

교회 안에 있는 우리는 인간 조건을 용서의 필요성으로만 생각하는 경향이 있다. 마치 하나님께 용서받기만 하면 인간의 복잡다단한 갈망과 상실이 사라진다는 듯이 말이다. 하지만 구원받은 후에도 우리는 중간 시기를 살아간다. 현세에 매여 만물의 회복을 갈망한다. 여전히 (아직은) 죄로 물들어 있는 세상 때문에 상실을 겪는다. 그런 갈망과 상실이 우리 삶에 물씬 배어 있어 우리를 규정한다. 인간이란 바로 그런 존재다.

그래서 예수님이 오셔서 우리 가운데 사시며 인간이란 존재를 직접 경험하셨다. 이는 역사상 가장 위대한 경청 행위이다. 그분은 오셔서 그야말로 우리의 이야기 속에 사셨다. 사도 바울은 화목하게 하는 대사에 대해 말했다. 히브리서에는 그것이 다르게 표현되어 있는데, 곧 우리의 중보자 예수님은 하나님과 인류를 중재하는 대제사장이시다. 그런데 여느 대제사장과는 다르다.

히브리서 4장에 따르면 대제사장 예수님은 우리의 연약함을 아신다. 그분도 애태우며 잠 못 이루곤 하셨다. 겟세마네 동산에서도 밤새도록 기도하셨다(막 14:32-42). 예수님은 인간의 갈망뿐 아니라 상실도 아신다. 그래서 나사로가 죽었을 때 눈물을 흘리셨다. 잠시 후 그를 다시 살리실 예수님이 왜 우셨을까? 그분도 한 인간으로서 상실의 고통을 느끼셨기 때문이다. 나사로의 누이인 마리아와 마르다의 슬픔에 공감하셨던 것이다. 말씀이 육신이 되어 우리 가운데 거하시며 간절한 갈망과 쓰라린 상실을 경험하셨다. 친히 사람이 되어 사람들을 이해하신 것이다.

예수님이 오셔서 우리 가운데 사신 것도 대사로서 우리를 하나님과 화목하게 하시기 위해서였다. 그 화해에는 예수님의 희생이 따랐다. 예수님은 성금요일에 자신의 목숨을 내주셨을 뿐 아니라 자신이 구원하러 오신 사람들의 갈망과 상실을 매일 똑같이 살아 내셨다. 온전한 하나님이자 온전한 인간이신 예수님이 날마다 인간 조건의 갈망과 상실을 경험하신 것이다.

리더십은 경청으로 시작된다. 우리가 맡아 돌봐야 할 사람들의 갈망과 상실에 공감하면서, 그리고 기꺼이 상처받고자 하는 자세로 경청해야 한다. 우리의 혁신이 그런 경청으로 시작되어야 하는 데는 이유가 있다. **리더는 사람들이 매일 경험하는 간절한 갈망과 쓰라린 상실에 동화함으로써 자신이 변화되어야 한다.** 예수님이 우리의 고통을 품고 사셨듯이 우리도 사람들의 고통을 품고 살면, 그저 교리나 논하고 말 수는 없다. 하나님이 우리에게 돌보라고 맡기신 사람들의 일상생활에 과연 우리의 신념이 제대로 답이 되는지를 살필 수밖에 없다. 불변하는 복음은 지상에서 가장 위력적인 메시지다. 그 이유는 이 복음이 인간의 딜레마에 대한 하나님의 답이기 때문이다. 사람이라면 누구나 겪는 딜레마의 답이다. 예수께서 죽으신 목적은 우리가 생명을 얻고 풍성한 삶을 살게 하기 위해서다.

거듭 말하지만 그래서 교회가 재조정되어야 한다. 교회가 맥을 못 추는 이유는 우리가 교인들의 문제를 대할 때 그 당사자의 관점에서 보지 않고 제도적인 교회의 관점에서 보기 때문이다. 다시 싱글 맘 캐서린의 예를 통해 이 말이 무슨 뜻인지 살펴보자.

캐서린은 꼼짝없이 갇힌 심정이다. 가족의 의식주를 해결하기 위해 장시간 근무해야 해서 답답하고, 사춘기 자녀에게 엄마 노릇을 하고 연로한 부모에게 딸 구실을 할 시간이 없어 답답하다.

내가 신학생들이나 목회자들에게 캐서린의 사례를 읽게 하면 그들의 반응은 대개 공감보다 비판이다. 그들은 캐서린의 입장이 아니라 교회의 관점에서 보고 있다. 그들은 자녀를 교회에 데려오지 않는 그녀를 나무란다. 하지만 그 일을 가능하게 할 대안을 제시할 생각은 하지 않는다. 자녀를 교회에 데려와야 좋은 교인인데 캐서린은 그렇지 못하니 본인의 불찰이라는 것이다. 그들이 생각하는 리더의 본분은 캐서린을 돕는 게 아니라 다그치는 것이다. 그렇게 생각할 수 있는 이유는 순전히 이 상황이 캐서린에게 얼마나 고통스러운지를 경청하지 않기 때문이다. 캐서린은 잠을 못 이루는 상황인데 말이다. 그들이 만일 캐서린의 관점에서 본다면, 그녀의 자녀가 교회에 올 수 있도록 교회가 어떻게 도와야 할지를 의논할 것이다. 하지만 그들은 교회 입장만 생각한다.

　교회를 재조정하려면 열심히 경청하여 사람들의 갈망과 상실을 통해 교회 안에 있는 우리가 변화되어야 한다. 그들의 이야기를 이해해야 한다. 그들에게 동화하여 상황을 그들의 관점에서 보아야 한다. 그래야 복음의 전달 방식을 혁신하여 그런 갈망과 상실에 부응할 수 있다. 픽사 직원들은 로저스 아저씨(어린이 텔레비전 프로그램 〈로저스 아저씨네 동네〉 주연으로 호인이다. — 옮긴이)가 했다는 말을 자주 상기한다. "사연을 듣고 나면 사랑하지 못할 대상은 없다."[19] 사연을 듣는다는 것은 상대의 갈망과 상실을 안다는 뜻이다. 인간 조건이 그들에게도 해당함을 이해한다는 뜻이다.[20]

　사람들의 이야기를 이해해야 하는 이유는 우리가 그들을 사랑하도록 부름받았기 때문이다. 그들의 삶은 갈망과 상실로 규정되며, 우리는 바로 그들을 섬기는 대사다. 그러므로 그리스도인이 시도하는 모든 혁신은 그런 갈망과 상실에 부응해야 한다.

2) 거짓말을 경청한다

　대다수 사람의 삶에서 인간 조건이 워낙 막강하다 못해 압도적이다 보니 우리는 그냥 땜질식으로 문제에 대처하기 일쑤다. 그런 식으로는 인간 조건을 다루기에 특히나 역부족이다. 이 점에 대해서라면 나는 풀러신학대학원 제5대 총장 마크 래버튼의 취임식 때 들은 연설에서 많은 것을 배웠다.

　래버튼 총장은 자신의 취임식을 그 학교가 평소에 듣지 못했던 다양한 목소리를 듣는 계기로 삼기로 했다("리더십은 경청으로 시작된다"의 좋은 예다). 그래서 전 세계에서 연사들을 초빙하여 각자의 사회적 위치에서 당면한 필요를 풀러 공동체에게 말해 달라고 했다. 아프리카와 아시아와 북미와 남미와 유럽에서 그리스도인 연사들이 왔다.

워싱턴 DC에서 연사로 온 애런 그레이엄은 도심 교회 개척자의 관점에서 말해 달라는 부탁을 받았다. 그의 첫 번째 요지는 여태 우리가 말한 내용과 정확히 일치한다. 그레이엄에 따르면 도시를 변화시킬 교회를 키우려면 우선 주변 정황에 귀를 기울여야 한다. 즉 하나님이 교회에 돌보라고 맡기신 사람들의 삶을 경청해야 한다.[21] 이어 그는 자기네 새 교회에 나오기 시작한 사람들의 삶에서 교회가 무엇을 경청했는지를 설명했다. 대부분 그들은 정부 기관에서 근무하러 워싱턴에 온 이상주의적인 젊은 이주자였다. 갈망과 상실의 관점에서 보자면, 그들은 세상을 변화시키기를 갈망하면서도 장시간 근무와 과도한 업무량이라는 엄청난 상실을 경험하고 있었다.

연설하던 중 이 대목에서 그레이엄은 풀러의 알렉시아 살바티에라 교수에게 배운 한 도구를 소개했다.[22] 민권 운동 초기에 선도적 기관들은 젊은이들을 남부의 여러 공동체에 보내 그들의 말을 경청하게 했다("리더십은 경청으로 시작된다"의 또 다른 예다). 남부의 갈망(평등)과 상실(권리)에 대해서라면 각 기관의 리더들도 익히 알았다. 젊은 그리스도인 대사들이 맡은 임무는 그 리더들의 표현으로 하면 "거짓말"을 경청한 다음 그 거짓말에 대한 영적 대응책을 모색하는 것이었다. 결국 리더들은 흑인과 백인을 분리하는 '짐 크로 법'의 핵심인 거짓말을 이런 말로 정리했다. "사람에 따라 목숨의 가치가 다르다."[23] 이 거짓말이 없다면 짐 크로 법의 압제 시스템은 완전히 무너진다. 이 거짓말에 대한 영적 대응책을 그들은 이 문장으로 정리했다.

"만인이 하나님의 형상대로 지어졌으므로 모두가 평등하다."

　그레이엄은 경청과 영적 대응이라는 이 사이클에서 영감을 얻었다. 그래서 교인들에게 교회가 맡아 돌봐야 할 사람들(워싱턴으로 이주해 온 외로운 이상주의자들)의 말을 경청하게 했다. 이 젊은이들이 들었던 거짓말을 그레이엄의 교회는 이렇게 정리했다. 이 젊은이들은 "공동체를 떠나서도 우리는 세상을 변화시킬 수 있다"라는 거짓말을 믿고 있었다. 교육은 받았지만 실전이 부족하고 "이력서는 화려하지만 외로움을 느끼는" 그들을 그레이엄이 맡아 돌봐야 했던 것이다. 그들을 규정하는 갈망과 상실이 그 거짓말 속에 들어 있었다.[24] 그들은 변화를 꿈꾸면서도 공동체의 부재를 뼈저리게 느끼고 있었다. 이 거짓말을 물리칠 기독교의 진리는 성령께서 그리스도인들을 공동체로 연합하신다는 것이다. 애런 그레이엄이 자신에게 맡겨진 이상주의적인 정부 직원들을 능히 섬기려면, 그들을 얽어매고 있는 이 거짓말을 반박할 수 있어야 했다.

　큰 거짓말이란 크게 왜곡된 사고 모델이다. 앞장에서 보았듯이 사고 모델은 사안의 상태나 당위에 대해 우리가 되뇌는 이야기다. 우리는 그것을 이야기 형태로 품을 때도 있고, 사고 모델을 규정짓는 이야기를 요약 진술에 담아낼 때도 있다. 예컨대 예수님은 제자들에게 하나님 나라에 대한 사고 모델을 심어 주려 하셨다. 그래서 이야기도 많이 해 주셨고("하나님의 나라는 …와 같으니"로 시작되는 비유들), 그런 이야기를 요약 진술에 담아내기도 하셨다("이와 같이 나중 된 자로서 먼저 되고 먼저 된 자로서 나중 되리라" 등).

　의미 창출의 혁신은 종종 우리가 한물간 부실한 사고 모델(큰 거짓말)을 버리고 복음의 진리를 더 정확히 담아내는 진술이나 이야기로 그것을 대체할 때 이루어진다. 앞장에서 보았던 의미 창출의 혁신 사례들로 그것을 예 증해 보자. 이어 예수님이 큰 거짓말을 퇴치하신 예를 찾아본 뒤, 끝으로 '좋은' 교회들을 얽매어 전진을 가로막는 큰 거짓말 몇 가지만 살펴볼 것이다.

앞장에서 우리는 랄프 윈터와 마틴 루터 킹 목사를 언급했다. 킹 목사는 민권 운동의 첫 위대한 연설을 통해 큰 거짓말을 반박했다. 큰 거짓말은 남부의 흑인들이 착한 그리스도인과 착한 시민 중 어느 하나만 될 수 있다는 것이었다. 착한 그리스도인은 정의를 부르짖고 착한 미국 시민은 법을 준수하므로 법을 지키면서 동시에 정의를 위해 싸울 수는 없다고 했지만, 이는 거짓말이었다. 킹 목사는 비폭력 시위를 설명하여 이 거짓말을 논파했다. 랄프 윈터가 선교사 공동체 모임 앞에 섰을 때 그들이 믿고 있던 큰 거짓말은 세상 모든 나라에 그리스도인이 있으니 "모든 민족을 제자로 삼으라"라는 지상명령이 완수되었다는 것이었다. 윈터는 성경의 "나라"라는 단어를 새롭게 설명하여 그 거짓말을 논박했다. 그 단어의 원뜻에 일치하는 해석이었다.

마르틴 루터도 서로 얽힌 두 가지 큰 거짓말을 비슷하게 논파했다. 율법을 지켜야 그리스도인이 된다는 거짓말과 누가 율법을 지켰는지를 판단할 권한이 로마 가톨릭교회에 있다는 거짓말이었다. 그는 바울의 로마서를 기독교의 기본 신념으로 인용하여 그 거짓말을 물리쳤다. 그 신념은 흔히 "은혜로 말미암는 이신칭의"로 요약된다(참조. 롬 3:24-25). 이 모든 사례에서 그리스도인 리더는 새롭게 이해한 복음의 진리로 큰 거짓말을 무너뜨려 의미 창출의 혁신을 이루었다. 예수님의 모본을 따른 것이다.

예수님은 사역의 태반을 할애하여 여러 큰 거짓말을 뒤엎으셨다. 마가복음 8장에서 제자들은 메시아가 군사 통치자라는 큰 거짓말을 믿었는데, 예수님은 메시아가 고난당하여 죽고 다시 살아나실 것을 설명하신다. 여러 비유에서 큰 거짓말은 높은 사람들이 그만한 자격이 있어 그 자리를 고수한다는 것인데, 예수님은 "나중 된 자로서 먼저 되고"라고 말씀하신다. 산상 설교에서 예수님은 율법에 관한 일련의 큰 거짓말을 (여섯 번이나) "… 하였다는 것을 너희가 들었으나"라는 말로 표현하신 뒤, 매번 "나는 너희에게 이르노니"라는 말로 큰 거짓말을 바로잡으신다(마 5:21-48). 바리새인들의 큰 거짓말은 율법 준수가 곧 하나님께 순종하는 것이라는 개념이었는데 (자기네 규율이 곧 하나님의 규율이라는 큰 거짓말도 함께였다), 예수님은 그들을 만나실 때마다 율법의 정신에 초점을 맞추어 그 이중 거짓말을 논파하셨다. 이렇듯 예수님은 매번 거짓말을 무너뜨려 신앙을 세우셨다.

사실 맨 마지막 예는 미국 교회의 그리스도인들에게 특히 중요하다. 우리도 바리새인처럼 큰 거짓말을 믿을 때가 많다. 미국 교회에 퍼져 있는 몇 가지 큰 거짓말은 이렇다. **정체성**에 관한 큰 거짓말은 "어떤 죄는 더 중해서 우리를 규정한다", "어떤 죄는 용납될 만해서 우리에게 영향을 미치지 못한다", "나쁜 짓만 하지 않으면 선행이야 부족해도 괜찮다" 등이다. 소속에 관한 큰 거짓말은 "바른 교리를 믿으면 사람들을 내부인과 외부인으로 나누어 분열시킨다", "하나님은 내부인을 더 좋아하신다" 등이다. **목적**에 관한 큰 거짓말은 "선교란 사람들과 함께하는 게 아니라 그들에게 뭔가 해주는 것이다",[25] "힘든 일을 하는 사람은 칭송받아 마땅하다", "선교에 대해 바르게 믿는 게 곧 선교하는 것이다" 등이다. 기독교 실천을 왜곡하는 큰 거짓말도 있다. "주일 성수가 곧 예배다", "성경 읽기가 곧 제자도다", "단기 선교에 참석하는 게 곧 선교하는 것이다", "나와 비슷하지 않은 사람을 이해할 마음이 없어도 그를 사랑할 수 있다" 등이 그에 해당한다. 이 모두가 큰 거짓말인데 우리 중 다수가 그 말을 믿고 있다.

실제로 모든 나쁜 신학의 배후에는 모종의 큰 거짓말이 있다. 교회가 가진 모든 오해의 배후에도 큰 거짓말이 있다. 모든 빗나간 교회의 배후에도 큰 거짓말이 있다. 우리는 교회를 이런저런 큰 거짓말에 맞추어 조정해 왔다. 그래서 교회를 재조정하려면 우리를 속박하는 큰 거짓말을 알아야 한다. 리더십은 경청으로 시작되며, 이는 큰 거짓말을 경청해야 한다는 뜻이다.

우리가 큰 거짓말에 얼마나 경도되어 있는지를 캐서린의 이야기에 대한 사람들의 반응에서 볼 수 있다. 앞서 말했듯이 내가 이 사례 연구를 학생들에게 소개하면 그들은 캐서린에게 공감하기보다 캐서린을 나무라는 경향이 있다. 그 이유는 캐서린과 그녀의 교회와 내 학생들이 모두 동일한 큰 거짓말을 믿고 있기 때문이다.

바로 **개인주의**라는 거짓말이다. 그들 모두는 이 상황에 어떻게든 대처하려면 캐서린이 달라져야 한다고 믿는다. 하지만 내가 믿기로는, 달라져야 하는 것은 교회다. 교회가 캐서린을 그리스도의 몸, 곧 성도들이 하나로 연합된 몸의 일부로 보아야 한다. 캐서린은 자녀들이 어렸을 때 헌아식에 참석해서 그 자녀들을 하나님께 맡겨 드렸으며 하나님을 사랑하고 예수님을 따르는 아이로 힘써 양육하기로 교회와 함께 서약했다. 그들이 고백하는 신학에는 "우리는 다 그리스도의 몸으로 연결되어 있다"라고 되어 있을지 모르지만, 정작 그들이 실천하는 신학에는 자녀 양육이 오직 캐서린만의 책임이라는 단서가 붙어 있다. 모두 함께 "하나님이 돌보라고 맡기신 아이들을 교회는 양육할 책임이 없다"라는 큰 거짓말을 지어낸 것이다.[26]

교회가 큰 거짓말을 인식하고 다르게 행동하기로 한다고 해 보자. 캐서린의 상황에서는 어떤 일이 일어날까? 그 교회 자체의 역사만 봐도 답이 나온다. 캐서린이 중학생일 때 그녀를 중등부에 데려간 것은 부모가 아니다. 제인이라는 고등학교 3학년 학생이 낡은 스테이션왜건을 몰고 동네를 한 바퀴 빙 돌며 캐서린 남매를 비롯한 많은 학생을 교회 중등부로 태워 날랐다. 지금은 안전벨트 규정 때문에 그때처럼 많은 학생을 한꺼번에 차에 태울 수 없지만, 그래도 교회가 얼마든지 책임지고 캐서린의 중학생 자녀들을 중등부에 데려오고 집에 데려다 줄 수 있다. 교회가 변화되려면 개인주의라는 큰 거짓말에 대항해야 한다. 그 큰 거짓말은 "교회는 아이들을 맡아 돌볼 책임이 없다"라고 우긴다.

이번 단락에서는 무엇을 경청할 것인가에 초점을 맞추었다. 우리는 우리가 맡아 돌봐야 할 사람들의 갈망과 상실을 경청하고, 또 그들을 얽어매는 큰 거짓말을 경청한다. 그러나 질문이 하나 더 남아 있다. 어떻게 잘 경청할 것인가?

어떻게 잘 경청할 것인가?

잘 경청하려면 공감하며 들어야 하고, 차이를 극복하며 들어야 한다. 두 기술[27]을 차례로 살펴보자.

1) 공감하며 듣는다

공감이란 상대와 함께 느끼는 것이다. 상대와 함께 느끼려면 지금 그가 느끼는 감정과 이전에 내가 느꼈던 감정을 연결해야 한다. 정확히 똑같은 상황을 겪지 않았더라도 상대의 보편 감정(인간이라면 누구나 느끼는 감정)에 동화해야 한다. 나는 첫 남자친구에게 실연당한 열다섯 살 소녀는 아니지만 간절히 바라던 일이 뜻밖에 물거품이 된 경험은 있고, 입원한 아내를 간병하는 여든 살 남편은 아니지만 일거에 두려움과 염려와 무력감에 빠진 경험은 있다. 경청하려면 먼저 공감해야 한다.

공감은 동정과 다르다. 동정은 상대에 대한 감정이다. 추상적이고 무심하다. 상황에 대한 상대의 느낌이 아니라 내 느낌이라는 점에서 약간 자기중심적이다. 공감은 상대와 **함께** 느끼는 감정이다. 직접 부대끼는 것이다. 학자들이 말하는 공감의 4요소가 있다.

① 상황을 상대의 관점에서 본다(열다섯 살 소녀에게 남자 친구와의 이별은 세상의 종말처럼 느껴질 수 있다).

② 비판을 삼간다(이별로 인한 가슴앓이가 바보짓이라고 말해서는 안 된다).

③ 상대의 감정을 인식한다(소녀의 당혹감과 절망감과 거부당한 심정을 이해해야 한다).

④ 내가 이해한 바를 소통한다(상대의 관점에서 생각하거나 느낀 내용을 상대에게 알리지 않으면 소용없다).[28]

공감과 동정은 고통 중에 있는 사람에게 미치는 영향 면에서도 각기 다르다. 브레네 브라운에 따르면 "공감은 서로를 이어 주지만 동정은 서로를 단절시킨다. … 서로 이어져야 상황이 호전될 수 있다."[29] 동정은 상대의 고통에 거리를 두지만, 공감은 내 안에 상대의 고통과 비슷한 고통의 경험을 소환한다. 공유하는 그 감정이 서로를 이어 준다. 간음하다 잡힌 여자에게 몸을 굽혀 말씀하시던 예수님을 생각해 보라(요 8장). 예수님은 땅에 글씨만 쓰신 게 아니라 자신을 그녀의 눈높이로 낮추신다. 그렇게 그녀와 나란히 굽히신 상태에서 "너희 중에 죄 없는 자가 먼저 돌로 치라"(7절)라고 말씀하신다. 그 후에도 계속 그 자세를 유지하신다. 그야말로 그녀처럼 낮아지신 것이다. 군중이 흩어진 후에야 예수님은 일어나 "나도 너를 정죄하지 아니하노니"(11절)라고 판결을 내리신다. 이렇듯 예수님은 그녀의 관점을 취하여 실제로 낮은 자리에서 세상을 보신다. 공감은 상대에 대한 감정이 아니라 상대와 함께 느끼는 감정이다.

브라운이 일깨워 주듯이 "공감은 의지적으로 취약해지는 것이다. 당신과 이어지려면 내 안의 그 감정과도 이어져야 하기 때문이다."[30] 솔직히 나는 공감이 힘들다. 무력한 동정에 안주하고 싶을 때가 많다. 나 또한 공포와 무력감에 자주 빠졌음을 기억하기 싫어서다. 그런 감정이 내 하루를 침해하는 게 싫다. 상대에게 공감하면 내가 취약해진다. 고통을 차단하려고 둘러쓴 외피가 뚫리기 때문이다. 그러나 제대로 공감하려면 상대와 **함께** 고통을 느끼는 길밖에 없다. 공감의 위력은 서로를 이어 주는 데 있는데, 그러려면 당신의 고통이 내 고통을 불러일으켜야만 한다.

내가 연약해지지 않고는 상대와 이어질 수 없다. 그런데 안타깝게도 나는 공감보다 동정에 머물 때가 많다. 동정하면 **내** 기분이 좋아지지만, 공감하면 **상대의** 기분이 좋아진다. 공감은 둘을 이어 주어 상대의 고통에 가 닿게 한다. 공감과 취약해지는 것의 상관성에 대해 하나 더 말할 게 있다.

공감은 남을 통제하려 하지 않는다. 이것은 아빠로서나 목사로서나 내게 유독 어려운 교훈이다. 내가 딸이나 교인의 이야기를 들으면서 그들이 특정하게 행동하기를 바란다면, 나는 그들을 이해할 목적으로 경청하는 게 아니라 어떻게든 내가 원하는 대로 하게 만들려고 듣는 것이다. 반면, 작정하고 공감하며 듣는다면 나는 취약해질 수밖에 없다. 내가 원하는 결과를 얻지 못할 위험을 감수하는 것이다. 그래서 많은 사람이 차마 공감을 실천하지 못한다. 뭔가 잃을까 봐 두려워서다. 그러나 예수님의 모본을 따르려면 우리도 공감의 위험을 감수해야 한다. 공감은 남을 통제하려 하지 않는다.

이 점은 교회를 재조정하려는 우리에게 특히 중요하다. 재조정의 가장 강력한 자극제는 우리가 맡아 돌봐야 할 사람들의 갈망과 상실을 경청하고 우리가 변화되는 것이다. 하지만 **통제하려는 순간, 특히 두려움에 떠밀려 통제하려는 순간, 상대와 함께 느낄 수 없게 되고, 그러면 상대의 마음이 닫힌다.** 예를 들어 보자.

몇 년 전에 나는 북서부의 어느 교회를 돕고 있었다. 교인은 대부분 65세가 훌쩍 넘었지만 소수나마 활발한 청장년들도 있었다. 리더들(목사와 이사회)은 청장년에게 한결 더 우호적인 교회가 되기를 원했다. 그래서 교회 안팎 사람들의 갈망과 상실을 알아보고자 교회 차원에서 경청 과정을 거쳤고, 그 일환으로 청장년들과 나눈 대화 내용을 어느 그룹이 교회에 보고하는 시간이 있었다.

잭(가명)이라는 청년도 소신껏 중요한 통찰을 나누었다. 교회에서 중시하는 문제들이 자기 또래 사람들에게는 현실과 동떨어져 보인다는 것이었다. 그 연령대의 화제로 자주 오르는 주제들은 따로 있는데, 노년층은 그 주제에 위화감을 느끼다 못해 이를 위험하다고 생각할 수도 있다고 그는 조심스레 말했다.

한 중년 여성이 예를 들어 달라고 온화한 말투로 청했다. 잭은 자기가 그 단어를 표현하기만 해도 사람들의 심기를 불편하게 할 수 있어 예를 들기가 저어된다고 말했다. 그러자 그녀는 공감을 표하면서, 교회가 꼭 들어야 할 말을 듣는 게 바로 이 프로젝트의 취지라며 부드럽게 그를 재촉했다("더 말해 주세요").

결국 잭은 심호흡을 한 뒤, 평소 자기 연령대의 대화에 "젠더플루이드"(성별이 유동적으로 전환되는 젠더 — 옮긴이)라는 표현이 등장할 때도 있다고 말했다. 누군가 즉시 "미안하지만, 그 단어가 무슨 뜻인지 모르겠네요"라고 말했는데 비판하는 어조는 아니었다. 그래서 잭은 그 용어의 뜻과 그것이 왜 자기 주변 사람들의 갈망이나 상실의 표현인지를 설명하기 시작했다.

그런데 그가 몇 마디도 하기 전에 한 노인이 말을 자르며 버럭 소리를 질렀다. "그게 바로 세상 문화라는 거요. 하나님의 나라와 이 세상의 문화, 그 두 세계관이 서로 대적한단 말이오." 처음에 잭은 일단 노인의 말이 끝나면 끊겼던 설명을 이어 가려 했다. 그러나 노인은 '세상 문화'를 받아들이는 게 얼마나 위험한지를 15분 동안 성토했고, 그의 말이 하도 길어져서 결국 잭은 설명하기를 포기했다.

어떤 표현은 아주 위험해서 교회가 감당할 수 없을 것 같다던 잭의 말은 그가 그 말뜻을 다 설명하기도 전에 그 노인을 통해 입증되었다. 잭은 '젠더플루이드'를 옹호하거나 배격할 의도가 없었다. 그냥 실태를 알렸을 뿐이다.

잭이 만일 자기 또래 사람들을 교회로 초대하여 그들을 잠 못 이루게 하는 문제들에 대해 묻는다면, 교회는 어떻게든 그런 대화를 통제하려 들 것이다. 교인들이 공감하며 들을 수 없을 테니 말이다. 그것이 잭이 우려한 바였다. 그 노인이 이 우려를 사실로 입증했기에 그 뒤로 잭은 전략적 대화에 꼭 필요한 요소를 정말 하나도 제안할 수 없었고, 그의 친구들도 마찬가지였다. 안심하고 발언할 분위기가 아니었다. 공감은 그렇게 남을 통제하려는 것이 아니다.

공감은 사람을 끌어들인다. 대화를 가로막는 것의 반대는 대화 속으로 더 깊이 들어가도록 권유하는 것이다. 풀러청소년연구소는 헌신적 경청을 "더 말해 주세요"라는 말로 요약한다.[31] 그리스도인 리더가 달리 무슨 말을 해야 할지 모를 때, 누군가 내게 힘든 얘기를 털어놓기 시작할 때, 상대의 말이 내게 충격으로 다가올 때, 그때마다 내가 보여야 할 반응은 "더 말해 주세요"라고 권유하는 것이다. 모든 리더는 상대가 말하는 삶의 이야기를 상대의 입장에서 들어야 한다. 그러면 그것이 리더가 상대를 더 깊은 대화로 끌어들이는 거룩한 기회가 된다. 설령 상대의 말이 불편하게 느껴져도('젠더플루이드'라는 표현을 거부했던 노인처럼) 더 말하도록 권하는 게 리더가 취해야 할 최선의 기본적 반응이다. 이것은 공감의 그다음 특성으로 이어진다.

공감은 결코 비판하지 않는다. 외부 문화가 교회를 보는 지배적 고정 관념은 우리 그리스도인이 비판적이라는 것이다. 예컨대 한 여론 조사 결과에 따르면, 교회에 다니지 않는 청년 열에 거의 아홉은 그리스도인이 비판적이라고 보았다.[32]

예수님과 바리새인을 비교해 보면, 비판의 의미를 정확히 알 수 있다. 예수님은 사람들이 잘못했을 때도 그들을 긍휼히 여기셨다. 예수님은 우물가의 여인(요 4장)과 간음하다 잡힌 여인(요 8장)을 온유하게 대하셨는데, 잘 보면 두 경우에 죄를 묵과하지는 않으신다. 그럼에도 예수님은 너그럽고 자비로우셨다. 반면 바리새인들은 매정하게 고자세를 취했다. 안타깝게도 예수님을 대변하는 우리도 교회 밖의 많은 사람에게 그런 바리새인처럼 비쳐진다. 그들이 보기에 우리는 비판적이다. 우리 그리스도인이 결국 바리새인처럼 행동하는 데는 이유가 있을 것이다. 우리가 사람들의 고통을 나 몰라라 하는 이유는 그들의 고통에 공감하면 자신도 취약해지기 때문이다.

공감은 우리를 변화시킨다. 사람들의 갈망과 상실을 우리 영혼에 스며들게 하면 그것이 우리 안에 비슷한 감정을 불러일으킨다. 이제 우리는 그들이 매일 느끼는 희망과 두려움에 동화하여 그들의 상황을 그들의 관점에서 보게 된다. 그러면 더는 고자세로 비판할 수 없다. 상대와 함께 느끼면 상대의 입장이 되고, 그것이 우리를 변화시킨다.

그래서 공감하며 들어야 한다. 공감은 상대와 함께 느끼는 것이고 의지적으로 취약해지는 것이다. 공감은 남을 통제하려는 것이 아니다. 공감은 초청하는 것이다. 공감은 결코 비판하지 않는다. 이렇게 공감하는 경청을 실천하면 공감이 당신을 변화시킨다. 잘 경청하는 첫 단계는 공감하며 듣는 것이다.

2) 차이를 극복하며 듣는다

두 번째 단계는 차이를 극복하며 듣는 것이다. 나이지리아의 유명한 소설가 치마만다 아디치에는 그녀의 표현으로 하면 "단편적 이야기의 위험"을 지적했다. 아디치에는 사람을 고정 관념으로 대하기가 얼마나 쉬운지를 설명한다. 예컨대 그녀가 미국 대학에 입학했을 때 룸메이트가 보인 반응이 그랬다. 미국인 룸메이트는 그녀가 아프리카인이라는 이유로 영어도 할 줄 모르고(나이지리아 공용어가 영어인데도) 스토브도 사용할 줄 모른다고 단정했다. 아디치에는 이렇게 말한다. "〔룸메이트는〕 나를 보기 전부터 측은히 여겼습니다. 아프리카에서 온 나를 대하는 그녀의 기본 태도는 선심 쓰듯 선의의 동정을 베푸는 것이었지요. 아프리카에 대해 그녀가 아는 이야기라곤 재앙이라는 단편적 이야기뿐이었습니다."[33] 이어 아디치에는 자신도 똑같은 편견이 있음을 고백한다. 나이지리아에 살 때 자기 집에서 일하는 일꾼에 대해 그녀도 함부로 단정했던 것이다. 이렇듯 우리는 **자신과 다른 사람을 대할 때 시간을 내서 그의 이야기를 듣지 않으면 그를 고정 관념으로 대하게 된다.**

편견을 낳는 단편적 이야기에서 벗어나기 위한 해법은 많은 이야기를 듣는 것이다. 특히 나와는 다른 사람들의 이야기를 들어야 한다. 그러려면 미리 공부해야 할 수도 있다. 그렇지 않으면 생면부지인 사람들의 말을 들으려다 자칫 어색하고 민망해질 수 있다. 예컨대 백인 교회는 흑인들의 경험을 듣는 게 중요한데, 그전에 흑인 남성[34]과 여성[35]과 청소년[36]의 이야기를 조금이라도 읽어 두는 게 좋다. 그러면 자기 교회가 그들에 대해 아는 지식이 얼마나 부족한지를 조금은 더 알 수 있고,[37] 그들의 이야기를 직접

들을 때 지극히 기본적인 오해들부터 바로잡아야 하는 어색한 상황을 면할 수 있다.

차이를 극복하는 경청은 교회를 재조정하는 데 적어도 세 가지 면에서 도움이 된다. 첫째로, 차이를 극복하며 들으면 누구를 우리가 맡아 돌봐야 할 사람들로 여길지가 달라진다. 둘째로, 차이를 극복하며 들으면 공감이 싹터 우리가 변화된다. 이야기를 들으면서 내가 본래 옳았음을 확인하는 것과는 반대다. 셋째로, 차이를 극복하며 들으면 누구의 이야기를 더 중시해야 할지가 달라진다. 이 세 가지를 다 예시해 주는 사례가 있다.

지난 11월에 우리 교회 목사님은 교외 지역에 위치한 우리 교회 성도들과는 다른 환경에 있는 사람들의 경험을 듣는 게 중요하다고 판단했다. 그래서 3주 연속 주일 예배에 각기 다른 설교자를 초빙했다. 한 분은 아시아계 미국인이고 두 분은 흑인이었다. 목사님은 매번 예배 후에 45분간 질의응답 시간을 마련해서 교인들의 참여를 유도했다. 다음은 그 시간에 우리 교인인 준이 들려준 자신의 이야기다.

준은 우리 교회의 오랜 교인이다. 십 대 때의 그녀를 기억하는 교인도 많다. 준 부부는 자녀가 넷인데 둘은 낳았고 둘은 입양했다. 입양한 자녀들은 흑인이다. 준은 아이들을 데리고 쇼핑할 때의 이야기를 우리에게 해주었다. 금발 아들을 데리고 나가면 간혹 여자들이 다가와 말을 건다고 한다. 그들은 아이가 아주 귀엽다면서 일단 미소를 보인다. 그런데 흑인 아들을 데리고 나가면 여자들이 아이를 피한다고 한다. 대개 인상을 쓰면서 지갑부터 꼭 쥐는 게 그들의 첫 반응이다. 엄마도 같고 가정도 같은데 아이를 대하는 태도가 완전히 달라지는 것이다.

이 이야기가 아주 중요한 역할을 했고, 그 11월에 우리 교회에서는 인종에 대한 대화가 달라졌다. 왜일까? 한 여자 교인은 좋은 뜻으로 내게 이렇게 말했다. "저는 우리가 왜 인종 문제를 거론하는지 몰랐어요. '전국적으로 중요한 문제라서 그런가 보다' 했죠. 우리 문제인 줄은 전혀 몰랐거든요. 그런데 준의 이야기를 듣고 나니 알겠더군요. 우리 중 한 사람에게 영향을 미치니까 우리 문제인 것이 맞아요."

이 짤막한 말 속에 배어 있는 모든 사고 모델과 큰 거짓말에 주목하라. 이 여성은 "우리 중 한 사람에게 영향을 미치"는 것만 "우리 문제"라 생각했고, "우리"를 현재 우리 교회에 나오는 사람들로 좁게 정의했다. 그래도 어쨌든, 이번 단락의 요지로 돌아가자면, 우리에게 돌보도록 맡겨진 사람들에 대한 그녀의 생각은 준의 이야기를 듣고 나서(더 정확히는 세상을 그 흑인 아들의 눈으로 보고 나서) 달라졌다. 또 나와는 다른 사람(준이 "우리"의 일원인데도)의 말을 들으면서 그녀에게 공감이 싹텄다. 무조건 거부당하는 아들을 지켜보는 준의 고통이 가슴에 와닿은 것이다. 끝으로 경청의 결과로 그녀는 다른 사람들의 이야기를 더 중시하는 쪽으로 바뀌었다. 전에는 "우리"와 같은 사람들의 이야기만 자신과 관계된다고 생각했는데, 상황을 타인의 눈으로 보면서부터는 이후의 두 설교자의 설교를 듣는 자세도 달라졌다. 차이를 극복하는 경청에 대해 하나 더 말할 게 있다.

경청의 목적은 흡수가 아니라 수용이다.[38] 흡수의 경우에는, 당신과 내가 문화를 공유하려면 외부인인 당신이 변화되어야 한다. 반면에 수용의 경우에는, 내부인인 내 쪽에서 달라져야 한다. 일례로 지난주에 나는 우리 교회에 새로 나온 가정에 대해 우리 목사님과 대화를 나눴다. 최근에 중국에서 이민 온 그들은 미국에 오기 전에는 기독교를 접한 적이 없었다. 그래서 우리 교회의 여러 관습 중 무엇이 미국식이고 무엇이 기독교인지 구분하느라 애먹고 있었다(예컨대 예배의 실천은 기독교지만, 음악 스타일은 미국식이다). 그래서 목사님은 내게 신학교에서 중국 유학생을 찾아봐 달라고 부탁했다. 이 중국인 가정에게 기독교에 대해 가르쳐 줄 수 있도록 말이다. 그런 안내자를 찾을 책임이 새 이민 가정에 있지 않고 교회에 있다는 사실을 인정한 것이 수용의 좋은 예다. 하지만 거기서 끝나서는 안 된다. 교회가 참으로 수용하려면 목사가 중국인 신학생을 따로 만나, 이 이민 가정을 더 잘 환대하기 위해 교회가 어떻게 달라져야 할지를 배워야 한다. 우리 교회로서는 새로운 영역이다. 백인이 아닌 사람도 많이 함께 예배드리긴 하지만 주로 백인 교회 방식으로 운영되고 있기 때문이다. 다시 말해서 여태 우리는 우리와 다른 문화권의 사람이 오면 그쪽에서 우리처럼 변화되기를 바랐다. 하지만 '수용'하려면 우리가 달라져야 한다. 그들이 달라지는 것은 '흡수'다.

이런 사례도 있다. 전에 내가 알던 한 목사님은 교인들에게 "아이들을 교회에 불러 놓고 어른처럼 행동하기를 바라서는 안 됩니다"라고 입버릇처럼 말씀하셨다. 아이가 떠들거나 장난칠 때마다 어김없이 그 목사님은 따뜻한 미소와 함께 그 말씀을 하셨다. 나중에는 이 말이 교회의 구호가 되다시피 해서 아이들이 말썽부릴 때마다 당황하는 부모에게 누군가 똑같이 말해 주었다. 그 정서가 수용의 핵심이다. 우리는 외부인에게 내부인처럼 행동하기를 바라서는 안 된다. 변화되어야 할 사람이 있다면 그것은 내부인이다. 이렇게 수용할 수 있으려면 경청해야 한다.

듣고 자신이 변화되려면(그렇게 경청해야 혁신이 가능해진다) 차이를 극복하며 들어야 한다. 그러면 하나님이 우리에게 돌보라고 맡기신 사람들이 누구인지 알아보는 눈이 달라지고, 우리와는 다른 사람들을 향한 공감이 싹트며, 우리만의 이야기가 아니라 다른 사람들의 이야기를 더 중시할 수 있다. 공감하는 경청은 혁신적 재조정의 필수 조건이다.

싱글 맘 캐서린에게로 다시 돌아가자. 캐서린의 교회 리더는 그녀의 이야기를 이런 식으로 경청할 수 있다. "'이제 내가 어른이구나' 하고 깨달 았을 때, 왜 그토록 슬펐는지 더 말해 주세요." "이 교회에서 성장한 기억에 대해 더 말해 주세요." "자신과 자녀와 부모님을 책임진다는 게 어떤 심정 인지 더 말해 주세요." 실제로 나도 남의 이야기를 듣고 나서 이 말밖에 할 수 없을 때가 많다. "정말 힘드시겠어요. 더 말해 주세요."

이제 우리는 기독교적 혁신의 이유와 목적을 안다. 기독교적 혁신이 필요한 이유는 교회가 엉뚱한 질문들에 주목하고 있기 때문이다. 교회는 더는 존재하지 않는 세상을 섬기는 데 맞춰져 있다. 그래서 기독교적 혁신 의 목적은 공동의 희망 이야기를 창출하여 하나님이 우리에게 돌보라고 맡 기신 사람들의 갈망과 상실의 영적 의미를 해석하는 것이다.

1974년에 랄프 윈터가 로잔대회에서 발언할 때 그에게 맡겨진 사람들 은 그곳에 모인 선교사들만이 아니었다. 우리는 늘 성경이 말하는 이웃을 위해 혁신한다. 윈터가 맡아 돌봐야 할 사람들은 복음 없이 살아가는 수십 억 명 영혼들이었다. 그는 그들의 갈망과 상실을 보았다. 그들은 그리스도 만이 주실 수 있는 평안을 갈망했으나 하나님의 초대에 응할 기회는 여전 히 멀기만 했다. 문화적 거리 때문에 조만간에 그들에게 복음을 전하러 갈

사람이 없었다. 윈터는 그곳에 모인 선교사들이 생각을 바꾸도록 그들을 설득해야 했다. 그래서 성경으로 돌아가 미전도 세계의 갈망과 상실을 염두에 두고 지상명령을 재검토했다. 그렇게 그는 로잔대회가 당면한 상황의 영적 의미를 해석했다.

선교 리더들에게 윈터는 예수께서 그들을 불러 모든 "민족"에게 가라 하신 그 '민족'이 국가가 아니라 문화 집단을 뜻한다고 말했고, 인도 선교 사례처럼 그들이 공감할 만한 여러 이야기로 그것을 예증했다. 그리하여 미래를 향한 공동의 희망 이야기 속으로 그들을 초대했다. 그는 또 "우리 세대에 세계 복음화를 이루자"라는 그들의 표어를 상기시킨 뒤, ('민족'이 '나라'를 의미한다는) 기존의 이야기로는 복음을 갈망하는 사람들에게 다가갈 수 없으며 우리 세대에는 더더욱 그렇다고 말했다. 그러면서 새로운 이야기를 제시했다. 선교회마다 사고 모델을 바꾸어 민족 집단에 집중한다면, 그들이 전심전력하여 만인에게 각자의 언어와 문화로 이루어진 교회를 누리게 해 줄 희망, 즉 우리 세대에 세계를 복음화할 희망이 있다는 것이다. 랄프 윈터의 기독교적 혁신은 미래를 향한 공동의 희망 이야기를 창출하여, 하나님이 그에게 돌보라고 맡기신 사람들의 갈망과 상실의 영적 의미를 해석해 주었다.

앞에서도 보았지만 기독교적 혁신의 지침이 될 다섯 가지 질문을 한 번 더 되짚어 보자.

질문 1. 하나님이 당신에게 돌보라고 맡기신 사람들은 누구인가?

질문 2. 그들은 인간 조건을 구성하는 갈망과 상실을 어떻게 경험하고 있는가?

질문 3. 그들은 어떤 큰 거짓말을 믿고 있기에 복음을 듣지 못하는가?

질문 4. 당신은 그런 갈망과 상실의 영적 의미를 어떻게 해석하는가?

질문 5. 그 영적 의미를 공동의 희망 이야기로 어떻게 바꿔 쓸 수 있는가?

이번 장에서 우리는 캐서린이라는 한 여성의 눈으로 처음 세 질문을 살펴보았다. 캐서린 가정은 하나님이 그녀의 교회에 돌보라고 맡기신 사람들이다(질문 1). 캐서린의 갈망은 자녀들의 삶에서 "하나님의 존재감이 더 커지는" 것이고, 상실은 대학 학자금이나 은퇴 자금을 충분히 저축하지 못하는 것과 부모님에 대한 걱정이다(질문 2). 이 교회가 그녀와 관련하여 믿은 큰 거짓말은 "교회는 하나님이 돌보라고 맡기신 아이들을 양육할 책임이 없다"라는 것이다(질문 3). 이 모든 질문은 리더십이 경청으로 시작된다는 개념에서 파생된다.

그러나 리더십은 경청으로 끝나지 않는다. 일단 섬기는 대상의 말을 듣고 공감했으면 이제 그 갈망과 상실에 복음으로 대응할 수 있게 해 주어야 한다. 이것이 다음 장에서 살펴볼 내용이다.

4.

일상의 영적 의미를 밝히는
신학을 정립하다

앞장에서 혁신에 관한 처음 세 질문에 답했다. 그 답에 힘입어 우리는 하나님이 우리에게 돌보라고 맡기신 늘 변화하는 사람들과 보조를 맞출 수 있다. 이번 장과 다음 장에서는 마지막 두 질문에 답할 텐데, 이 답은 우리를 영원히 변함없는 복음에 닻을 내리게 해 준다.

이번 장의 전체 목표는 앞장에서 세심히 경청한 갈망과 상실의 영적 의미를 해석하는 법을 밝히는 데 있다. 영적 의미를 해석하는 세 가지 방법을 소개할 것이다. 1) 말을 심는다. 2) 사고 모델을 수정해 준다. 3) 기독교 실천을 혁신한다. 이 중 세 번째 요지를 더 자세히 설명할 것이다. 사실 이 책 전체의 주제는 이렇게 간략히 요약할 수 있다. **우리는 기독교 실천을 혁신하여 교회를 재조정한다. 혁신된 실천은 공동의 희망 이야기를 낳고, 공동의 희망 이야기는 우리가 맡아 돌봐야 할 사람들의 갈망과 상실의 영적 의미를 해석해 준다.**

무엇이 걸린 문제인지 보기 위해, 앞서 말한 대로 우리도 경청하면서 이번 장을 시작하자. 구체적으로 우리가 맡아 돌봐야 할 사람들의 갈망과 상실에 주목할 때 부상하는 한 가지 공통된 문제를 살펴볼 것이다. 우선 경청한 내용부터 설명하고 나서 이번 장 전체에 걸쳐 그 문제를 사례로 삼아, 사람들의 말을 경청할 때 부상하는 각종 문제의 영적 의미를 해석하는 법을 알아볼 것이다. 그 문제는 바로 외로움이다.

현대 사회에서 "외로움은 전염병 수준"이다.[1] 50세 이상 미국 인구 중

3분의 1가량은 외롭다.[2] 영국에서는 일주일에 1만 명 이상이 실버 라인에 전화를 건다. 실버 라인은 말상대를 원하는 노인 전용 전화 센터다.[3] 이렇게 만연하는 외로움은 건강을 크게 위협해서 "수명을 15년 단축시킬 수 있는데, 이는 비만이나 하루 15개비 흡연에 맞먹는 악영향이다."[4] 외로움은 널리 퍼져 있고 위험하다.

외로움은 노인만의 문제가 아니다. Z세대(현재의 청년)는 "가장 외로운 세대"다.[5] 미국인 2만여 명을 대상으로 한 연구 결과 "Z세대의 절반 이상이 외로움과 연관된 열한 가지 감정 중 열 가지를 가지고 있었다."[6] 고등학교 3학년의 3분의 1 이상은 "자주 외롭다"라고 답했다.[7] 어머니들[8]과 직장인들[9]도 외롭다.

당신이 맡아 돌봐야 할 사람들의 말을 경청할 때, 그들도 외로워하고 있을 소지가 높다.[10] 그런데 그들이 대놓고 외롭다고 말하지는 않을 것이다. 매주 1만 명이 실버 라인에 전화를 걸지만 "외로움에 대해 솔직히 말하는 경우는 극히 드물다."[11] 외로움에 부정적 어감이 강하다 보니 사람들은 자신의 감정을 인정하지 않는다.

그래서 당신은 그들이 하는 말 이면의 감정을 들을 줄 알아야 한다. 3장의 싱글 맘 캐서린을 떠올려 보라. 캐서린은 매일 누군가를 돌본다. 가는 곳마다 그녀의 도움이 필요한 사람들뿐이지 시간을 내서 그녀의 말을 들어 주는 사람은 아무도 없다. 내가 그녀를 맡아 돌봐야 한다면, 나는 캐서린이 느끼는 외로움의 영적 의미를 어떻게 해석해야 할지 고민할 것이다.

영적 의미를 해석한다는 말은 무슨 뜻인가?

모든 그리스도인 리더는 영적 의미를 해석하도록 부름받았다.[12] 그들이 맡아 돌봐야 할 사람들의 갈망과 상실을 이해하는 일은 꼭 필요한 출발점일 뿐 거기서 멈춰서는 안 된다. 상대의 고통을 알기만 하고 아무런 조치도 취하지 않으면 무슨 소용인가? 우리 그리스도인은 자신이 맡아 돌보는 사람들의 갈망과 상실의 영적 의미를 해석해야 한다. 구름같이 허다한 성경의 증인들도 똑같이 했다.

성경 시대 초기부터 하나님은 리더들을 불러 그분의 이름으로 그분의 백성에게 삶의 가장 중요한 문제에 대해 말하게 하셨다. 인간에게 닥쳐오는 매일의 딜레마를 하나님의 관점에서 보게 하셨다. 이집트에서 모세는 동족에게 하나님이 그들의 부르짖음을 들으셨다고 선포했다. 그들의 가장 간절한 갈망은 노예 생활에서 벗어나는 것이었다. 이후 시내 산에서 모세는 율법을 전달하여 하나님의 선민으로서 살아가는 삶을 해석하는 틀로 삼게 했다. 여호수아에게 리더십을 넘겨줄 때도 모세는 요단 강가에 선 백성에게 말하기를, 하나님이 약속하신 땅에서 살 것인지 아니면 두려워하며 방황하다 죽을 것인지는 그들의 선택에 달려 있다며 "생명을 택하라"고 당부한다(신 30:19). 이렇듯 히브리 역사의 중대한 고비마다 하나님이 세우신 리더가 백성의 공통된 경험, 곧 바로에게 시달리며 살고 있다는 상실과 고국이 있었으면 하는 갈망이 갖는 영적 의미를 설명해 주었다.

모세는 히브리 백성에게 하나님이 그들을 잊지 않으셨다고 말했는데, 이것이 곧 영적 의미를 해석해 준 것이다. 여태 이 백성이 삶을 해석해 보려고 되뇐 이야기는 "이제 우리는 하나님의 선민이 아니다"였는데, 모세는 그들에게 그것이 큰 거짓말이라며 세상을 보는 더 좋은 관점을 제시했다.

백성이 그 땅을 소유한 뒤로도 하나님의 리더들은 계속 영적 의미를 해석해 주었다. 사사들이 일깨웠듯이 이스라엘 백성의 희망은 다른 나라들처럼 되는 데 있지 않고 그들을 이집트에서 이끌어 내신 하나님께만 있었다. 왕을 요구하는 그들에게 사사 사무엘은 그들의 갈망이 빗나갔다고 말한다. 이후에 하나님이 왕을 주시긴 했으나 여호와께서 세우신 자기 백성의 참된 리더는 왕이 아니라 하나님이었다.

선지자들이 자손 대대로 나라의 제반사에 대한 하나님의 뜻을 해석했고, 왕들의 탈선도 지적했다.[13] 나단은 다윗이 자신의 죄를 인정하게 했다. 엘리야와 엘리사는 백성에게 말하기를 왕이 악하다는 사실이 우상을 의지할 구실은 못 된다며 우상은 그들을 무너뜨릴 뿐이라고 선언했다. 예레미야는 백성에게 하나님의 임박한 심판을 경고했고, 혹독한 심판이 임했을 때는 앞장서 애통했다. 학개는 귀환한 포로들에게 이기적인 목적을 그만 추구하고 하나님의 성전을 재건하라고 촉구했다. 시대마다 **하나님의 리더는 그분 백성의 삶을 재해석해 줄 이야기를 하나님의 관점에서 제시했다.** 하나님이 그에게 돌보라고 맡기신 사람들의 갈망과 상실의 영적 의미를 해석한다는 말은 바로 이런 의미다.

마찬가지로 사도들도 새로 생겨난 여러 교회에 계속 서신을 보내, 그리스 문화의 한복판에서 그리스도인이 자신의 갈망과 상실을 어떻게 해석해야 하는지 깨우쳐 주었다. 그리스도인이 우상에게 제물로 드려진 고기를 사 먹어도 될까? 소아시아와 인근 유럽의 그리스도인들은 예루살렘의 빈민을 도울 책임이 있을까? 사도들은 이런 일상적 의문을 다루었다. 하나님은 사도들을 리더로 세우시고 일상생활의 영적 의미를 기독교적 범주 안에서 해석하는 법을 교회를 통해 가르치게 하셨다. 사실 이렇게 일상생활을 해석하는 행위야말로 사도와 선지자가 하나님의 백성을 지도한 주된 방식이다. 사도들은 영적 의미를 해석해 줌으로써 자신이 맡아 돌봐야 할 신생 교회들을 이끌었다.

리더의 해석 작업은 두 가지 단계로 이루어졌다. 우선 사도들은 특정한 교회에게 특정한 상황에 대처하는 법을 지도했다. 그리고 나서 영적 의미를 해석한 행위 자체도 전체 교회가 따를 선례로 남았다.

예컨대 초대 교회는 그리스어를 쓰는 과부들을 어떻게 도와야 할지 고민했다. 그들은 기독교로 개종함으로써 모든 것을 잃었다. 교회는 "일곱" 사람을 세워 기독교 특유의 환대와 코이노니아를 구현하게 했다. 이로써 사도들은 교회 활동의 지침이 될 사고 모델을 교회에 제시했다. 복음을 전하는 일이 워낙 중대하니 과부를 돕는 일은 교회가 무시해도 된다고 말할 수도 있었지만, 그러는 대신 그들은 교회에 노동 분담을 도입했다. 그리스도인 리더 중 일부(사도)는 말씀을 전하는 데 전념했고, 일부("일곱" 사람)는 가난하고 취약한 사람들을 맡아 돌보는 데 힘썼다. 일을 분담한 이 행위가 교회를 다양한 은사를 지닌 한 몸으로 보는 신학적 인식으로 발전했다(고전 12장). 아울러 이 일곱 사람은 "집사"라는 교회 직분의 원형이 되었다(딤전 3장). 사도들은 리더로서 한 집단(그리스어를 쓰는 과부들)이 겪는 상실의 영적 의미를 해석했고, 그 과정에서 창출된 하나의 혁신이 전체 교회로 퍼져 나갔다. 이것이 기독교적 혁신이다. 혁신은 그리스도인 리더들이 의미를 해석했을 때 이루어졌다.

지금 시대의 기관들은 관료적이고, 심리 치료는 비지시적이다. 그래서 우리는 그리스도인 리더의 일차적 본분이, 충실하게 살아가려는 사람들에게 기독교적 관점 즉 해석의 틀을 제시하는 것임을 곧잘 망각한다. 그리스도인 리더들을, 교회를 통제하는 위계적 권력자이거나 직원들에게 권한을 다 주고 지원만 하는 평등주의자라고 잘못 알고 있는 것이다. 그러면서 우리는 그것을 리더십이라 부른다. 하지만 권위주의자는 하나님의 백성을 (장기적으로는) 결집할 수 없고, 권한만 부여해서는 결국 되는 일이 없다. 이런 리더십은 일반 세상에서 볼 수 있는 초라한 허상인데, 우리는 거기에 안주하여 다음 사실을 망각하곤 한다. **기독교 리더십은 근본적으로 신학적 해석의 행위이며, 기독교적 혁신도 근본적으로 새로운 신학적 해석을 창출하는 행위다.**

기독교 리더십의 목적은 영적 의미를 해석하는 데 있다. 선지자들이 히브리 백성들에게 하나님이 세상에서 하시는 일을 보여 주었듯이, 그리스도인 리더들도 하나님의 사람들에게 일상생활을 그분의 관점에서 해석하는 법을 알려 주어야 한다. 사도 바울이 고기를 사 먹는 일 같은 기본적 행위를 재해석해 주었듯이, 오늘날 그리스도인 리더들도 하나님의 사람들에게 세상에서 벌어지는 모든 일을 해석할 안목을 길러 주어야 한다.

흔히들 리더란 남에게 일을 지시하는 사람이라고 생각한다. 그러나 최고의 리더는 남에게 이래라 저래라 할 필요가 없다. **최고의 리더는 사람들에게 스스로 사고할 수 있게 하는 도구를 갖추어 준다.** 그런 새로운 개념에서 파생되는 길도 가리켜 보인다. 마틴 루터 킹 목사가 미국의 백인과 흑인 모두에게 민권 의식을 고취시킨 일도 그에 해당하고, 예수님의 산상 설교도 마찬가지다. 최고의 리더는 자신이 맡아 돌봐야 할 사람들의 갈망과 상실의 영적 의미를 해석한다.

우리가 맡아 돌봐야 할 사람들의 인간 조건을 논하다 보면 결국 신학적 대응책을 마련하고 싶어진다. 다만 그게 가능하려면 먼저 그들이 말하는 삶을 신학적 문제로 전환해야 하며, 이때 신학적 문제는 그들이 경험하는 인간 조건의 구성 요소와 직결되어야 한다. 예를 들어 보자.

성경의 빌레몬서는 여태 우리가 말한 틀에 잘 부합한다. 바울은 리더로서 일상생활의 매우 현실적이고 복잡한 상황에 영적 의미를 부여한다. 이 서신의 주요 등장인물은 세 사람이다. 사도 바울과 노예 오네시모와 노예주 빌레몬이다(오네시모는 빌레몬의 집에서 탈주했다). 세 사람의 관계도 대략 알려져 있다. 오네시모와 빌레몬은 둘 다 바울이 맡아 돌보던 갓 믿은 그리스도인이다. 그들의 갈망과 상실은 무엇일까? 오네시모는 자유를 갈망하고 하나님과의 바른 관계를 원한다. 그런데 그분 앞에 바로 서려면 자신이 탈주 노예라는 사실을 인정해야 한다. 빌레몬은 달아난 노예를 되찾고 싶지만 하나님과의 바른 관계도 원한다. 이런 갈망과 상실에서 역할 갈등이 생겨난다. 빌레몬은 그리스도인이면서 노예주고, 오네시모는 그리스도인이면서 탈주 노예다. 양쪽 다 두 역할이 상충된다. 여기에 끼어드는 역할이 하나 더 있다. 이제 오네시모는 바울의 일을 돕고 있다.

이 모두의 조합이 당면 문제를 유발한다. 오네시모는 빌레몬에게 돌아가야 할까? 물론 노예제와 기독교의 관계라는 더 깊은 문제도 있지만 바울은 그 주제를 다루지 않는다. 그가 보기에 더 깊은 문제는 이것이다. 사회적 신분이 사람의 정체성과 소속과 목적을 규정하는가? 구체적으로 사회에서 오네시모의 정체성, 빌레몬과의 관계, 존재 목적을 빚어내는 것은 노예라는 그의 사회적 신분인가?

이에 바울은 질문을 영적인 방향으로 밀고 나가 신학적 문제로 전환한다. 빌레몬과 오네시모를 주종 관계로 규정하는 사회적 관점과 그리스도 안의 형제로 규정하는 영적 관점 중 어느 쪽이 더 중요하냐고 묻는다. 결국 이것은 역할 갈등의 문제다. 그리스도 안의 형제라는 역할과 속박된 노예라는 역할은 신학적으로 상충된다. 게다가 빌레몬이 믿는 큰 거짓말이 있다. 노예인 오네시모를 굳이 형제로 대할 필요가 없다는 것이다. 그래서 바울은 빌레몬의 큰 거짓말을 복음의 진리로 무너뜨린다. 그리스도 안의 형제 관계가 주종 관계에 우선함을 명백히 밝히면서 빌레몬에게 그에 맞게 행동할 것을 "간구"한다(몬 1:21). 바울은 자신의 당부에 힘을 싣고자 빌레몬이 자신에게 빚진 것까지 상기시킨다(1:19).

바울이 빌레몬에게 새로운 사고 모델을 제시하는 데 주목하라. 빌레몬이 취하려는 행동은 오네시모를 "탈주 노예"로 보는 사고 모델에서 기인한다. 그래서 바울은 오네시모에 대한 그의 사고 모델을 재규정한다. "탈주 노예"에서 "그리스도 안의 형제"로 관점을 바꾸어야 한다는 것이다. 일단 이 사고 모델을 받아들이면 빌레몬이 취할 행동은 하나뿐이라고 바울은 믿었다. 바로 오네시모에게 자유를 주어 바울 곁에서 섬기도록 돌려보내는 것이다. 이렇듯 사도는 사안을 해석할 신학적 틀(기독교적 사고 모델)을 제시하여 상황의 영적 의미를 해석했다.

바울은 자신이 맡아 돌봐야 할 오네시모와 빌레몬에게서 출발하여(질문 1), 양측의 갈망과 상실을 보고 문제를 신학적 문제로 전환한 뒤(질문 2), (둘을 주종 관계로 보는) 세상의 뻔한 큰 거짓말 대신 기독교적 범주(그리스도 안의 형제)로 이해하는 법을 설명함으로써(질문 3) 문제의 영적 의미를 해석한다(질문 4). 문제의 영적 의미를 해석했으니 이제 혁신이 뒤따를 수밖에 없다.

그리스도인의 형제 관계가 로마 제국의 노예제에 우선하다는 개념은 혁신이었다. 이 혁신이 오네시모와 빌레몬에게는 물론이고 전체 교회에까지 공동의 희망 이야기가 되었다(질문 5). 바울의 혁신은 자신이 맡아 돌봐야 할 사람들의 갈망과 상실의 영적 의미를 해석한 결과였다.

그리스도인 리더의 핵심 과제는 영적 의미를 해석하는 것이다. 영적 의미를 해석하는 가장 위력적인 방법은 하나님이 돌보라고 맡기신 사람들의 사고 모델을 수정해 주는 것이다. 즉 큰 거짓말을 복음의 진리로 대체해야 한다. 기독교적 혁신은 바로 그렇게 이루어진다. 물론 문제는 리더가 그 일을 어떻게 하느냐는 것이다. 지금부터 영적 의미를 해석하는 세 가지 방법을 살펴보자. 셋 다 우리가 맡아 돌봐야 할 사람들의 사고 모델을 수정해 주는 방법이기도 하다.

말을 심어 영적 의미를 해석하다

영적 의미를 해석하는 한 가지 방법은 "말을 심는" 것이다. 그리스도인 리더는 하나님에 대한 말을 심고 물을 주어 재배한다. 그 상태로 사람들을 하나님께 넘겨 드리면 그분이 자라나게 하신다. 새 어휘가 그들의 삶 속에서 열매를 맺는다. 알다시피 인간 조건의 갈망과 상실은 누구에게나 수시로 닥쳐온다. 그래서 우리는 사람들에게 수시로 닥쳐올 의문에 관한 표준 답을 제시해야 한다. 그 답을 평소에 자꾸 반복해 주면 막상 필요할 때 위력을 발한다. 사람들이 이미 준비된 상태에서 그 말을 활용하기 때문이다. 몇 가지 간단한 예를 들어 설명해 보겠다.

내가 함께 일했던 한 목사는 자만심이 가득한 신도시 교인들에게 주일에 이렇게 말하곤 했다. "하나님은 여러분이 망가져 있을 때 만나 주십니다." 이 말은 자신이 망가져 있다고 생각하지 않던 그들에게 약간 이상한 말로 들렸다. 하지만 자신이 얼마나 망가진 존재인지를 이제 막 깨달은 교인들은 목사에게 상담을 받았다. 평소에 늘 듣던 어휘 덕분에 그들은 고통에 어떻게 대처해야 할지를 알았다. 목사의 말이 귀에 익었던 터라 막상 자신의 망가진 모습에 눈떴을 때 스스럼없이 목사를 찾아갈 수 있었다.

우리 교회 스티브 목사도 청소년과 어린이를 위한 건물을 신축할 때 말을 심었다. 건축 과정은 교인들이 주도하기로 했다. 스티브 목사는 건축 위원회 회의에 매번 참석했으나 발언한 적은 거의 없다. 다만 회의 때마다 사람들에게 "건물을 세우다 교회가 갈라진다면 우리는 실패한 겁니다"라고 일깨웠다. 놀랍게도 건물을 준공할 때까지 갈등이 별로 없었다.

한번은 카펫 색깔을 두고 논쟁이 벌어졌다. 위원회의 청소년 측과 어린이 측이 서로 다른 색을 원했다. 이 논란이 있을 때도 스티브 목사는 여전히 그 말만 했다. "건물을 세우다 교회가 갈라진다면 우리는 실패한 겁니다." 그래서 양측이 타협하기로 합의했다. 이 문장이 정당성을 얻은 것은 목사가 오랫동안 똑같이 말했기 때문이다. 사람들은 그 말에 따르기로 이미 작정한 상태였다. 막상 갈등이 생겨서야 목사가 그렇게 말했다면 사람들이 곡해할 수도 있다. 그러나 그 말은 그가 이미 심어 둔 덕분에 적시에 피어날 수 있었다.

말을 심으면 때로 사람들이 달리 어찌해야 할지 모를 때 그 말에서 긍정적 대안이 생겨난다. 예컨대 당신의 공동체에 화재나 총기 사고나 홍수 같은 비극이 닥친다 하자. 그런데 예전부터 교인들이 "주 이름 찬양"이라는 노래를 자주 불렀다고 해 보자. 그 찬송에는 "어두운 날이 다가와도 난 외치리 / 주의 이름을 찬양해"라는 가사가 있다.[14]

이미 익숙해져 있는 이 어휘가 당신의 교인들에게 어떤 영향을 미칠지 생각해 보라. 그것이 목사에게는 교인들 앞에서 이 비극을 언급할 때 뭔가 할 말을 줄 것이고, 교인들에게는 하나님께 기도할 때 뭔가 할 말을 줄 것이다. 사람들이 뭐라고 기도해야 할지 막막하고 삶을 어떻게 해석해야 할지 몰라 잠 못 이룰 때, 삶의 가장 중요한 주제의 영적 의미를 해석해 줄 어휘가 준비되어 있어야 한다. 누군가 미리 말을 심어 두어야, 필요할 때 그것이 피어날 수 있다.

구체적인 예를 하나만 더 보자. 많은 갈망과 상실의 배후에는 두려움이라는 기본적 의문이 깔려 있다. 내가 믿기로, 우리의 두려움(인간 조건의 일부로 누구나 경험하는 두려움)의 배후에는 "내 앞날을 하나님께 맡겨도 될까?"라는 의문이 도사리고 있다. 이 하나의 질문 속에 많은 의문이 압축되어 있다. '하나님은 나를 사랑하실까?', '하나님께 내 앞날을 바꿔 놓으실 만한 능력이 있을까?', '하나님이 내 기도를 들어 주지 않으시면 어쩌지?' 이 모두가 합쳐져서 더 큰 의문이 된다. 내가 알기로 사람들은 갈망과 상실의 상황에서 어느 정도 이렇게 되묻는 것 같다. "내 앞날을, 그리고 내가 사랑하는 이들의 앞날을 하나님께 맡겨도 될까?"

사람들이 소리 내어 묻지 않더라도 그리스도인 리더들은 이 질문의 답이 될 복음적 어휘를 심어야 한다. 복음에 적셔진 희망 이야기는 자신의 앞날을 선뜻 하나님께 맡기지 못하는 두려움의 천연 해독제다. 왜 그런지 알겠는가? 여기에 함축된 의미는 아주 명백하다. 교회에서 설교할 때, 나는 "여러분의 미래를 하나님께 맡겨도 됩니다"라는 말을 으레 설교에 넣는다. 대개 그 말을 끝부분에 넣은 뒤 그날의 설교에서 한두 문장을 덧붙여, 하나님을 신뢰해도 된다는 개념을 전체 설교와 연결한다.

내가 그렇게 하는 이유는 오래전에 "리더의 첫 번째 책임은 현실을 규명하는 일이다"라는 맥스 디 프리의 유명한 말을 읽었기 때문이다.[15] 나는 교회 리더로서 하나님이 내게 돌보라고 맡기신 사람들이 이런 세상에 살았으면 좋겠다. 하나님을 신뢰해도 된다는 사실로 규정되는 세상 말이다. 그래서 나는 무슨 내용을 가르치든 반드시 그것을 하나님을 신뢰해도 된다는 더 근본적인 개념과 연계한다.

그러면 하나님이 내게 돌보라고 맡기신 사람들이 입원한 아들 때문에, 우울증으로 고생하는 어머니 때문에, 은퇴하면서 돈 문제 때문에 불안해할 때, 돌아갈 자리가 생긴다. 그 문구로 돌아가면 되는 것이다. 나는 그들이 이렇게 말했으면 좋겠다. "두렵지만 내가 확실히 아는 게 하나 있다. 하나님께 내 앞날을 맡겨도 된다는 것이다." 그래서 우리는 말을 심어야 한다.

사실 이 책도 말을 심어 당신의 사고 모델을 수정해 주는 방식으로 꾸며져 있다. 그래서 "당신이 맡아 돌봐야 할 사람들", "리더십은 경청으로 시작된다", "지금의 교회는 더는 존재하지 않는 세상에 맞게 조정되어 있다"

와 같은 문장들이 계속 되풀이된다. 이런 말이나 그에 상응하는 말이 각 장마다 들어 있다. 언뜻 보면 내가 중복을 남발하는 변변찮은 작가로 보일 수 있지만, 내 생각에 이런 반복은 심고 물을 주는 행위다. 반복 효과를 통해 기독교 리더십에 대한 당신의 사고 모델이 바뀔 것이다. 내가 이런 어휘를 당신의 머릿속에 충분히 심으면, 당신이 일에 임하는 방식과 자신이 맡아 돌봐야 할 사람들을 대하는 방식이 달라지리라 믿는다. 예수께서 사역의 태반을 할애하여 하나님 나라에 대한 이야기를 되풀이하셨듯이, 나도 동일한 개념과 문장을 수시로 되풀이할 것이다. 당신이 자신을 보는 관점 속에 그 어휘가 뿌리내리도록 말이다. 이렇듯 영적 의미를 해석하는 한 방법은 말을 심는 것이다.

사고 모델을 수정해서 영적 의미를 해석하다

자칫하면 의미 창출을, 관찰이 결론을 낳고 결론이 행동으로 이어지는 합리적 과정으로 생각하기 쉽다. 그러나 알고 보면 사람들이 상황의 의미를 파악할 때 늘 정연한 논리나 연역 과정을 따르지는 않는다. 그 대신, 칼 와익의 표현대로라면, "독백"에 빠진다. 독백이란 사람들이 주어진 경험을 되뇌어 해석하는 내면의 대화다. 머릿속에서 진행되는 대화를 통해 새로운 상황에 의미를 부여하는 것이다. 그래서 와익은 "독백이 인식을 규정한다"라고 결론지었다.[16] 그런데 독백은 치밀한 논리가 아니라 이야기다. **우리는 이야기를 되뇌어 추론한다.**

이것을 가장 쉽게 설명하려면 역시 이야기가 좋겠다. 대화 중에 당신이 뭔가 실언을 했는데 그게 무엇인지 몰랐던 적이 있는가? 몇 년 전, 내 강의를 듣고 있던 모든 여자 수강생들이 화가 나 있던 적이 있었다. 그들은 팔짱을 낀 채 얼굴을 찌푸리고 있었다. 방금 내가 무슨 말을 한 걸까? 강의를 계속하면서 마음 한구석으로 지난 몇 분 동안 내가 한 말을 되짚었다. 무엇이 그 많은 사람들을 불쾌하게 했는지 궁금했다. 그런데 상황은 더 악화되었다. 어느새 일부 남자들도 팔짱을 끼고 나를 노려보는 게 아닌가?

그래서 문제를 공론화하기로 했다.[17] "내가 무슨 실언을 했나요?" 내 질문에 다들 말없이 어리둥절한 표정만 지었다. "여러분이 화난 게 보입니다. 등을 구부리고 앉아 팔짱을 끼고 있잖아요. 내가 무슨 말을 했기에 이렇게 화가 난 거죠?" 그러자 모두에게서 똑같은 답이 터져 나왔다. "화난 게 아니라 추워서 그래요." 디지털시계에 달린 온도계를 보니 실내 온도가 13도였다. 난방기 모드가 냉방으로 잘못 바뀌어 있어 실내가 따뜻해지기는 커녕 그러잖아도 추운데 찬바람까지 나오고 있었다.

만일 내가 학생들에게 화난 이유를 묻지 않은 채 그대로 집에 가서 아내에게 그 이야기를 했다 하자. 우리는 대화 속에 강의를 재연하면서 그들을 화나게 한 내 실언을 "밝혀냈을" 것이다. 찾아낼 게 있다고 확신했으니 뭐라도 찾아냈을 것이다. 내가 되뇐 이야기가 내게는 사실이 됐을 것이다. 나는 와익의 말대로 했다. 그 상황의 의미를 가장 잘 설명해 줄 이야기를 내 머릿속의 대화를 통해 알아내려 한 것이다. 나아가서 마치 그 이야기가 진실인 양 행동했다.[18]

사람들이 영적 의미를 해석하도록 지도하는 법을 배우려면, 평소에 그들이 상황을 어떻게 해석하는지부터 보는 게 가장 좋다. 강의실에 가득한 학생들이 팔짱을 끼고 있다. 그것이 무슨 의미인지 어떻게 알 수 있는가? 밤 12시인데 당신의 십 대 아들이 아직 집에 들어오지 않았다. 걱정해야 할지, 화내야 할지, 좋아해야 할지, 당신은 어떻게 반응할 것인가? 당신의 어머니가 수술을 받아야 한다. 어머니의 앞날을 하나님께 맡겨도 되는지 당신은 어떻게 분별할 것인가? 선거에 출마한 정치인이 자칭 그리스도인이라 주장한다. 그게 칭송받을 만한 신앙인지 아니면 단죄되어야 할 위선인지, 당신은 어떻게 분별할 것인가? 일상생활은 이런 해석의 상황들로 가득하다. 그래서 영적 의미의 해석은 리더가 사람들을 이끄는 아주 위력적인 방식이다.

앞서 보았듯이 사고 모델을 수정해 주면 혁신이 가능해진다. 인간은 사고 모델을 통해 의미를 해석하기 때문이다. 그런데 여기에 더할 새로운 사실이 있다. **대개 사고 모델을 수정해 주려면 사람들이 되뇌는 이야기를 수정해야 한다.** 예컨대 마가복음 8장에 나오는 예수님과 제자들의 대화로 돌아가 보자. 예수님은 메시아의 의미에 대한 제자들의 사고 모델을 수정해 주신다. 그런데 잘 보면, 제자들이 품고 있던 그 사고 모델은 하나의 이야기다. 그들이 예수님에 대해, 그리고 그분의 제자인 자신들의 위상에 대해 평소 되뇌던 이야기다. 그들은 메시아가 군대를 일으켜 로마인을 정복하고 그 지역을 다윗 왕처럼 통치하리라 믿었다. **그들에게 있는 것은 메시아에 대한 추상적 정의가 아니라 단지 이야기였다.** 다만 그 이야기는 큰 거짓말이었다.

예수님이 그들의 사고 모델을 물리치며 제시하신 것도 새로운 정의가 아니라 새로운 이야기였다. 인자가 고난을 받고 죽임을 당하고 사흘 만에 살아나야 한다는 이야기였다. 그분은 어휘를 심고 이야기를 심으셨다. 당시에는 제자들이 새로운 이야기를 제대로 이해하지 못했다. 오히려 그분께 항변하기까지 했다. 그러나 예수께서 심어 두신 이야기는 오순절 이후에 열매를 맺었다. 그들이 겪은 많은 일의 의미가 그 이야기로 해석되었다. 그들은 이 이야기를 메시아의 정의로 받아들였다. 보다시피 **새로운 사고 모델(혁신)은 잘못된 이야기에서 복음 이야기로, 곧 큰 거짓말에서 복음 진리 중심의 이야기로 옮겨 간다.** 예수님은 제자들이 되뇌던 이야기를 수정해 주심으로써 혁신을 이루셨다.

요약하자면, 리더가 사람들을 이끄는 가장 위력적인 방식은 영적 의미를 해석해 주는 것이다. 우리는 말을 심어 영적 의미를 해석할 수 있다. "건물을 세우다 교회가 갈라진다면 우리는 실패한 겁니다"가 좋은 예다. 또 우리는 사고 모델과 특히 사람들이 되뇌는 이야기를 수정해 주어 영적 의미를 해석할 수 있다. 예수께서 메시아 이야기를, 정복의 왕에서 고난을 통해 구원을 이루시는 분으로 대체하신 것처럼 말이다. 우리가 아직 논하지 않은 것은 이런 영적 의미의 해석에 힘입어 교회를 재조정하는 부분이다. 즉 늘 변화하는 사람들에게 영원히 변함없는 복음을 체감하게 해 줄 혁신적 방법을 개발해야 한다. 바로 이 부분에서 "기독교 실천"이 우리에게 도움이 된다. 그래서 이번 장 나머지와 다음 장 전부를 할애하여 기독교 실천을 통해 미래를 혁신하는 법을 모색하고자 한다.

실천을 혁신하여 영적 의미를 해석하다

기독교 실천은 신념과 이야기가 행동으로 구현된 것이다(다시 말하지만, 여기서 실천이란 기도와 예배와 구제와 전도 같은 것을 뜻한다). 하나님을 예배할 때 나는 마음속으로 이미 믿는 바를 몸으로 표현하는 것이다. 구제도 기독교 신앙이 시작된 이후로 쭉 이야기의 일부였는데 그것을 내가 행동으로 옮기는 것이다.

실천이 어떻게 이야기를 구현하는지 설명해 보자. 성경에 보면 두 렙돈을 헌금한 과부도 나오고, 사도 바울이 예루살렘의 빈민을 도우려고 소아시아의 신생 교회들에게 헌금을 모은 일도 나온다.[19] 이런 이야기를 통해 나는 빈민을 돕는 온정의 구제가 그리스도인의 정체성의 일부임을 안다. 기독교 역사의 어느 시대를 보아도 헌금으로 가난한 사람을 도운 그리스도인들이 있었다. 구제 개념은 내게 명확한 정의가 딸린 추상적 개념이 아니라 수많은 이야기로 다가온다. 재물을 베푼 그리스도인들의 사연을 귀가 따갑게 듣는 사이에 나 또한 베풀어야 함을 깨닫는다. 사실 내 헌금(기독교 실천)은 여태 들은 이야기를 따라 하는 것 그 이상도 아니고 그 이하도 아니다. 이야기를 시행하여 몸으로 그것을 살려 내는 것이다. 앞서 보았듯이 사고 모델은 우리에게 이야기로 찾아온다. 실천도 마찬가지다. 우리는 다른 사람들의 삶 속에 시행되는 이야기를 보고 듣는다. 그리고 본 대로 따라서 실천한다.[20] 실천은 이야기가 의식(儀式)으로 발전한 것이다. 잘 다져진 내러티브의 길을 따라 신앙을 행동으로 옮기는 것이다.[21]

이제는 실천을 세 가지로 논할 것이다. 1) 기독교 실천의 특성을 설명한다. 2) 실천을 혁신하는 법을 기술한다. 3) 혁신된 실천의 사례를 제시한다. 이렇게 하는 전체 목적은 혁신된 실천을 통해 교회를 재조정하는 것이다. 실천을 혁신하면 공동의 희망 이야기가 생겨나 우리가 맡아 돌봐야 할 사람들의 갈망과 상실의 영적 의미를 해석할 수 있다.

1) 기독교 실천의 특성

대개 우리가 실천을 이야기로 접하는 것은 사실이다. 그러나 기독교 실천을 기독교적 혁신의 척도 중 하나로 삼으려면, 신중을 기해 그 '실천'의 정의를 정확히 알아야 한다. 기독교 실천의 특성과 기준을 알면, 우리가 맡아 돌봐야 할 사람들의 필요에 맞게 실천할 수 있는 특정 방법을 모색할 때 유익하다. 역사적 기독교 실천을 현대 세계에 맞게 혁신하려 할 때는 그런 명확한 이해가 특히 중요하다. 정의가 분명하면 재조정 과정에서 실천의 어느 부분을 남겨야 하고 어떤 부분을 걷어 내도 되는지를 알 수 있다.[22]

사회적 실천에 대한 우리의 다층적 이해는 철학자 알래스데어 매킨타이어의 저작에 힘입은 것이다. 《덕의 상실》이라는 책에 그의 개념이 상술되어 있다.[23] 다만 그의 공식 정의는 우리의 현 취지상 너무 난해하므로 우리는 기독교 실천을 이렇게 기술할 것이다.[24] 1) 기독교 실천은 그리스도인들이 대대로 반복해 온 행동이며 실제로 기독교 신앙을 구성한다. 2) 기독교 실천은 그 자체가 목적이며 더 큰 목적의 수단이 아니다. 3) 기독교 실천에는 지켜야 할 기준이 있다. 4) 기독교 실천의 형태는 시대에 따라 달라질 수 있다.

첫째로, 기독교 실천은 그리스도인들이 대대로 반복해 온 행동이다.

실천은 공동체의 전통을 통해 규정되며 전통에 역사적 뿌리를 두고 있다.[25] 개인의 단독 행위로는 실천을 창시하거나 실천에 관여할 수 없다.[26] 공동체 안에서 일상으로 굳어지기 전까지는 실천이라 할 수 없다. 이 기준 때문에 우리가 쓰는 이 용어는 예컨대 통속적 표현의 영성 실천과 구분된다. 일부 종교 환경에서 영성과 종교의 분리가 유행처럼 번졌다. 종교와 달리 영성은 전통에 의존하지 않는다는 의미가 짙게 깔려 있다.[27] 실제로 일각에서는 '종교'란 타인의 영성을 추종하는 것과 같다며 종교를 폄하한다. 그러나 내가 역설하는 신앙은 지극히 공동체적 활동이다. 기도하거나 예배할 때 우리는 결코 혼자가 아니라 수천 년에 걸쳐 하나님께 기도하고 그분을 예배해 온 신앙인들과 이어져 있다. "실천 속에 과거가 깃들어 있다"라는 크레이그 다익스트라의 말이 바로 그런 뜻이다.[28] 자아에 함몰되는 인간의 성향을 저지하려면 이렇게 전통 및 과거와 이어져 있어야만 한다. 신앙 공동체를 배제하는 실천 시도에는 견제와 균형이 결여되어 있다. 인간은 자기기만의 재주가 아주 뛰어나기 때문에 나는 우리에게 그런 제약이 필요하다고 본다. 그래야 투사된 자아를 예배하는 데서 벗어날 수 있다.[29] 실천은 역사에 근거하여 공동체적으로 규정되어야 한다.[30]

일례로 손님 대접을 생각해 보라. 기독교 실천인 환대는 세상의 환대와는 다르다. 세상의 환대는 친구를 불러 식사와 여흥을 제공하는 것이다. 호텔과 식당(돈을 받고 숙소와 음식을 제공하는 곳)을 총칭하는 '환대 산업'도 있다. 반면 기독교의 환대는 외부인을 내부인처럼 대하는 것이다. 친구에게만 아니라 낯선 사람에게도 식사를 베풀며 그에게 비용을 받지 않고 거저 환대한다. 우리는 그들을 초대하여 내부인과 똑같이 **참여하게** 해야 한다.

이러한 환대는 기독교 전통에 뿌리를 두고 있다.

　이렇게 실천의 뿌리가 강조되기 때문에 실천은 혁신의 기준으로서 아주 유용하다. 풀러신학대학원의 마크 래버튼 총장은 그 학교를 향한 자신의 목표가 **"정통에 뿌리를 두고 혁신으로 가지를 뻗는"** 것이라 말하곤 한다.[31] 기독교 전통에 뿌리를 두지 않으면 우리가 시도하는 혁신은 이리저리 떠밀릴 수밖에 없다. 환대가 혁신의 원천이 될 수 있으려면 기독교 전통에 뿌리를 두어야 한다. 손님 대접은 구약 시대와 신약 시대, 초대 교회와 중세 교회를 가릴 것 없이 하나님의 사람들에게 늘 중요했다. 우리는 그 전통의 모범에 의지하고 선조들의 선례를 공부한다.

　예컨대 중세 교회는 선한 사마리아인의 비유를 으레 환대의 이야기로 해석했다. 인간은 타인이 하나님의 형상으로 지어졌다는 이유만으로 그 사람에게 다해야 할 의무가 있는데, 중세 교회에 따르면 비유의 등장인물 중 이 의무를 안 사람은 사마리아인뿐이다. 부상자를 피해 지나간 제사장과 레위인은 그에게 다해야 할 자신의 의무를 깨닫지 못했다. 여기서 예수님의 특기인 강력한 반전이 나온다. 그분의 유대인 청중은 사마리아인을 내부인으로 인정하지 않았지만, 정작 부상당한 유대인을 형제로 대한 사람은 그 외부인(사마리아인)이었다. 다시 말해서 신앙의 대변자들은 공동체의 연합을 외면한 반면, 공동체 바깥의 사람이 그들을 대신했다. 이거야말로 환대의 이야기다.

　그런데 중세 교회는 그 의미를 한 걸음 더 끌고 나갔다. 비유 속의 사마리아인은 다친 형제를 주막으로 데려가 주막 주인에게 돌보아 줄 것을 부탁한다. 주막을 교회의 은유로 보는 게 종교개혁 당시 이 비유의 표준 해석이었다. 그래서 이 비유와 관련된 가장 유명한 그림(렘브란트의 〈선한 사마리아인〉)은 사마리아인이 부상자를 주막 주인에게 맡기는 장면이다.[32] 교회사 내내 그리스도인들은 병들고 고통당하는 이들을 환대하는 것이 교회의 핵심 역할 중 하나라 믿었다. 이 환대는 육신과 영혼을 공히 돌보는 것이었다. 그때는 요즘처럼 둘이 분리되어 있지 않았다. 기독교 전통에서 환대가 얼마나 중요했는지를 알게 되면 그것이 우리의 혁신에 뿌리와 닻이 되어 준다. 사실 기독교 실천들은 워낙 전통에 깊이 뿌리박고 있어 그 실천들이 기독교 신앙을 규정한다고까지 말하는 사람도 있다.

우리가 말하는 기독교 실천은 학자들의 표현으로 "구성적 실천"에 해당한다. **기독교 신앙을 구성하는 실천**이라는 뜻이다. 그리스도인이란 이런 실천에 참여하는 사람이고, 이런 실천에 참여하는 것이 곧 그리스도인이 된다는 의미다. 기독교 실천은 그리스도인이라는 우리의 정체성을 형성하고, 누가 신앙 공동체에 속해 있는지를 알려 주며, 우리가 그리스도인으로 존재하는 이유를 말해 준다. 그리스도인이 이런 실천에 참여하지 않았던 시대는 결코 없었다. 사실 이런 실천에 참여하지 않는다면 이는 그리스도인다운 행동이라고 말할 수 없다.[33] 환대를 베풀고 감사를 표현하며 안식일을 지키는 등의 실천은 그리스도인 고유의 속성이다.

둘째로, **기독교 실천은 그 자체로 목적이다.** 더 큰 목적의 수단이 아니다. 예컨대 노래는 기독교 실천이 아니지만 예배는 기독교 실천이다. 교회에서 노래하는 목적은 하나님을 예배하기 위해서다. 그 차이를 설명해 보자. 얼마 전에 브로드웨이 뮤지컬 〈해밀턴〉이 큰 인기를 끌었다. 특히 청년층이 열광했다. 그들을 대변하며 심금을 울렸기 때문이다. 최근에 내가 참석한 결혼 피로연에서 DJ가 그 뮤지컬 노래 중 "신랑 신부를 위하여"라는 가사로 시작되는 곡을 재생했다. 즉시 20대 무리가 펄쩍펄쩍 뛰며 따라 불렀고 거의 종교적 열정으로 노래에 빠져들었다. 진심에서 우러난 깊은 감정이 표현된 노래였다. 하지만 우리 중 누구도 그것을 하나님께 드리는 예배와 혼동하지 않을 것이다. 브로드웨이에서 그 뮤지컬을 관람한 일을 말할 때면 그것이 자신의 영혼에 영향을 미쳤다며 경외감을 표하는 사람도 많다.[34] 그러나 그것을 하나님께 드리는 예배와 혼동할 사람 역시 아무도 없다. 노래 자체는 예배가 아니다. 노래는 그 자체로 목적이 아니라 목적의 수단이다.

그러나 예배는 더 큰 목적의 수단이 아니다. 우리는 예배를 정당화할 필요가 없다. 예배 자체로 선하다. 제대로 예배했다면 선을 행한 것이며 그 이상의 설명이 필요 없다. 구제도 마찬가지다. 가난한 사람에게 마음에서 우러나 돈을 주었다면 그 자체로 선하다. 다시 정당화할 필요가 없다. 나중에 알고 보니 상대가 가난하지 않았다거나 그 돈을 나쁜 데 썼다면 어떨까? 그래도 상관없다. 돈을 줄 당시에 당신은 구제라는 기독교 실천을 시행한 것이고, 수천 년간 그리스도인들을 감화해 온 동일한 이야기를 구현한 것이다. 기독교 실천에 참여하는 것은 더 큰 목적의 수단이 아니라 그 자체로 정당하다.

실천 자체로 정당한 이유는 거기에 학자들이 말하는 "내재적 선"이 있어 덕을 구현하기 때문이다. 내재적 선은 외면적 선과 구분된다. 외면적 선은 실천에서 발생하는 부수적 이익이다. 애초에 그 실천에 힘써야 하는 이유로부터 우리를 벗어나게 할 수 있는 부산물이다. 테레사 수녀가 세상에서 명성을 얻거나, 대학이 흑자를 본 것이 외면적 선의 예다. 테레사 수녀는 명성을 얻으려고 빈민을 도운 게 아니고, 대학의 존재 이유는 교육이지 영리가 아니다. 이런 외면적 선은 실천의 결과지 실천의 본령이 아니다. 실천의 기본 덕을 구현하고 실천의 궁극 목표를 이루는 것은 내재적 선이다. 모든 실천은 덕을 지향하며 따라서 궁극의 선을 이룬다. 선과 실천이 워낙 맞물려 있다 보니, 실천에 제대로 참여하면 곧 덕을 구현한 것이나 같다.[35] 모든 실천은 그것이 구현하려 하는 바로 그 덕의 기초 위에 세워진다.

대개 실천은 여러 내재적 선이 모여서 이루어진다. 특정한 상황에 부딪힐 때 기독교 신앙을 시행할 수밖에 없도록 실천 속에 그런 선이 적절히 조합되어 있다. 예컨대 환대라는 기독교 실천은 몇 가지 내재적 선과 맞물려 있다. 이 실천은 외부인을 내부인처럼 대하는 것이다. 즉 대개 내부인에게만 발생하는 특권을 외부인과 (대가를 바라지 않고 거저) 공유해야 한다. 이 실천에는 아낌없이 베푸는 마음, 남을 우선하는 태도, 만인의 존엄성을 지킨다는 원칙, 하나님이 행하신 일에 대한 감사 등도 수반된다. 기독교 전통에 따르면 우리 가운데 낯선 사람이 있으면 그 순간 하나님의 사람들은 특유의 결단에 직면한다. 이 상황에 대처할 때 신앙의 기준을 벗어나고 싶을 수 있다. 그래서 전통이 표준 대응법을 구축해 놓았다. 낯선 사람과 조우할 때 우리는 환대를 실천해야 한다. 그게 기독교의 생리다. 게다가 그 일을 우리는 베풂과 감사의 마음으로 상대의 존엄성을 지키면서 해야 한다. 이렇듯 실천은 기독교를 대변한다.

그게 다가 아니다. **실천은 신념을 구현한다.** 신학자 미로슬라브 볼프는 "신념에서 생겨난 실천"과 "실천에서 생겨난 신념"을 둘 다 중시해야 한다는 말로 그 둘의 상관관계를 표현했다. 실천 없는 신념은 무의미하며 그 반대도 마찬가지다. 믿는 바를 실천하는 거야 당연하지만, 알다시피 우리 대부분은 아직 다 이해하지 못하는 것도 실천한다. 볼프는 "기독교 실천이 먼저이고 기독교 신념은 거기에 따라온다"라고 일깨운다.[36] **실천은 기독교를 구현하여 살을 입힌다.**

하지만 그보다 더 깊이 들어간다. 실천은 기독교를 구현할 뿐 아니라 아예 기독교를 구성한다. 브래드 캘런버그는 "기독교에 참여하려면 … 반드시 이런 실천에 참여해야 한다. 바꾸어 말하면, 공동체에 참여하는 게 곧 실천에 참여하는 것이다"라고 썼다.[37] 기독교 신앙과 그 신앙의 실천을 구분하는 것은 무의미하다. 우리는 실천으로 신앙을 표현한다. 실천에 참여하는 것이 곧 신앙의 표현을 구성한다. 그래서 "구성적 실천"이다. 실천은 기독교 신앙을 구성한다.

잘 보면, 이 두 번째 특성을 쭉 설명하면서 도구적 목표는 일부러 언급하지 않았다. 환대의 목표는 식사나 숙소를 제공하는 게 아니다. 그것은 즐거운 부산물일 뿐이다. 너그러운 마음으로 사람을 존엄하게 대한다면, 상대에게 필요한 식사나 숙소나 환대는 자연히 수반되게 마련이다. 다만 우리의 초점은 무엇을 제공하느냐가 아니라 그것을 **어떻게** 베푸느냐에 있어야 한다. 최종 결과야 어찌되든 상관없다는 말이 아니라 결과를 목표로 삼기에는 목표가 너무 빈약하다는 말이다. 과정 대신 결과에 초점을 맞추면, 실천을 맞교환으로 전락시키기가 너무도 쉽다. 다시 말해서, 결과에 치중하면 우리가 돌보는 방식을 외면적 선이 좌우하게 된다. 그래서 모든 실천에는 역사적 발전 과정을 통해 탁월함의 일정한 기준이 확립되어 있다. 실천에 참여하여 그 실천의 내재적 선을 구현하려면, 그 실천에 적용되는 탁월함이라는 기준에 충실해야만 한다.

셋째로, **기독교 실천에는 기준이 있다.** 탁월함이라는 기준은 실천에 참여하는 방식이 건설적인지 아니면 파괴적인지를 가르는 표석이다. 기독교 바깥의 실천을 보면 가장 쉽게 설명될 것이다. 캘런버그는 체스를 예로 들었고,[38] 제프리 스타우트는 야구를 예로 들었다.[39] 이 두 가지 예가 특히 유익한 이유는 최종 목표(학자들이 말하는 **목적**)가 아주 분명하기 때문이다. 체스도 야구도 목표는 이기는 것이다. 그런데 이기는 데도 올바른 방법과 잘못된 방법이 있다. 그 점에서 이 둘은 아주 좋은 예다. 야구의 경우, 승리를 노리되 팀 대신 나 자신에게로 시선을 끌 수 있다. 내가 홈런을 쳤다 하자. 이때 나는 베이스를 차분하게 한 바퀴 돌 수도 있고, 요란하게 함성을 질러 관심을 내게 집중시킬 수도 있다. 이기는 데 중요한 것은 홈런이니까 겉보기에는 별 차이가 없다. 그러나 저마다 자신에게 시선을 끌면 결국 팀이 와해된다(따라서 미래의 승리도 위태로워진다). 탁월함이라는 기준에서 관건은 실천 방식이 옳아야 한다는 것이다.

이런 기준은 최종 목표가 이기거나 지는 것에 있지 않고 수량화하기 힘들 때 특히 중요해진다. 환대를 베풀 때 내 목표는 낯선 사람을 환영하여 외부인을 내부인처럼 대하는 것이다. 하나님이 나를 늘 그렇게 대하시듯이 말이다. 그런데 '환대'에는 뚜렷한 척도가 없다.[40] 사실 환대를 떠받치는 덕(베풂, 남을 우선함, 감사 등의 덕)은 측정하기가 더 힘들다. 그래서 탁월함이라는 기준은 종종 우리에게 이야기로 찾아온다. 비슷한 상황이 발생할 때 그런 이야기를 보면 우리가 어떻게 해야 할지 알 수 있다. 야구에서 주자가

2루에 있고 아직 투 아웃이 안 됐다면 (타자가 아웃될지라도) 공을 구장의 왼쪽으로 치는 것보다 오른쪽으로 치는 게 더 낫다. 이는 리틀 야구 선수들도 다 아는 사실이다. 워낙 흔한 상황이고 보편적 이야기라 "주자 뒤쪽으로 치기"라는 명칭까지 따로 있다. 이게 "잘하는 야구"다. 마찬가지로 우리는 그리스도인이라면 마땅히 굶주린 자를 먹이고 헐벗은 자를 입히며 옥에 갇힌 자를 찾아가 봐야 함을 안다. 이게 잘하는 환대다. 보다시피 주자 뒤쪽으로 치거나 헐벗은 자를 입히는 게 더 낫다는 데 온 전통이 동의한다. 이상의 논지를 캘런버그는 이렇게 요약했다. "실천은 인간의 활동이면서 그 활동에 내재된 선을" 낳고, "탁월함이라는 기준이 있어 그것을 떠나서는 내재적 선을 다 이룰 수 없으며" 시스템 전체로 확장된다.[41]

넷째로, **기독교 실천의 형태는 시대에 따라 달라질 수 있다.** 실천은 지속되지만 역사 속의 형태는 사뭇 달라 보일 수 있다. 구제라는 기독교 실천을 보라. 예수님 시대에는 거리에 거지들이 있었고, 그들의 손에 동전을 주는 게 가장 확실한 구제 방법이었다. 그 방법은 수백 년 동안 지속되었다. 그러나 요즘 최선의 구제 방법은 직접 돈을 주는 게 아니라 구세군 같은 사회사업 기관에 수표를 보내는 것일 수 있다. 그러면 기관에서 노숙인들에게 물품과 서비스를 제공한다. 꼭 손에 동전을 주어야만 구제라고 말할 사람은 아무도 없을 것이다.

실천의 형태가 시대에 따라 달라지다 보니 거기에 수반되는 중요한 경고가 있다. 실천이 변화함에 따라 자칫 과오를 범하기 쉽다는 것이다.[42] 두 가지 중대 과오가 떠오른다. 우선 외면적 선을 실천의 목적보다 중시하는 것이다. 또 하나는 실천을 통해 구현하려는 덕을 왜곡하는 것이다.

수표로 구제하는 사람의 예로 돌아가 보자. 수표를 끊는 것 자체는 선도 아니고 악도 아니다. 그런데 여기에 유혹이 수반된다. 예컨대 비영리 기관이나 교회 앞으로 수표를 끊으면 영수증을 받을 수 있고, 영수증이 있으면 기부금에 대한 세금이 감면된다. 세액 공제는 구제의 부산물로 발생하는 외면적 선이다. 즐거운 부산물이 구제의 목적으로 둔갑하지 않는 한 외면적 선은 잘못된 게 아니다. 그러나 세금을 낮추려고 기부한다면 더는 구제를 실천하는 게 아니다. 구제는 빈민의 필요를 채워 주려는 동기로 해야 한다. 이것은 이 실천을 통해 구현하려는 덕과도 밀접한 관계가 있다. 구제를 통해 우리는 긍휼의 덕을 구현한다. 공감을 느끼기에[43] 그 반응으로 기부하는 것이다. 그런데 공감이 불편하다는 이유로 아예 대인 접촉을 피하는 기부자도 많이 있다.

토머스 지번스와 레베카 버치 베이싱어가 지적했듯이 현대의 기부자들이 수표 방법을 선호하는 이유는 그래야 빈민을 대면할 일이 없기 때문이다. 이 두 저자는 현대의 구제에 빈민과 부대끼는 "진정한 참여"가 뒤따라야 한다고 역설한다.[44] 공감 대상과의 교류가 없이는 공감(앞서 보았듯이 함께 느낀다는 뜻이다)에서 우러난 기부가 요원하기 때문이다. 실천을 혁신하려면 새로운 형태의 실천을 통해서도 계속 덕이 구현되도록, 그리고 실천이 (더 이기적인 목적의 수단이 아니라) 그 자체로 목적이 되도록 만전을 기해야 한다. 실천의 형태는 얼마든지 달라질 수 있다.

2) 실천의 혁신

이제 우리는 실천의 형태가 시대에 따라 달라질 수 있음을 안다. 이것은 정말 위력적인 통찰이다. 덕분에 우리가 맡아 돌봐야 할 사람들의 늘 변화하는 필요에 부응할 수 있으니 말이다. 설명하자면 이렇다.

실천을 혁신해야 할 몇 가지 좋은 이유를 앞서 살펴보았다. 실천은 기독교 전통을 구현하고, 충실한 삶을 구성하며, 대대로 지속된다. 실천의 역할은 거기서 끝나지 않는다.

새뮤얼 웰스는 그리스도인들이 예측 불허의 고달픈 세상에서 어떻게 거룩하게 살아가는지를 즉흥 코미디에 비유하여 설명했다. 그에 따르면, 대다수 사람은 기독교 실천의 작동 원리를 모르듯이 즉흥 코미디의 작동 원리도 모른다. 흔히들 즉흥 연기를 하는 배우는 웃기려고 애써야 하며 가장 잘 웃기려면 기발한 대사로 받아쳐야 한다고 생각한다. 그러나 즉흥 연기란 그런 게 아니다.

즉흥 연기를 하는 배우는 파트너의 말이나 주변 상황에 집중해서 경청하도록 훈련받는다. 기발한 대사를 생각해 낼 시간 따위는 없다. 무엇(파트너)에 주목하고 무엇(웃기려는 욕심)을 무시해야 할지를 배울 뿐이다. 즉흥 연기를 하는 배우는 기발해지기는커녕 "뻔해져야" 한다. 여기서 "뻔하다"라는 말은 아무거나 머릿속에 떠오르는 대로 여과 없이 말할 수 있을 정도로 투명하다는 뜻이다.[45] 내가 파트너의 삶의 **이야기를 경청하고** 수긍하는(사실은 과잉 수용하는) 습관을 기르고 나면, 파트너는 내가 무슨 말이든 학습된 본능대로 내뱉을 것을 믿고 안심한다.[46] 파트너가 "저 나무의 원숭이 좀 봐"라고 말하면 나는 고개를 돌려 그쪽을 본다. 그러면 마치 나무에 원숭이가 있는 것처럼 내게서 그에 걸맞은 대사가 나온다. 경청이 내 행동을 좌우한다.

웰스는 즉흥 연기가 그리스도인의 삶과 비슷하다고 말한다. 그리스도인의 "윤리란, 위기 때 기발해지는 게 아니라 '위기'가 끝날 때까지 위기인 줄 인지하는 못하는 성품을 기르는 것이다." 그런 이유로, "성경은 교회가 배우고 연기하는 대본이라기보다 공동체의 습관과 실천을 빚어내는 훈련소다." 그런 습관이 교회에 흠뻑 배어 있으면 "이 공동체는 올바른 부분을 당연한 것으로 받아들일 뿐더러 그 충실함에 근거하여 **전통의 범위 내에서** 안심하고 즉흥으로 **대응한다**."[47]

기독교 전통을 중시하는 혁신이란 바로 이 즉흥 대응력을 뜻한다. "올바른 습관이 두루 갖추어진 공동체는 새롭고 종종 힘든 상황에서도 안심하고 즉흥으로 전통을 구현할 수 있다."[48] 기독교 실천 덕분에 우리는 기독교 전통의 새로운 표현 방법을 기민하게 개발할 수 있다. 그러려면 우리가 기발해져야 되는 게 아니라 즉흥 혁신이 저절로 분출할 정도로 전통에 푹 젖어 있어야 한다.

잘 보면, 이것은 어찌나 혁명적인지 기독교 제자도의 목표 자체를 바꿔 놓을 정도다. 그야말로 혁신이다. 예컨대 청소년 사역을 생각해 보라. 대부분 청소년 사역은 죄의 유혹이 예측되는 상황에서 어떻게 해야 할지를 가르치는 것 위주로 이루어진다. 즉 청소년들의 특정한 행동, 특히 부모들이 싫어하는 행동을 **막기** 위한 것이다. 이게 바로 달라스 윌라드가 비판한 "죄 관리의 복음"이다(이는 아예 복음이 아니다).[49] 여기에는 청소년이 그리스도의 행동을 (일부라도) 따라 하면 그분처럼 되리라는 전제가 깔려 있다. 하지만 이 방법은 악을 피하라고만 가르치지 덕을 가르치지는 않는다. 청소년들을 예수님 닮은 모습으로 빚어내려면 그들 안에 본능적 덕을 길러 주어야 한다. 그래야 덕의 행동이 내면에서 저절로 분출할 수 있다.

3) 기독교 실천을 혁신하는 방법의 예

여태 우리가 심은 모든 어휘가 마침내 여기서 열매를 맺는다. 실천을 혁신하는 최선의 방법은 1장에 소개한 혁신의 다섯 가지 질문을 따라가는 것이다. 일단 처음 네 질문을 쭉 훑으면서 어떻게 이를 통해 실천을 혁신할 수 있는지를 설명하려 한다(질문 5는 다음 장에서 살펴볼 것이다). 모든 실천 경험은 주변 정황과 깊이 맞물려 있으므로 여기서는 한 가지 실천(환대)에 집중한다. 평소 같으면 한 교회에 집중하겠지만, 이 작업은 많은 교회에게 사례가 되어야겠기에 여러 교회를 하나로 합성했다. 교외 지역에 위치한 이 교회는 대부분 백인 예배자로 구성되어 있으며 그중 다수는 60세 이상이다. 지금까지 내가 도운 전국 각지의 수많은 교회가 그런 곳이었다.

질문 1. 하나님이 당신에게 돌보라고 맡기신 사람들은 누구인가?

이 교회는 두 질문에 답해야 한다. 하나는 사실이고, 하나는 희망이다. 우선 사실을 보면 이 교회가 맡아 돌봐야 할 사람들은 현재 예배하러 나오는 이들이다. 대다수 교인은 중산층 백인이며, 백인이 아닌 이들도 백인 문화에 동화되어 있다. 전문직 종사자도 있고 블루칼라 직종에서 일하는 사람도 있다. 은퇴한 사람도 많고 과부도 상당수에 달한다. 반면 이 교회의 희망 사항은 교인들이 자진해서 이웃들에게 다가가는 것이다. 몇 년 전에 교회가 온라인 자원을 활용해 이 지역 인구 분포를 조사해 보니, 교회에 다니지 않는 사람이 많았고 그중 다수는 백인이 아니었다. 교인 구성비에 비해 지역에는 젊은 가정도 더 많았다. 몇 차례의 회의에서 자료를 토의한 운영위원회는 공식 정책을 세워 지역 사회에 다가가기로 결정했다. 그러나 결과는 미진했다.

질문 2. 그들은 인간 조건을 구성하는 갈망과 상실을 어떻게 경험하고 있는가?

갈망과 상실은 사람들을 잠 못 이루게 하는 것들이다. 미국 교회에는 온갖 갈망과 상실이 가득하다. 일례로 풀러청소년연구소는 정체성과 소속과 목적을 자주 언급한다. 여기서는 앞서 논했던 외로움이라는 문제로 다시 돌아가겠다.

영국 정부는 고독부 장관을 임명하여 언론에 대서특필되었다.[50] 왜 그랬을까? 수많은 의학 연구에서 보듯이 인구 중 높은 비율로 많은 사람이 외로운데 외로움은 심장 질환 및 뇌졸중과 상관관계가 있다.[51] 미국에서는 시그나 의료보험 회사에서 실시한 연구 결과가 전국공영라디오(NPR)를 통해 보도되었다. 시그나의 데이비드 코다니 사장에 따르면 "미국인의 절반이 외롭다고 답했다."[52] 외로움은 십 대 학생과 은퇴자와 현업 중년층에게 고루 영향을 미치며[53] 인종과 계층도 가리지 않는다. 외로워서 잠 못 이루는 무리가 미국의 어느 교회에나 있다고 봐도 무방하다. 이 문제를 "갈망과 상실"로 표현한다면 이렇게 말할 수 있다. 이 교회의 중대한 상실은 외로움이고, 사람들이 갈망하는 것은 공동체다.

질문 3. 그들은 어떤 큰 거짓말을 믿고 있기에 변화되지 못하는가?

이 사례에서 우리는 환대라는 기독교 실천에 집중할 것이다. 환대가 외로운 사람들에게 결여되어 있는 공동체와 깊은 관계가 있어 보이기 때문이다. 게다가 이 교회는 이웃들에게 다가가기 원하므로 그만큼 환대가 중요하다. 그래서 질문의 표현을 이렇게 고칠 수 있다. 당신의 사람들이 환대라는 기독교 실천에 대해 믿고 있는 큰 거짓말은 무엇인가?

사람들이 환대에 대해 믿는 큰 거짓말이 많겠지만 그중 세 가지만 살펴보자. 첫 번째 큰 거짓말은 환대를 음식과 연결하는 것이다. 많은 그리스도인이 환대를 교회에 음식을 한 가지씩 가져가거나 누군가를 저녁 식사에 초대하는 것으로 좁혀서 이해한다. 이 거짓말은 성경에 나타난 넓고 깊은 개념의 환대를 집안일 차원으로 축소한다. 예수께서 죄인들과 함께 음식을 드실 때 바리새인들이 발끈한 것은 먹는 행위 때문이 아니었다. 식탁이야 장소에 불과했다. 그들은 자신들이 외부인으로 여기는 사람들을 예수님이 내부인으로 대하시는 데 분개했다. 각자 음식을 가져와서 함께 먹는 식사에 누구나 참여할 수 있으니 거기까지만 환대로 생각하기 쉽다. 하지만 그 것은 "우리가 참석을 막지 않았으니 그들은 환대받았다고 느껴야 한다"라는 말과 같다.

환대에 대해 그리스도인들이 흔히 믿는 두 번째 큰 거짓말은 이것이다. "우리에게 소속되려면 당신이 우리처럼 되어야 한다." 환영받으려면 외부인 쪽에서 달라져야 한다는 말은 그야말로 흡수다. 그런데 성경에 나오는 환대의 사례를 보면, 매번 주인 쪽에서 달라져야 함이 강조된다. 교회 안에 있는 우리는 사람들에게 옷차림도 우리처럼, 말투도 우리처럼, 행동도 우리처럼 하기를 바랄 때가 비일비재하다. 이는 "우리처럼 되는 게 천국에 들어가는 최선의 길(유일한 길)이다"라는 말과 같다.

세 번째 큰 거짓말은 우리의 첫 초대와 환대에 대한 상대편의 반응과 관계된다. "환대는 환대받을 자격이 있는 이들만의 몫이고 '나쁜 손님'에게 는 해당되지 않는다." 이것이 거짓말인 이유는 환대받는 외부인의 감사 표현을 환대의 조건으로 삼기 때문이다. 그러면 환대하는 내부인의 사랑보다 외부인의 감사가 더 중요해진다. 감사는 환대의 목적이 아니라 외면적 선인데도 말이다. 환대를 실천하는 이유는 우리를 환대하시는 하나님을 본받기 위해서다. 우리부터가 하나님의 환대를 당연시하기 일쑤인 나쁜 손님인데, 이 사실을 일부러 망각하지 않고서야 어찌 '나쁜 손님'에 대해 불평할 수 있겠는가. 하나님은 우리가 환대받을 자격이 없는데도("우리가 아직 죄인 되었을 때에"(롬 5:8)) 일부러 우리를 내부인처럼 대하셨다. 제대로 감사하는 이들에게만 환대를 베푼다면 우리는 예수님이 마태복음 18장에서 책망하신 그 용서하지 않는 종처럼 된다. 내가 상대에게 베푸는 것만 부풀리고 하나님께 받은 큰 용서는 일부러 망각하는 것이다. 하나님께 받은 은혜(예수께서 치르신 대가)를 바로 알진대 예수님이 우리를 구하러 오신 것처럼 우리도 먼저 외부인을 찾아가야 한다.

질문 4. 당신은 그런 갈망과 상실의 영적 의미를 어떻게 해석하는가?

영적 의미를 해석하려면 동시에 두 가지를 해야 한다. 첫째로, 환대라는 기독교 실천에 참여하여 사람들의 외로움을 덜어 주고 이웃들에게 문을 열어야 한다. 둘째로, 이를 통해 큰 거짓말을 무너뜨려야 한다.

이 일을 어떻게 시작할 것인가? 첫 단계는 기독교 실천을 성경적 관점과 역사적 관점에서 재검토하는 것이다. 창세기에 나오는 아브라함의 환대, 히브리 정탐꾼들을 영접한 여호수아서의 라합, 가난한 가정을 돌본 엘리야와 엘리사 같은 선지자들(각각 왕상 17장과 왕하 4장)을 살펴볼 수 있다. 예수께서 외부인들과 함께 환대를 주고받으신 것과 하나님을 따른다는 자칭 의인들이 그것을 이유로 예수님을 정죄한 것을 살펴볼 수 있다. 면면한 역사 속에서 그리스도인들이 어떻게 환대를 베풀어 왔는지를 환대에 인색했던 그리스도인들의 과오와 함께 살펴볼 수 있다.

이상을 종합하면 다음과 같은 요약 진술이 나온다. 환대란 공동체에 속하지 않아 환대받기를 바랄 수 없는 사람들과 공동체의 특권을 공유하는 것이다. 즉 외부인을 내부인처럼 대하는 것이다. 환대는 서로의 차이를 뛰어넘어 특권을 공유한다. 여기서 핵심 단어는 '특권'이다. 사람들이 믿는 큰 거짓말들의 중심 개념은, 특권을 누릴 자격이 누구에게나 있지는 않으며 특권이 누구 몫인지를 우리 내부인이 결정한다는 것이다. 이런 거짓말을 복음의 진리로 퇴치하려면 이렇게 말해야 한다. "하나님이 우리 모두를 환대하시기에 우리도 '그들' 모두를 환대해야 한다."

정확히 어떻게 환대를 실천할 것인가? 이 질문의 답은 하나다. 다만 사람이나 교회에 따라 내용이 달라진다. 답은 이것이다. "환대를 실천하려면 당신의 특권을 다른 사람들과 공유하라." 사람이나 교회에 따라 답의 내용이 달라지는 이유는 특권의 종류가 제각기 다르기 때문이다. 고등학생이라면 공부나 운동이나 음악이나 게임 등을 잘하면 거기에 특권이 딸려 온다. 그것이 각자의 정체성이 되어 집단에서 그에 따른 내부인 지위가 부여된다. 그 지위에 대한 보상도 뒤따른다. 예컨대 공부를 잘하는 학생은 교사의 좋은 대우와 학교의 포상을 받는다. 특권의 종류는 그 밖에도 많다. 사회는 여자보다 남자를, 유색인보다 백인을, 가난한 사람보다 부자를 우대한다. 정직하고 도덕적인 사람이 더 좋게 평가된다는 점에서 "착실한" 그리스도인도 사회의 보상을 받는 셈이다.[54] 그러므로 교인들을 동원하여 함께 환대를 실천하려면, 그들이 자신의 특권을 알고 그것을 다른 사람들과 공유하게 하는 게 가장 좋다.

이제 본래의 갈망과 상실로 돌아가 보자. 이 경우는 외로움이다. 우리는 외로운 사람들에게 다가가기로 했고, 그래서 그들에게 환대를 실천하기로 했다. 가장 쉬운 방법이자 최소한의 방법은 사람들을 식사에 초대하는 것이다. 그러나 여기에는 문제가 있다. 식사는 일회성 행사로 끝나기 쉽다. 식사 후에 초대한 사람의 기분이야 뿌듯하겠지만 불편하게 실제 관계로 발전시킬 필요는 없을 테고, 외로운 사람 쪽도 잠시 위안을 얻을 뿐 결국 달라지는 것은 없을 것이다. 그러니 이것은 최선책이 아니다. 브라이언트 마이어스가 "상대를 위한 사역"보다 "함께하는 사역"을 강조한 것이 그래서 매우 중요하다.[55] 환대를 실천하는 더 좋은 방법은 외로운 사람들을 초대하여 나란히 함께 다른 사람들에게 환대를 베푸는 것이다.

내 아내 지니는 몇 년째 우리 교회의 "도르가" 모임을 이끌고 있다. 바느질과 뜨개질을 좋아하는 여성들의 모임이며, 모임의 목적은 퀼트와 모자를 만들어 가난한 이들에게 전달하는 것이다. 그 일을 하려고 아내도 매달 둘째 토요일에 모임에 나가서 시간을 보낸다. 그런데 일이 벌어졌다. 졸지에 아내가 거기서 환대를 실천하게 된 것이다. 바느질이나 퀼팅을 잘 모르는 분들이 있기에 가르쳐 준 것인데 처음에는 그게 약간 귀찮았다. 바느질하러 간 모임에서 정작 퀼팅은 하지 못하고 사람들을 돕는 데 시간을 다 써 버리기 때문이다. 그러다 문득 깨달음이 왔다.

예컨대 아내의 도르가 사역은 거기서 만드는 퀼트가 아니라 결국 사람들을 돌보는 일이었다. 다수의 여성이 노인이며, 그중의 과부들은 틀림없이 외로울 것이다. 요즘 세상은 뭔가를 모르거나 할 줄 모르는 노인에게 인내심을 보이지 않는다. 이 모임에도 그런 세상에 체념한 분들이 있다. 그래서 모임 때마다 아내는 여러 탁자를 돌아다니며 실패에 실을 잘 감아 주거나, 바늘에 실을 다시 꿰어 주거나, 알맞은 천을 골라 주거나, 천을 필요한 크기로 잘라 준다. 그 과정에서 아내는 각 사람과 대화한다. 그러자 시간이 지나면서 인원이 늘었다. 남들에게든 자신에게든 아내는 한 번도 도르가 모임의 목적이 외로울 법한 이들에게 공동체가 되어 주는 것이라고 말한 적이 없다. 그냥 기독교 환대를 실천하기로 마음먹고 자신의 본분을 다했을 뿐이다. 이 모임이 잘되는 주된 이유는 그 여성들을 초대하여 공동의 일에 동참하게 한 데 있다. 아내는 그들과 **함께** 사역했다. 덕분에 그들은 자신이 타인의 선심 대상으로 느껴지지 않았다. 아내의 환대를 통해 덜 외로워졌을 뿐 아니라 스스로 쓸모 있게 느껴진 것이다. 이렇게 지니는 환대를 실천한다.

이와 비슷하게 우리가 할 수 있는 일이 많이 있다. 예컨대 많은 교회에서 단기 선교를 가는데, 자칫 단기 선교의 목적을 멀리 있는 사람들을 섬기는 것으로 보기 쉽다.[56] 청소년 사역의 경우, 세대간 관계의 힘을 인식했기에[57] 부모 세대와 함께 식사하는 모임(환대) 등을 개최한다. 내가 보기에 이 두 프로젝트를 하나로 결합하면 환대를 더 효과적으로 베풀 수 있다.

우선 단기 선교의 준비 과정으로 매주 의무적 '훈련' 모임이 있을 것을 교회에서 광고한다. 나라면 그 모임을 실무 준비에 필요한 기간보다 훨씬 길게 8회 이상으로 늘릴 것이다. 매번 모임의 절반을 세대간 관계 형성에 할애하되 관계 형성이 목적이라고 광고하지는 않는다. 그냥 매주 서로에게 서로가 필요한 상황을 만들어 준다. 부모 세대는 자신의 전문 분야를 청소년에게 가르쳐 환대를 실천할 수 있고, 청소년은 부모 세대에게 다른 것을 가르쳐 환대를 실천할 수 있다. 이렇게 나란히 협력하면 서로 환대할 수 있는 장이 열린다.

그러면 우리의 환대는 어떤 모습이 될까? 앞서 말했듯이 환대의 실천은 혁신되어야 한다. 혁신된 환대를 요약하면 아래와 같은 모습이 된다. 환대는 다음 두 장에서 우리가 혁신할 9가지 실천 중 첫 번째다. 혁신된 각 실천마다 우리의 영원히 변함없는 신념을 구현하도록 되어 있다. 그런 신념이 있어야 사람들의 갈망과 상실의 영적 의미를 해석할 수 있다.

환대는 창세기로까지 거슬러 올라가는 기독교 실천이다. 현대 미국인은 이 단어를 식사를 제공하거나 파티를 연다는 뜻으로 쓰지만, 기독교에서 실천하는 환대는 그보다 훨씬 의미가 깊다. 환대라는 기독교 실천을 어떻게 회복할 수 있을까? 특히 온전한 성경적 실천을 현대 생활에 접목하려면 어떻게 해야 할까?

환대란 공동체의 특권을, 공동체에 속하지 않아 환대받기를 바랄 수 없

는 사람들과 공유하는 것이며, 특히 낯선 타인이라는 이유만으로 취약한 위치에 놓인 사람들이 그에 해당한다. 환대는 대개 식사를 수반하지만 식사 이상의 의미가 있다. 식사는 가족의 특권 중 하나다. 내 자녀는 끼니마다 먹을 권리가 있다. 음식을 자녀와 나누는 것은 환대라기보다 의무다. 그러나 그 음식을 외부인과 나누면 잠시나마 상대를 우리 가족 안으로 초대하는 것이다. 환대하려면 외부인에게 동화하여 그들을 내부인으로 대하려 힘써야 한다. 환대란 서로의 차이를 뛰어넘어 특권을 공유하는 것이다.

본래 인류의 삶은 하나님의 환대 행위로 시작되었다. 우리는 그분이 지으신 세상에 살 권리가 없었는데 그분이 자리를 마련해 주셨다. 이것이 위험한 일임을 그분도 아셨다. 외부인인 우리가 그분의 무구한 세상을 더럽힐 수도 있으니 말이다. 그래도 그분은 우리를 반기셨다. 미로슬라브 볼프는 "하나님이 우리를 포용하셨으니 우리도 다른 사람들의 자리를 마련하여 원수까지도 맞아들여야 한다"라고 말했다.[58] **환대란 하나님이 우리를 대하시듯이 우리도 외부인을 내부인처럼 대하는 것이다.**

구약의 많은 이야기에서 환대는 빼놓을 수 없는 요소다. 우선 하나님이 아담을 에덴동산에 환영하셨다. 창세기 12장, 14장, 18장, 19장에 나오는 아브라함의 이야기에서도 환대는 중요한 요소다. 낯선 사람을 제대로 또는 함부로 대한 것이 각 이야기의 축을 이룬다. 더 뒤로 가면, 라합은 히브리 정탐꾼들을 영접했고, 사르밧 과부는 엘리야를 환대했으며(왕상 17-18장), 수넴 여인은 엘리사에게 숙식을 제공했다(왕하 4장). 하나님이 환대의 개념을 식사 이상으로 확장하신 까닭에 환대는 하나님의 백성이라는 정체성 자체의 핵심이 되었다. 레위기에 "너희와 함께 있는 거류민을 너희 중에서 낳은 자같이 여기며 자기같이 사랑하라. 너희도 애굽 땅에서 거류민이 되었었느니라. 나는 너희의 하나님 여호와이니라"(레 19:34)라는 말씀이 있고, 신명기 10장 19절에도 그 계명이 되풀이된다. "너희는 나그네를 사랑하라 전에 너희도 애굽 땅에서 나그네 되었음이니라." 훗날 하나님의 선지자들도 이스라엘과 유다 백성들에게 그들이 과부와 고아와 나그네를 어떻게 돌보는지가 곧 하나님의 심판 기준이라고 일깨운다(렘 7:6). 공동체 식구에게 자동으로 따라오는 특권을 아웃사이더와 얼마나 공유하는지를 보신다는 뜻이다.

신약으로 넘어오면 예수님도 환대를 베푸시고 또 받기도 하신다. 그분은 죄인과 세리와 함께 식사하신다. 그분이 그들의 환대를 받아들이신 것은 그저 음식만 같이 드신 게 아니라 그들에게 동화하여 그들을 공동체 식구로 삼으시는 한 방편이었다. 바리새인들도 그렇게 이해했기에 예수님을 비방했다. 누가복음 9장은 예수께서 제자들에게 환대에 대해 무엇을 가르치려 하셨는지를 보여 주는 흥미로운 본문이다. 그 장 서두에서 그분은 열두 제자를 파송하시면서 아무것도 가지고 가지 말라 하신다. 일부러 다른 사람들의 환대에 의존하게 하신 것이다. 우리 그리스도인(특히 경제력이 있는 이들)은 이 본문을 읽을 때 제자들이 전한 메시지에 집중한다. 그러나 **예수님은 일부러 강력한 메시지를 무력한 사람들에게 맡겨 그들이 의존을 배우게 하셨다.** 하나님이 당신에게 돌보라고 맡기신 사람들을 이해하려면 그들의 입장에서 그들과 함께 사는 것보다 더 좋은 방법이 무엇이겠는가? 그래서 예수님도 성육신 하셨다.[59] 이웃에게 복음을 전할 때 우리는 불편하다는 이유로 주춤거리기 쉽다.

같은 장에서 예수님은 제자들이 돌아온 직후에 5천 명을 먹이신다. 또 하나의 환대 행위다. 무리가 빈 들에 머문 기간이 예정보다 길어지자 제자들은 그들을 돌려보내려 했다. 그런데 예수께서 제자들에게 명하여 이 낯선 무리에게 먹을 것을 주라 하신다. 그들을 내부인처럼 즉 그분의 일행처럼 대하라 하신 것이다. 그 많은 인파에게 음식을 대접하라는 명령을 제자들은 이해할 수 없었다. 그래서 그분이 친히 외부인들을 먹이신다. 제자들은 자신의 한계에 눈이 가려져 자신의 특권을 일행 바깥의 사람들과 공유해야 할 의무와 기회를 보지 못했다. **예수님은 제자들이 외부인 5천 명을 내부인처럼 대하기를 원하셨다.** 즉 그분이 택하신 일행처럼 대하게 하셨다.

지금까지 구약과 신약을 살펴보았는데 그렇다면 초대 교회는 어땠을까? 초대 교회의 환대는 전도의 기반이 되었다. 복음이 로마 제국 전역으로 퍼져 나간 주된 이유 중 하나는 그리스도인들이 다른 종류의 환대를 실천했기 때문이다.[60] 고대 로마인은 대개 환대를 중요한 사람에게만, 즉 되갚을 수 있는 사람에게만 베풀었다. 그러나 그리스도인은 지극히 작은 자까지 포함해서 누구라도 환대하기로 유명했다. 초대 교회가 사랑 공동체로 알려진 데는 환대가 큰 역할을 했다.[61] 이렇듯 **초대 교회는 외부인을 교회 식구처럼 대했다.**

왜 그랬을까? 그리스도인이 낯선 사람에게 환대를 베푸는 동기는 하나님께 환대받은 우리의 체험에 있다. 우리는 하나님과 멀어져 그분께 아무런 권리도 주장할 수 없었는데, 하나님은 우리가 아직 죄인 되었을 때에 지극히 큰 사랑으로 우리를 환대하셨다. 우리를 집으로 초대하시되 손님으로가 아니라 자녀로 입양하여 그리스도와 공동 상속자가 되게 하셨다. 하나님의 환대에는 희생이 따랐다. 그분의 독생자가 고난당하고 죽으셔야 했다(또한 부활하여 신원되어야 했다). 덕분에 우리는 다시 하나님의 가족이 될 수 있다. 환대야말로 그리스도인의 체험에서 중요한 핵심이다.

마찬가지로 외부인이 하나님의 사람들에게서(또한 우리를 통해 나타나시는 사랑의 하나님에게서) 처음 체험하는 것도 대개 환대다. 외부인에게 환대의 척도는 "따뜻함"이다. 즉 내부인이 외부인을 얼마나 한 식구처럼 대하느냐가 중요하다.[62] 그래서 환대는 외부인의 기준에 맞추어져야 한다. 내게 채식주의자 친구가 있다 하자. 우리 부부가 그를 저녁 식사에 초대한다면 무례하게 스테이크를 내놓지는 않는다. 친구 사이라면 그가 채식한다는 사실도 알게 마련이다. 우리는 그의 말을 경청한 지 오래라서 그의 세계관을 안다. 그래서 그의 기준을 수용하여 거기에 맞춘다. 수용과 흡수는 다르다.[63] 흡수의 경우 당신과 내가 문화를 공유하려면 외부인인 당신이 변화되어야 하지만, 수용의 경우에는 내부인인 내 쪽에서 달라져야 한다. 교회 안에 있는 우리는 친구를 대하는 바른 태도를 안다. 그래서 그들의 필요를 수용하여 거기에 맞춘다. 그런데도 왠지 우리는 교회 밖 사람들을 다른 태도로 대할 때가 많다. 우리가 무엇을 내놓든 그들이 고마워하며 변화되어야 한다고 말이다. 환대가 낯선 사람을 공동체 식구로 대하는 것일진대, 나는 낯선 사람도 친구와 똑같이 대할 의무가 있다.

환대라 하면 저녁 식사에 차려 낼 음식 메뉴를 생각하기 쉽다. 그러나 하나님의 백성답게 제대로 하려면, 낯선 사람을 수용한다는 의미가 무엇인지 생각하는 일이 훨씬 어렵고도 중요하다. 평소의 교회는 매사에 우리 내부인의 취향대로 되어 있다. 우리가 선택한 교회는 우리에게 맞는 시간에 모여 우리가 좋아하는 찬양을 부르고 우리가 중시하는 주제로 설교한다. 그러나 외부인을 영접하려면 우리와는 다른 그들의 말을 경청할 의무가 있고, 영접 대상인 그들의 취향을 반영하여 음악과 예배와 설교에 변화를 주어야 한다.

환대에는 우리의 희생이 따른다.

하지만 "나쁜 손님"은 어떤가? 우리의 환대를 이용할 수도 있지 않은가? 우리가 베푸는 환대에 마땅히 감사해야 좋은 손님이 아닌가? 좋은 주인과 나쁜 손님에 대한 염려는 우리 자신을 주인으로 보느냐 손님으로 보느냐에 달려 있다. 우리가 환대를 실천하는 이유는 하나님이 환대를 실천하셨기 때문이다. 하나님은 자신이 지으신 이 땅에 인류를 맞아들이셨다. 그런데 우리는 나쁜 손님이었고 지금도 마찬가지다. 에덴동산에서 일을 망쳤을 뿐 아니라 여전히 서로를 함부로 대한다. 하나님께 감사를 표하지 않는다. 그래도 그분은 계속 우리를 환대하신다. 누군가를 "나쁜 손님"이라고 문제 삼는다면, 그것은 우리 자신을 좋은 주인으로 여기기 때문이다. 하나님의 식탁에서 우리가 다 배은망덕한 손님임을 망각했기 때문이다. 하나님께 대접받고 싶은 그대로 우리도 다른 사람들을 대접해야 한다.

환대가 서로의 차이를 뛰어넘어 특권을 공유하는 것일진대, 우리가 사람들을 초대하여 공동체에 참여하게 하는 방식도 달라질 수밖에 없다. 예컨대 노숙인 부부였던 20대의 루벤과 소냐는 금요일에 어느 교회에 찾아가 음식을 청했다. 아기를 데리고 밴에서 생활할 때였다. 교역자인 캐럴은 그들에게 식권을 충분히 구해 주고 임시 숙소도 알선해 주었다. 하지만 거기서 그치지 않았다. 루벤과 대화하는 과정에서 캐럴은 루벤이 베이스 기타를 친다는 것을 알게 됐다. 밴 안에 기타도 있었다. 그래서 이틀 후인 주일에 교회에 와서 찬양 팀에서 연주해 달라고 부탁했다. 캐럴은 그의 기타 실력을 묻지 않았고 그가 착실한 그리스도인인지도 묻지 않았다. 그냥 예수님의 이름으로 그를 영접했다. 2년이 지난 지금까지 루벤과 소냐는 아이를 데리고 그 교회에 꾸준히 참석하고 있다.

이것이 어떻게 환대의 이야기일까? 충실한 교인 중에 25세의 베이스 기타 연주자가 있다 하자. 찬양 팀에서 당연히 그를 반기지 않겠는가. 반기는 정도가 아니라 팀에 영입할 것이다. 캐럴은 교인이라면 누구나 누릴 수 있는 특권을 루벤과 공유했다. 외부인을 내부인처럼 대한 것이다. 덕분에 루벤은 내부인이 되었다. 이거야말로 환대라는 기독교 실천이다.

5.

기독교 전통에서
교회 혁신 아이디어를
구하다

이번 장은 속수무책인 리더들을 위한 것이다. 그 심정을 우리도 안다. 하고자 하는 일은 분명한데 방법을 모르겠다. 사실 첫 단계가 무엇인지도 잘 모른다. 이런 속수무책의 순간에 우리는 본보기 즉 따라 할 만한 모델을 원한다. 상상력을 자극하여 살짝 탄력을 더해 줄 출발점을 원하는 것이다. "공동의 희망 이야기"가 그 역할을 할 수 있다. 그런 이야기 덕분에 우리는 속수무책 상태에서 벗어날 수 있다.

앞에서 이미 공동의 희망 이야기를 몇 가지 소개했다. 2장의 IDEO 이야기를 떠올려 보라. 그들은 무서운 MRI를 모험에 나설 채비를 갖춘 해적선으로 전환했다. 그 사례를 읽었을 때 당신의 기분이 어땠는지 생각해 보라. 대다수 사람은 미소를 짓는다. 내가 강연 중에 청중에게 그 이야기를 하면 대개 이런 감탄이 나온다. "정말 놀라운 이야기입니다!" "아주 멋있는데요!" 아이의 이야기를 바꾸어 주면 그 아이에게 MRI의 의미도 달라진다. 이 이야기를 듣고 나면 장내의 에너지 수위가 상승한다. 가능성에 대한 인식이 혁신되는 것이다.

예수님에 대한 마가복음 8장의 기사도 생각해 보라. 그분은 메시아가 군림하는 왕이 아니라 조롱당하는 구원자라고 설명하셨다. 이 이야기의 청중도 대개 반응을 보인다. 전체 이야기의 주제가 제자들을 얽어매고 있는 사고 모델임을 알아차린다. 제자들은 메시아가 로마를 정복하러 오신다는 큰 거짓말을 믿었다. 이 이야기를 듣는 사람들은 누군가의 사고 모델을 수정해 주는 자신을 상상해 볼 수 있다.

사람들을 이야기 속에 살도록 초대하면 큰 힘이 발휘되는데, 앞서 그 위력을 논할 때도 우리는 공동의 희망 이야기를 여럿 접했다. 이를테면 선지자 나단은 다윗 왕을 이웃의 "작은 암양 새끼"를 잡은 사람에 대한 이야기 속으로 초대했다. 이야기의 마지막에 "당신이 그 사람이라"라고 왕을 책망하는 위력이 우리에게도 느껴진다(삼하 12:7). 그것이 왕에게는 희망 이야기가 아니었을지 몰라도, 사람들의 변화를 돕는 법을 알고 싶은 우리에게는 모델을 보여 준다. 우리도 나단처럼 될 수 있다. 공동의 희망 이야기 덕분에 사람들은 그 희망에 동참하여 전진하고 변화될 수 있다.

이번 장은 속수무책 상태에서 벗어나는 데 공동의 희망 이야기가 어떻게 유익한지에 대한 설명으로 시작된다. 이어 앞서 살펴본 어느 교회로 다시 돌아가 속수무책 상태의 구체적 사례를 제시할 것이다. 끝으로 이번 장 대부분을 할애하여 혁신된 실천이 어떻게 가까운 미래에 사람들에게 공동의 희망 이야기가 될 수 있는지를 역시 구체적 사례를 통해 살펴볼 것이다.

혁신된 실천은 세 가지 면에서 공동의 희망 이야기가 된다. 1) 긍정적 방안을 제시한다. 2) 탄력의 방향을 뒤집는다. 3) 내용을 널리 퍼뜨린다. 하나씩 차례로 살펴보자.

혁신된 실천은 긍정적 방안을 제시한다

아내와 나의 친구 중에 심리학자가 있었다. 신참 부모를 위한 커리큘럼을 개발한 그는 그 자료를 시험해 볼 대상이 필요해 우리 교회에서 강좌를 열었다. 그가 특히 염두에 둔 순간이 있었다. 모든 신참 부모에게는 자신이 없거나 두렵거나 혼란스러운 순간이 닥치게 마련이다. 그 순간 그들은, 그의 표현대로 하면, "긍정적 방안"을 원한다. 이 표현이 마음에 든다. 긍정적 방안이란 신참 부모가 선택하여 상황에 긍정적 영향을 미칠 수 있는 여러 대안이다. 나는 그들에게 연장통 내지 화살통이 있어 거기서 그들이 쓸 만한 도구를 꺼내 쓴다고 상상해 본다. 어찌해야 할지 막막할 때 그 통을 열어 유용한 도구가 있는지 살펴보는 것이다.

속수무책에 빠진 리더들도 긍정적 방안을 간절히 원한다. 속수무책이란 말 그대로 아무것도 시도할 수 없는 상태다. 당연히 무력감이 들고, 상황을 호전시킬 아무런 조치도 취할 수 없어 걱정된다. 긍정적 방안이 없다는 뜻이다. 그래서 모델을 원한다. 조치를 취해 상황을 변화시킨 다른 사람들의 사례를 보고 싶은 것이다.

기독교 실천에서 그런 모델을 찾을 수 있다. 감사 같은 실천이 왜 좋은지는 굳이 아무도 정당화하거나 설명할 필요가 없다. 그러나 속수무책 상태에서 그런 실천을 혁신하는 법은 당신도 모를 수 있다. 실천을 혁신하면 사람들의 말을 경청한 후 갈망과 상실의 영적 의미를 해석하는 데 도움이 된다. 이번 장을 마치면 속수무책의 상황에서 활용할 수 있는 실천을 당신의 화살통에 최대 아홉 개까지 채우게 될 것이다.

혁신된 실천은 탄력의 방향을 뒤집는다

나는 기관의 탄력을 믿는다. 일이 잘될 때는 더 잘되는 경향이 있고, 안 될 때는 더 안 되는 경향이 있다. 엄격한 의미에서 이것은 틀린 말이다. 저절로 더 잘되거나 더 안 되는 일은 없다. 하지만 인식에 따라 사람들의 관점이 달라지는 것은 사실이다. 일이 잘될 때는 사람들이 그다음에 벌어지는 일을 긍정적으로, 즉 그 방향의 다음 단계로 해석하는 경향이 있다.

하나의 이야기가 탄력을 생성할 수 있다. 30여 년 전에 조직 이론가 칼 와익은 "작은 승리"의 중요성에 대해 썼다.[1] 그 개념이 지금도 중요한 이유는 거기에는 문제를 잘게 부수라는 권고 이상의 의미가 담겨 있기 때문이다. 작은 승리 하나가 탄력의 방향을 뒤집어 희미하게나마 가능성을 보여 준다. 덕분에 사람들은 작은 이야기 속에서 큰 변화를 내다볼 수 있다.

예컨대 나는 풀러청소년연구소와 함께 많은 일을 한다. 청소년 사역에 대한 그들의 핵심 통찰 중 하나는 세대 간 관계의 힘이다.[2] 그래서 중고등부 리더들에게 교회 내의 변화 창출에 대해 가르칠 때면 우리는 이미 존재하는 세대 간 관계를 찾아내라고 권한다. 이어 내 삶의 사례를 소개한다.[3] 내 딸 엘리자베스는 중학생 때 중등부를 그만두고 성인 성가대에 들어갔다. 성가대의 리와 패트리샤 부부가 자원해서 매주 딸을 성가대에 태워다 주었다. 처음에는 카풀이었다. 매주 그들은 엘리자베스의 말을 경청했다. 딸에게 교회의 귀가 되어 준 것이다. 내 아내가 유방암 진단을 받았을 때도 딸은 그들에게 감정을 털어놓을 수 있었다. 그들이 딸에게 어찌나 큰 의미가 있었던지 엘리자베스는 고등학교를 졸업할 때 패트리샤에게 어머니날 카드를 보냈다. 지금도 딸은 본가에 오면 다른 친구들을 만날 시간이 없을 때도 패트리샤만은 꼭 만난다. 이 이야기는 공동의 희망 이야기가 되었다. 나는 교회 안팎에서 그것을 되풀이해 말한다. 우리 교회 50주년 행사 때 그 이야기가 하이라이트 동영상에 실렸을 정도다.

이것이 왜 복음에서 비롯된 공동의 희망 이야기가 될까? 이것이 통하는 이유는 사람들이 이 이야기 속에 자신을 쉽게 대입할 수 있기 때문이다. 그들은 청소년을 차로 태워다 주는 자신을 상상할 수 있다. 이것이 통하는 이유는 희망찬 결말 때문이다. 이 이야기를 듣는 많은 사람은 자신에게도 그렇게 마음을 주는 청소년이 있었으면 하고 바란다. 나아가서 이것은 이 책의 취지에도 부합한다. 결국 중요한 것은 변화를 낳는 경청의 위력이기 때문이다(리더십은 경청으로 시작된다).

실천은 탄력의 방향을 뒤집을 수 있다. 꼭 모든 사람이 거창한 개념에 가담해야만 교회가 변화되는 것은 아니다. 소수의 사람만 모집해 그 개념을 실험해 봐도 좋다. 결과가 좋으면 이야기를 나누면 된다. 그러면 탄력의 방향이 뒤집힌다. 한때 불가능해 보이던 일이 이제 가능해 보인다. 끝으로 당신이 할 수 있는 일이 하나 더 있다.

혁신된 실천은 널리 확산된다

그다음에는 그 이야기를 교회 내에 널리 퍼뜨릴 방법을 찾아야 한다. 당신이 환대 같은 실천을 실험하여 결과가 좋았다 하자. 이제 이 실천에 대한 정말 좋은 이야기가 하나 생겼다. 다음 단계는 그 이야기를 모두가 꼭 들게 하는 것이다.

최선의 방법은 그 이야기를 신속하고도 감동적으로 나눌 수 있을 때까지 연습하는 것이다. 끝에 결정적 한마디를 덧붙이면 좋다. 예수님은 많은 비유를 "하나님의 나라는 …와 같으니"라는 문구로 시작하셨고, 그중 일부는 "먼저 된 자로서 나중 되고 나중 된 자로서 먼저 되리라"라는 결정적 한마디로 맺으셨다. 내 딸을 돌본 리와 패트리샤의 이야기를 할 때 내가 덧붙이는 한마디는 이것이다. "경청해 줄 계기만 있으면 누구나 세대 간에도 좋은 관계를 맺을 수 있습니다."

일단 이야기가 생겼으면 기회 있을 때마다 그것을 말해야 한다. 모임에 참석할 때, 모임이 시작되기 전 사람들이 잡담을 나누는 순간이 있을 것이다. 그때를 틈타 그 이야기를 하라. 누군가 인사치레로 당신의 근황을 묻거든 "참, 저번에 이런 일이 있었어요"라고 답하라. 복도에서나 카페에서나 농구 경기 후에 누군가와 마주치거든, 상대방이 그냥 "안녕하세요?"라고 말할 때마다, "아주 멋진 일이 있었는데 한번 들어 보실래요?"라고 대답하라. 이어 짤막하게 그 이야기를 한 뒤, 연습해 둔 결정적 한마디를 덧붙이라. 이야기가 돌고 돌아 다시 당신에게까지 들려오면 좋다. 웬만한 교회는 비교적 작은 편이라서 소수의 사람만 열심을 내도 이야기가 널리 퍼질 수 있다. 널리 퍼질 즈음이면 당신은 다른 이야기를 발굴한다.

이런 공동의 희망 이야기를 나누는 것도 말을 심는 한 방법이다(4장 참조). 충분히 많은 일화가 회자되어 이야기의 레퍼토리가 쌓이면 사람들이 희망찬 미래를 상상하기가 쉬워진다. 예수님이 바로 그렇게 하셨다. 그분이 비유를 수없이 되풀이하신 덕분에 마침내 사람들은 "나중 된 자로서 먼저 되고"라는 말씀의 의미를 깨달았다.

속수무책의 심정일 때 당신은 탄력의 방향을 뒤집어 줄 긍정적 방안과 널리 퍼질 만한 이야기를 원한다. 공동의 희망 이야기가 바로 그 역할을 할 수 있다. 몇 가지 예를 살펴보자.

다시 캐서린의 교회로

3장 서두에 소개한 싱글 맘 캐서린은 30여 년 전 교회가 창립될 때부터 그 교회에 있었다. 그 교회로 다시 가 보자. 그곳에는 그녀의 두 자녀 같은 청소년도 있고, 그녀처럼 현재 일하는 세대도 있고, 그녀의 부모처럼 병약하고 노쇠한 노년층도 있다. 물론 그 밖에도 다양한 사람들이 있겠지만 일단 거기서부터 출발해 보자.

담임 목사(모리스)를 비롯한 모든 교역자가 이 책이 권하는 대로 각 연령층의 갈망과 상실을 경청했다 하자. 또 모리스가 그 경청한 내용의 영적 의미를 해석하기 원한다 하자. 그는 말을 심어 사고 모델을 수정해 줄 각오가 되어 있다. 그런데 어디서부터 시작해야 할지를 모른다. 수많은 교회 리더처럼 그도 속수무책이다. 긍정적 방안이 필요하고, 탄력의 방향을 뒤집어야 하며, 공유할 만한 이야기도 있어야 한다. 그래서 그가 우리(당신과 나)에게 도움을 청한다. 우선 모리스가 교인들에게서 경청한 내용부터 보자. 그러면 그가 속수무책 상태에서 벗어나게 도울 수 있다.

모리스는 캐서린의 자녀 같은 청소년들의 말을 경청했다. 예컨대 청소년들은 자신들이 늘 수행 능력을 기준으로 평가받는다고 말했다. 공부와 스포츠와 음악은 물론이고 교회에서까지도 매사에 얼마나 잘하느냐를 따진다는 것이다. 이 정서를 모리스는 갈망으로 이해했다. 청소년들은 성적 이상의 목적을 갈망한다. 그 연장선상에서 그는 그들이 "너라는 사람은 딱 네 성적만큼이야"라는 큰 거짓말을 늘 듣고 있음도 알았다.

모리스는 캐서린과 그녀의 친구들처럼 직장에서 일하는 사람들의 말도 경청했다. 그들은 일의 소명 의식을 갈망한다고 말했다. 자신이 주중에 직장에서 하는 일이 중요한 뭔가에 기여했으면 좋겠다는 것이다. 그들은 "교회 일만 유의미하고 직장 일은 돈벌이에 불과하다"라는 큰 거짓말을 믿고 있다.

많은 노인과 대화하면서, 모리스는 은퇴가 종종 정체성 상실을 낳는다는 느낌을 받았다. 노인들은 "나를 규정할 직업(또는 자녀)이 없으니 이제 나는 누구인가?"를 묻는다. 그들과의 대화에서 느껴진 에너지(갈망)는 그들이 앞을 내다보기보다 뒤를 돌아본다는 것이었다. 많은 노년층 교인에게 모리스가 들은 것은 과거에 대한 향수와 현재에 대한 슬픔 그리고 어쩌면 미래에 대한 두려움이었다.

혁신된 기독교 실천

1. **환대:** 공동체의 특권을 (서로의 차이를 뛰어넘어) 외부인과 공유한다.
   - 사람들이 지능이나 운동이나 음악이나 건강 등에 따라오는 특권을 나누도록 어떻게 도울 수 있을까?

2. **소명:** 어디든지 내게 주어진 자리에서 이웃을 사랑한다.

- 사람들이 하나님이 그들에게 돌보라고 맡기신 누군가를 알아보고 섬기도록 어떻게 도울 수 있을까?

3. **감사:** 의지적으로 하나님의 풍성하심을 기억한다. 감사가 완성되려면 베풂으로 이어져야 한다(베풂이란 사람들에게 은혜를 베푼다는 뜻이다).

- 사람들이 친구의 격려, 유의미한 직업, 지혜로운 상담자 같은 무형의 풍성한 자원을 알아보도록 어떻게 도울 수 있을까?
- 사람들이 특히 '자격' 없는 이들에게까지 은혜를 베풀도록 어떻게 도울 수 있을까?

4. **애통:** 당위에 어긋나는 일을 하나님께 부르짖어 아뢴다. 애통에 담긴 메시지는 하나님이 당신의 솔직한 말은 물론 분노까지도 감당하실 수 있다는 것이다.

- 사람들이 하나님을 향한 분노와 그분을 신뢰하는 마음을 모두 다 표현하도록 어떻게 도울 수 있을까?

5. **공동체**(코이노니아): 다른 그리스도인들과 함께 서로 감시해 주고 서로 의무를 다한다.

- 사람들이 독자적 태도를 버리도록 어떻게 도울 수 있을까?

6. **기도**: 내 필요나 내게 맡겨진 사람들을 하나님께 올려 드린다.

• 사람들이 하나님께 무언가를 달라고만 할 게 아니라 신뢰의 제사를 드리도록 어떻게 도울 수 있을까?

7. **안식**: 일과 휴식의 건강한 리듬을 찾는다.

• 사람들이 일과 휴식의 건강한 조화를 이루도록 어떻게 도울 수 있을까?

8. **간증**: 삶의 내러티브를 복음의 틀에 맞추어 말한다.

• 사람들이 일상 경험을 기독교적 범주로 표현하도록 어떻게 도울 수 있을까?

9. **분별**: 하나님의 뜻에 부합하는 폭넓은 반경 내에서 길을 찾아 나간다. 하나님의 뜻은 하나님을 사랑하고 이웃을 사랑하는 것이다.

• 사람들이 그리스도 안의 자유를 누리도록 어떻게 도울 수 있을까? 그 자유는 충실한 삶의 (비교적 적고) 명확한 기준을 아는 데서 온다.

모리스는 이 모든 갈망과 상실에 대응하고 싶다. 그런데 어디서부터 시작할 것인가? 나는 모리스 같은 리더들을 도와 속수무책 상태에서 벗어나게 하는 데 혁신된 실천, 즉 전통적 실천의 새로운 접근이 유익할 수 있다고 믿는다. 이번 장 나머지의 개요는 이렇다. 다음 단락부터 몇 가지 기독교 실천을 살펴볼 것이다. 이는 앞장(환대)에서 시작한 서술의 연속으로 다음 장(분별과 애통)에까지 이어진다. 먼저 각 실천을 설명하고 나서 그 혁신된 실천을 짤막한 설교나 수업처럼 요약할 것이다. 9가지 실천을 살펴본 뒤, 이런 혁신된 실천이 사람들에게 대응할 방법을 찾는 모리스를 도와, 그가 속수무책 상태에서 벗어나게 하는 데 어떤 도움이 될지를 기술할 것이다. 우선 살펴볼 두 가지 훈련은 요약이 긴 편이다. 바로 소명과 감사/베풂이다. 그다음에 몇 가지 더 볼 훈련의 혁신 방법은 짤막짤막하게 요약할 것이다.

소명: 내게 맡겨진 사람들에게 필요한 존재가 되기

모든 그리스도인은 부름받았다.[4] 사실 모든 그리스도인은 두 번의 부름을 받았다. 근래에 소명(vocation)과 부르심(calling)에 대한 논의가 활발히 이루어져 왔으며[5] 종종 두 단어가 혼용된다. 이 담론은 주로 종교개혁가들로부터 시작되었다.

5백 년 전에 마르틴 루터는 우리 그리스도인에게 두 가지 책임 즉 두 가지 소명이 있다고 주장했다.[6] 첫 번째 소명은 와서 예수님을 따르라는 하나님의 부르심이다.[7] 이를 **제자도의 소명**이라 한다. 이 부르심에 응하지 않는 한, 당신은 사실 그리스도인이 아니다. 그러나 하나님의 첫 번째 부르심에 응하자마자 두 번째 소명이 바로 뒤따라온다. 바로 **이웃을 향한 소명**이다. 하나님을 향한 소명에 이웃을 사랑하고 섬기는 소명도 늘 포함되어 있다. 루터는 두 소명을, 마음과 뜻과 목숨과 힘을 다하여 하나님을 사랑하고 이웃을 자신처럼 사랑하라 하신 두 지상 계명과 연계했다. 그러면서 두 소명이 낳는 의무가 우리를 규정한다고 말했다. **우리가 하나님께는 믿음의 의무를, 이웃에게는 사랑의 의무를 진다는 것이다.**

이 사랑이 우리를 대사로서 세상에 떠밀어 하나님과 그분이 우리를 불러 섬기게 하시는 사람들 사이를 중재하게 한다. 루터는 "그리스도인의 삶은 당신의 일을 필요로 하는 사람들에게 당신을 보낸다"라고 말했다.[8] 하나님이 우리를 보내시는 대상은 뭉뚱그려 "이웃"이라 불릴 막연한 비인격적 존재가 아니다. 그분은 우리를 특정한 시대에 특정한 장소의 특정한 사람들에게 보내신다(그분이 예수님을 보내신 것도 그랬고, 예수님도 누가복음 10장에서 70인을 그렇게 보내셨다). 그래서 성경은 우리 각자를 사신이라 칭한다. 하나님이 우리 모두를 사람들에게 보내셨다는 뜻이다. 삶에서 당신의 신분이 무엇이든 간에, 꼭 사역자가 아니더라도 하나님은 당신을 대사로 불러 사람들을 돌보도록 맡기신다.

하나님의 이 부르심이 "소명"에 대한 우리의 사고 모델을 바꿔 놓는다. 내 소명의 관건은 내가 아니고 당신 소명의 관건도 당신이 아니다. 루터의 말마따나 소명을 규정하는 것은 우리의 재능이나 관심사나 "열정"이 아니다. 그리스도인의 소명을 규정하는 것은 "우리의 일을 필요로 하는 사람들"이다. 내 관심사("당신의 열정을 파악하라")나 내 강점("강점 발견 검사지")에서 출발하는 소명 신학은 나에게 집중되기가 쉽다. 즉 내 관심사를 실현하는 쪽으로 변하기 쉽다.

이것이 위험한 이유는 종종 그것이 그리스도인의 삶과는 동떨어진 것을 약속하기 때문이다. 소명이 각자의 열정과 강점을 중심으로 구축된다고 배우는 학생들과 젊은 그리스도인들은 대개 그 말을, 그리스도인답게 살아가기가 어렵지 않다는 약속으로 듣는다. 그리스도인의 삶이 자기가 좋아하는 일로만 이루어질 거라고 착각하는 것이다. 예컨대 나는 학생들에게서 인턴십 경험이 힘들어서 환멸을 느꼈다는 말을 듣곤 한다. 직원들이 까다롭고 일도 고달픈 데다 수고를 정당화해 줄 공식 포상도 부족했다는 것이다. 내가 아는 고등학생과 대학생 그리스도인들이 전공이나 직업을 선택할 때 고민하는 이유는 자신이 하고 싶은 분야만 찾아야 한다고 생각하기 때문이다.

요컨대 그들은 자신의 열정을 따르면 자신에게 즐겁지 않거나 만족스럽지 않은 일은 결코 할 필요가 없다는 큰 거짓말을 믿었다. 그래서 이웃을 섬긴다는 본래의 소명이 결국은 부름받은 자신의 편익을 챙기는 쪽으로 변했다. 내 열정과 강점에 집중하면 너무 쉽게 내가 초점이 된다.

소명을 다르게 기술할 수도 있다. **소명이란 당신이 맡아 돌봐야 할 사람들을 향한 부르심이다.** 그리스도인 리더에게는 추종자가 없다. 추종자는 예수님께만 있고 그리스도인 리더에게는 돌보도록 맡겨진 사람들이 있을 뿐이다. 그래서 우리의 소명은 하나님이 맡기시는 사람들을 섬기는 것이다.

소명의 개념이 어떻게 하나님이 당신에게 돌보라고 맡기신 사람들과 맞물려 있는지 예를 들어 보자. 픽사 영화 중 처음으로 세간의 주목을 끈 것은 〈틴 토이〉라는 단편 영화다(유튜브에서 볼 수 있다).[9] 이 영화로 픽사는 첫 아카데미상을 받았다. 태엽으로 움직이는 주인공 장난감은 아주 바쁜 일인 악단이다. 걸어가면서 팔로는 드럼을 치고 발로는 심벌즈를 울리고 입으로는 나팔을 분다. 이야기는 조심성 있는 이 장난감이 아장아장 걷는 아기를 만나는 것으로 전개된다. 뒤뚱거리며 돌아다니는 아기는 장난감보다 월등히 크다. 아기가 다가오자 장난감은 어찌할 줄을 모르고 그 표정이 얼굴에 고스란히 드러난다. 그런데 장난감이 아기가 무서워 뒷걸음치다 보니 아기가 퉁탕퉁탕 시끄러운 악기 소리를 좋아했다. 그래서 장난감은 돌아와 아기를 즐겁게 해 준다. 그러라고 만들어진 장난감이 아니던가. 그때 철모르는 아기가 갑자기 장난감을 위협하며 거칠게 움켜잡아 입에 문다.

아기에게서 묻은 침이 흘러내리는 채로 장난감은 소파 밑으로 달아난다. 지쳐서 헐떡거리다가 안도하며 둘러보니 다른 많은 장난감도 아기에게 다칠까 봐 두려워 그곳에 숨어 있다. 장난감은 잠시 평온을 찾지만 정말 잠시일 뿐이다. 저만치서 아기가 비틀거리다 넘어져 우는 소리가 모두에게 들려온다.

여기가 이야기의 전환점이다. 이 만화 영화가 수많은 상을 받은 이유는 장난감에게 닥친 딜레마를 얼굴 표정으로 잘 담아내기 때문이다. 장난감은 안전하게 소파 밑에 머물 수도 있고, 두려움에 맞서 본연의 임무(아기를 즐겁게 해 주는 일)를 수행할 수도 있다. 관객은 장난감에게 감정이 이입된다. 옳은 일이지만 그 일을 하는 것이 안전하지 않을 때, 어떤 심정이 드는지 우리도 안다. 인생에 그런 순간이 있게 마련이다. 두려움에 맞서고 싶지 않은 사람들도 있다. 수많은 장난감이 소파 밑에 숨어 있는 것도 그래서다. 그런데 용감한 주인공 장난감은 어깨를 펴고 당당히 나가서, 우는 아기를 즐겁게 해 준다. 상실보다 갈망을 앞세워 부르심에 응한 것이다. 장난감은 위험을 무릅쓰고 소명에 충실했고, 자신이 맡아 돌봐야 할 아기의 필요를 자신의 안위보다 앞세웠다. 그리하여 잠시 영웅이 된다.

그런데 이 단편 이야기는 거기서 끝나지 않는다. 울던 아기가 장난감을 바라보며 기분 좋게 옹알거리자 처음에는 장난감도 의기양양해진다. 용감한 장난감이 우는 아기를 변화시킨 것이다. 그러나 아기는 장난감이 우려하던 대로 험악한 거인으로 변한다. 몸집이 월등히 큰 아기가 조그만 장난감을 집어 자기 입에 넣고 흠집을 낸 뒤 장난감에 침을 잔뜩 묻힌 채로 팽개쳐 버린 것이다. 설상가상으로 아기는 이제 그 장난감이 들어 있던 상자에 정신이 팔린다.

엉망이 된 장난감이 카메라를 바라보는 장면으로 이야기는 끝난다. 그 표정은 관객에게 권유한다. 영화 속의 만남에 얽힌 갈망과 상실을 자신과 함께 되짚어 보자고 잡아끈다. 그만한 가치가 있었을까? 장난감의 소명은 아이들을 즐겁게 해 주는 것이다. 그러려고 존재한다. 그런데 장난감은 카메라를 보며 우리에게 생각해 보라고 당부한다. 아기에게 도움이 되는 것은 잠깐이고 자신은 영구 손상을 입을 게 뻔한데, 그래도 소명을 다할 가치가 있을까? 하나님이 당신에게 돌보라고 맡기신 "우는 아기"에게 그런 위험을 무릅쓰고 대응할 가치가 있을까? 이것은 인간 조건의 의문이다. 이 애니메이션 단편 영화가 그토록 위력적인 이유는 이 질문으로 우리 모두의 공감을 자아내기 때문이다. 소명을 다하려면 자신에게 맡겨진 사람들을 섬겨야 하는데, 영화 〈틴 토이〉는 이를 위해 당신이 얼마만큼 희생할 것인지를 묻는다.

이렇듯 **당신은 일을 하도록 부름받은 게 아니라 사람들을 섬기도록 부름받았다.** 소명을 추구하는 그리스도인 개인이든, 사명을 다하려는 지역 교회든, 모두 마찬가지다. 여기서 사람들이란 큰 집단일 수도 있다. 북아프리카의 베르베르족을 섬기도록 부름받은 선교사가 그렇다. 사람들은 교구일

수도 있다. 도시의 서쪽 지역 주민이나 특정한 도심 공원 주위의 동네 주민을 섬기도록 부름받은 교회가 그렇다. 그런가 하면 개인을 섬기도록 부르시는 경우도 있다. 나는 회사 사무실을 공유하는 같은 팀 직원들을 돌보도록, 또는 내게 맡겨진 자녀를 양육하며 돌보도록,[10] 또는 일단의 노인분들을 돌보도록 부름받았을 수 있다. 부르심의 종류는 사람의 집단만큼이나 다양하다. 그러나 어쨌든 부르심에서 중요한 것은 내 재능이나 열정이나 직무가 아니라 하나님이 내게 돌보라고 맡기신 사람들이다. **내 목적은 내 계획에서 나오는 게 아니라 내게 맡겨진 사람들에게서 나온다.**

소명은 대개 내 관심사와 열정과 재능에서 시작된다. 가장 보편적인 첫 단계는 내 열정 및 강점과 타인의 필요가 교차하는 지점을 찾는 것이다. 하지만 핵심은 이것이다. 그다음 통상적 (그러나 잘못된) 단계로 개인이든 기관이든 타인의 필요와 자신의 재능이 일치하는 분야만 추구하는데,[11] 그와 반대로 나는 재능이 첫 단계에 불과하다고 주장한다. 우리는 사람들의 필요가 무엇인지 알아내서 그 필요에 부응할 강점을 **개발해야** 한다. 그 강점이 내 천성이든 아니든 관계없다. 내 강점에서 출발하더라도 금세 깨닫는 사실이 있다. **사람들의 필요가 나를 내 천성 너머로 떠민다**는 것이다.[12]

사람들에게 필요한 존재가 되는 예를 픽사 영화 〈인크레더블 2〉에서 볼 수 있다. 슈퍼히어로인 아버지는 자녀들과 함께 집에 있는 장면에서 완전히 무력감에 빠진다. 초능력을 쓰는 임무에나 익숙한 그가 초등학생 아들(대시)에게 어떻게든 수학을 가르쳐야 했던 것이다. 아들과 함께 문제를 풀려던 아빠는 초반에 실패하여 좌절한다. 그러나 잠자리에서 뒤척이다 한밤중에 일어나 불을 켜고는 식탁 위의 책을 붙잡고 수학 문제와 씨름한다. 결국 문제를 풀어 아침에 아들에게 가르쳐 주고, 덕분에 대시는 시험 볼 준비가 되어 학교로 향한다.

처음에 이 아빠는 아들을 가르칠 재능이나 소질이 자신에게 없다고 말했다. 그러나 아들에게 필요한 존재가 되는 게 자신의 본분임을 깨달았다. 사람들을 맡아 돌본다는 게 그런 의미다. 그들의 필요를 알아내서 그들에게 필요한 존재가 되어야 한다. 처음 아빠가 되었을 당시, 나는 농구에 완전히 빠져 있었다. 야외 결혼식에서 바닥이 평평한 샌들이 왜 굽 높은 구두보다 더 좋은지를 배워야 할 줄은 몰랐다. 비슷하게 미스터 인크레더블도 초능력으로 악당들과 씨름하고 싶었지 수학 문제와 씨름해야 할 줄은 몰랐다. 그러나 **설령 타고난 재능과 열정에 맞지 않더라도 우리 각자는 사람들에게 필요한 존재가 되도록 부름받았다.** 중요한 것은 내가 아니라 내가 맡아 돌봐야 할 사람들이다.

감사와 베풂: 결핍 대신 풍성함에 주목하기

감사란 무엇을 기억하고 누구를 기억할지를 선택하는 것이다. 기독교 실천으로서의 감사는 하나님이 행하신 일을 기억하기로 선택한다는 점에서 일반 감사와 다르다. 결핍이 분명해 보일지라도 의지적으로 하나님의 풍성한 공급을 기억하는 것이다. 월터 브루그만은 우리에게 구약의 만나 이야기를 보라고 한다.[13] 하나님의 백성은 광야에서 (안식일을 제외하고) 매일 만나를 받아 생존했으나 그날 필요한 만큼(안식일 전날에는 이틀 분)만 거두어야 했다. 만나는 이스라엘 백성이 아사할 수밖에 없는 광야에서 목숨을 부지하기에는 충분했지만 하나님으로부터 독립하기에는 모자랐다. 그래서 백성은 불평했다. 하나님의 풍성하심을 결핍으로 경험한 것이다. 브루그만이 지적했듯이, 감사하며 "풍요의 예배"로 경축했어야 할 그들이 오히려 욕심을 권리로 내세우며 "결핍의 신화"를 썼다.

감사의 관건은 무엇에 주목하느냐는 것이다. 무엇을 가장 주시해야 마땅한지를 정하는 것이다. 우리는 자신에게 되뇌는 이야기로 세상의 의미를 해석한다. **감사는 결핍보다 풍성함에 주목하겠다는 선택이다.** 감사는 하나님이 은혜로 베푸시는 선물을 의지적으로 기억하는 것이다. "너희는 그 은혜에 의하여 믿음으로 말미암아 구원을 받았으니 이것은 너희에게서 난 것이 아니요 하나님의 선물이라 행위에서 난 것이 아니니 이는 누구든지 자랑하지 못하게 함이라"(엡 2:8-9). 감사는 하나님이 내게 베푸신 선물을 일부러 기억하는 것이다. 마땅히 받을 것을 받는다면 나는 죄 때문에 죽음을 받아야 한다(롬 3:23; 6:23). 그런데 하나님은 아들 예수님의 희생을 통해 내게 죽음 대신 "기업"을 "넘치게" 주셨다(엡 1장). 감사는 애써 좋은 면을 보는 게 아니라 **하나님의 선물이 내가 받아 마땅한 어떤 대우보다도 훨씬 좋다고 인정하는 것이다.**

우리 그리스도인이 은혜가 하나님의 선물이라는 사실을 망각한 채 자신의 자격을 내세우며 받는 데만 혈안이 될 때, 이를 쉽게 아는 방법이 있다. 바로 "그건 공정하지 못해!"라는 혼잣말이다. 이렇게 생각해 보라. 우리 모두는 공정을 원한다. 특히 아이들이 그렇다. "네가 받으면 나도 받는다." 이는 공정하다. "네가 갈 수 있다면 나도 갈 수 있어야 한다." 역시 공정하다. 선착순도 공정하다. 아이들만 그런 게 아니라 미국 법에도 공정이 들어와 있다. 남자가 투표하면 여자도 투표해야 한다. 당연히 공정하다. 내가 여기서 주택을 구입할 수 있다면 당신도 그럴 수 있어야 한다. 그래서 공정주택법이 있다. 우리는 매사가 공정하기를 원한다. 이게 뭐가 문제란 말인가?

예수님은 늘 매사가 "공정해야" 한다고 생각하신 것은 아니다. 그분은 나중 된 자가 먼저 되어야 한다고 생각하셨다. 마태복음 20장에서 그분이 들려주시는 이야기를 보면 그 말씀이 무슨 뜻인지 알 수 있다. 이야기 속의 농부는 포도원 주인이다. 그는 포도원에서 일할 일꾼들을 채용하면서 하루치 품삯인 한 데나리온을 주기로 약속한다. 아주 공정하다. 그런데 오전 9시쯤에 마을에서 빈둥거리는 사람들을 본 농부는 "내가 너희에게 상당하게 주리라"라고 말하며 그들도 채용한다. 정오와 오후 3시와 심지어 하루 일을 마치기 직전에도 똑같은 장면이 재현된다.

마침내 계산할 시간이 되어 그는 전원에게 똑같이 하루치 품삯을 준다. 그러자 새벽부터 일한 사람들이 "그들을 우리와 같게 하였나이다"라고 따진다. 공정하지 않다는 것이다. 농부는 "내가 네게 잘못한 것이 없노라 … 내가 선하므로 네가 악하게 보느냐"라고 대답한다. 그들은 마땅히 받을 것을 받았고, 다른 일꾼들은 마땅히 받을 것 이상을 받았을 뿐이다. 주인은 너그럽게 베풀었으나 그들은 이를 공정하다고 여기지 않았다.

"공정"이란 무슨 뜻인가? 마땅히 받을 것을 받는다는 뜻이다. 당연히 따라 나오는 질문이 있다. 당신은 정말 마땅히 받을 것을 하나님이 주셨으면 좋겠는가? 그런 선례가 되고 싶은가? 당신과 내가 마땅히 받을 것은 무엇인가? 마땅히 받을 것을 받는다면 당신과 나는 죽음을 받아야 한다. **당신이 정말 바라는 것은 매사에 공정한 게 아니라 은혜다.**

은혜란 무엇인가? 청소년 사역자들은 흔히 은혜를 "그리스도의 희생으로 누리는 하나님의 부요하심"(God's Riches At Christ's Expense, GRACE)이라 정의한다. 훨씬 그 이상이지만 거기서부터 출발해 보자. 우리는 마땅히 받을 것 이상을 받는다. 그 이유는 우리가 치를 수 없는 값을 그리스도께서 치르셨기 때문이다. 은혜는 자격 없이 받는 선물이다. 그래서 공정하지 않다. 하지만 바로 그게 요지다. 위의 비유에 담긴 예수님의 메시지는 나중 된 자가 먼저 된다는 것이다. 역시 공정하지 않다. 당신과 나는 먼저 된 자가 아니라 나중 된 자 즉 죄의 삯을 받아 마땅한 사람들이다. 당신이 정말 바라는 것은 매사에 공정한 게 아니라 은혜다.

이 비유를 영적으로 해석하여 누구든지 죽기 직전에라도 그리스도를 영접하면 천국에 간다고 말하는 사람들이 있다. 그야 그렇지만 예수님이 말씀하시려는 요지가 그것만은 아니다. 우리는 하나님의 은혜를 받을 뿐 아니라 은혜를 베풀기도 해야 한다. 그분은 "비판을 받지 아니하려거든 비판하지 말라"라고 경고하셨고, "너희 중에 죄 없는 자가 먼저 돌로 치라"라는 말씀도 하셨다. 우리는 공정한 데서 그치지 말고 은혜를 베풀어야 한다.

은혜를 실천하기 어려운 이유는 은혜를 겁내는 사람들이 있기 때문이다. 특히 우리 중에 법과 질서를 중시하는 이들이 그렇다. 우리 그리스도인은 가장 기본적인 두려움에서 오는 두 가지 유혹 사이에서 살아간다. 어떤 사람들은 **통제권 상실**을 두려워하고, 어떤 사람들은 **규율의 속박**을 두려워

한다. 바리새인처럼 통제 불능을 두려워하는 이들은 율법주의로 흐르는 경향이 있고(규율이 너무 많다), 속박을 두려워하는 이들은 반율법주의로 빠지기 쉽다(규율이 너무 적다). 사회적 관점에서 말하자면 권력이 있는 이들은 대개 규율을 자꾸 늘리려 하고, 권력이 없는 이들은 대개 규율을 자꾸 없애려 한다. 통제권 상실을 두려워하는 이들은 은혜를 겁낸다. 은혜로운 반율법주의보다 차라리 공정한 율법주의를 선호한다.

은혜는 불공정하다 못해 위험해 보인다. 굳이 신학자가 아니어도 누구나 그 말에 공감할 것이다. 은혜가 불법을 조장하는 것처럼 느껴질 수 있다. 최근에 나는 캐시라는 여성과 대화했는데, 그녀는 "과부와 고아와 및 너희 중에 거류하는 타국인"을 돌보라는 성경의 명령에 대해 알고자 했다. 과부와 고아를 돌봐야 한다는 데는 그녀도 수긍이 갔다. 그들은 잘못한 게 없으니 말이다. 하지만 타국인과 특히 불법 체류자를 돌봐야 한다니? 그녀는 "그건 법을 어긴 사람에게 상을 주는 게 아닌가요? 다른 사람들에게 위법 행위를 조장하는 게 아닌가요?"라고 반문했다. 그들은 응분의 대가를 치러야 하지 않을까? 그래야 공정하지 않을까? 마땅히 들 만한 의문이며, 사도 바울도 로마서 6장에서 하나님의 은혜를 논할 때 이 질문을 예상하고 "은혜 아래에 있으니 죄를 지으리요"라고 물었다. 캐시 식으로 말하자면, 은혜를 구실 삼아 계속 죄짓는 사람들이 있다면 은혜를 거두어야 하지 않을까? 이어 바울은 "그럴 수 없느니라"라고 힘주어 자답했다. 은혜는 불공정할 수 있다. 하지만 당신이 정말 바라는 것은 매사에 공정한 게 아니라 은혜다.

그럴 때면 민망한 미소가 내 얼굴을 스친다. 뭔가 들켰는데 인정하고 싶지 않을 때 나오는 미소다. 이 미소를 볼 때마다 내 여동생은 "오빠, 또 사고

쳤구나!"라고 외치곤 했다. 고백하건대 나는 매사가 공정하기를 바랄 때가 있다. 그 순간만은 하나님의 저울추가 자비보다 정의 쪽으로 기울었으면 좋겠다. 그때가 언제인지를 잘 안다. 내 권력이 많고 내 입장이 유리할수록 매사가 공정했으면 좋겠다. 하지만 내가 피해를 입었거나 남의 죄(특히 내게 유혹이 되지 않는 죄)를 상대할 때는 심판을 원한다. 내가 "의분"을 느낄 때는 은혜에 대해 듣고 싶지 않고, 상대가 마땅히 받을 것을 받았으면 좋겠다. 나 자신은 은혜를 원하면서 남과 관련해서만 공정을 부르짖는 것이다.

하지만 그때야말로 내게 은혜가 필요하고 내 쪽에서도 은혜를 실천해야 한다. 그래서 나는 "의분"이 차오를 때마다 머릿속에 켜지는 경보기를 만들었다. 의분이라지만 사실은 썩 의롭지 못하니 말이다. 타인의 죄(특히 내게 직접 영향을 미치지 않는 죄) 때문에 흥분할 때마다 십중팔구 내가 틀렸음을 인식해야 한다. 어느새 나는 먼저 돌로 칠 수 있다고 자처하는 율법주의자가 되어 있다. 그래서 설령 내가 옳더라도 의지적으로 뒤로 물러난다(물러나려고 **노력한다**). 내가 하나님께 그들을 공정하게 응징해 달라고 기도할 게 뻔하니 자제하는 것이다. 그러면서 내가 정말 바라는 것은 매사에 공정한 게 아니라 은혜라는 사실을 다시금 환기한다.

은혜는 감사와 베풂을 이어 주는 끈이다. **감사가 완성되려면 베풂으로 이어져야 한다.** 베풂은 단지 돈만의 문제가 아니라 후한 마음이다. 기꺼이 상황을 남에게 유리하게 해석해 주는 것이다. 예수님은 감사가 베풂으로 이어지지 않을 때 발생하는 위험을 많은 비유로 말씀하셨다. 마태복음 18장에서 베드로가 형제나 자매를 몇 번이나 용서해야 하느냐고 여쭙자 예수님은 임금에게 거액의 빚을 탕감받은 사람의 이야기를 들려주신다. 그런데 그 사람은 친구의 훨씬 작은 빚을 기어이 탕감해 주지 않는다. 자신은 은혜를 바라면서 채무자에게는 "공정"을 요구한다. 남이 베푸는 것을 받으려고만 할 뿐 자신은 베풀 마음이 없는 것이다. 바로 그것을 예수께서 질책하신다.

감사는 베풂으로 이어져야 한다. "후한 마음"과 남을 위한 "자기 부인"이 신약에 수시로 언급된다. 우리 그리스도인은 자기를 부인하는 것을 마지못해 양보하는 태도로 착각할 때가 많지만, 내 생각에는 후한 마음과 관계된다. 여기서 어떻게 **감사가 베풂을 낳는지를** 볼 수 있다. 받은 선물을 주체할 수 없을 때는 내 행운의 작은 일부를 남에게 쉽게 나누어 줄 수 있다. 감사가 베풂으로 흘러나오기 때문이다.

예를 들어 보자. 내 접시에 과자가 하나밖에 남지 않았는데 옆의 두 사람이 그 마지막 과자를 원한다 하자. 이렇게 결핍된 상태에서는 베풀기가 어렵다. 희생이 따르기 때문이다. 그러나 내가 당신에게 과자 40개를 담아 그릇째 준다 하자. 그러면 당신이 옆 사람에게 하나쯤 주는 게 어렵겠는가? 물론 아니다. 풍성한 상태에서 나누기 때문이다. 내 과자 40개를 받은 당신에게 옆 사람이 "하나 먹어도 될까요?"라고 묻는데 당신이 주지 않는다면, 과자를 준 나로서는 불쾌할 것이다. 우리는 이미 충분히 받았다. 당신과 내가 그 사실을 정말 믿는다면 감사할 것이고, 정말 감사하다면 그 풍성함을 나눌 것이다.

신학자 미로슬라브 볼프는 감사와 베풂에 대한 우리의 태도가 하나님에 관한 관점과 맞물려 있다고 지적한다. 감사가 베풂으로 이어지지 않는다면 우리는 하나님의 성품을 잘못 알고 있는 것이다. 우리가 베푸는 이유는 하나님이 먼저 베푸셨고 지금도 베푸시기 때문이다. 하나님의 선물을 거래로 둔

갑시킬 수는 없다. 마치 하나님과 흥정해서 우리가 이길 수 있다는 듯이 말이다. 하나님께 빚지지 않은 척해서도 안 된다. 하나님은 선물만 남기고 사라져 버리는 우주의 산타클로스가 아니다. 우리는 하나님께 감사의 빚을 졌고, 그 감사 덕분에 우리도 그분처럼 후히 베풀고 싶어지는 것이다.[14]

앞서 보았듯이 각 사람의 갈망과 상실은 정체성, 소속, 목적의 문제와 맞닿는 지점이 있다. 그렇다면 감사의 실천은 정체성, 소속, 목적과 어떤 관계가 있을까?

정체성에 관해서는, **내 정체성의 근원은 내가 경험하는 결핍에 있지 않고 하나님의 풍성하심에 있다.** 감사란 어떤 이야기를 기억할지를 선택하는 것이다. 따라서 감사의 선택이 곧 내 정체성의 선택이기도 함을 인식해야 한다. 나를 규정하는 것은 풍성함인가 결핍인가?

소속에 관해서는, 참된 공동체(단지 소속감이 아니라)에는 상호 감시가 요구된다. 당신과 나는 서로를 붙들어 주고 바로잡아 줄 권한이 있다. 내게 감사가 없다면 당신의 그 권한에 나를 맡기기가 어려울 것이다. **감사하면 움켜쥐려는 마음이 달아난다.** 그래서 공동체가 가능해진다.

목적에 관해서는, 감사의 산물인 베풂은 이기심의 반대다. 모든 중요한 목적은 남을 위해 존재한다. 내게 감사가 없다면 베풀지 않을 것이고, **베풀지 않는다면 내 목적은 나와 내 관심사를 벗어나지 못할 것이다.** 인간에게는 자신이 중요한 존재가 되려는 기본 갈망이 있다. 남을 위한 목적만이 그 갈망을 실현해 줄 수 있으며, 남을 위한 목적이 되려면 기초를 감사와 베풂에 두어야 한다.

안식, 기도, 코이노니아, 간증

내 형제 일가족은 코스트코를 좋아하는데, 거기 시식용 음식을 좋아하기 때문이다. 그들은 한 입 크기의 음식이나 작은 컵에 담긴 신상 음료를 나누어 주는 직원을 찾아 매장을 돌아다닌다. 시식용 음식은 그들이 쇼핑에서 가장 좋아하는 부분이다.

그와 비슷하게 다음 몇 문단은 실천을 혁신하는 다른 방법들을 한 입 크기의 샘플로 보여 준다. 역시 교회를 재조정하는 데 도움이 될 실천들이다. 우선 각 실천이 현대 세계에서 어떤 의미일지를 한 문장으로 요약한 뒤 한두 문단으로 간략히 설명했다.

안식은 일과 휴식의 건강한 리듬이다. 우리는 대개 안식을 휴무일로 생각한다. 쉬는 날도 없이 노예로 살다가 갓 탈출한 히브리 백성은 노동을 배울 필요는 없었다. 휴식만 배우면 됐다. 그러나 우리네 세상에서는 잘 일하는 법을 배우는 것도 잘 쉬는 법을 배우는 것만큼이나 중요할 수 있다. 이렇게 생각해 보라. 알다시피 올바른 식생활은 중요하다. 알다시피 정크 푸드도 음식이긴 한데 건강에 해롭다. 마찬가지로 나는 일과 휴식에도 정크 푸드에 해당하는 게 있다고 본다. 안식일에 쉬는 목적은 회복되고 재충전하는 것인데, 정크 푸드 휴식은 여가 활동치고는 회복도 아니고 재충전도 아니다.

텔레비전을 보며 회복하려는 이들도 있으나 대체로 텔레비전 시청은 정크 푸드다. 내 경우 농구 중계를 시청하면 직접 농구하는 것만큼이나 회복된다. 나는 코치처럼 전략을 살피고 선수를 평가하며 두 단계 앞을 내다본다. 그러면 좋은 소설을 읽거나 건전한 대화를 나눌 때처럼 내 뇌의 한 부분이 가동된다. 하지만 다른 프로그램을 시청하는 것은 내게는 정크 푸드라서 쉬어도 회복에 도움이 되지 않는다. 일에도 역시 생산적 노동과 정크 푸드 노동이 있다. 책상 앞에 멍하니 앉아 있는 상태를 다들 알 것이다. 그게 정크 푸드 노동이다. 그러면 자꾸 일을 미루고 피하며 한눈팔 때가 많아진다. 반면 생산적 노동은 나라는 사람 전체를 빨아들인다. 어느새 시간이 후딱 지나간다. 활동에 몰두하기 때문이다. 삶 속에서 나는 정크 푸드 노동과 정크 푸드 휴식을 삼가려 애쓴다. 잘 일하는 법을 배우는 것도 잘 쉬는 법을 배우는 것만큼이나 중요하다. 안식은 일과 휴식의 건강한 리듬이다.

기도는 스스로 통제하고 싶은 일을 하나님께 맡기는 것이다. 1장에 소개한 이야기처럼 나는 아내의 암 투병을 계기로 기도하는 법을 새로 배웠다. 이제 자녀와 부모와 나라를 위해, 그리고 내가 맡아 돌봐야 할 사람들을 위해 기도할 때도 그렇게 기도한다. 물론 자녀에게 복을 주시고 나라를 치유해 주시기를 하나님께 구한다. 하지만 이제 내게 기도란 심고 물을 주는 행위다. 하나님만이 자라나게 하심을 알기 때문이다. 내가 구할 것을 하나님께 아뢰고는(빌 4장) 아브라함이 이삭을 드린 것처럼 그 문제를 그분께 넘겨 드린다.

공동체(코이노니아)는 서로 의무를 다하는 것이다. 신약 교회의 두드러진

특징 중 하나는 코이노니아(대개 "교제"나 "공동체"로 번역되지만 때로 "동역"으로도 쓰이는 그리스어 단어)다. 현대 교회의 우리는 "교제"를 각자 음식을 가져와서 함께 먹는 저녁 식사로 또는 교회 예배 후에 커피를 마시며 잠깐 나누는 대화로 전락시켰다. 그러나 신약의 코이노니아란 서로 감시해 주고 서로에 대한 의무를 다하는 것이다. 이렇게 생각해 보라. 어느 날 차를 몰고 집에 가다가 도랑에 빠진 다른 차를 보았다. 휴대 전화로 누군가와 통화 중인 그 차 운전자는 내가 차를 세우고 자기를 도와주리라고는 아마 기대하지 않을 것이다. 하지만 그 차 운전자가 내 여동생이라면 어떨까? 내가 그냥 지나간다면 동생은 어떻게 반응할까? 나는 멈춰서 도와줄 의무가 있다. 한 핏줄로 맺어진 사이니 당연히 그럴 책임이 있다. 그런데 현대 교회의 우리는 서로에 대한 책임감이 없다. "너는 너대로 살고, 나는 나대로 살게 두라"라는 큰 거짓말을 믿는다. 하지만 신약의 메시지는 우리가 그리스도 안에서 하나이며 복음 안에서 형제자매로 연합되었다는 것이다. 코이노니아는 서로에 대한 의무를 다하고 서로 감시해 주는 것이다.

간증은 자기 삶의 내러티브를 복음의 틀에 맞추어 말하는 것이다. 그러려면 각자의 삶을 신앙의 어휘와 사고 모델로 묘사해야 한다. 좋은 일만 간증해야 한다는 오해가 있다. 해피 엔딩의 이야기라야만 간증의 자격이 있다는 것이다. 하지만 꼭 사탕발림을 하지 않고도 내 삶 속에 임재하시는 하나님을 다양한 방식으로 말할 수 있다. 고통을 어떻게 경험했고 분노 속에서 하나님께 어떻게 부르짖었는지를 말할 수도 있고(6장에서 다룰 애통을 참조하라),

고난의 유익이 전혀 보이지 않는 상황에서 어떻게 하나님을 신뢰했는지를 나눌 수도 있다. 동료 그리스도인에게 배신감을 느꼈거나 꼭 필요한 순간에 버림받은 이야기를 나누면서, 이 타락한 세상에서 우리 그리스도인도 서로에게 상처를 줄 수 있음을 인정할 수 있다. 물론 해피 엔딩의 이야기도 좋다. 외로울 때 성령께서 나와 함께하심을 느낀 경우처럼 말이다. 내 삶의 내러티브를 기독교적 범주로 말하는 한, 나는 간증을 실천하고 있는 것이다.

우리의 친구인 모리스 목사에게로 다시 돌아가 보자. 교회에서 경청한 갈망과 상실에 대응할 방법을 모색하던 중에 그는 속수무책의 심정이 되었다. 앞서 보았듯이 청소년들은 능력을 기준으로 평가받는 것 때문에 "불안하고 바쁘고 스트레스가 많다." 캐서린을 비롯한 그 또래 교인들은 직장 일에 바빠 정작 중요하다고 생각되는 것들을 할 시간이 없다. 앞날이 두렵고, 성장기 자녀에 대한 책임과 노년기 부모에 대한 책임 사이에 끼어 있다. 캐서린의 부모 같은 노인들은 건강이 쇠퇴하면서 지친 상태이고, 좋은 시절은 다 갔다고 느낀다. 이 모든 갈망과 상실 앞에서 모리스는 어찌할 것인가? 혁신된 실천에서 긍정적 방안을 찾을 수 있다. 9가지 실천을 훑어보면서 거기서 얻는 아이디어로 사람들에게서 경청한 내용에 대응할 수 있다. 그런 대응은 어떤 모습으로 나타날까?

모리스는 환대라는 실천에 감화되어 교인들에게 "외부인을 안으로 초대하도록" 권할 수 있다. 우리는 다 어디선가는 내부인이다. 자신이 어디서 소외되었는지에 집중하기보다 이렇게 자문하는 게 환대의 정신이다. "나는 어디서 내부인인가? 그 정황에서 외부인은 누구인가? 내가 내부인으로서 외부인과 공유할 수 있는 것은 무엇인가?"

우리의 정체성은 (학교에서든 직장에서든) 무엇을 하느냐에 있지 않고 누구를 사랑하느냐(그리고 누가 우리를 사랑하느냐)에 있다. 모리스는 소명이라는 실천에 감화되어 그 사실을 소통할 방법을 모색할 수 있다. 사람들에게 "당신의 삶 속에 불려 날아오는 회전초", 곧 하나님이 당신에게 사랑하라고 보내시는 사람들을 찾아보게 할 수도 있다. 어디든지 주어진 자리에서 주변 사람을 사랑하는 게 우리의 소명임을 잊지 말라.

보다시피 이미 주제가 드러났다. 자칫 사람들을 실천의 대상으로 보기 쉽지만, 모리스는 그들을 실천의 주체로 본다. 환대받기보다 환대를 베풀 수 있는 방법을 제시하면서 동참을 권하는 것이다.

감사라는 실천은 사람들을 감화하여 하나님이 우리에게 베푸시는 선물이 한없이 과분하다는 사실을 깨닫게 한다. 사람들은 대개 결핍의 사고방식에 안주하려 한다. 그런 그들에게 모리스는 대화를 시작할 때마다 누군가에게 감사할 이유를 찾아보라고 권할 수 있다. 베풂이라는 실천과 관련해서는 그들이 날마다 한 사람을 정해 '과분한' 은혜를 베풀기로 결단할 수 있다.

다음 장에서 자세히 설명하겠지만, 애통이라는 실천은 하나님이 당신의 솔직한 말을 감당하실 수 있음을 알려 준다. 모리스는 캐서린의 자녀 같은 중학생들에게 애통을 가르칠 수 있고, 어쩌면 그것이 온 교회에 감화를 끼칠 수도 있다. 다음 장에 상술할 사례에서 실제로 그런 일이 있었다.

공동체라는 실천은 우리에게 성경적 개념의 코이노니아를 가르쳐 준다. 코이노니아는 "동역"으로도 번역된다(사도 바울이 "복음을 위한 일에 참여하고"(빌 1:5) 있는 빌립보 교인들에게 감사한 것이 바로 그런 의미다). 모리스는 사람들에게 "동역자", 곧 길동무가 될 다른 그리스도인들을 찾아보라고 권할 수 있다. 모리스의 도움으로 그들은 학교 내 동역자, 직장 내 동역자, 노년층 동역자, 세대를 뛰어넘는 동역자를 찾을 수 있다.

기도라는 혁신된 실천은 가장 중요한 것들을 두렵고 떨림으로 하나님께 넘겨 드리는 법을 가르쳐 준다. 모리스는 사람들에게 출근길이나 등굣길에 이런 습관을 가지라고 권할 수 있다. 매일 아침 운전을 시작하거나 걷거나 학교 사물함을 열 때마다 잠시 멈추어 소리 내어(또는 속으로) 이렇게 기도하는 것이다. "하나님, 저는 하나님을 신뢰하려는 마음이 없어요. 매사가 그냥 제 뜻대로 풀렸으면 좋겠어요. 하지만 두렵고 떨림으로 을 하나님께 넘겨 드립니다. 하나님을 신뢰하기가 두려울 때도 신뢰하기로 결단합니다."

안식이라는 실천은 우리에게 일과 휴식의 건강한 리듬을 정립하는 법을 가르쳐 준다. 모리스는 사람들에게 각자 정크 푸드에 해당하는 안식과 회복에 도움이 되는 안식이 무엇인지 열거해 보라고 권할 수 있다. 그들은 주변의 동료들을 둘러보며 자문할 수 있다. 잘 쉬는 사람과 잘 일하는 사람은 누구인가? 내가 존경하는 아무개에게서 배울 수 있는 한 가지 습관은 무엇인가?

간증이라는 실천은 우리 삶의 내러티브를 기독교의 언어로 말하는 법을 가르쳐 준다. 모리스는 사람들에게 이렇게 물을 수 있다. "당신의 삶에서 신앙이 허용되지 않는 듯한 영역은 어디입니까? 삶의 그 부분을 신앙의 언어로 이야기한다면 어떤 모습이 되겠습니까?" 예컨대 교회에 스포츠를 좋아하는 청소년과 그의 할아버지가 있다 하자. 할아버지는 중고등부 야구팀 코치다. 이 아이는 어떻게 스포츠를 기독교적 관점에서 볼 수 있을까? 단원 중 한 명을 하나님이 자신에게 사랑하라고 보내신 사람으로 정할 수 있다. 우익수인 그 단원에 비하면 자신은 팀의 유격수이자 올스타 선수로서 내부인 지위에 있음을 생각할 수 있다. 모리스는 이 아이에게 그 우익수 단원을 팀의 이너 서클에 받아들여 유격수의 명예를 그와 공유하라고 권할 수 있다.

6장에서 살펴볼 분별이라는 실천은 하나님의 뜻이 좁고 답답한 게 아니라 넓다는 사실을 가르쳐 준다. 모리스는 사람들에게 "그리스도께서 우리를 자유롭게 하려고 자유를 주셨으니…"(갈 5:1)라는 개념을 받아들이도록 권할 수 있다. 속박당한다고 느껴지는 부분이 어디인지 물은 다음, 자유가 어떤 모습일지 상상하도록 도와주라. 자유에는 두려움에서 해방되는 것도 포함된다.

각 실천 속에 긍정적 방안과 공동의 희망 이야기가 들어 있다. 속수무책으로 느껴질 때 모리스는 이 목록을 보면서 그중 자신의 상상력을 자극하는 것을 찾을 수 있다. 물론 주어진 상황에 적합하지 않은 실천도 절반이나 될 수 있다. 하지만 그것은 중요하지 않다. 적절해 보이는 실천이 한두 가지만 있어도 그 혁신된 실천이 그에게 감화를 끼칠 수 있다. 대개 그것이면 속수무책 상태에서 벗어나기에 충분하다.

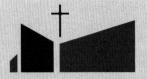

THE
INNOVATIVE
CHURCH

2부

이 시대에 필요한 교회로
어떻게 새로워질 것인가

6.

분별과 혁신

하나님의 뜻 위에 실천 신학과 인간 중심 디자인을 적용하라

내 할머니 댁 조그만 뒷마당에 레드우드(미국 삼나무 — 옮긴이) 거목이 있다. 20미터 가까운 키로 우뚝 솟은 레드우드는 본래 교외 지역에서 자라는 나무가 아니다. 물론 사연이 있다. 1920년대에 이곳 소유주였던 레스터라는 사람이 레드우드 숲에 갔다가 눈에 띄는 묘목을 커피 깡통에 담아서 집으로 가져와 마당에 심었다. 여러 해 동안 물을 주자 묘목은 어렵사리 뿌리를 내렸고, 일단 뿌리가 지하수면에 닿으니 쑥쑥 자라 근방에서 가장 큰 나무가 되었다. 레스터의 레드우드 이야기는 혁신의 은유라고 할 만하고, 적어도 전형에는 맞아든다. 하지만 그 전형은 틀렸다. 혁신에 관한 전형적 이야기는 고독한 천재(레스터 같은 사람)가 대박 아이디어를 발견한다는 것이다. 처음에는 작은 씨앗에 불과했는데, 힘든 시기를 거치며 재배한 끝에 비범한 성취를 이루어 낸다. 하지만 모든 연구에서 알 수 있듯이, 레스터 방식의 형식은 신화일 뿐이다.

혁신에 대한 레드우드 신화는 많은 다른 신화들로 구성된다. 우선 발명왕 토머스 에디슨으로 대표되는 **고독한 천재라는 신화**가 있다. 하지만 월터 아이작슨이 밝혀냈듯이 대다수 "고독한 천재"는 사실 장인 공동체에 속해 있는 구성원이다. 에디슨만 하더라도 기술자들과 팀을 짜서 그들과 함께 일했다. 어느 학자의 표현대로, 팀이 혁신을 창출했고 에디슨이 그 팀을 창출했다.[1] 그가 만든 공동체의 사람들이 협력하여 혁신을 이룬 것이다. 이처럼 혁신은 공동체 안에서 이루어진다.

그다음은 **리더가 비전을 제시한다는 신화**다. 레스터가 작은 묘목을 발견했듯이 리더가 아이디어를 중심으로 사람들을 불러 모은다는 것이다. 그러나 린다 힐 연구팀이 밝혔듯이, "혁신은 비전을 세우고 선전한다고 해서 이루어지는 게 아니다."[2] 비전을 제시하는 리더들은 대개 사람들에게 무엇을 해야 할지만 말하지 그것을 어떻게 해야 할지는 말하지 않는다. 하지만 혁신에는 '어떻게'에 속하는 행동 계획도 들어 있어야 한다.

끝으로 **유레카 순간, 즉 갑작스러운 깨달음의 순간이라는 신화**가 있다.[3] 유레카 순간의 대표적인 인물은 스위스의 외딴 특허 사무소에서 홀로 직관으로만 작업한 알베르트 아인슈타인일 것이다. 하지만 바로 그가 이 신화를 무너뜨렸다. 그는 "직관이란 이전에 있었던 지적 경험의 산물에 불과하다"라고 말했고, 그 지적 경험은 다른 사람들의 여러 아이디어와 교류한 결과다.[4] 월터 아이작슨은 그것을 이렇게 요약했다. "혁신은 대개 개인의 영감에서 나오는 게 아니라 창의력의 협업에서 나온다. … 혁신이 개인의 머리에서 벼락이나 전광석화처럼 불쑥 나오는 경우는 동화책의 세계에나 있다."[5] 아이디어는 홀로 우뚝 선 레드우드와 같지 않다. 아이디어 하나에 전부를 걸기보다는 협업을 통해 많은 아이디어를 생성하는 과정이 필요하다.

그럼에도 레드우드 신화에 한 가지 중요한 요소가 있다면, 아이디어의 성장이 강조된다는 점이다. 앞서 우리는 심고 물을 주는 것이 리더 역할의 정수라 했는데, 아이디어도 심고 물을 줄 때 생성된다. 처음에 그 씨앗은 작고 연약해서 돌봄과 적절한 환경이 필요하다. 문제는 한 나무가 독립되어 있다고 생각할 때 발생한다.[6] 이쯤에서 레드우드 신화의 대안을 제시하고 싶다.

아이디어는 묘목과 같아서 하나에만 투자해서는 안 된다. 당신이 수목을 재배해서 파는 농부라면, 한 그루만 길러 거목이 되기를 바라는 게 아니라 여러 묘목을 줄줄이 심을 것이다. 예수님의 비유에서도 보듯이 그중 일부는 죽을 테지만, 그중에서 분명 우람한 성목이 나올 것이다.[7]

아이디어는 묘목과 같아서 대량으로 재배해야 한다. 혁신에서 중요한 것은 위대한 아이디어가 아니라 새로운 아이디어다. 통념과는 반대로, 열아홉 개의 작은 아이디어가 하나의 큰 아이디어보다 많은 열매를 맺는다. 처음부터 위대한 아이디어는 없다. 위대한 아이디어의 씨앗(묘목)일 수는 있지만 위대한 아이디어가 한 번에 완성품으로 나오는 경우는 거의 없다. 대박 아이디어는 떡잎에서부터 자라나며 완성되는 것이지, 이미 다 자라서 알을 깨고 나오는 게 아니다. 그러므로 혁신하는 기관의 확실한 특징은 꾸준히 새로운 아이디어를 많이 생성하는 능력에 있다.

아이디어는 묘목과 같아서 어느 것이 자라 위대한 아이디어가 될지 모른다. 이것은 혁신 관련 서적의 단골 주제이며, 대개 "좋은 아이디어를 얻으려면 많은 아이디어가 필요하다"라는 토머스 에디슨의 말이 인용된다.[8] 그는 이 묘목 개념(그의 표현으로 하면, "신속하고 저렴한 혁신 개발")을 중심으로 실험실을 운영하여 "작은 혁신은 열흘에 하나씩, 큰 혁신은 6개월 정도에 하나씩" 이루었다.[9] 다른 학자는 혁신이란 "아이디어의 포트폴리오"에서만 나온다고 표현하기도 했다.[10]

아이디어는 묘목과 같아서 질이 아니라 양으로 평가된다. 어떤 묘목이 거목으로 자랄지 모르는 데다, 아이디어가 다 자랄 때까지 일의 평가를 미룰 수도 없다. 그래서 혁신을 평가하는 기준은 규모가 아니라 수량이다.

에디슨도 혁신을 매주 생성된 아이디어(또는 심은 묘목)의 개수로 평가했다. 제대로 재배하면 묘목이 성목으로 자라 그중에서 비범한 혁신이 나올 것이라고 그는 믿었다.[11] 우리에게 필요한 것은 많은 아이디어를 생성하는 과정이며, 모든 아이디어의 초점은 하나님이 우리에게 돌보라고 맡기신 사람들에게 있다.

그러면 여기서 당연히 따라 나오는 질문이 있다. 어떻게 아이디어를 "가꾸어" 뿌리를 내리게 할 것인가?[12] 예컨대 구글은 짐 콜린스와 제리 포라스의 저서에 의지하는데, 그들은 "가지 내기와 가지치기"의 체계적 과정이 필요하다고 말했다. 이는 그리스도인 리더의 역할인 심고 물을 주는 일과 일맥상통한다. 구글에게 그 문구는 "다양하게 시도해서 그중 통하는 것을 건진다"라는 뜻이다.[13] 씨앗 하나에 에너지를 다 쏟는 게 아니라 많은 아이디어를 가꾸면서 어느 쪽에 열매가 맺히는지를 보는 것이다.

그런데 기독교 기관은 그와 반대로 하는 경향이 있다. 즉 우리는 대개 하나의 큰(비용이 많이 드는 거창한) 계획을 시도한다. 그것이 다 자라기도 전에 광고를 하면서 종종 로고와 주제가까지 정한다. 묘목에게 성목의 역할을 기대하며 엄청난 부담을 준다. 그러다 즉시 뿌리를 내리지 않으면 교회들은 불평하며 그 프로젝트를 포기한다. 이런 혁신이 말짱 소용없다는 교훈만 배운 셈이다.

레스터는 나무 한 그루가 잘 자라기를 바랐고 운이 좋았다. 그러나 우리는 운에 기댈 수 없다. 아이디어는 묘목과 같다. 위대한 아이디어를 원한다면 일단 많은 아이디어를 확보하라. 어느 것이 거목 아이디어로 변신할지 모른다. 혁신하는 리더는 질보다 양을 중시한다.

지금까지 우리는 교회와 혁신에 대해 많은 것을 배웠다. 지금의 교회는 더는 존재하지 않는 세상에 맞게 조정되어 있다. 그래서 재조정 즉 혁신이 필요하다. 기독교에 필요한 혁신은 의미의 혁신이다. 이 혁신은 우리의 사고 모델을 수정해 줌으로써 세상을 다르게 보게 한다. 혁신하려면 우리는 이중 기준에 맞추어 재조정해야 한다. 바로 늘 변화하는 문화와 영원히 변함없는 복음이다. 늘 변화하는 문화의 필요를 알려면 우리가 맡아 돌봐야 할 사람들의 갈망과 상실을 경청해야 하고, 그런 갈망과 상실의 영적 의미를 해석하려면 역사적 기독교 실천에 닻을 내려야 한다. 필요하다면 실천을 혁신해서라도 말이다. 어느 목사라도 이 모든 개념에 헌신할 수 있으나 그러려면 과정이 필요하다. 그것이 이번 장의 목적이다. 즉 **혁신을 창출하려는 그리스도인 리더들이 활용할 수 있는 과정**을 설명하는 게 이번 장의 취지다.

우리가 교회에서 활용할 과정은 기업에서 쓰는 과정과는 달라야 한다. 우리는 일반 통찰에서 많은 것을 배울 수 있으나 거기에만 매달릴 수는 없다. 이 책에서 일관되게 말하듯이 기독교 전통 중 영원히 변함없는 부분을 보전해야 하기 때문이다.

기독교적 혁신 과정에는 적어도 세 가지 요건이 있다. 지금부터 그것을 차례로 설명하면서 혁신 과정을 요약하려 한다. 이번 장 뒷부분에서는 그 과정이 실제로 어떻게 이루어질 수 있는지를 하나의 사례를 통해 상세히 살펴볼 것이다.

기독교적 혁신 과정의 세 가지 요건은 무엇인가? 첫째로, 이 과정은 **분별**이라는 기독교 실천을 구현해야 한다. 앞장에서 강조한 기독교 실천들로 보건대, 우리의 과정에는 당연히 분별이 수반되어야 한다. 둘째로, 이 과정은 **실천 신학**의 윤곽을 따라야 한다. 여러 세기에 걸쳐 기독교 신학자들은 우리 그리스도인이 어떻게 함께 추론하여 상황의 의미를 해석할 수 있는지에 대해 일정한 합의에 도달했다.[14] 그 과정을 실천 신학이라 한다. 우리의 과정도 실천 신학의 방법을 따라야 한다. 셋째로, 이 과정은 혁신적 사고로 이어져야 한다. 일반 혁신가들은 지난 20여 년간 **인간 중심 디자인**(HCD)을 개발했으며, 이는 특히 IT 세계에서 두드러진다. 덕분에 기업들은 혁신적 반응을 디자인하여 상황에 대처할 수 있게 되었다. 우리의 과정도 세상 최고의 통찰을 취해서 기독교 전통에 접목해야 한다. 요컨대 우리의 혁신 과정은 분별을 구현하고, 실천 신학의 윤곽을 따르며, HCD의 혁신적 사고로 이어진다.

알고 보면 이런 다양한 분야에서 활동하는 학자들이 각기 도달한 결론은 서로 비슷하다. 예컨대 실천 신학자들과 디자인 학자들이 공히 강조하듯이 이 과정은 단일한 직선이 아니라 사이클이다. 분별과 실천 신학과 인간 중심 디자인, 이 세 과정은 모두 동일한 지점에서 출발한다. 책을 여기까지 읽은 독자라면 그 지점을 알 것이다. 출발점은 바로 경청이다. 나아가서 각 과정의 사이클은 (참여자들이 다양한 아이디어를 탐색하는) 발산 단계와 (참여자들이 모든 아이디어를 명쾌한 목표로 좁히는) 수렴 단계를 거친다. 핵심 아이디어들을 어떻게 수행할지를 실험하는 단계도 각 과정의 공통점이다. 이렇게 세 과정이 중복되기 때문에 각 분야의 통찰을 통합하여 포괄적 혁신 과정을 개발할 수 있다. 하지만 그 포괄적 과정으로 넘어가기 전에 우선 분별과 실천 신학과 인간 중심 디자인을 각각 설명하려 한다. 이어 그 셋이 어떻게 맞물리는지 살펴볼 것이다.

분별이라는 실천

먼저 분별부터 보자. 앞장에서 논한 기독교 실천들과 비슷하게 분별도 기독교 실천의 하나다. 분별의 목적은 하나님의 뜻을 구하고 발견하는 것이다.[15] 하나님의 뜻을 발견하는 일은 생각보다 쉽다. 설명하자면 이렇다.

분별에 대한 대다수 사람의 사고 모델이 왜곡되어 있는 이유는 하나님의 뜻에 대한 사고 모델이 왜곡되어 있기 때문이다. 그들은 하나님의 뜻이 좁고 특정해서 지독히도 분별하기 어렵다는 큰 거짓말을 믿는다. 그러나 하나님의 뜻이 특정한 경우는 드물다. **하나님의 뜻은 삶의 방식이다.** 분별을 보는 우리의 관점이 이렇게 왜곡된 데는 그만한 배경이 있다. 실제로 성경에 보면 리더들이 하나님께 특정한 문제에 대한 특정한 답을 구하여 분명하고 구체적인 응답을 받은 사례가 나온다. 예컨대 기드온은 양털을 놓고 하나님께 자신의 다음 행보를 확증해 달라고 기도했고, 사무엘은 특정인을 왕으로 기름 부으라는 지시를 받았다. 선지자들도 간혹 히브리 왕에게 특정 상황에만 해당하는 명령을 전했고, 다시 모인 열한 제자는 제비를 뽑아 배신자 유다를 대신할 사람을 정했다. 그러나 이런 개별적 상황은 성경에 비교적 드물게 나타난다. 선지자들은 대개 왕에게 특정한 지시보다는 (과부를 보호하는 등의) 전반적 행동 규범을 말했고, 제자들도 후임 선출을 두고 갑론을박하기보다는 제자다운 삶을 배우는 데 훨씬 많은 시간을 들였다. 구체적인 인도하심을 받은 상황은 워낙 예외적이라서 더 돋보일 뿐이다.

하나님의 뜻이 무엇인지는 성경 전반에 명확히 나와 있다. 하나님의 뜻은 "마음을 다하여 주 너의 하나님을 사랑하고", "이웃을 네 자신과 같이 사랑하는" 것이다. 하나님의 뜻은 "다른 신을 섬기지 않고", "부모를 공경하고", "안식일을 기억하는" 것이다. 하나님의 뜻은 "과부와 고아와 및 너희 중에 거류하는 타국인을 돌보는" 것이다. 하나님의 뜻은 돈을 후히 베풀되 특히 궁핍한 이들에게 그리하는 것이다. 하나님의 뜻은 "심령이 가난하고" 온유하고 긍휼히 여기는 것, 즉 소금과 빛답게 살며 다른 뺨을 돌려대는 것이다. 이것이 "너희 몸을 거룩한 산 제물로 드리라"라는 말의 의미다. 동시에 "하나님의 선하시고 기뻐하시고 온전하신 뜻이 무엇인지 분별하도록 하라"라는 말의 의미다.

그래서 사도 바울은 갈라디아서 5장 1절에서 **"그리스도께서 우리를 자유롭게 하려고 자유를 주셨으니"**라고 말한다. 우리는 자유롭게 하나님을 사랑하고, 자유롭게 이웃을 사랑하고, 자유롭게 과부와 고아와 타국인을 돌보고, 자유롭게 후히 베풀고, 자유롭게 심령이 가난하고 온유하며 긍휼히 여기고, 자유롭게 다른 뺨까지 돌려대고, 자유롭게 거룩해질 수 있다. 하나님의 선하시고 기뻐하시고 온전하신 뜻을 우리는 그렇게 분별한다. 그리스도께서 주신 자유를 말하면서 바울은 "다시는 종의 멍에를 메지 말라"라고 덧붙인다. 유대주의자들을 염두에 두고 한 말이다. 그들은 착실한 그리스도인이 되려면 먼저 착실한 유대교인이 되어야 한다고 믿었다. 할례를 받고, 율법을 좁게 해석해서 시시콜콜 그대로 지켜야 한다는 것이다.

바리새인들은 하나님을 높일 올바른 순종 방법을 찾는 데 매몰된 나머지, 실제로는 하나님을 높이지 않았다. 율법을 일련의 금령으로 좁혔다. 부정해지지 말라. 안식일에 일하지 말라. (특히 여자라면) 간음하다 잡히지 말라. 하지만 하나님의 뜻은 그런 게 아니다. 그리스도께서 우리를 자유롭게 하려고 자유를 주셨다.

하나님의 뜻은 해서는 안 될 일보다 해야 할 일을 더 중시한다. "하나님을 사랑하라", "이웃을 사랑하라", "후히 베풀라" 등 구주께서 은혜를 베푸신 대로 우리도 은혜를 실천하라는 것이다. 그런데 바리새인들은 하나님이 그들에게 하라고 명하신 일을 하기 싫어서, 해서는 안 될 일을 부각했다. 반면 예수님은 해서는 안 될 일보다 해야 할 일에 더 많은 시간을 들이셨고, 그러다 바리새인들의 노여움을 샀다. 예수님이 보신 것은 간음하다 잡힌 죄인이 아니라 연약한 한 여자였다. 예수님은 늘 연약한 사람들 편에 서셨다. 바리새인들은 예수님을 가리켜 "어찌하여 세리 및 죄인들과 함께 먹는가"라고 말했다. 그들이 보기에는 그것이 율법에 어긋났지만, 예수님은 소외계층을 사랑하라는 하나님의 뜻을 실현하신 것이다. 그리스도께서 우리를 자유롭게 하려고 자유를 주셨다. 우리는 무수히 많은 방식으로 자유롭게 하나님을 사랑하고 이웃을 사랑할 수 있다.

하나님의 뜻은 좁고 답답하고 괴로운 게 아니라 넓게 활짝 열려 있다. 이렇게 생각해 보라. 나는 젊은이들이 자신에게 꼭 맞는 배우자를 찾거나 꼭 맞는 대학에 진학하는 문제로 간절히 기도한다는 말을 수시로 듣는다. 하지만 그런 기도는 하나님을 약한 존재로 보이게 만들어 그분의 능력을 왜곡한다. 트랜이라는 고등학생이 있다 하자. 트랜은 자신에게 꼭 맞는 대학을 선택하게 해 달라고 간절히 기도한다. 그런데 그가 엉뚱한 대학을 선택한다면 그때는 어떻게 될까? 하나님이 심히도 약해서, 열일곱 살 아이의 엉뚱한 선택 하나 때문에 하나님의 뜻이 꺾일 수 있을까? 천만의 말이다. 성장기에 나는 "하나님의 뜻에서 벗어난다"라는 표현을 자주 들었다. 트랜이 하나님을 사랑하고 이웃을 사랑하고, 연약한 과부와 고아와 타국인을 돌보고, 심령이 가난하고 온유하고 긍휼히 여긴다 하자. 이토록 그가 명백히 그리스도인답게 사는데도, 이 대학이 아니라 저 대학에 다닌다는 이유만으로 그가 "하나님의 뜻에서 벗어나" 있다고 말할 수 있을까? 물론 트랜은 자신에게 꼭 맞는 학교와 꼭 맞는 배우자와 꼭 맞는 직장으로 인도해 달라고 하나님께 기도해야 한다. 하지만 하나님은 그가 어느 대학에 다니는가보다 대학 생활을 어떻게 하는가에 훨씬 더 관심이 많아 보이신다. 우리가 늘 자신에게 일깨워야 하는 말이 있다. "내 악의 없는 실수나 심지어 고의의 불순종 행위 때문에 하나님의 뜻이 꺾일 수는 없다. 나는 그 정도로 막강한 존재가 아니다." 그리스도께서 우리를 자유롭게 하려고 자유를 주셨다.

내가 생각하는 하나님의 뜻은 숲속의 좁은 길이 아니다. 덤불을 헤치고 조심조심 나뭇가지와 말벌을 피하며 길을 찾아야 하는 게 아니다. 물론 좁은 문이 있다. 좁은 문으로 들어가라 하셨다. 그 좁은 문은 예수님이다. 그러나 일단 안에 들어가면 하나님의 뜻은 넓다. 내가 생각하는 하나님의 뜻은 작은 배가 떠가는 도도한 강이다. 목표는 강어귀로 나가는 것이다. 강의 범위는 분명히 양쪽 강둑 사이지만 그 강물 위를 나는 어디든 누빌 수 있다. 강둑에 바짝 붙어도 되고 넓은 한복판으로 나가도 된다. 하류 쪽으로 가고 있는 한 내 재량대로 하면 된다. 내게 이처럼 많은 자유가 있다.

분별의 실천도 이런 자유에 입각해서 다시 볼 수 있다. 루스 헤일리 바턴에 따르면, 가장 기본적인 차원에서 분별이란 "하나님의 활동을 인식하고 반응하는 능력"이다.[16] 그래서 우리는 교회의 재조정에 대한 논의를 고린도후서 5장 19-20절에 기술된 하나님의 활동에서부터 출발했다. 세상에서 하나님은 "그리스도 안에 계시사 세상을 자기와 화목하게" 하셨다. 그러므로 우리도 "그리스도를 대신하여 사신이" 되었다. 우리가 하는 모든 일의 출발점은 하나님이 그리스도 안에서 이미 해 오셨고 지금도 하고 계신 바로 그 일이다. 그래서 분별은 우리가 대사의 사명을 다하고자 하나님의 일에 동참하는 법을 알아내는 작업이다.[17] 신약학자 루크 티머시 존슨은 그것을 이렇게 요약했다. 분별이란 "잘 준비된 자세로 하나님의 말씀을 듣고, 잘 준비된 자세로 삶의 실제 상황 속에서 그 말씀에 반응하는 신앙 습관"이다.[18] "잘 준비된 자세로" 듣고 행동하려는 게 곧 분별 작업이다.

분별은 경청으로 시작된다. 실제로 분별에는 네 가지 경청이 수반된다. 하나님의 음성을 경청하고, 성경 말씀을 경청하고, 공동체 안에서 경청하고, 우리가 맡아 돌봐야 할 사람들의 말을 경청하는 것이다. 그러면 화목하게 하시는 하나님의 행위에 부합하게, 즉 하나님을 사랑하고, 이웃을 사랑하고, 소외계층을 돌보고, 산상 설교를 실천하는 가운데 얼마든지 자유롭게 행동할 수 있다.

지금까지 기독교적 혁신 과정의 첫 번째 요건인 분별에 대해 살펴보았다. 분별은 경청으로 시작되어야 한다. 하나님의 음성을 경청하고, 성경 말씀을 경청하고, 공동체 안에서 경청하고, 우리가 맡아 돌봐야 할 사람들의 말을 경청해야 한다.[19] 이런 경청을 이 책에서는 **체계적 경청**이라 부르기로 한다(체계적 경청에 관해서는 이 책 "부록"에 요약해 놓았다).

실천 신학

성경을 읽어 본 사람이라면 누구나 알 수 있듯이, 원래 성경은 규율과 지침을 모아 놓은 책이 아니다. 성경은 하나님 백성에 대한 이야기, 특정한 히브리 왕들에게 전한 예언, 초대 기독교 교회들에게 보낸 편지로 가득하다. 이 보물 창고의 자료를 바탕으로 우리 그리스도인은 충실하게 사는 법을 분별한다. 실제로 성경의 많은 목소리를 통합하여 세상에서 살아가는 법을 분별하는 데 천착하는 신학 분야가 있다. 이를 실천 신학이라 한다.

지면상 실천 신학의 깊이와 범위를 여기서 자세히 다룰 수는 없고[20] 다만 10년 전에 내가 정리해 둔 요약을 소개한다.[21] 실천 신학의 과정을 사이클로 생각해 보라.[22] 이 사이클은 네 가지 단계 내지 경유지로 이루어져 있다.[23] 우리가 힘써야 할 네 가지 활동인데, 우선 리처드 오스머의 네 가지 질문을 빌려 하나씩 간략히 설명하려 한다. 이외에도 비슷한 요약이 얼마든지 있다.[24] 더 자세한 내용은 이번 장 뒷부분에서 단계별로 다시 살펴볼 것이다.[25]

실천 신학의 네 단계는 기술, 숙고, 설정, 전략이다(그림 6.1). **기술**은 경청 작업이다. 즉 현재의 상황을 세세히 파악하는 것이다.[26] 오스머는 이것을 "무슨 일인가?"라는 질문으로 요약했다.[27] 실천 신학 사이클의 두 번째 단계는 **숙고**다. 이 단계에서는 해석의 목소리를 최대한 많이 수집한다. 앞서 기술한 상황에 성경과 신학을 접목하고, 사회학자와 인류학자의 말도 들어 보고, 신뢰하는 사람들의 관점도 모은다. 오스머는 숙고 단계를 "왜 그런가?"라는 질문으로 요약했다.

실천 신학의 세 번째 단계는 **설정**이다. 각양각색의 목소리와 관점 중에서 우리가 이루려는 일이 무엇인지를 결정해야 하는 시점이다. 지향해야 할 목표가 필요하다. 오스머는 이를 규정 단계라 칭했다. "어떻게 되어야 하는가?"라는 질문에 답해 주기 때문이다. 끝으로, 방금 설정한 목표를 이루려면 **전략**이 필요하다. 그리스도인들이 회의에서 문제를 논할 때면 몇 시간의 토론 끝에 무엇을 할지는 정하는데 그것을 **어떻게** 수행할지는 소홀히 할 때가 너무 많다. 전략 단계의 질문은 "어떻게 대응할 것인가?"다.

이처럼 실천 신학적 추론 방법은 사이클 과정으로 요약된다. 우리가 개발하는 모든 혁신 과정은 이 4단계 구조의 틀을 따라야 한다. 그러나 혁신 과정을 완결할 수 있으려면 그전에 거쳐야 할 분야가 하나 더 있다.

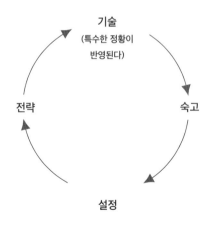

그림 6.1
실천 신학 사이클

인간 중심 디자인(HCD)

지난 10여 년간 혁신이 엄청나게 강조되었다. 관심은 대부분 아이폰 같은 기기나 구글 어스 같은 앱을 개발하는 데 집중되었다. 그러나 이런 혁신의 배후에 '과정'이 있으며, 과정의 초점은 놀랍게도 의미 창출에 있다.

혁신에 주력하는 디자인 기업 IDEO의 사례를 2장에 소개했다. 그들은 새로운 이야기라는 방법을 찾아내 아이들이 MRI 검사를 견딜 수 있게 했다. IDEO 사람들이 혁신을 추구하는 과정을 내놓았는데, 이를 인간 중심 디자인이라 한다.

인간 중심 디자인은 다양하게 설명되어 왔는데 그 설명은 각각 약간씩 다르다. 그중 IDEO[28]와 구글[29]의 설명이 가장 널리 알려져 있다. 구글은 이 과정을 수정하여 소위 스프린트 과정을 개발했다. 여기서 스프린트란 HCD 과정을 일주일 단위의 작업으로 압축한 것이다. 인간 중심 디자인도 역시 사이클이다(그림 6.2).[30]

이 과정은 **공감**으로 시작된다. 즉 상황을 기술하되 특히 혁신을 이용할 사람들의 관점에서 공감하며 기술한다. MRI의 경우, 과정의 출발점은 MRI 경험을 제조사나 의료진의 관점이 아니라 아이의 관점에서 이해하는 것이었다. 과정을 아이의 눈으로 보면 경험이 달라진다. 그다음 단계에서는 발산을 통해 **아이디어**로 이행한다. 최대한 많은 관점에서 최대한 많은 아이디어를 생각해 내는 것이다. 담당 팀은 MRI 문제에 의미 창출의 관점에서 접근할 수도 있고 기술공학적 관점에서 접근할 수도 있었다. 그러나 일단 의미 창출의 관점으로 정했으면 이제 의미를 창출할 방법을 최대한 많

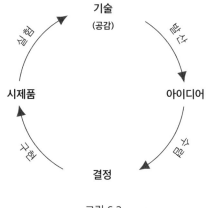

그림 6.2
인간 중심 디자인

이 열거해야 한다. 이렇게 다각적 관점과 다양한 아이디어가 강조된다 해서 "발산"이라 한다. 충분히 발산을 거쳤으면 이제 수렴으로 넘어가 명확한 목표를 **결정**해야 한다. 결국 팀은 모든 대안을 추려서 아이가 MRI를 견디도록 설득할 최선의 방법을 도출해야 한다. IDEO는 아이에게 이야기를 들려주어 MRI를 모험으로 전환하기로 했다. 이것을 **시제품**으로 제작하는 게 다음 단계다. 시제품은 목표하는 프로젝트를 간소화한 버전이다. 이 경우에 MRI 팀은 (해적 이야기 같은) 시나리오를 지어내 아이를 가상 놀이로 초대했다. 마지막 단계는 물론 시제품을 시험해 보고 전체 과정을 다시 시작하는 것이다.

기독교적 혁신 과정

이제 세 가지 관점(분별, 실천 신학, 인간 중심 디자인)을 종합하여 하나의 혁신 과정을 개발할 수 있다. 〈그림 6.3〉을 보면 셋이 어떻게 합쳐지는지 알 수 있다. 우리는 공감하는 경청으로 시작하여 아이디어의 발산으로 넘어간 뒤 수렴을 통한 결정을 거쳐 시제품을 실험한다.

전체 작동 원리를 이번 장 나머지에서 자세한 사례를 통해 살펴볼 것이다. 이 사례는 다년간 갈망과 상실을 경청한 데서 얻어진 하나의 통찰에서 출발한다. 그 통찰은 바로 상실에 대한 적절한 성경적 반응이 **애통**이라는 것이다. 우선 애통의 의미를 알아본 뒤, 내가 어떻게 애통에 눈떴는지를 혁신 과정에 의거하여 설명할 것이다. 끝으로 1장에 소개한 플로리다 출신의 에리카 목사가 어떻게 이 혁신 과정을 받아들여 애통 중심의 혁신을 이루었는지를 소개할 것이다.

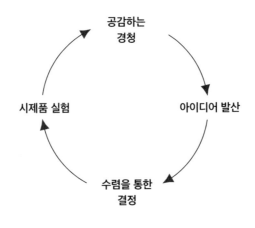

그림 6.3
기독교적 혁신 과정

애통은 상실에 대한 적절한 성경적 반응이다. 경청을 통해 하나님의 사람(들)은 하나님께 항의하며 부르짖을 수 있다. 당위에 어긋나는 일을 직접 아뢰며 잘못을 바로잡아 주시기를 구할 수 있다. 애통은 머리가 아니라 가슴에서 나오기 때문에 대개 단정하지 않고 감정이 노골적이다. 우리 그리스도인은 자신이나 타인을 위해 애통해할 수 있고, 개인적 불평이나 사회적 관심사로 인해 애통해할 수 있다. 우리의 애통 모델은 성경에 나오며, 특히 시편의 애통 시와 예레미야애가에 많이 있다.

시편의 절반가량은 애통 시다.[31] 어느 것이 애통인지 어떻게 알까? 일반적으로 교회에서 읽지 않는 시, 고통 중에 하나님께 절규하며 항의하는 시가 애통이다. 아마 성경에서 가장 솔직한 날것 그대로의 진술일 것이다. 바로 그게 요지다. **애통 시의 메시지는 하나님이 당신의 솔직한 말을 감당하실 수 있고 당신이 하나님께 화가 나 있을 때일수록 특히 더 그렇다는 것이다.**[32]

하나님도 우리가 겪어 온 다른 권위적인 인물들과 비슷하다는 생각에서, 자칫 우리의 불평에 대해 잘못된 결론을 내리기 쉽다. 그래서 애통의 모델이 필요하다. 권위적인 인물에게는 대개 솔직히 말하는 게 안전하지 못하며, 특히 약속을 어긴 권위적 인물에게 따지고 싶을 때는 더하다. 그러나 하나님은 그것을 권장하신다. 우리에게 애통의 성경적 모델이 아주 많이 필요한 이유는 하나님이 여타 권위적인 인물과는 다르다는 사실을 우리가 걸핏하면 망각하기 때문이다. 예컨대 우리는 우리가 발설하지만 않으면 하나님이 우리 분노를 모르실 줄로 생각한다. 하지만 거기에는 우리 생각을 하나님께 숨길 수 있다는 전제가 깔려 있다. 실제로 시편에 이런 혼란을 따로 다룬 시가 있다.

시편에서 사랑받는 시 중 하나는 139편이다(내가 제일 좋아하는 시이기도 하다). 대개 우리는 이것을 애통 시로 생각하지 않는다. 그 이유는 대다수 교회에서 본문을 인용하는 방식 때문이다. 우리가 선별적으로 편집해서 읽다 보니 이 시는 잔혹성을 잃는다. 전체를 읽으면 하나님께 솔직히 토로하는 심정이 날것 그대로 느껴진다.

1-18절은 하나님이 우리를 속속들이 아신다는 내용이다. 이 시는 하나님께 우리를 숨길 수 없다는 사실을 기뻐하면서 "심히 기묘하심이라"("두렵도록 기묘하심이라", NIV)라는 표현을 쓴다. '기묘하다' 함은 하나님이 우리를 결코 떠나지 않으시기 때문이고, '두렵다' 함은 하나님이 "멀리서도 나의 생각을 밝히" 아시기 때문이다. 우리가 하나님께 숨기고 싶은 생각까지도 아신다는 뜻이다.

이렇게 우리를 훤히 아시는 하나님이 열여덟 구절에 걸쳐 묘사된 뒤, 우리 그리스도인이 139편을 읽을 때 흔히 건너뛰는 네 구절이 나온다. 우리가 어떻게 19-22절을 생략하는지 당신 교회에서 이 시를 봉독할 때 눈여겨보라. 그런데 사실은 이 네 구절이 이 시의 요지다. 저자는 19절에서 "주께서 반드시 악인을 죽이시리이다"라고 탄원한다. 당장 악인들의 명단까지 댈 것만 같다. 저자는 그 사람들을 하나님이 대신 죽여 주시기를 바란다. 그 바람을 하나님께 숨기지 않는다.

"주님께 아무것도 숨길 수 없으니 이것도 솔직히 아뢰겠습니다. 이 사람들이 죽었으면 좋겠습니다." 사실 그 말을 하려는 것이 1-18절의 요지다. 이어지는 시의 결구는 잘 알려져 있다. "하나님이여 나를 살피사 내 마음을 아시며 … 내게 무슨 악한 행위가 있나 보시고 나를 영원한 길로 인도하소서"(23-24절). 시의 메시지는 분명하다. "저를 익히 아시는 주님께 사실대로 털어놓습니다. 저를 대신해서 주님이 이 사람들을 죽여 주십시오. 이런 제가 옳지 못하다면 저를 바로잡아 주시고요." 정중한 메시지는 아니다. 감정이 노골적이다. 그러다 보니 여간해서 우리네 점잖은 예배에 어울리지 않는다. 그래서 우리는 이 시를 편집한다. 감당할 수 없는 솔직한 감정을 걷어 낸다. 하지만 우리 생각을 하나님께 숨길 수는 없다. 하나님은 우리의 솔직한 말도 능히 감당하신다.

그렇다면 우리 분노도 하나님께 숨길 수 없다. 하나님이 약속대로 하지 않으신다고 생각될 때, 일의 형편이 그분이 말씀하신 당위에 어긋나 보일 때 우리는 어찌할 것인가? 하나님은 우리를 초대하여(요구하거나 명령하여?) 그런 생각을 그분께 직접 가져오라 하신다. 애통 시의 모델이 아주 많은 이유는 우리의 감정 분출을 정당화해 줄 성경적 사례가 필요하기 때문이다.

권위적인 인물은 우리 인간의 분노를 잘 감당하리라는 신뢰를 주지 못한다. 하나님도 그 사실을 잘 아시기에 애통 시가 존재한다. 그 시대에는 누구든지 왕의 심기를 건드리거나(예컨대 사울은 다윗에게 창을 던졌다) 왕에게 듣기 싫은 말을 하는 사람(선지자 나단에게 물어 보라)을 왕이 얼마든지 죽여도 됐다. 애통 시의 언어(대사)에 힘입어 우리는 스스로는 결코 하지 못할 말을 하나님께 아뢸 수 있다.[33] 그래서 애통 시는 하나님께 제대로 하소연하는 법을 보여 주는 모델이다.

애통 시에는 특유의 형식 내지 틀이 있다. 이 틀의 요소 때문에 건강한 애통과 불경한 넋두리가 구별된다. 알다시피 글의 내용에 형식이 더해지면 그만큼 소통의 의미가 깊어진다. 형식도 내용만큼이나(또는 그 이상으로) 소통

수단이다. 시편도 마찬가지다. 형식도 내용만큼이나 하나의 메시지다. 애통 시에도 틀이 있다. 전통적으로 애통 시는 이런 요소로 구성된다. 1) 하나님을 부른다. 2) 불평을 토로한다. 3) 신뢰를 고백한다. 4) 도움을 간구한다. 5) 찬양하기로 서원한다.

애통 시를 활용한 가장 유명한 예는 예수님이 십자가에 달리셨을 때다. 예수님은 "나의 하나님, 나의 하나님, 어찌하여 나를 버리셨나이까"라고 부르짖으셨다. 철학적 질문을 던지시거나 십자가형에 대한 하나님의 의중을 의심하신 것이 아니라 애통 시인 시편 22편에서 (하나님을 부르는) 첫 행을 인용하신 것이다. 당신이나 내가 노래 전체를 가사 첫 줄(예를 들면, '나 같은 죄인 살리신')로 지칭할 수 있듯이, 예수님도 시간이 없어 다 읊으실 수 없는 순간에 그 시의 첫 행으로 시 전체를 소환하신다.

시편 22편은 애통의 생생한 사례다. "… 어찌 나를 멀리하여 돕지 아니하시오며 내 신음 소리를 듣지 아니하시나이까"라는 1절의 불평은 "이스라엘의 찬송 중에 계시는 주여, 주는 거룩하시니이다"라는 신뢰의 고백으로 이어진다. 그다음 "나를 멀리하지 마옵소서 … 나를 … 구하소서"라고 도움을 청한 뒤 "내가 주의 이름을 형제에게 선포…하리이다"라고 찬양을 약속한다. 이 시는 예수님이 경험하신 십자가에 특히 적합하다. "나는 물같이 쏟아졌으며 내 모든 뼈는 어그러졌으며 … 내가 내 모든 뼈를 셀 수 있나이다. 그들이 나를 주목하여 보고 내 겉옷을 나누며 속옷을 제비 뽑나이다." 결말부에는 희망이 암시된다. "그의 공의를 태어날 백성에게 전함이여, 주께서 이를 행하셨다 할 것이로다." 이렇듯 시편 22편의 애통은 고난당하시는 예수님께 안성맞춤인 메시지다. 고통에 겨워 전체를 다 인용하실 기력이 없어 예수님은 첫 행만 외치신다. 예수님조차도(아니, 예수님이시기에) 상실의 한복판에서 애통 시에 힘입어 하나님께 부르짖으신 것이다.

내가 알기로, 하나님께 불평을 솔직히 아뢰는 데 익숙하지 않은 교회가 많이 있다. 하지만 시편에는 기쁨과 애통이 다 들어 있다. 모여서 예배할 때 우리도 시편의 화법처럼 하나님께 말씀드려야 한다. 예배 순서에 기뻐하는 이들과 함께 기뻐하는 시간도 있어야 하고, 우는 이들과 함께 우는 시간도 있어야 한다. 상실에 대한 적절한 성경적 반응은 애통이다.

애통이라는 기독교 실천을 어떻게 회복할 수 있을까? 이는 시간을 내서 내가 맡아 돌봐야 할 사람들의 상실을 경청하면서, 또한 기독교 실천의 중요성에 눈뜨면서, 내게 생겨난 고민이다. 사람들을 도와 상실의 영적 의미를 해석하게 하려면 애통이 꼭 필요하다.

이번 장 나머지에서는 애통의 사례를 혁신 과정과 연결하여 쭉 훑어볼 것이다. 목표는 혁신 과정을 예시함과 동시에, 우리가 사람들의 상실에 담긴 영적 의미를 어떻게 해석할 수 있는지에 대한 하나의 사례(공동의 희망 이야기 등)를 제시하는 것이다.

모든 혁신 과정에는 질문이 내포되어 있으며, 그 질문에 답하려는 것이 애초에 혁신하는 이유다. 앞서 살펴본 예로 말하자면, IDEO는 어린이에게 맞는 MRI를 창출하는 법을 질문했고,[34] 랄프 윈터는 선교 시대가 끝났는지를 질문했다.

혁신을 진행할 때 우리는 그 발단 질문을 이렇게 지칭한다. "우리는 어떻게 할 수 있을까?"[35] 2장에서 보았듯이 디자인 기업 IDEO는 "우리는 어떻게 아이들이 견딜 만한 MRI를 창출할 수 있을까?"를 물었고, 랄프 윈터는 "세상 거의 모든 나라에 그리스도인이 있는 지금 우리는 선교의 역할을 어떻게 이해할 수 있을까?"를 물었다. 이번 장의 질문은 이것이다. "우리는 어떻게 성경적 애통의 실천으로 젊은이들을 도와 상실의 영적 의미를 해석하게 할 수 있을까?"

"우리", "어떻게", "할 수 있을까" 이 세 부분이 다 중요하다. "우리"라는 말이 중요한 이유는 혁신이 공동체의 과정임을 강조해 주기 때문이다. 차차 보겠지만 혁신에 요구되는 숙고는 공동체로 할 때 훨씬 효과가 좋으며, 물론 분별이라는 기독교 실천과도 잘 맞아든다. 분별은 거의 매번 공동체의 과정이다.[36] "어떻게"라는 말이 중요한 이유는 혁신 과정이 목표 설정에서 끝날 게 아니라 목표를 이룰 **방법**까지 아울러야 하기 때문이다. 기독교 기관에서는 문제를 논하기만 하고 행동 계획을 수립(또는 실행)하지 않는 경우가 너무 많다. 논의한 것만으로 기분이 나아졌으니 그냥 넘어가는 것이다. 혁신 과정에서는 행동으로 이어지는 논의만이 중시된다. "할 수 있을까"라는 말이 중요한 이유는 많은 대안이 가능함을 강조해 주기 때문이다. 우리는 이렇게도 **할 수 있고** 저렇게도 **할 수 있다.** 혁신 과정에서 중요한 부분은 문제에 대해 숙고한 많은 내용을 열거하는 것이다. 우리는 어떻게 할 수 있을까? 이번 장에서 집중적으로 살펴볼 질문은 이것이다. 우리는 어떻게 성경적 애통의 실천으로 젊은이들을 도와 상실의 영적 의미를 해석하게 할 수 있을까? 이 질문에 답하는 과정에서 혁신의 사이클을 한 바퀴 돌

것이다.

알다시피, 우리가 구축한 혁신 과정은 네 부분으로 이루어진다. 이번 사례도 그 네 단계를 따랐는데, 실제로 보면 더 잘 이해될 것이다. 혁신의 4단계는 1) 공감하는 경청 2) 아이디어의 발산 3) 수렴을 통한 결정 4) 시제품 실험이다. 지금부터 2년 전의 내 경험을 상술하여 사례를 더 구체적으로 살펴볼 것이다. 나는 풀러청소년연구소와 협력하여 두 가지 프로젝트를 병행해 왔는데, 하나는 〈청소년 사역 혁신〉이고 또 하나는 〈청년 사역 혁신〉이다. 둘 다 이 책에 개괄한 혁신 과정을 활용했고, 목적은 젊은 층을 상대하는 사역자 무리를 도와 청소년과 청년을 섬기는 방법을 새롭게 혁신하게 하는 데 있다. 내가 청소년 사역에 애통의 실천을 접목하면서 깨달은 바를 강조할 텐데, 이는 혁신 과정을 단계별로 자세히 알아보는 데도 도움이 된다. "우리는 어떻게 할 수 있을까?"에 살을 입혀 이렇게 재규정하는 셈이다. 우리는 어떻게 성경적 애통의 실천으로 젊은이들을 도와 상실의 영적 의미를 해석하게 할 수 있을까?

이번 장의 목적은 교회의 재조정을 위해 당신의 정황 속에 거듭 재현할 수 있는 혁신 과정을 제시하는 데 있다. 이 과정을 처음 시도하는 사람에게 으레 생겨나는 질문이 있다. 절차가 진행될수록 전체 과정이 경청에 달려 있음을 깨닫기 때문에, 자연히 "잘 경청하는 법을 어떻게 배울까?"라는 의문이 들곤 한다. 그래서 혁신 과정을 상술하기 전에 우선 변화되기 위한 경청을 배우는 법부터 설명하고자 한다. 리더십이 정말 경청으로 시작될진대 이는 꼭 필요한 출발점이다.

준비: 잘 경청하는 법부터 배우라

이번 단락에서는 변화되기 위한 경청을 배우는 법을 예화로 소개한 뒤, 당신과 당신 교회에 도움이 될 5단계를 제시할 것이다. 잘 경청하는 법을 배우는 5단계는 다음과 같다. 1) 기준으로 삼을 규칙을 정한다. 2) 기회 있을 때마다 그 규칙을 실천한다. 3) 진척 상황을 평가한다. 4) 감독 체계를 구축한다. 5) 자신의 관할권에서부터 시작한다. 그 내용을 살펴보기에 앞서 다음 예화부터 생각해 보라.

박사과정을 밟으러 예일대학교에 갔을 때 나는 글재주가 형편없었다. 내 주관적 생각이 아니라 증빙 자료까지 있다. 내가 신학교에서 수행한 연구 프로젝트가 어느 전국적 연구의 일부로 채택되었다. 전국 규모의 그 연구 집단은 내 연구를 출간하기 원했고, 예일에 입학할 수 있었던 것도 그 프로젝트 덕분이었다. 처음에 나는 의기양양했으나 내 연구를 출간하려는 제안서를 읽고 나서 달라졌다. 연구 자체는 좋은데 논술이 너무 부실하다며 학교 비용으로 편집자를 붙여 줄 테니 도움을 받아 고쳐 쓰라는 것이었다. 뜨끔했다! 그래서 나는 잔뜩 주눅이 들고 난감한 상태로 예일에 도착했다. 게다가 알고 보니 내 지도 교수들 전원이 근래에 퓰리처상 후보로 지명된 적이 있었다. 정말 큰일 났구나 싶었다.

문득 그들의 작법을 잘 활용하면 되겠다는 생각이 들었다. 그래서 그들의 저작을 모두 읽으며 작법을 분석했다. 글을 잘 쓰려면 어떻게 해야 하는지 그들에게 일일이 묻기도 했다. 결국 네 가지 규칙이 나왔다. 이 규칙만 숙달할 수 있다면 나도 글을 명료하게 쓸 게 분명했다.[37] 하지만 규칙을 아는 것만으로는 부족하고 실천해서 익혀야 했다. 그래서 이메일, 메모, 설교문, 아내에게 줄 쪽지 등 글을 쓸 때마다 네 가지 규칙을 힘써 실천했다.[38] 그렇게 몇 달이 지나자 드디어 작문에 자신감이 생겼다. 요컨대 나는 규칙을 찾아내서 열심히 그것을 체화한 것이다.

이제 경청을 배우는 법으로 다시 돌아간다. 잘 경청하는 법을 배우려면 이렇게 하면 된다. 기준으로 삼을 규칙을 찾아내 기회 있을 때마다 그대로 실천하라. 잘 보면 이것은 자신의 삶 속에 말을 심는 방법이기도 하다. 꾸준히 물을 주면서 하나님께 결실을 구하는 것이다.

1) 기준으로 삼을 규칙을 정한다

다음은 하나님이 당신에게 돌보라고 맡기신 사람들의 갈망과 상실을 잘 경청하기 위한 7가지 규칙이다. 3장의 자세한 설명에 기초한 이 경청 규칙은 다음과 같다. ① 자신이 맡아 돌봐야 할 사람들의 말을 듣는다. ② 갈망과 상실을 듣는다. ③ 통제하려는 마음 없이 듣는다. ④ 차이를 인정하며 듣는다. ⑤ 공감하며 듣는다. ⑥ 큰 거짓말을 듣는다. ⑦ 자신이 변화되기 위해 듣는다.

2) 기회 있을 때마다 실천한다

경청할 기회는 거의 누구에게나 매주 차고 넘친다. 당신은 계속 사람을 만난다. 모임에 일찍 도착하면 모임이 시작되기 전에 여럿이 둘러앉아 있을 때가 있다. 그 시간에 갈망과 상실에 대한 대화를 시작하라. 배우자나 자녀와 함께 밥상 앞에 마주앉을 때 통제하려는 마음 없이 경청을 실천하

라. 카페에 줄 서 있을 때 마주치는 지인을 당신이 맡아 돌봐야 할 사람, 당신의 삶 속에 불려 날아온 회전초로 생각할 수 있다. 딸의 축구 경기가 시작되기를 기다릴 때 옆자리에 앉은 다른 아빠의 말을 듣되 큰 거짓말이 감지될 때까지 충분히 오랫동안 경청해 보라. 직장의 복사기 앞에서 누군가와 마주치거든 당신을 변화시킬 내용이 나올 때까지 충분히 오랫동안 경청할 수 있는지 시험해 보라. 모든 기회를 활용하여 경청을 실천하라.

사람을 만나거든 날씨에 대해 말하기보다 자녀, 부모, 휴가, 취미 등 상대에게 중요해 보이는 화제로 질문하라. 상대에게 영향을 미치는 이야기를 이끌어 낼 수 있다면 무슨 화제든 좋다. 들은 내용은 반드시 기억해 두라. 그러면 다음번 대화가 더 쉬워진다. 예컨대 상대가 건강 문제나 연로한 부모님에 대해 말한다면 기억해 두었다가 다음에 다시 만날 때 그 내용으로 질문하면 좋다. 모든 만남에서 거기에 우선순위를 두면 결국 그게 습관이 된다. 세상을 그런 관점에서 보고, 만나는 각 사람을 일단 하나님이 당신에게 돌보라고 맡기신 사람으로 보는 것이다.

위의 두 문단을 이렇게 요약할 수 있다. ① 안전한 곳에서부터 시작하여 ② 기회를 찾아 경청하되 ③ 들은 내용은 꼭 기억해 둔다(수첩에 기록하거나 휴대폰에 입력한다).

3) 진척 상황을 평가한다

"평가한 만큼만 수행된 것이다"라는 말이 있다. 경청 같은 학습에 의한 자질을 진지하게 익히려면 당신이 하려는 노력을 수량화해야 한다. 그래야 발전이 있다. 예컨대 체력을 단련하려는 경우 "팔굽혀펴기를 매주 10회씩

늘려 100회까지 하겠다"라든지 "요가를 매주 2회씩 하겠다"라고 정할 수 있다. 좋은 의도에 안주하지 말고(경청에 대해 말한다 해서 경청에 능해지는 것은 아니다),[39] 경청의 실천을 다른 것으로 대체하지도 말라.[40] 당신이 정한 규칙을 얼마나 자주 시행했는지 평가해야 한다. 경청의 경우, 당신이 경청한 사람 수와 수집한 이야기 수를 평가 기준으로 삼을 수 있다.

4) 감독 체계를 구축한다

감독 체계를 구축하는 최선의 방법은 믿을 만한 사람에게 자신을 맡기는 것이다. 당신에게 권위 있는 사람이면 더 좋다. 친구나 직장 동료나 아랫사람 등 당신이 실망시키고 싶지 않은 사람이면 누구나 좋지만, 아무래도 당신의 상사일 때 가장 효과가 좋다. 이런 식으로 하면 된다.

우선 하나님이 당신에게 돌보라고 맡기신 사람들의 말을 경청하는 게 당신의 직무에 얼마나 중요한지를 글로 쓰라(글로 써야 남에게 보여 줄 수 있다). 당신이 맡아 돌봐야 할 사람들이 누구인지 명시해야 할 수도 있다. 일단 경청의 중요성을 명확히 인식했으면 이제 상사와 만날 약속을 잡으라. 만나서 당신의 직무에 경청이 중요하기 때문에 잘 듣는 사람이 되고 싶다고 설명하라. 경청의 실천 과정에서 당신의 진척 상황을 평가할 두 가지 기준(사람 수와 이야기 수)도 함께 제시하라. 자신이 변화되는 게 경청의 분명한 목적임을 밝히고, 매주 적어도 두 사람을 만나겠다고 상사에게 약속하라(그 두 사람에게는 만남의 이유를 말하지 않을 수도 있다). 각 사람에게서 갈망과 상실의 이야기를 적어도 두 개씩 모으겠다고 약속하라. 이야기를 잊지 않기 위해 글로 쓰겠다고도 약속하라. 그리고 나서 상사에게 감시를 부탁하라. 다음

번 상사를 만날 때는 샘플 보고서를 가지고 가라. 보고서에서는 그동안 만난 사람 수와 수집한 이야기 수(기록한 것만 유효하다)에 더하여, 갈망과 상실에 대해 당신이 들은 최고의 이야기를 기록하면 된다. 이런 경청이 제2의 천성으로 굳어질 때까지 그 과정을 되풀이하라.

이 지점에서 흔히 나오는 반론이 있다. "하지만 나는 그럴 시간이 없다." 이것은 시간상 사람들을 천편일률적으로 대할 수밖에 없다는 말이나 같다. 즉 하나님이 당신을 불러 섬기게 하신 사람들의 삶에서 가장 중요한 이야기를 시간이 없어서 경청할 수 없다는 말이고, 당신의 직무에 아주 중요하다고 방금 스스로 정한 일을 시간이 없어서 못한다는 말이다. 경청에 능해지려면 다른 일은 제쳐 두어야 할 수도 있다. 어쨌든 당신이 맡아 돌봐야 할 사람들의 말을 경청하는 일만은 소홀히 해서는 안 된다.

5) 자신의 관할권에서부터 시작한다

당신이 상사라면 이 내용을 팀원들과 함께 공부하라. 함께하기로 약속하고 서로 감시해 주라. 각자 배운 내용을 나누어 서로 감화를 끼치라(물론 기밀은 유지해야 한다).

남에게 접근할 엄두가 나지 않거든 당신이 할 수 있는 데서부터 시작하라. 가족이나 친구로부터 시작하면 된다. 경청을 실천하려는 당신을 기꺼이 도울 마음이 있는지 그들에게 물어 보라. 서서히 더 많은 사람을 끌어들여 계속 반경을 넓혀 나가라.

한 가지가 더 있다. 때로 사람들은 교회에서 자신에게 권위가 없는 경우나 교인들이 전체적으로 잘 경청하지 않는 경우는 어떻게 해야 하느냐고 묻는다. 그럴 때는 짐 콜린스가 말한 "위대함의 지부"를 세우면 된다.[41] 당신이 선교 담당 목사라면 당신과 당신 팀만은 반드시 잘 경청하라. 당신이 소그룹 리더라면 우선 멤버들의 말을 경청하고, 그들 또한 자신이 맡아 돌봐야 할 사람들의 말을 경청하도록 이끌어 주라. 당신이 회사의 컴퓨터 프로그래머라면 같은 사무실을 쓰는 사람들의 말을 경청하라. 어느 단체에나 위대함의 지부를 세울 수 있다.

지금까지 잘 경청하는 법을 배우는 5단계를 살펴보았다.

① 기준으로 삼을 규칙을 정한다.
- 자신이 맡아 돌봐야 할 사람들의 말을 듣는다.
- 갈망과 상실을 듣는다.
- 통제하려는 마음 없이 듣는다.
- 차이를 인정하며 듣는다.
- 공감하며 듣는다.
- 큰 거짓말을 듣는다.
- 자신이 변화되기 위해 듣는다.

② 기회 있을 때마다 실천한다.

③ 진척 상황을 평가한다.

④ 감독 체계를 구축한다. 믿을 만한 사람에게 약속한다.

⑤ 자신이 할 수 있는 데서부터 시작한다.

혁신 과정의 4단계

잘 경청하도록 준비했으니 이제 혁신 과정을 구성하는 4단계를 더 자세히 들여다볼 수 있다. 〈그림 6.4〉는 혁신 과정의 4단계를 다른 방식으로 표현한 것이다. 혁신 과정의 첫 단계인 공감하는 경청이란 곧 하나님의 음성을 경청하고, 성경 말씀을 경청하고, 공동체 안에서 경청하고, 하나님이 우리에게 돌보라고 맡기신 사람들의 말을 경청하는 것이다.

처음부터 **하나님의 음성을 경청하는** 데 헌신함으로써 우리는 분별이라는 기독교 실천을 힘써 존중한다. 혁신 과정에 착수할 때 내가 하나님의 음성을 듣는 일환으로 우선 묵상하는 내용이 있다. 하나님이 어떤 분이시고, 무엇을 원하시며, 인간 조건에 어떻게 대응하시는지를 묵상하는 것이다. 이 경우 하나님은 모든 사람을 자신의 형상대로 지으셨고, 우리 죄(특히

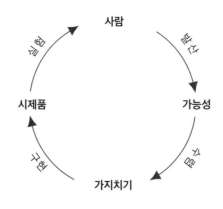

그림 6.4
혁신 과정의 다른 표현

삶을 파괴하는 죄의 악영향)를 슬퍼하시고, 인류에게 해 주시려는 일이 있어 자기 아들을 보내셨고(심지어 여느 청소년처럼 그 아들도 인간 가정에서 양육되게 하셨고), 십자가에서 아들이 치욕스러운 죽임을 당하게 하셨고, 그 아들을 다시 살려 신원(伸寃)하셨고, 성령을 우리의 위로자와 상담자로 보내셨다. 이 하나님은 아무것도 아끼지 않으시고 사람들을 맡아 돌보신다. 그분은 사람들을 본연의 창조된 형상으로 빚기를 원하시고, 그들에게 희망을 주기 원하시며, 그들이 다른 그리스도인들과 함께 공동체 안에 있기를 원하신다. 하나님은 인간 조건에 희생적 사랑과 은혜와 성령으로 대응하신다. 그래서 나는 "우리는 어떻게 할 수 있을까?"를 모색할 때 우선 하나님을 묵상하고, 특히 그분이 어떤 분이시며 무엇을 원하시는지가 젊은 층이 교회에서 실제로 듣는 내용과는 다르다는 사실을 생각한다. 교회는 그들에게 규율을 지켜야 한다는 말을 바리새인만큼이나 귀가 따갑게 강조한다. 그때마다 나는 그들에게 은혜의 복음이 필요하다는 사실을 절감한다.

하나님의 음성을 경청하는 일은 당연히 **성경 말씀을 경청하는** 일로 직결된다. 여기서 애통이 중요하게 부각된다. 시편의 절반가량은 하나님께 부르짖는 애통 시다. 저명한 구약학자 존 골딩게이의 말처럼, 하나님의 백성은 애통 시에 힘입어 그분께 주먹을 휘두르며 "이건 옳지 않습니다"라고 말할 수 있다.[42] 두 편의 시가 특히 나를 매료한다. 시편 139편에는 하나님께 솔직해질 수 있는 자유와 그분께 뭔가를 숨길 수 있다는 생각의 어리석음이 강조되어 있다. 시편 22편은 애통의 어법을 보여 주며, 십자가에서 죽으실 때 이 애통 시를 인용하신 예수님과 연결하면 특히 더 그렇다. 공감하는 경청의 두 번째 부분은 성경 말씀을 경청하는 것이다.

우리는 또 **공동체 안에서 경청하도록** 부름받았다. 신약학자 루크 티머시 존슨이 신약에 나타난 분별을 연구한 책에서 강조했듯이, 분별은 공동체를 세우기 위한 목적으로 공동체 안에서 이루어진다.[43] 청소년의 애통을 중심으로 "우리는 무엇을 할 수 있을까?"를 모색하는 과정에서, 나는 젊은 층을 나보다 훨씬 잘 아는 사람들의 말을 경청하는 데 많은 시간을 들였다. 풀러청소년연구소의 학자들을 꾸준히 만났고, 연구소를 찾아오는 청소년 사역자들과 대화를 나누었다. 무엇보다도, 어떤 개념이든 확정하기 전에 그들과 함께 시험했다. 덕분에 어리석은 과오를 면할 수 있었다. 일례로 캐라 파월(풀러청소년연구소 소장)의 지적이 기억난다. 그녀는 청소년 사역 면에서 내가 내 좁은 경험에 갇혀 있다고 지적했다. 실제로 나는 청소년 시절의 나를 형성한 사역과 내 자녀들을 형성한 사역만 알았을 뿐 그 외의 청소년 사역은 별로 경험하지 못했다. 캐라의 말에 동의하고 나는 시간을 들여 다양한 상황에 있는 청소년 사역자들의 말을 경청했다. 풀러의 여러 모임도 활용해서 인종과 사회 환경이 나와는 다른 사람들의 말도 경청했다. 경청은 공동체 안에서 이루어져야 한다.

1) 사람들의 말을 공감하며 경청한다

이상의 모든 원칙을 바탕으로 마침내 **우리는 우리가 맡아 돌봐야 할 사람들의 말을 경청한다.** 혁신을 준비하는 데는 이것이 가장 중요한 경청이다. 공감하는 경청으로 시작하는 목적은 어떤 혁신을 통해서든 우리가 맡아 돌봐야 할 사람들의 실생활(갈망과 상실)에 대응하기 위해서다. 그들은 아주 특수한 정황 속에서 사뭇 특화된 경험을 하며 살아간다. 혁신 작업의 기초를 사람들의 정황에 두면(교회는 하나님이 돌보라고 맡기신 사람들의 실생활과 동떨어져 있을 수 있으므로 교회의 기초를 교회의 정황에 두어서는 안 된다), 리더의 사견을 밀어붙이지 않게 된다. 그들의 말을 경청하되 그들이 교회에 있지 않을 때의 말을 들어야 한다. 사람마다 교회 페르소나와 실생활 페르소나가 따로 있다. 그들을 잠 못 이루게 하는 요소에 도달하려면 교회에서 내보이는 그들의 겉모습이 아닌 다른 모습을 더 깊이 들여다봐야 한다. 듣고 나서 나 자신이 변화되기 위해 경청해야 한다.

그래서 나는 시간을 들여 두 고등학교 졸업반 학생들의 말을 경청했다. "우리는 어떻게 할 수 있을까?"를 모색하는 이번 사례의 초점이 젊은 층의 애통에 있기 때문이다. 두 그룹 모두 대학에 진학하려는 여학생들로 이루어져 있었고, 여섯 학생 중 다섯의 부모가 노동자 계급이긴 했지만 두 곳다 중산층 고등학교였다. 내 관심은 특히 대학에 대한 그들의 생각에 있었다. 알고 보니 그때가 그들에게는 큰 갈망의 때이자 또한 뜻밖의 고뇌와 상실의 때였다.

이 관찰 결과로 내게 남은 문구가 바로 "불안하고 바쁘고 스트레스가 많다"라는 표현이다. 두 그룹에는 성적이 뛰어난 학생도 있었고 평균 수준의 학생도 있었다. 상위권 학생들은 학업에 대한 부담뿐 아니라 단지 대학을 정하기 위해 인생 전부를 계획해야 한다는 부담까지 느꼈다. 그중 한 명은 "대학을 정하려면 전공을 정해야 하고 전공을 정하려면 직업을 정해야 하거든요"라고 이유를 밝혔다. 전체 노정이 나와 있어야만 첫발을 뗄 수 있는 것 같았다. 스트레스가 많기는 중위권 학생들도 마찬가지였다. 대학에 가고 싶긴 한데(다른 이유가 없다면 집에서 벗어나기 위해서라도) 자신이 학교를 정하기에는 정말 자격 미달이라고 느꼈다.

그들이 경험하는 상실이 특히 내 주목을 끌었다. 나로서는 얼마든지 갈망에 집중할 수도 있었다. 실제로 이 여학생들은 수시로 미래에 대해 말하면서 앞으로 좋은 일이 있기를 기대했다. 그런데 두려움과 염려와 무력감을 토로할 때 그들의 목소리에 담긴 에너지(와 고뇌)는 내게 충격을 주었다. 요컨대 **그들에게 더 큰 부담은 갈망보다 상실이었다.** "불안하고 바쁘고 스트레스가 많다"라는 말이 바로 그런 뜻이다.

공감하는 경청은 체계적 경청이어야 한다. 체계적으로 경청하기 위해 당신의 팀이 따를 수 있는 간단한 과정을 이 책 부록에 소개했다.

공감하는 경청의 "공감" 부분이 여기서 특히 중요하다. 앞서 보았듯이 브레네 브라운은 (테레사 와이즈먼을 뒤이어) 공감의 특성을 기술했는데, 그중 청소년의 말을 경청할 때 특히 중요한 것이 하나 있다. "비판하지 않기"는 성인이 청소년의 말을 들을 때 꼭 필요한데 이는 어려울 때가 많다.[44] 문제는 우리가 그들을 비판하기 원한다는 것이다. 우리는 그들을 통제하려 하고("공감은 남을 통제하려 하지 않는다"), 그들이 어떻게 고통과 상실을 자초하는지를 지적하려 한다. 이 모두가 부인할 수 없는 사실이다. 하지만 비판은 경청과는 거리가 멀다.

예수님은 고통당하는 사람, 특히 사회 소외층을 비판하신 예가 없다. 우리도 그분을 본받아야 한다. 바리새인과 정부 지도자와 심지어 제자들까지도 거리낌 없이 비판하신 그분이 고통당하는 이들만은 긍휼과 은혜로 대하신다. 애통 시의 메시지가 "하나님은 당신의 솔직한 말을 감당하실 수 있다"인 만큼, 우리는 교회가 솔직한 청소년들을 감당할 수 있는지 자문해야 한다.

그래서 분별을 시작할 때 초점을 하나님께 두는 게 아주 중요하다. 애통은 (하나님이 맡아서 돌보시는 사람들인) 우리를 불러 그분을 고발하게 한다. 하나님은 아무런 잘못이 없는데도 말이다. 그분은 우리의 솔직한 말을 감당하실 수 있으며, 굳이 우리를 바로잡으려 하지 않으신다. 우리는 인간의 죄가 하나님 탓인 양 그분께 부르짖지만 하나님은 우리를 나무라시기는커녕 오히려 우리에게 더 부르짖을 말을 주신다. 우리의 고통이 부당한 분노일 때조차도 하나님은 우리의 고통을 긍휼로 대하신다. 그렇다면 긍휼의 하나님을 따르는 우리도 청소년에게서 고통과 상실에 대한 말을 들을 때 똑같이 해야 한다. 물론 일부 불평은 어느 정도 부당하다. 하지만 그것은 요지가 아니다. 요지는 그들의 고통과 분노와 고뇌와 상실이다. 우리의 혁신 과정은 공감하는 경청으로 시작된다.

2) 아이디어 발산을 통한 가능성의 분별

혁신은 질이 아니라 양으로 평가되는 만큼, 짧은 시간 안에 많은 아이디어를 생성하는 과정을 "아이디어 발산"이라 한다. 발산이라 함은 아이디어가 한 길로 뻗지 않고 여러 방향으로 퍼지기 때문이다. 사실 이 단계에서는 아이디어끼리 충돌할 때도 많은데 그래도 전혀 상관없다. 목표는 어느 쪽으로든 다양한 선택지를 확보하는 것이다. 이 개념은 IDEO에서 쓰는 "아이디에이션"이라는 용어에서 빌려 온 것이다. 이는 많은 아이디어를 생성하는 행위를 뜻하는 말이다. 간단히 말해서 "아이디어 발산"이란 **각양각색의 아이디어를 신속히 나열하는 과정**이다.

양이 질로 이어진다는 개념이 바로 여기서 구현된다. 즉 위대한 아이디어 하나보다 무난한 아이디어 다수가 더 낫다. 양이 질을 낳는다는 원리가 당신에게 더 납득될 수 있도록, IDEO 공동 창업자들이 쓴《유쾌한 크리에이티브》라는 책의 한 일화를 소개하려 한다. 창의적인 도예 강사가 도예 수강생을 두 그룹으로 나누어 실험했다. 한 그룹에는 학기 중에 각자가 빚는 최상품 하나의 질을 보고 학점을 주겠다고 말했다. 그래서 그 그룹은 질을 추구하며 작품 하나에 매달렸다. 다른 그룹에는 학기 중에 각자가 사용하는 점토의 총량에 따라 성적을 매기겠다고 말했다. 그래서 이 그룹은 아이디어가 바닥날 정도로 수업 시간마다 완전히 새로운 작품을 만들었다. 어느 쪽에서 더 질 좋은 작품이 나왔을까? 질을 추구한 그룹일까, 아니면 양을 추구한 그룹일까? 답은 양을 추구한 그룹이었다.[45] 반복해서 다시 시도할 때마다 학생들이 조금씩 다른 기술을 습득했던 것이다. 결국 **양이 질을 낳는다**.

이것을 지금 우리가 살펴보는 예에 적용하자면, 젊은 층에게 끼칠 애통의 유익을 최대한 많이 생각해 내면 된다. 이를 위해 우리는 IDEO와 구글 양쪽의 혁신가들이 창출한 과정을 활용할 것이다.[46] 질보다 양에 우선하여 다양한 아이디어를 신속히 늘어놓도록 장려하는 이 과정을 "8분 습작"이라 한다(구글의 호칭은 "크레이지8 기법"이다). 개념은 단순하다. 우선 많은 아이디어를 생각해 낼 주제를 정한다. 우리의 경우 일차 브레인스토밍(몇 차례 더 반복된다)에서는 애통에 대해 아는 내용을 모두 나열할 것이다. A4 용지를 접어 여덟 칸을 만든다. 타이머를 1분에 맞춘다. 1분 동안 한 아이디어와 그 아이디어가 주는 모든 유익으로 종이의 한 칸을 채운다. 타이머가 울리면 다시 1분을 맞추고 그 과정을 반복하되 이번에는 다른 아이디어로 그 옆 칸을 채운다(대개 우리는 아이디어를 종이에 직접 쓰지 않고 접착식 메모지에 써서 칸마다 한 장씩 붙이게 하는데 그 이유는 잠시 후에 설명하겠다). 각 아이디어는 대개 동일한 상황에 대한 상이한 접근이다. 아이디어를 쓴 뒤 그다음 1분 동안 그 아이디어가 어떻게 도움이 될지를 모두 나열한다. 브레인스토밍 과정이 상충되는 방향으로 나가도(즉 아이디어가 발산해도) 괜찮다. 혁신 과정의 다음 단계에서 모든 대안을 하나의 목표로 좁힐 테니 말이다.

1분 만에 한 아이디어에서 다음 아이디어로 넘어가는 그 탄력에 뭔가 위력이 있다. 그동안 우리는 백 그룹도 넘는 그리스도인 리더들과 함께 이 과정을 거쳤다. 그들의 공통된 반응 하나는 중간에 막히는 지점이 온다는 것이다. 저마다 좋은 아이디어를 여덟 개나 생각해 낼 수 없다고 생각하는 것이다. 그래도 괜찮다. 나빠 보이는 아이디어라도 그냥 생각나는 대로 쓰면 된다. 예컨대 4분 만에 아이디어가 바닥났다는 말을 우리는 리더들에게 수없이 듣는다. 그래도 끝까지 가는 리더들은 6분째나 7분째에 최고의 아이디어가 나왔다고 보고하곤 한다. 다시 말해서 아이디어가 이미 고갈된 것 같은데도 이 과정의 탄력에 이끌려 결국 최고의 아이디어를 건지는 것이다. 목표는 계속 쓰는 것이다. 1분 안에 최대한 많은 정보를 기록하라. 기록이 다 끝나면 여덟 개의 다양한 아이디어가 나와 있을 것이다.

애통의 예를 들어 보자. 다음은 8분간 내가 애통에 대해 아는 내용을 여덟 칸에 나열한 것이다. 좋은 아이디어가 아니거나 어떤 식으로든 서로 상관된 아이디어가 아니어도 됨을 잊지 말라. 그냥 아이디어를 계속 만들어 내면 된다.

시편 139편	존 골딩게이	레슬리 앨런	라승찬
• 흔히 애통 부분은 건너뛴다. • 하나님이 나를 아시니 솔직해지는 게 낫다.	• 아내(앤)의 다발성 경화증 (개인적) • 다르푸르를 위한 현재의 애통 (국제적)	(환자들) • 예레미야애가 주석 • 구약학자 • 병원 원목	(압제받는 이들) • 예레미야애가 주석 • 정의
"하나님께 화가 있을 때일수록 특히 더 하나님은 당신의 솔직한 말을 감당하실 수 있다."	양식 비평 • 불평과 신뢰를 통합한다.	시편 22편 (예수님: "나의 하나님…") • "나 같은 죄인 살리신…"처럼	애통 대 원망 • 시편 대 민수기 • 차이는 "신뢰"다.

내가 쓴 내용을 설명해 보겠다. 각 칸마다 혁신 과정 1단계에서 경청한 내용이 일부 반영되어 있기 때문이다.

우선 나는 시편 139편과 22편을 나열했다. 이는 혁신 과정 1단계에서 경청한 성경 말씀의 연장이다. 두 편의 시에 대한 학자들의 글도 읽었다. 특히 그들에게서 애통 시에도 형식이 있으며 그 형식이 다섯 가지 요소로 구성된다는 것을 배웠다. 패트릭 밀러[47]와 존 골딩게이[48]가 설명한 애통 시의 형식이 특히 내 호기심을 자아냈다.

나는 또 세 학자의 작품을 열거했다. 이 작품들은 개인적 고통(아내의 다발성 경화증)과 국제적 불의(수단 다르푸르)에 대해 애통해하고, 병원에서 접하는 환자들의 고통에 대해 애통해하고, 이웃인 흑인 이민자들이 경험하는 불의를 인해 애통해한다. 각각 조금씩 설명하자면 이렇다.

존 골딩게이는 저명한 구약학자다. 그와 애통 시의 만남은 지극히 개인적이었다. 아내 앤이 다발성 경화증에 걸려 쇠약해지다가 여러 해 동안 악화된 끝에 소통마저 불가능해진 것이다.[49] 아내가 혼자만의 세계에 갇힌 뒤로도 존은 강의실, 교수 회의, 교회 등 어디든 휠체어를 밀고 아내와 함께 다녔다. 저녁에 아내를 인해 애통 기도를 드릴 때면 하나님께 주먹을 휘두르며 "이건 아닙니다"라고 부르짖곤 했다. 더 나은 세상을 이루시겠다는 하나님의 약속을 들이대기도 했다. 결국 앤이 사망한 후 존은 캐슬린이라는 여성과 재혼했고, 지금은 캐슬린의 딸이 사역하는 다르푸르의 고통당하는 사람들을 위해 저녁마다 부부가 함께 애통 기도를 드린다. 이처럼 골딩게이의 애통 기도는 지극히 개인적인 상황에서 시작되어 지금은 더 공적인 관심사로 확대되었다. 애통을 통해 그는 분노까지도 솔직하게 하나님께 직접 아뢴다.

학자 라승찬이 쓴 예레미야애가 주석에는 각 장마다 미국 도심의 상황이 기술된다.[50] 볼티모어 도심에서 성장하고 보스턴과 시카고의 다인종 상황에서 사역해 온 라승찬 박사는 미국 도심의 고통인 빈곤과 인종 차별을 예레미야애가의 언어로 표현한다.

한편 구약학자 레슬리 앨런이 쓴 예레미야애가 주석도 비슷하다. 풀러 신학대학원에서 구약을 가르치다 은퇴한 그는 이후 병원 원목으로 자원봉사한 경험을 주석에 담았다.[51] 각 장은 병원에서 고통당하는 환자의 특수한 상황에 대한 논의로 시작되고 끝난다. 건강의 쇠퇴와 사별의 상실이라는 고통에 대한 그리스도인의 대응을 예레미야애가의 언어로 표현한 것이다.

(다발성 경화증 같은) 지극히 개인적인 고통, (미국 흑인의 도심 생활 같은) 아주 공적인 고난, 이역만리 다르푸르에서 겪는 고통, 인근 병원 환자의 곤경 등 어떤 상황에 대해서든 사람들은 애통의 실천을 통해 하나님께 부르짖을

수 있다. 이 고난이 본래 하나님이 의도하신 상태와는 거리가 멀다고 아뢰며, 약속대로 고난을 종식시키고 사태를 바로잡아 달라고 간구할 수 있다.

크레이지8 기법으로 애통에 대해 쓸 때, 나는 또 시편의 '애통'이라는 불평과 민수기의 '원망'이라는 불평을 구분했다. 둘은 천지차이다. 알다시피 시편에서는 하나님이 애통을 권장하시지만, 민수기에서는 백성이 원망하다 벌을 받아 40년간 광야를 방황했다. 그래서 둘의 차이를 아는 게 중요하다. 알고 보면, 차이는 애통의 형식 내지 틀 속에 들어 있다. 그 차이란 바로 신뢰다. 시편 139편은 사실상 "하나님을 워낙 신뢰하기에 저는 하나님께 완전히 솔직해지겠습니다"라는 말과 같고, 시편 22편에서도 불평(1절) 뒤에 곧바로 신뢰의 고백(2절)이 나온다. 신뢰하는 마음이 있다면 하나님께 불평해도 괜찮다. 그것은 참된 관계에 따라 나오는 솔직한 태도다. 그러나 민수기의 원망은 반대다. 이스라엘 자손은 하나님을 신뢰하는 마음을 잃었다. 그래서 하나님이 주시는 만나에 대해 불평했고, 민수기 14장 등에서는 이집트 시절이 더 좋았다는 말까지 했다. 신뢰는 사라지고 불평만 남은 것이다. 시편과 민수기에 "불평"이란 단어가 똑같이 쓰였지만, 신뢰하는 불평인 애통은 분명히 하나님이 반기신 반면, 신뢰 없는 불평인 원망은 40년의 방황을 낳았다. 8분 습작이 내게 일깨워 주었듯이 어떤 식으로든 애통을 활용하려면 형식도 제대로 따라야 한다. 그래야 거기에 신뢰의 고백이 자연히 포함된다.

크레이지8 기법의 일환으로 나 자신의 아이디어도 몇 가지 나열했다. "애통 시의 메시지는 하나님이 당신의 솔직한 말을 감당하실 수 있다는 것이다"도 그중 하나다. 이는 내가 사역 1년차 학생들에게 애통을 가르치면서 깨달은 것이다. 학생들에게 각자의 애통을 써 보게 하면 솔직해지는 데 대한 두려움이 공통으로 나온다. 그들은 권위적인 인물에 대한 자신의 사고 모델을 하나님께 투사한다. 내면의 감정을 소리 내어 말하지 않아야 아마도 하나님이 자신을 더 좋아하시리라고 생각하는 것이다. 그러나 시편 139편이 위력적으로 일깨워 주듯이 하나님은 우리를 이미 아시고도 정죄하지 않으신다. 오히려 가장 어두운 비밀까지도 그분께 믿음으로 가져오라고 권하신다.

지금까지 애통에 대한 여덟 가지 아이디어를 훑어보았다. 내가 쓴 것만 보면 아이디어의 발산이 공동체를 떠나서도 가능하다고 생각되기 쉽다. 그러나 크레이지8 기법은 시작에 불과하다. 이 과정을 진행할 때 나는 그룹에게 8분 습작을 개인적으로 한 뒤 그것을 정리할 때는 함께 모여서 하게 한다. 대개 그룹별 인원수는 3-4명이다. 8분 습작을 할 때는 아이디어를 종이에 직접 쓰지 않고 접착식 메모지에 써서 종이의 여덟 칸에 각각 붙이게 한다.[52] 그러면 나중에 그룹별로 아이디어를 모아 정리할 때 도움이 되기 때문이다. 예컨대 4인조 그룹이 깨끗한 대형 판지나 흰색 칠판 앞에 모인다. 한 사람씩 자신의 아이디어를 하나하나 간략히 설명한 뒤 판지나 칠판에 메모지를 쭉 붙인다. 다음 사람은 자신의 각 메모지를 기존의 비슷한 아이디어 범주에 더하거나 새로운 범주를 만든다. 네 사람이 다 마친 후에 서로 합칠 만한 범주가 있는지 결정한다. 이제 애통에 대한 32개(네 명이 각자 8개씩) 아이디어가 범주별로 정리되었다.

그런데 이 중에 딱히 젊은 층에 초점을 맞춘 아이디어는 아직 없다. 이번 장에서 우리가 모색하는 "우리는 어떻게 할 수 있을까?"는 이것이다. 우리는 어떻게 성경적 애통의 실천으로 젊은이들이 상실의 영적 의미를 해석하게 도울 수 있을까? 그래서 다음 단계는 2차 8분 습작이다. 이번에는 젊은이들의 삶 속에 애통이 어떤 모습으로 나타날 수 있을까에 초점을 맞춘다. 여기서 목표는 일단 내가 애통에 대한 나 자신의 아이디어와 동료들의 아이디어를 다 들었으니, 이제 그것을 기반으로 애통을 청소년의 삶에 접목할 방법을 모색하는 것이다.

다음은 내가 2차로 생성한 여덟 가지 아이디어다. 약간 설명이 필요할 수 있다.

사순절 기도 달력 • 예: "나눔의 주일" 달력	성경 북마크 • "하나님은 솔직한 말을 감당하실 수 있다." • 애통 시 목록	중고등부실의 포스터 "애통 시의 메시지는 하나님이 당신의 솔직한 말을 감당하실 수 있다는 것이다."	노래를 작사한다
애통 특별 예배 • 예: 만성절	합심 기도를 통해 애통의 문장을 암기한다.	통곡의 벽 (예: 네이트 스트래트먼)	애통의 문장을 쓴다.

일부 아이디어는 아주 단순하다. 북마크도 그렇고, 중고등부실의 포스터에 핵심 개념을 담아내는 것도 그렇다. 이런 아이디어는 청소년의 기존 사고 모델을 새로운 사고 모델로 대체하기 위한 것이다. 구체적인 애통을 위한 특별한 행사 내지 상황과 관계된 아이디어도 있다. 예컨대 일부 기독교 교단에는 만성절(11월 1일 — 옮긴이)을 기해, 그해에 유명을 달리한 사랑

하는 이들을 기억하는 전통이 있다. 그 예배에 잠시 유가족의 고통으로 인해 애통해하는 순서를 넣기는 어렵지 않을 것이다. 애통의 형식을 모델로 제시하려는 아이디어도 있다. 크레이지8 기법이 얼마나 분방해질 수 있는지를 잘 보여 주는 예다. 내 생각에 애통의 노래를 써서 평소 중고등부 찬양 시간에 부르면 엄청난 위력이 발휘될 것이다. 그런데 나는 작사, 작곡의 재주와는 거리가 멀다. 그래도 공동체에 이를 실행할 만한 실력자가 있기를 바라며 일단 아이디어를 내놓는다.

내 크레이지8 용지에는 좀 더 설명이 필요한 아이디어가 하나 있다. 바로 "통곡의 벽"이다. 이것은 당시 콜로라도스프링스 제일장로교회 목사이던 네이트 스트래트먼과 대화하다가 들은 내용이다. 애통에 위력이 있으며 젊은이들의 상실이 표현되어야 한다는 내 강연을 들은 그는 교회로 돌아가 스티로폼에 색을 칠해 중고등부실에 통곡의 벽을 만들었다. 그리고 학생들에게 종이쪽지와 연필을 주면서, 익명으로 메시지를 적어 통곡의 벽 틈새에 꽂게 했다. 그들이 쓴 글을 성인 봉사자들이 읽고 하나님께 기도로 올려 드릴 거라는 말도 했다. 어떤 청소년은 고통에서 벗어나게 해 달라고 썼고, 어떤 학생은 불평을 토로했다. 구체적인 상황은 밝히지 않고 감정만 쏟아낸 경우도 있었다. 어쨌든 그들은 이것을 읽는 어른들이 (또한 어른들이 섬기는 하나님도) 자신의 고통을 이해하고 공감해 줄 수 있음을 알았다. 이때부터 중고등부는 급격히 솔직해졌다. 그뿐만이 아니었다. 결국 성인 교인들도 이를 전해 듣고 동참하겠다고 나섰다. 그 결과 통곡의 벽은 본당의 주일 아침 예배에도 도입되었다. 이 사례가 내게 정말 위력적으로 다가온 이유는 온몸으로 애통하는 게 얼마나 중요한지를 예시해 주기 때문이다.

혁신 사이클의 아이디어 단계를 마치기 전에, 다양한 아이디어를 생성하는 과정에 대해 하나 더 말할 게 있다. **두려움은 아이디어를 위축시킨다.** 그룹으로 이 과정을 진행할 때 리더들은 자기 검열을 하기 쉽다. 때로 특정한 아이디어를 교회(또는 상사)가 용납할 리 없다고 여기고 지레 물러서는 것이다. 그래서 우리는 리더들에게 3차 8분 습작을 권해야 할 때가 종종 있다. 우선 각자의 두려움에 대해 충분히 생각하게 한다. 우리는 그들의 두려움에 근거가 없다고 말하지는 않는다. 리더들은 대개 두려워할 만한 정당한 사유가 있다. 다만 그들에게 이번 8분 동안만은 두려움을 제쳐 두고 마음껏 아이디어를 상상하게 한다. 이 습관이 중요한 이유는 두려움이 아이디어를 위축시키기 때문이다.

이상으로 애통을 청소년 사역에 접목시킬 방법에 대한 여덟 가지 아이디어를 살펴보았다. 이것을 이전의 아이디어 차트와 결합할 수 있는 가짓수는 아주 많다. 두 차트를 합하면 16가지 이상의 아이디어가 나온다. 4인조 그룹에서 정리하고 나면 애통을 청소년 사역과 연결하는 법에 대한 아이디어가 64가지나 되는 셈이다.

64가지 아이디어는 선물이지만 또한 짐이기도 하다. 하나님의 사람들을 인도하는 우리는 결국 이 모든 아이디어를 하나의 목표로 좁혀서 추진해야 한다. 그래서 이제 발산에서 수렴으로 넘어간다.

3) 가지치기: 수렴을 통한 결정

아이디어 발산의 목적이 별개의 아이디어를 최대한 많이 나열하는 것이라면, 수렴을 통한 결정은 그중 최고의 아이디어들을 엮어 단일한 목표를 도출하기 위한 것이다. 그 목표가 바로 시제품 실험 단계(다음 단계)에서 우리가 실험하려는 결과물이다. 요컨대 혁신 과정의 마지막 두 단계는 **무엇을** 할 것인지를 결정한 다음, 그것을 **어떻게** 할 것인지를 실험하는 것이라 할 수 있다. 이번 단락에서는 결정 부분을 살펴보고 다음 단락에서 시제품을 만드는 법을 설명하고자 한다.

수렴의 첫 단계는 추진해야 할 아이디어를 결정하는 것이다. 전부 다 시행하기에는 아이디어가 너무 많다. 최선의 방법은 유망한 아이디어를 하나 골라 그것을 중심으로 여러 아이디어를 융합해 보는 것이다. 필요에 따라 그 과정을 되풀이하여 이번에는 다른 아이디어를 중심으로 나머지가 잘 연결되는지 보면 된다.

이 과정은 대개 공동체 안에서 이루어진다. 문제를 맡은 4인조 그룹은 발산 단계에서 함께 메모지를 붙여 생성한 범주별 아이디어를 이 단계에서 검토한다. 그동안 내가 그룹으로 많이 해 보니 대부분의 경우에 한두 가지 아이디어가 자연스럽게 맨 위로 부상한다. 나머지는 그것을 중심으로 구성하면 된다.

그런데 그룹이 결정하지 못하던 사례가 기억난다. 그들은 양립할 수 없는 두 가지 아이디어에 아주 강하게 끌렸다. 그래서 한동안 토론하며 협의하다가 도움을 청했다. 내가 그냥 둘 다 시도해 보라고 권하자 처음에 그들은 망설였다. 과정을 "제대로" 진행하려면 최선의 아이디어 하나만 골라야 한다고 생각한 것이다. 나는 그들에게 단기간에 하나를 실행한 뒤 다른 하나도 시간을 내서 개발해 보도록 설득했다. 각 아이디어를 시도한 끝에 그들은 예상대로 탄력에 이끌려 어느 한쪽을 추진하기로 했는데, 에너지

강도가 더 세졌음은 물론이다.

다양한 아이디어를 하나의 목표로 좁히는 방법도 역시 애통의 사례를 통해 예시하는 게 좋겠다. 대개 이 작업은 공동체 안에서 이루어지지만, 편의상 계속 내 개인의 사례로 대신한다.

이제 나는 아이디어 수를 줄여야 했다. 두 개의 애통 차트에서 한데 엮고 싶었던 최고의 아이디어들은 내 생각에 다음과 같다.

- 애통은 (골딩게이 아내의 다발성 경화증처럼) 개인적이거나 (다르푸르처럼) 국제적이거나 (앨런처럼) 질병 때문이거나 (라승찬처럼) 정의와 관계될 수 있다. 개인적인 애통일수록 남에게 나누기가 더 어려울 것 같다.
- 애통에는 (불평과 신뢰가 공존하는) 형식이 있으며, 그 형식 덕분에 (시편처럼) 건강한 애통이 (이스라엘 자손의 말처럼) 악한 원망으로 변질되지 않는다.
- 소그룹이나 개인 기도에 애통을 도입하려면 먼저 중고등부 환경에서 배워서 실행해 보아야 할 것이다.
- "하나님은 당신의 솔직한 말을 감당하실 수 있다." 내가 이 말을 좋아하는 이유는 젊은이들이 고백하는 솔직한 말을 감당할 수 있는 어른이 젊은이들 주위에 별로 없기 때문이다.

이런 아이디어를 다양하게 배열해 보았다. 8분 습작만큼 격식은 없었지만 여러 아이디어를 빠르게 훑어 나가면서 각기 다른 내용에 일관성을 부여하려 했다. 나는 아이디어를 범주별로 묶어서 색색의 펜으로 새 종이에 기록했다. 여러 색을 쓰면 종이 한 장 안에서 다양한 가능성을 한눈에 볼 수 있어 좋지만, 꼭 여러 색을 써야 하는 것은 아니다. 요지는 각 조각을 단일한 아이디어로 맞추어 보는 것이다.

아이디어의 다양한 조합을 실험하는 과정에서 계속 튀어나와 내 눈길을 끄는 아이디어가 하나 있었다. 계속 튀어나오는 것으로 보아 생각보다 중요한 아이디어라는 생각이 들었다. 새 종이를 꺼내 놓고 아이디어를 어떻게 배열할지 구상할 때마다 내 머릿속에 늘 같은 장소가 떠올랐다. 우리 교회 고등부와 중등부는 지정된 한 공간에서 각각 수요일 밤과 주일 밤에 모인다. 내 모든 아이디어는 (소그룹이나 청소년의 가정에서가 아니라) 그 공간에서 실행되는 것 같았다. 그들이 애통을 처음 경험할 때 내가 함께 있고 싶어서다. 소그룹 등에서는 내가 그들의 반응을 관찰할 수 없어서 꺼려진다. 사실 나는 그들에게 애통을 소개한 뒤 우선 장기간 공동체의 애통을 경험하게 하고 싶다. 각자 흩어져 애통하는 것은 그다음 일이다. 이 깨달음 덕분에 목표를 다음과 같이 짤 수 있었다.

우선 중고등부 모임의 찬양과 예배 순서에서 학생들에게 애통의 문장을 암기하도록 권하고 싶다. 청소년들이 자신의 가장 깊은 상실에 대해 기도하려면 처음에는 겁이 날 것이다. 그래서 매주 반복되는 연습을 통해 애통을 소개할 생각이다. 그렇게 다른 사람들을 위한 애통 기도에 익숙해진 후에야 비로소 자신의 상실에 대한 기도도 편하게 느껴질 것이다. 결국 나는 그들에게 개인적 사안에 대한 애통의 문장을 쓰도록 가르칠 것이며, 하나님을 향한 분노도 거기에 포함된다. 그것이 내가 추진하려는 목표다.

앞으로 중고등부 모임 때마다 애통의 시간을 넣을 텐데, 그러려면 어휘를 심어야 한다. 매주 찬양을 시작하기 전에 학생들에게 이렇게 말할 수 있다. 하나님은 우리를 초대하여, 기뻐하는 이들과 함께 즐거워하고 고통이나 상실을 느끼는 이들과 함께 애통하게 하신다. "우리도 시편의 화법처럼 하나님께 말씀드리는 법을 배울 겁니다." 또 공동체에서는 내가 슬프더라도 감사하는 사람들과 함께 즐거워하고, 내가 기쁠 때에도 타인의 고통으로 인해 함께 애통해한다고 말이다.[53] 처음 몇 주 동안은 (개인적인 일이 아니라) 아시아의 홍수나 캘리포니아의 산불처럼 멀리서 발생한 일에 대해 기도할 것이다. 그러다 학생들이 애통의 말에 익숙해지면, 직접 열거할 수 있는 불의나 직접 아는 사람들의 고통 등 더 우리와 가까운 문제로 기도할 수 있다. 얼마 후에는 더 개인적으로 들어갈 수 있다. 그들에게 투병 중인 가족이나 화가 치미는 상황이 있을 수 있다. 이에 대한 애통 기도에도 늘 같은 어휘를 쓴다. 끝으로 그들에게 자신의 삶에 애통해하고 싶은 일이 있느냐고 물을 수 있다. 처음에는 침묵 기도도 좋지만, 결국 나는 본인이 원한다면 애통 기도도 소리 내어 하도록 권할 것이다.

　이렇게 몇 주나 몇 달 동안 동일한 애통의 말로 기도한 후에야 학생들에게 각자 애통의 문장을 쓸 기회를 줄 것이다. 다섯 가지 요소로 구성되는 애통의 형식을 소개한 뒤 어쩌면 샘플을 몇 개 보여 줄 수도 있다. 이 대목에서 미완성 문장의 빈칸을 채우는 방법이 내게 영감을 주었다. 다음과 같이 문장의 일부만 주고 나머지는 그들에게 직접 완성하게 하는 것이다.

　"하나님, 주변을 둘러보면 _____때문에 화나요. 하지만 _____했을 때를 기억하기 때문에 여전히 하나님을 신뢰합니다."

　이렇듯 수렴 과정을 통해 나는 발산 단계에서 생성한 각기 다른 아이디어를 종합할 수 있었다.

4) 시제품 실험

마지막 단계의 목적은 시제품을 내놓는 것이다. 시제품이란 시험 가능한 샘플이다.[54] 예컨대 노래의 시제품을 원한다면 나는 멜로디 몇 마디와 가사 몇 줄을 내놓을 것이다. 웹사이트의 시제품을 원한다면 웹사이트의 초기 화면이 어떻게 생겼는지를 파워포인트에 띄운 다음, 초기 화면을 클릭하면 어떻게 되는지를 다음 페이지에서 시뮬레이션으로 보여 줄 것이다. 단기 선교의 시제품을 개발한다면 역시 파워포인트로 일련의 장면을 만들어 준비 단계에 있을 일과 선교 팀이 출발한 후에 있을 일을 알릴 것이다. 시제품 단계의 목표는 해당 과제를 실행할 때 벌어질 일을 조목조목 상세히 설계하는 것이다.

시제품 단계는 세 부분으로 이루어진다. 첫째로, 예상되는 과정을 스토리보드에 담아낸다. 둘째로, 1차 실험에 착수하는 데 필요한 것을 준비한다. 셋째로, 실험을 진행하기 위해 해야 할 일의 목록을 작성한다.

스토리보드를 만들려면 백지에 빈 네모 칸을 많이 그리면 된다(접착식 메모지를 줄지어 붙여도 좋다). 첫 칸에는 현재 상태를 쓰고 마지막 칸에는 도달하려는 상태를 쓰라. 그다음에 중간의 모든 칸을 채워 나가면 된다. 애통 프로젝트에 대한 내 스토리보드는 〈그림 6.5〉와 같다.

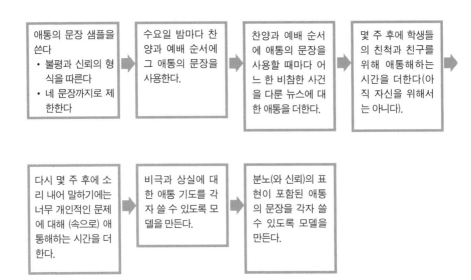

그림 6.5
애통에 대한 스토리보드

나는 짤막한 애통의 문장을 잘 써서 매주 중고등부에서 사용하고 싶다. 매주 하나님을 찬양하는 시간이 있는데 노래와 노래 사이에 잠시 기도할 수 있을 것이다. 기도할 때마다 나부터 그 애통의 문장을 단어 하나까지 그대로 사용한다. 학생들의 젊은 뇌로 그렇게 계속 접하다 보면 결국 애통의 문장이 암기될 것이다. 그들은 처음에는 이미 작성된 문장을 반복하겠지만, 점차 우리는 그들에게 자신과 조금 거리가 있는 세상의 상황에 대해 애통의 문장을 쓰도록 가르칠 것이다. 결국 그들은 개인적 고통과 심지어 하나님을 향한 분노에 대해서도 애통의 문장을 쓸 수 있는 단계에 이른다.

스토리보드가 완성되었으면 다음 단계는 시제품으로 애통의 문장을 쓰는 것이다. 완전할 필요는 없다(완전할 수도 없다). 피드백을 얻기 위해 시도할 만한 것이면 된다. 내가 쓴 문장은 이렇다.

> 하나님, 세상에 저를 슬프고 화나게 하는 일들이 있습니다.
> 이 순간 저는 특히 _____을 생각합니다.
> 하나님, 왜 이런 일이 벌어지게 그냥 두시나요?
> 옳지 못한 일이니 중단시켜 주세요.
> 하나님을 신뢰하기에 이렇게 솔직히 기도합니다.

애통의 문장 샘플을 작성했으니 이제 실험 단계를 계획할 수 있다. 이 경우 나는 다시 팀으로 돌아가 이미 결정된 애통에 대한 아이디어를 함께 논의한다. 특히 그들에게 우리가 정해 둔 기준으로 각 아이디어를 평가해 달라고 부탁한다. 이어 그들에게 나와 함께 애통의 문장 샘플을 다듬는 문장가 역할을 맡겨, 몇 차례의 수정 끝에 이 과정에 대한 알파 검사(제작팀 내부의 시제품 검사 — 옮긴이)를 부탁한다. 학생들 상대로는 아직 검사하지 않고 성인 봉사자들의 정기 모임에서만 애통을 통합한다. 또 중고등부 봉사자들에게 집에서 기도할 때도 애통을 실행하도록 권한다. 애통을 시도하면서 배운 교훈을 서로 나누는 시간도 가질 것이다. 그 후에 애통의 문구를 다시 손본다. 이렇게 수정된 버전으로 베타 검사(최종 사용자의 완제품 검사 — 옮긴이)까지 거치면 드디어 수요일 밤에 사용할 준비가 끝난다. 다행히 전체 과정 중 가장 미약한 부분이 가장 고치기 쉬운 부분이기도 하다. 처음에 애통의 문장 샘플을 쓸 때가 내게는 정말 내키지 않지만, 그래서 공동체 작업이 그토록 중요하다. 확신하건대 우리가 머리를 맞대면 결과가 훨씬 나아진다.

지금까지 "**우리는 어떻게** 성경적 애통의 실천으로 청소년들이 상실의 영적 의미를 해석하게 **도울 수 있을까?**"라는 질문에서 출발하여 **공감하는 경청, 아이디어 발산, 수렴을 통한 결정, 시제품 실험**이라는 혁신 사이클의 4단계를 따라 진행했다. 이렇게 혁신 사이클의 일반적 버전을 살펴보았으니 이제 누군가의 삶 속에서 그것이 실제로 어떻게 전개되었는지를 보자.

에리카는 플로리다 주에 있는 성공회 교회의 중고등부 목사다. 1장에 그녀의 이야기를 약술한 바 있다. 2017년에 청소년 사역의 혁신을 배우려는 일단의 목사들이 캘리포니아주 패서디나에 모였는데 그녀도 그중 한 명이었다. 풀러청소년연구소에서 주최한 컨퍼런스였다. 그녀와 동역자는 캘리포니아에 오기 전에 온라인 과정을 수료했다. 거기서 그들은 의미 창출의 혁신(2장), 맡아 돌봐야 할 사람들의 갈망과 상실을 경청하는 일의 중요성(3장), 그런 갈망과 상실의 영적 의미를 해석하기 위해(4장) 여러 실천을 혁신하는 방법(5장), 실천 신학과 인간 중심 디자인을 통합한 기독교적 혁신 과정(6장) 등을 배웠다. 그녀는 젊은 층에게 애통을 사용하는 법에 대한 이번 장의 사례도 읽었다.

혁신 과정에 대한 사흘간의 집중 코스에 참석하러 캘리포니아에 온 에리카는 애통에 초점을 맞추기로 결정했다. 특히 중학생들을 애통에 참여시키고 싶었다.

컨퍼런스에 오기 전에 그녀의 팀은 많은 시간을 들여 공감하는 경청을 실습했다. 카페와 야구 경기장에서 학생들을 수시로 만났다. 그녀는 "숙제, 교우 관계, 학교 스트레스, 성적, 역기능적인 가정, 조건적 수용" 등 그들을 잠 못 이루게 하는 문제들을 경청했다. 이 모든 불안을 "나는 소중한 존재일까?"라는 질문으로 압축한 에리카는 청소년들에게 "은혜에 기초한 정체성"을 누리게 해 주어야겠다고 마음먹었다. 그러려면 그들이 "나를 조건 없이 아시고 사랑하시는" 하나님을 경험해야 했다. 그런 진정성이야말로 "해방감과 담대함을 주고 투명한 소통을 가능하게 하기" 때문이다.[55] 에리카는 학생들이 하나님께 완전히 솔직해지기를 원했다.

그녀는 컨퍼런스에서 혁신 과정을 실습했다. 그녀와 동역자가 접착식 메모지에 발산한 아이디어만 해도 수없이 많았다. 소속 교단인 성공회의 공동기도서를 활용해 보자는 생각, 청소년의 고뇌와 불안을 노래(대중가요도 포함해서)로 표현해 보자는 생각 등 내용이 아주 다양했다. 가능하다면 "애통을 통해 나아가는 과정을 돕고 이를 상징하는 물리적 장치를 만들고 싶은" 마음도 있었다.[56] 에리카는 이 모든 일이 공동체 안에서 이루어지기를 원했다. 이것이 모두 발산 과정에서 생성된 아이디어였다.

이제 대안을 좁힐 차례였다. 앞서 말한 수렴을 통한 결정 단계다. 그녀와 동역자는 두 가지를 하기로 결정했다. 첫째로, 10주에 걸쳐 중학생들에게 애통을 가르친다. 둘째로, 교회 경내에 미로를 설치한다. 미로는 청소년들이 걸으면서 자신의 애통을 쏟아놓는 곳이 될 것이다.

다음 단계로 시제품을 만들었는데 그녀가 한 일은 세 가지다. 첫째로, 애통의 문장 샘플을 썼다. 다음과 같이 미완성 문장을 활용하여 애통의 각 요소를 담아냈다.

- 하나님, ＿＿＿＿＿＿이 이해가 안 갑니다.
- 하나님, ＿＿＿＿＿＿을 좀 고쳐 주세요.
- 하나님, ＿＿＿＿＿＿한다 해도 제 미래를 하나님께 맡깁니다.
- 하나님, ＿＿＿＿＿＿일 때도 하나님을 찬양하겠습니다.

둘째로, 종이에 미로의 설계도를 그렸다. 셋째로, 10주간의 교육과 애통 실습을 어떻게 진행할지 대략 윤곽을 짰다. 성인 교인에게 섭외하여 이야기를 듣는 시간을 편성했고, 시편 22편과 42편과 예레미야애가를 가르치기로 했으며, 브레인스토밍 방식으로 노래 가사도 구상했다. 그녀의 계획에 따르면 청소년들은 처음에는 자기 이외의 문제로 애통해하다가 몇 주가 지나면서 개인적인 문제로 애통해할 것이다. 중간쯤에 학부모의 밤을 개최하여 진척 상황을 평가하는 것도 중요하겠다는 생각이 들었다.

플로리다로 돌아온 에리카는 일단 아이디어를 시험해 보기로 했다. 그래서 우선 여중생 둘을 만나 시편 22편을 설명하며 애통을 가르친 다음, 애통에 대한 미완성 문장을 직접 완성해 보게 했다. 한 학생은 "하나님께는 무조건 공손해야만 되는 줄 알았는데 정말 솔직해져도 괜찮은 거네요"라고 말했다. 처음에 "사랑과 분노가 어떻게 공존할 수 있는지 잘 모르겠어요"라던 다른 학생도 결국은 "이제 알 것 같아요. 화났을 때도 상대를 신뢰한다면 관계가 더 깊어지겠네요"라고 결론지었다. 이 베타 검사를 통해 에리카는 애통 프로젝트를 전면 가동할 때가 거의 다 되었음을 확인했다. 다만 예비 단계로 하나를 더 추가했다.

애통 프로젝트에 착수하기 전에 에리카는 교회 리더들로부터 시작해서 학부모를 거쳐 결국 전체 교인에게까지 "공감 훈련"을 실시했다. 우선 중등부 소그룹을 맡은 성인 봉사자들부터 훈련했다. 그들은 공감 능력을 키울 목적으로 마련된 일일 수련회에 참석했다. 오전에는 애통에 초점을 맞추었다. 에리카가 그들에게 중학교 시절의 개인적 경험을 회상하게 하자 사람마다 그때의 갈망과 상실을 열거했다. 이어 그들은 사춘기 때의 고통을 그룹의 애통을 통해 표현했다.

수련회에서 봉사자들은 청소년과 "나란히 걷는" 법을 집중해서 배웠다. 그들에게 "나란히"라는 은유는 "함께 듣는다"라는 의미다. 이 은유는 미로를 걸을 때의 몸 자세와도 딱 맞는다. 에리카는 우리 컨퍼런스의 일환으로 자신이 시청했던 브레네 브라운의 공감에 대한 동영상을 그들에게도 보여 주었다.[57] 함께 내용을 분석한 뒤 그들은 어떻게 청소년에게 포용적 환경을 조성해 줄지를 의논했다.[58] 그러면서 앞서 우리가 살펴본 "공감은 남을 통제하려 하지 않는다"라는 개념을 강조했다. 끝으로 "경청하고 있는 중에 말하고 싶어지면 물을 한 모금 머금어 자신의 입에서 '그렇긴 하지만…'이라는 말이 나오지 못하게 막는다"와 같은 지극히 실제적인 방안도 강구했다. 그들이 공감 훈련을 마치는 것으로 에리카는 프로젝트를 전면 가동할 준비가 되었다.

프로젝트 자체는 주일 밤 중등부 모임에서 시작되었다. 첫 주에 에리카는 학생들에게 상실이나 분노 등 그들의 감정이 표현되어 있는 노래 가사를 아는 대로 말해 보게 했다. 기독교 노래와 일반 노래가 함께 언급되었다. 에리카가 교회 공동체의 성인을 섭외하여 청소년들에게 이야기(그들 자신의 이야기도 포함하여)의 위력을 들려주게 한 것도 첫 주의 일이었다. 이때 그들은 시편 22편과 42편, 욥기와 예레미야애가의 이야기를 들었다.

둘째 주에는 그들이 보기에 애통해할 만한 문제를 다 함께 열거했고, 첫 주에 언급된 노래 가사를 일부 개사하여 그들 자신의 고통을 표현했다. 셋째 주에는 그들이 선택한 주제에 대해 앞으로 그룹에서 쓸 애통의 문장을 함께 작성하고 외웠는데, 이때 미완성 문장을 채워 넣는 방식이 활용되었다.

다섯째 주 모임은 학부모의 밤이었다. 부모들은 와서 애통에 대해 배운 뒤, 자녀가 친구의 상황을 애통 형식의 글로 쓰는 시간에 동참했다. 그날 교육 시간에 에리카는 부모와 학생 모두에게 본인이 일부 잘못한 일에 대해서도 애통해할 수 있다고 일깨워 주었다. 다시 말해서 애통에 자백도 포함될 수 있다는 것이다.

여섯째 주에 에리카는 청소년들이 이 과정을 어떻게 경험하고 있는지 보려고 그룹 평가를 실시했다(즉 더 많이 경청했다). 일곱째와 여덟째와 아홉째 주에는 각자 자신의 애통을 글로 쓰고 기도하게 했다. 마침내 열째 주에 실험을 마무리했다. 10주가 지나자 중학생들에게 애통의 습관이 길러져 있었다.

프로젝트가 진행되면서 뜻밖의 일이 벌어졌다. 교회 성인들이 소식을 듣고 동참 의사를 밝힌 것이다. 이에 에리카는 계획을 세워 애통에 대해 설교하면서, 그들도 사순절 묵상의 일환으로 애통의 미로를 걷도록 준비키셨다.

지금의 교회는 더는 존재하지 않는 세상에 맞게 조정되어 있다. 재조정하려면 혁신 과정이 필요하다. 이번 장에서 개괄한 혁신 과정은 분별이라는 기독교 실천의 일부인 경청을 강조하면서 거기에 실천 신학과 인간 중심 디자인의 틀을 병합한 것이다. 그다음 문제는 리더와 조직이 어떻게 준비해야 혁신에 성공할 수 있느냐는 것이다.

7.

조직 문화와 혁신

가치를 공유하고 다양한 전문 분야에서 배우라

앞서 말했듯이 그리스도인 리더가 할 일은 심고 물을 주는 것이며, 질보다 양이 중요하다는 점에서 아이디어는 묘목과 같다. 농경의 은유는 다른 면에서도 유익하다. 농사처럼 혁신도 성공하려면 적절한 환경이 필요하다. 토양도 씨앗 못지않게 중요하다.[1] 그런데 앞서 보았듯이 대다수 기독교 기관은 그냥 기존의 것을 키우도록 조정되어 있다. 취약한 씨앗을 품을 옥토로, 즉 새로운 것에 친화적인 환경으로 조정되어 있지 않다. 여기서 리더가 토양을 관리해야 할 중요성이 부각된다. "리더가 정황과 환경을 조성해 주어야 사람들이 거기서 혁신적 문제 해결에 필요한 일을 해낼 수 있다."[2] 리더는 심고 물을 주면서 토양을 관리한다. 즉 환경을 조성한다. 이처럼 리더가 조성하는 환경을 조직 문화라 한다.

문화는 매우 중요하다. 사람들은 문화가 빚어내는 비공식 규칙대로 함께 일해 나간다. 바람직한 상태에 대한 신념과 가치(조직을 구성하는 여러 사고 모델)가 모여서 조직 문화를 형성한다.

조직 문화의 위력을 자칫 무시하기 쉽다. 변화를 원하는 대다수 리더는 구조적 변화에 집중한다. 직무 기술서를 고치거나 신입을 채용해서 기존 직무를 맡긴다. 그러나 경영의 거장 피터 드러커가 즐겨 말했듯이 "문화는 구조를 아침 한 끼로 먹어 치운다."[3] 나는 이것을 약간 다른 비유로 생각해 본다. 문화는 바다의 조류나 강의 물살과 같다. 우리 인간은 목적지로 가려 할 때 자신이 만든 배에 집중할 수 있으나 강의 물살이 훨씬 더 중요하다. 물살을 무시하는 선장은 누구나 암초에 걸리고 만다. **기독교적 혁신에 적합한 조직이 되려면 교회 문화를 점검해야 한다.**

혁신을 꽃피우는 조직을 창출하는 법에 대한 유익한 학술서가 근래에 많이 나왔다. 이번 장에서 그런 조직의 특성을 설명할 것이다. 이런 연구에 등장하는 주제들을 다양한 방식으로 제시할 수 있지만, 여기서는 하버드의 린다 힐 연구팀이 사용한 틀을 따를 것이다. 그녀가 말한 "집단 천재성"을 창출하는 조직을 그들은 이 틀로 기술했다.[4] 혁신하는 조직의 특성을 그녀는 다섯 가지로 꼽았다. 지금부터 그것을 차례로 하나씩 살펴볼 것이다.

1. 정체성을 낳는 목적
2. 가치의 공유
3. 다양성이 풍부한 협력
4. 실험 위주의 학습
5. 통합적 결정[5]

정체성을 낳는 목적

혁신하는 조직은 혁신을 여러 직무 중 하나로 수행할 수 없다. 혁신은 업무 목록상의 많은 항목 중 하나가 아니다. 조직이 **존재하는 목적이 혁신을 요구해야만 한다.** 혁신 자체는 목적이 되기에 부족하다. 혁신의 최종 목표가 있어야 한다. 구글의 경우, 최종 목표는 사용자다. 혁신을 위한 혁신이 아니라 사용자를 위한 혁신이 목표다. 이런 목적의식이 아주 강해서 아예 조직의 정체성이 되어야 한다. 힐 연구팀의 말처럼 "목적은 그룹의 행위가 아니라 정체성이자 존재 이유다."[6]

　이렇게 정체성을 낳는 목적이 꼭 필요하기 때문에 교회는 하나님이 돌보라고 맡기신 사람들을 명확히 이해해야 한다. 모든 그리스도인이나 기독교 기관의 소명은 맡아 돌봐야 할 사람들이 경험하는 인간 조건의 영적 의미를 해석하는 것이다. 우리가 맡아 돌봐야 할 사람들이 우리를 규정한다. 우리가 존재하는 목적은 그들을 섬기기 위해서고, 또 하나님이 그리스도 안에서 그들의 갈망과 상실에 어떻게 대응하시는지를 그들에게 보여 주기 위해서다. 혁신이 필요한 이유는 근년 들어 교회가 하나님이 돌보라고 맡기신 사람들의 인간 조건에 대응하지 못하고 있기 때문이다.

　우리 그리스도인은 길을 잃거나 혼란에 빠질 때마다, 새로운 아이디어의 가치를 평가할 때마다, 우선순위를 정할 때마다, 다시 돌아가서 우리가 맡아 돌봐야 할 사람들의 말을 경청해야 한다. 복음이 그들에게 자신들의 갈망과 상실에 대한 하나님의 대응으로 들리지 않을 때마다 우리는 혁신해야 한다. 복음을 새롭게 혁신할 수는 없으므로 복음 메시지를 소통하는 방식을 더 좋게 혁신해야 한다. 우리는 자신을 위해 존재하는 게 아니라 사람들을 섬김으로써 하나님을 섬긴다.[7]

　교회의 위기를 설명한 로버트 우스나우의 아주 중요한 통찰을 2장에서 논했다.[8] 교회의 영적, 재정적 위기의 원인은 그동안 우리 그리스도인 리더들이 교인들의 일상 경험에 중점적으로 대응하지 않은 데 있다. 우스나우는 우리를 떠밀어 사람들을 잠 못 이루게 하는 문제들을 생각하게 한다. 혁신하는 교회의 존재 목적은 하나님이 교회에게 돌보라고 맡기신 사

람들의 인간 조건에 대응할 길을 혁신하는 데 있어야 한다.[9]

그런데 교회는 매주의 교회 활동으로 자꾸 산만해진다. 예배를 계획하고 시설을 관리하고 프로그램을 운영하기에 바쁘다. 사람들을 섬기려고 만든 프로그램이 사람보다 더 중요해진다. 교회가 곧잘 취하는 위험한 태도가 있다. "프로그램을 운영하고 있다면 우리는 교인들을 섬기는 게 분명하다"라는 것이다. 하지만 프로그램은 도입된 지 오래되었으나 사람들은 그 후로 분명히 달라졌다. 그렇게 우리는 더는 존재하지 않는 세상에 맞게 조정된 교회가 되고 만다.

우리는 계속 혁신하기 위해 존재해야 한다. 즉 사람들의 필요와 항시 연결되어 있어야 한다. 그렇지 않으면 우스나우가 말한 바로 그 상태에 빠진다. 혁신은 단지 우리가 행하는 직무가 아니다. 늘 변화하는 사람들에게 영원히 변함없는 복음을 제시할 새로운 방도를 모색하는 일이야말로 우리의 존재 이유가 되어야 한다.

가치의 공유

혁신에 성공하려면 '가치'도 환경의 중요한 일부다. 가치는 조직의 소위 상벌 기준에서 생겨난다.[10] 대다수 조직은 기존 세상을 지속하도록 조정되어 있기 때문에 보상 체계도 현 상태를 기준으로 짜여 있다. 그것이 본의아니게 혁신의 장벽으로 작용한다.

예컨대 칼(Carl)은 선교회 간부다. 그는 선교회가 아프리카의 요충지에서 지금처럼 사역하다가는 설정한 목표를 달성할 수 없다고 판단했다. 그

동안 사회가 너무 많이 변했기 때문이다. 그래서 그는 앞장서서 일련의 새로운 아이디어를 시험했고, 기관에서도 그에게 근무 시간의 절반을 할애하여 이를 실험해 보도록 허락했다. 선교회 차원에서 대규모로 수행할 만한 아이디어인지 보라는 것이었다. 일은 척척 잘 진행되었다. 그런데 안타깝게도 기관의 평가 기준에는 그런 혁신 작업이 들어 있지 않았다.

연말 인사 고과의 평가 범주는 혁신과는 무관한 분야뿐이었다. 혁신 작업은 그의 공식 업무가 아니었기 때문에 평가 문항에도 없었다. 기관의 허락을 받기는 했지만 공식 업무에는 근무 시간의 절반만 쓰다 보니, 서류상으로만 보면 그는 일을 절반밖에 하지 않는 것처럼 보였다. 그의 사정을 알고 있는 다른 간부가 그를 변호해 주어 그는 가까스로 일자리를 지킬 수 있었다. 이 선교회의 가치는 기존 업무에 맞추어져 있었다. 기관이 직원을 평가하는 과정에서 혁신을 참작할 유연성이 없었던 것이다.[11]

의도야 어떻든, 기관의 보상 체계는 대개 혁신의 발목을 잡는다. 또 하나의 예를 보자. 내가 처음 교수가 되었을 때 지혜로운 동료 교수가 내게 들려준 이야기다. 마틴은 미국 동부에 있는 신학교의 젊고 총명한 윤리학 교수였다. 어느 해에 학장 해럴드 포인터가 그녀를 찾아와 교육 실험에 참여할 것을 권했다. "학교는 통합 교육과 특히 현장 교육 프로그램에 더 많은 자원을 쏟기로 결정했습니다. 인턴십 과정 학생들이 매주 듣는 〈생각하는 사역〉 세미나 중 하나를 당신이 맡아 주셨으면 좋겠습니다. 평소 사역과 윤리의 관계를 아주 중시하는 당신이 이 일의 적임자로 보입니다."

처음에 어마는 사양하면서 자신은 아직 종신직 교수가 아니기 때문에 승진하려면 책을 써야 한다고 말했다. 그래도 학장은 굽히지 않으면서 그녀의 다음 책 원고가 이미 출판사로 넘어가 있으니 종신직 심사 결과는 그 책의 평점에 달려 있다고 했다. 현장 교육 분야는 어마의 담당 과목이 아닌지라 이제 그녀는 이 겸직이 자신의 연봉에 어떤 영향을 미칠지를 물었다. 성과급은 매년 학문적 성과에 따라 인상되었다. 학장은 윤리학 분야를 학교 프로젝트에 접목하는 것도 학문적 성과에 해당한다고 단언했다. 그래서 어마는 세미나를 맡기로 했다. 이 세미나는 그녀의 일에 활기를 더해 주었을 뿐 아니라 학생들에게도 보람된 시간이었다. 실험은 성공한 듯 보였다.

그러나 어마가 〈생각하는 사역〉 세미나에 참여한 것은 불행히도 그해가 마지막이었다. 그해 여름 그녀의 성과급 인상폭은 이전이나 이후의 어느 해보다도 훨씬 낮았다. 이 문제로 학장에게 문의했으나 돌아온 답은 석연치 않았다. "올해는 인상폭 결정이 유난히 힘들었습니다. 뛰어난 학술 연구를 내놓은 교수가 워낙 많아서 학문적 성과의 기준을 아주 엄격하게 적용해야 했거든요. 그래서 수량화될 수 있는 프로젝트에 중점을 두었습니다."

학장은 어마에게 했던 말을 잊었거나 일부러 언급하지 않았다. 어마도 그것을 직접 거론하지는 않았다. 그 대신 교훈을 얻었다. 이후로 그녀는 해마다 짤막하지만 정당하게 수량화될 수 있는 몇 편의 서평과 적어도 한 편의 주요 논문을 반드시 써서 그에 상응하는 성과급을 받았다. 다시는 〈생각하는 사역〉 세미나에 참여하지 않았다. 현재를 평가하는 데만 열중하는 조직 문화가 미래를 혁신하려던 학장의 계획마저 삼켜 버렸다.

교회도 이렇게 하는 경향이 있다. 리더를 평가하는 기준은 교회의 기존 프로그램을 얼마나 잘 운영하느냐에 있고, 리더를 평가하는 주체도 교회가 늘 섬겨 온 사람들이다. 힘들여 경청하려는 공동의 노력은 거의 찾아

보기 힘들다. 교회가 사람들의 필요와 항시 연결되어 있으려면 자주 경청해야 하는데도 말이다.

대다수 기관의 평가 작업은 날마다 정해진 직무를 열심히 수행하는 사람들에게 보상하도록 되어 있다. 예컨대 힐 연구팀이 혁신하는 기관의 가치 중 하나로 꼽은 "공동체에 대한 책임"을 생각해 보라. 목사는 회중과 실제로 전혀 교류하지 않고도 설교하고 가르칠 수 있다. 교인들이 설교를 듣는 한, 목사는 그들과 연결되어 있는 것으로 간주되고, 계속 열심히 설교만 하면 직무 수행에 대한 보상을 받는다. 하지만 혁신하는 교회에서는 그게 통하지 않는다. 혁신하려면 가치를 공유해야 한다. 교인들의 필요에 늘 맞추어야 한다는, 대담하지만 형태가 불분명한 문제야말로 특히 협력하여 추구해야 할 가치다.[12]

중고등부 사역자나 초등부 부장이나 선교 여행을 총괄하는 평신도 리더의 경우도 다 마찬가지다. 늘 해 오던 일만 하면서 교인들은 자신의 직무를 다하고 있다고 생각한다. 그러나 경청에 헌신하여 사람들의 변화하는 필요를 꾸준히 듣는 교회는 늘 해 오던 일에 결코 만족하지 않는다.

물론 그런 헌신은 번거로울 수 있다. 하지만 바로 그게 요지다. 설령 일부 교회에게 그 일이 벅찰지라도 말이다. 내가 풀러청소년연구소 혁신 프로젝트의 일환으로 어느 전통적 루터교회의 혁신 과정을 지도할 때 만난 목사가 있다. 두 주간 만난 후에 그는 자신이 "그런 경청을 하나라도 실행할" 일은 없을 거라고 고백했다. "시간이 없거든요. 내가 할 일은 설교하는 것이고, 나머지 시간은 교회 운영에 써야 합니다. 경청에 쓸 시간이나 에너지는 정말 없어요."

독자들에게 묻겠다. 앞으로 10년 후 그 교회는 어떻게 될까? 늘 변화하는 사람들의 필요에 맞추려면 정체성을 낳는 혁신에 헌신해야 하고 가치를 공유하는 경청에 헌신해야 한다. 그런 헌신이 없이는 혁신이 이루어질 수 없다.

다양성이 풍부한 협력

"혁신은 대개 다양한 사람들이 협력하여 아이디어의 광범위한 포트폴리오를 생성할 때 이루어진다."[13] 다양성이 필요한 이유는 혁신이 아주 다채로운 양분을 섭취하기 때문이다. 예컨대 IDEO와 스탠포드 디자인학교(d.school)의 켈리 형제는 창의적인 사람이 되려면 "자신의 지식 밖으로 나가" 세상을 다른 관점에서 보아야 한다고 말한다.[14] 그들은 으레 학생들을 다양성 있는 그룹에 넣은 후, 잘 알려진 장소로 데리고 나가 그곳을 색다른 시각으로 보게 한다. 마찬가지로 줄리언 버킨쇼도 당신 자신과 같은 사람들만 채용할 게 아니라, 세상을 당신과 다르게 보는 "아웃사이더를 영입하는" 게 중요하다고 말한다.[15]

스탠포드의 저명한 학자 캐슬린 아이젠하트도 다양성이 혁신에 왜 그토록 중요한지를 설명했다. 그녀는 사고 흐름의 논리적 단계를 따라서는 혁신이 좀처럼 이루어지지 않음을 배웠다. "혁신은 다양한 영역의 아이디어를 종합하거나 연결한 결과다." 그녀는 이를 **"동시에 여러 박스 안에서 사고한 결과"**라 칭한다.[16] 혁신을 단 한 사람이 모든 일을 다 해야 하는 것으로 여긴다면, 그 사람이 다른 많은 영역의 경험에 숙달되기란 매우 어렵다. 그러나 혁신을 그룹이나 기관에 속한 것으로 본다면, 다양성 있는 그룹이 더 많은 영역의 경험을 접할 수 있음은 당연한 일이다. **다양성이 혁신을 가능하게 한다.**

그래서 분열(사일로 현상(Silo Effect), 즉 부서 간에 서로 단절되어 있는 조직 구조)은 혁신의 적이다. 많은 기독교 기관이 사일로(Silo) 구조로 되어 있다. 비영리 종교 단체의 무료 급식소와 전도 사역이 분리되어 있고, 교회의 중고등부와 그 밖의 사역이 별개일 수 있으며, 신학교도 개별 학과별로 운영되는 식이다.[17] 각 부서를 사일로 상태로 존재하게 하는 것이 다양성을 존중하는 최선의 방법이라는 주장도 있으나 학자들이 밝혀 왔듯이 장기적으로는 실효성이 없다.[18] 다양성이 조직에 유익하려면 다양한 사람이 협력해야만 한다. **사일로 현상은 혁신을 억제한다.**

다양성이 교회에 어떻게 유익한지를 보여 주는 좋은 예가 있다. 지난주에 나는 잘 알려진 교회의 목사인 존과 함께 전도에 대해 대화했는데, "약한 연대의 강점"(strength of weak ties)이라는 마크 그래노베터의 통찰에 대한 얘기가 나왔다.[19] 이 개념에 따르면 교회 같은 기관이 가장 헌신적인 멤버들의 전도를 통해 성장하는 경우는 드물다. 가장 헌신적인 교인들의 지인 중에는 그리스도인이 아닌 사람이 거의 없다. 즉 그 교인들은 신앙이 있지만 주위에 자신의 신앙에 대해 말해 줄 대상이 없는 것이다.

반면 최고의 전도자는 대개 교회와의 연대가 느슨한 교인들이다. 그들은 다양한 사회적 관계 속에 친구가 있으며, 교회에 다니지 않는 사람들을 많이 접한다. 이들은 "지경을 넓히는 사람"이다. 여러 사회적 장을 넘나든다. 이것이 바로 대사의 모습이다. 대사는 자국 시민이면서 양국의 우호 관계를 조성할 목적으로 타국에 거주한다. 존과 나의 화제는 "약한 연대의 강점"에서 다양성으로 이어졌다. 그는 교회가 전도에 힘쓰려면 다양성을 추구할 때와 거의 똑같은 전략이 필요함을 깨달았다.

다양성은 아이디어의 유전자 풀을 넓혀 준다. 사람들의 배경과 관점이 다양하면 융합할 아이디어의 원재료가 그만큼 더 많아져 혁신이 만개할 수 있다. 건강식 식단을 생각해 보라. 아무리 좋은 음식이라도 한 가지 음식으로만 이루어진 식단은 건강에 좋지 못하다. 다양성은 혁신을 추동한다.

실험 위주의 학습

혁신적 문화의 처음 세 가지 특성(목적, 가치, 다양성)에서 여러 종류의 기관을 언급했다. 나머지 두 가지 특성에서는 특정한 두 기관에 집중하여 그들이 혁신적 교회 문화의 창출에 대해 우리에게 무엇을 가르쳐 줄 수 있는지 보려 한다. 아울러 그들을 사례로 삼아, 그중 한 기관(구글)은 어떻게 사람들에게 공감되는 혁신을 고집하고, 다른 기관(픽사)은 어떻게 의미 창출에 이야기를 활용하는지 살펴볼 것이다. 두 기관 모두 그 과정에서 실험 위주의 학습을 강조한다. 먼저 구글부터 보자.

구글도 처음부터 혁신적 환경은 아니었다. 레스터의 레드우드처럼 하나의 큰 아이디어로 출발했다. 바로 전혀 다른 차원의 인터넷 검색이었다. 그런데 머잖아 설립자들은 회사의 미래가 다양한 아이디어를 중심으로 하는 확장에 달려 있음을 깨달았다. 나무 한 그루로는 오래 살아남을 수 없겠기에 많은 묘목을 심기 시작했다. 그 작은 아이디어들이 언젠가는 큰 사업으로 성장하기를 바라면서 말이다.

구글에는 앞서 살펴본 세 가지 특성(목적, 가치, 다양성)을 수행하는 특유의 방식이 있다. 우선 구글이 밝힌 자사의 목적은 단순하다. "제품 전략에 관한 한 우리의 핵심 지침은 초점을 사용자에게 맞춘다는 것이다." 반드시 돈을 버는 게 목표는 아니다. "우리의 초점은 늘 사용자에게 있다. 그것을 수익으로 연결하는 방법은 똑똑하고 창조적인 직원들이 알아내리라 믿는다." 잘 보면, 이는 표현만 다를 뿐, 리더십이 당신이 맡아 돌봐야 할 사람들의 말을 경청하는 데서 시작된다는 말과 같다. 구글은 사용자를 섬기기 위해 존재한다.

사용자에게 헌신한 예로, 구글 임원 에릭 슈미트와 조너선 로젠버그가 키홀이라는 회사를 매입한 일을 꼽을 수 있다. 그들이 키홀을 매입한 이유는 지도를 시각화하는 키홀의 기술을 구글 사용자들이 좋아할 것 같아서였다. 그들은 아무런 계획도 없이 그냥 묘목을 사서 직원들에게 넘겨 그것이 사용자들에게 어떻게 유익할지를 알아내게 했다. 8개월 후에 구글은 그 기술로 구글 어스를 출시했는데 이 혁신이 기업에 수백만 달러의 수익을 안겨 주었다. 이처럼 구글은 사용자에게 초점을 맞춘다.[20]

구글은 가치 면에서도 아주 분명하다. 일정한 자질을 갖춘 직원들을 발굴해서 그들을 구글러 또는 "스마트 크리에이티브"라 칭한다. 구글이 표방하는 가치는 스마트 크리에이티브의 혁신 능력을 극대화하기 위한 것으로 "신뢰", "긍정의 문화", "유머와 재미", 그리고 유명한 구호 "악해지지 말자" 등이 있다. 기관이 "악해지지 말자"라는 정책으로 어휘를 심은 덕분에, 구글러들은 무엇이 옳고 그른지를 두고 논쟁할 수 있었다.[21] 구글 경영진은

이 구호가 도요타 조립 라인의 "비상 정지" 줄과 같다고 말한다. 새로운 기능이 악하다고 항의하고 싶은 엔지니어는 "줄을 당겨 생산을 중단시킨다. 그러면 모두가 평가해서 해당 기능이 회사의 가치에 부합하는지 판단해야 한다."[22] 이런 가치 덕분에 사용자의 경험이 향상된다.

다양성의 경우도 마찬가지다. 구글 경영진에 따르면 "다양한 관점 즉 다양성은 근시안을 퇴치하는 최고의 방책이다. 배경이 다른 사람은 세상을 다르게 보며 … 이런 관점 차이가 무엇으로도 배울 수 없는 통찰을 낳는다." 목표는 역시 사용자의 경험을 최고로 혁신하는 것이다. 구글은 다양한 관점의 협력이야말로 그 목표를 이루는 최고의 수단이라 믿는다. 이렇듯 구글은 앞서 논한 혁신적 기관의 처음 세 가지 특성을 잘 예시해 준다. 이제 네 번째 특성인 실험 위주의 학습으로 넘어가 보자.

구글의 **경영 행위는 실험 중심으로 구축되어** 있다. 구글 임원 슈미트와 로젠버그는 "혁신하려면 잘 실패할 줄 알아야 한다. 자신의 실수에서 배우라. … 아이디어를 폐기하지 말고 보완하라. … 실패한 팀에게 낙인을 찍지 말라"라고 말한다. "잘 실패하려면 실패를 빨리 인정하되 분석에 장시간을 들여야" 한다(즉 시간을 들여 실험 학습의 사이클을 많이 반복해야 한다). 이 모든 신속한 실패가 필요한 이유는 혁신이 반복 과정이기 때문이다. 그들에 따르면 혁신의 "열쇠는 신속한 반복을 통해 측정 기준을 수립하여 그 기준에 따라" 다음 단계를 "결정하는 것이다."[23] 그들이 강조하듯이 혁신은 직선형 과정이 아니라 사이클이다. 각 실험은 새로운 실험으로 이어지고, 각 아이디어는 이전 실험에서 배운 교훈을 발판으로 한다. 내 박사 논문 지도 교수들이 입버릇처럼 하던 말이 생각난다. "좋은 글쓰기란 없고 좋은 '다시 고쳐

쓰기'만 있을 뿐이다." 마찬가지로 좋은 혁신이란 없고 좋은 재혁신이 있을 뿐이다. 혁신에는 실험의 사이클이 요구된다.[24]

구글의 경험에서 관찰되는 실험의 몇 가지 특징이 있다.

1) 실험에는 실패가 수반된다

과학의 '발견에 의한 학습'을 생각할 때 우리는 실험을 통해, 이를테면 원자의 비밀을 발견하는 물리학자를 떠올린다. 알다시피 그들은 '과학적 방법'을 통해 조금씩 더 배워 나간다. 더 중요한 것은 '성공한' 실험이 대개 많은 '실패한' 실험의 최종 결과이거나, 힘들여 '성공' 쪽으로 한 걸음 나아간 실험이라는 것이다. 과학 프로젝트를 첫 실험만 보고 평가하지는 않는다. 첫 실험은 미지의 영역을 향한 첫 진출일 뿐이다. 토머스 에디슨은 이 개념을 혁신과 연결했다. 그는 자신이 전구를 발명하기 전에 전구를 만들 수 없는 법을 많이 알아냈다고 말한 것으로 알려져 있다.[25] 그의 요지는 실험이 혁신을 낳는다는 것이다. 실험이 없이는 혁신의 돌파구도 있을 수 없다.

이게 중요한 이유는 기독교 기관의 리더인 우리가 여간해서 '실패'를 용인할 줄 모르기 때문이다. 우리는 처음 시도해서 안 되면 너무 빨리 '실패'라는 딱지를 붙인다. 그러면 우리는 그 아이디어에는 면역이 생긴다. **이는 문간에 들어서는 마지막 걸음만 빼고는 여정의 모든 걸음을 실패로 단정하는 것과 같다.**

혁신하려면 실험해야 하고, 실험하려면 실패를 용인해야 하며, 실패를 용인하려면 환경이 안전해야 한다. 런던경영대학원의 줄리언 버킨쇼가 말했듯이, 혁신에 관한 "불변의 법칙"은 "실험하기에 안전한 환경"이 조성된 기관에서만 혁신이 이루어진다는 것이다. "기관의 엄격한 수행 평가 기준에 저지당하지 않고 … 아이디어를 '시험하고', '검증할 수 있는'" 환경이라야 한다는 말이다.[26] 실험이 중요한 이유는 학자들이 1990년대부터 알았듯이 학습 능력이 곧 최고의 경쟁력이기 때문이다.[27] 고빈다라잔과 트림블에 따르면 "성공의 비결"은 선제적 출시나 최고의 아이디어가 아니라 "신속한 학습"이다. 먼저 학습하는 쪽이 대개 경쟁에서 승리한다.[28] 요컨대 실험이 중요한 이유는 **우리가 성공보다 실패에서 더 많이 배우기** 때문이다.[29]

기독교적 상황의 실험에도 실패가 수반됨은 물론이다. 공동의 희망 이야기가 될 만한 좋은 이야기를 들려주는 단순한 일 하나만 봐도 그렇다. 처음 몇 번은 내가 이야기를 할 때 말의 억양이 이상하거나 사실의 전후 관계를 뒤바꿀지도 모른다. 틀린 말이야 하지 않겠지만, 나는 이야기를 잘하지 못할 수도 있다. 하지만 자꾸 연습(반복)할수록 더 매끄러운 버전에 도달할 것이다. 드디어 이야기를 널리 퍼뜨릴 준비가 된 것이다. 이렇게 실패를 통해 문구를 바로잡아야, 마침내 내가 아는 모든 사람에게 전해도 될 만큼 이야기가 탄탄해진다.

2) 혁신으로 이어지는 실험은 직선형이 아니라 사이클이다

하나의 실험은 학습을 낳고 그 학습은 또 다른 실험과 더 많은 학습으로 이어진다. 실험의 이런 순환성 때문에 혁신 학자들은 경험을 논할 때 다른 평가 기준을 사용한다. (IDEO와 스탠포드의) 켈리 형제에 따르면 경험을 평가하는 기준은 근무 연한이 아니라 실험 사이클의 수다. 예컨대 6개월간 매주 하나씩 시제품을 내놓은 22세 직원이 20년간 같은 일만 한 간부보다 더 많은 경험을 축적한 것이다. 그들은 혁신 학자 디에고 로드리게스의 말을 인용했는데, "정보에 바탕을 둔 직관"이라는 그의 표현은 "꾸준한 연습을 통해 경험의 데이터베이스가 구축되면 이를 기반으로 더 현명한 선택을 내릴 수 있다"라는 뜻이다. 이것은 모호성이 큰 상황에서 특히 중요하다.[30] "신속한 혁신 사이클"이 "모호한 상황에서 불안을 덜어 주기" 때문이다.[31]

실험과 학습의 사이클에서 보듯이 **대개 '성공'이란 점점 높은 수준의 능력에서 실패한다**는 뜻이다. 우리 부부는 이것을 어린 자녀의 성장을 지켜보면서 배웠다. 애들은 신발 끈을 묶거나 이불을 개거나 알파벳을 익히는 등의 새로운 기술에서 자꾸 실패했다. 그러나 무엇이든 오늘 낑낑대며 배우던 것을 내일이면 터득했고, 그다음에는 더 어려운 새로운 기술에 매달렸다. 알파벳을 익히고 나면 그림책을 읽었고, 이는 다시 이야기책 읽기로 이어지는 식이다. 하나의 기술을 터득할 때마다 다시 새로운 기술과 씨름한다. 이것은 중요한 은유다.

부실한 부분은 어느 기관에나 있게 마련이다. 그러나 성공하는 기관은 시간이 지날수록 학습 내용을 축적한다. 혁신하는 기관은 작년의 실패를 올해 또 반복하지 않으며, 덕분에 새로운 씨름에 매달릴 시간을 번다. 계속 그렇게 해 나간다. 토머스 에디슨의 실험실은 날마다 공들여 실험하고도 실패했는데, 그래도 날마다 계속한 이유는 매번의 실패에서 새로운 지식을 얻었기 때문이다. 혁신하는 기관을 평가하는 최선의 방법은 1) 매주 생성되는 아이디어 수와 2) 실험과 학습의 사이클에 걸리는 시간을 측정하는 것이다. **우리는 실패를 통해 전진한다.**

여기 교회 일을 평가할 새로운 기준이 있다. "진척 상황을 평가하라"라는 말이 있다("평가한 만큼만 수행된 것이다"라고 표현하기도 한다). 우리가 맡아 돌봐야 할 사람들의 말을 경청하여 갈망과 상실의 이야기를 수집한다 하자. 이럴 때는 동역자들에게 석 달 동안 매주 두 사람의 말을 경청하게 한 뒤, 매주 교역자 회의로 모일 때 "이번 주에 이야기를 몇 개나 경청했습니까?"라고 묻고 답변을 들으면 된다. 이야기 수를 측정하면 그들이 더 집중해서 이야기를 경청할 것이다. 갈망과 상실의 이야기를 충분히 수집하면 사람들을 더 잘 이해할 수밖에 없다.

이것은 갈망과 상실에 대응할 방법을 모색할 때도 중요하다. 혁신 학자들이 우리에게 가르쳐 주듯이 "당신의 첫 예상이 틀렸으려니" 하고[32] 실험을 통해 당신이 맡아 돌봐야 할 사람들에 대한 "당신의 신념을 시험해야" 한다.[33] 구글에서 중시하는 "사용자 경험"을 보면, 사람들이 메시지를 당신이 의도한 대로 받는 경우는 드물다.[34] 그래서 아무리 정보에 바탕을 둔 혁신이라 해도 화자의 말이 청중에게 의도대로 전달되게 하려면 실험의 사이클이 필요하다.

사람들의 갈망과 상실의 영적 의미를 해석할 때는 이것이 특히 중요하다. 잘 경청하지 않는다면 나는 사람들을 천편일률적으로 대할 것이고, 내 아이디어(영적 의미를 해석하는 방식)를 시험하지 않는다면 내 말이 그들에게 내 의도대로 전달된다고 단정할 것이다. 그래서 실험의 사이클이 필요하다.

3) 주변부에서 실험하라
공식적인 자리에서 실수가 잦으면 사람들이 우리를 이상하게 본다.

이에 대한 해결책은 주변부에서 실험하는 것이다. 물론 기독교 기관은 반대로 하는 경향이 있다. 대개 우리는 의도한 바를 거창한 계획으로 발표한다.

예컨대 나는 풀러청소년연구소와 긴밀하게 협력해서, 혁신적 방식의 청소년 사역인 "끈끈한 신앙"을 실행하려는 교회들을 훈련해 왔다.[35] 그런데 우리가 요란하게 광고하지 말고 주변부에서 먼저 실험하라고 가르쳐도 많은 교회가 반대로 한다. 이름을 붙여 새 프로그램을 광고하고 때로 로고까지 만든다. 마치 완제품인 양 홍보하는 것이다. 그러다 보니 첫 실험에 성공해도 아직 첫 단계일 뿐 완제품은 아니라서 신빙성을 잃는다. 초보자의 실수를 사람들 앞에 보란 듯이 공개하는 셈이다.

이것이 왜 나쁜 전략인지 예를 들어 살펴보자. 나는 딸에게 운전을 가르칠 때 한적한 오후에 교회 주차장으로 데려와 기본 조작을 연습하게 했다. 그런데 딸이 운전 배우기를 몹시 겁낸다고 하자. 그래서 나는 응원 부대를 동원하기로 한다. 교회 주차장에 관람석을 만들고 친구와 가족을 다 부른다. 중고등부 친구들과 할머니 할아버지까지 다 부른다. 딸이 서툴게 처음 운전대를 잡는 동안 그들이 모두 관람석에 앉아 응원한다. 딸의 이름이 적힌 배너를 들고 응원 구호를 외친다. 대학 농구 경기 때처럼 딸의 얼굴 사진을 큼직하게 오려 와서 흔들기까지 한다. 이 관심이 딸에게 응원으로 느껴질까, 아니면 부담으로 다가올까? 물론 운전을 배우기가 더 힘들어질 뿐이다. 관심을 받는 만큼 실수도 매번 증폭될 테니 말이다. 이제 그곳은 실험하기에 안전한 장소가 아니다. 실패를 통한 전진을 남들이 다 보는 데서 하기에는 위험 부담이 크다.

그런데 교회들은 결함을 손보기도 전에 혁신 프로그램을 거창한 계획으로 광고하며 거창한 약속을 내놓는다. 실험은 표시 나지 않게 시행되어야 한다. 그래야 사람들이 자유로이 실패를 딛고 성공으로 나아갈 수 있다.

중고등부 사역 실험도 로고와 주제가로 거창하게 광고할 게 아니라 평소 사역에 새로운 아이디어를 통합하는 방식으로 하면 된다. 찬양 시간의 일부를 떼어 약간 다르게 해 보라. 새로운 방식으로 가르쳐 보라. 매주 소그룹에 새로운 아이디어를 접목하라. 연례 단기 선교의 일부를 새로운 일에 할애하라. 이런 실험은 평소의 프로그램 속에 가려져 있어야 한다. 리더들 외에는 누구도 그게 실험임을 알 필요가 없다. 은밀하게 실험하면 실패를 통한 전진의 위험 부담이 줄어든다.[36] 초보자는 누구나 실수하게 마련이다.[37] 학습에는 시간이 걸린다. **초보자의 실수를 자청해서 공개하지 말라.**

4) 사람들의 피드백을 실험에 반영하라

새로운 아이디어가 나왔다 해서 학습을 마쳤다고 생각해서는 안 된다. 새로운 시제품을 개발하는 데도 많은 실험이 소요되지만, 그 시제품의 시험 단계에서도 많은 학습이 이루어진다. 우리의 시도를 평가하는 기준은 우리가 맡아 돌봐야 할 사람들의 공감을 얼마나 자아내느냐에 있으며, 따라서 그들에게 이 아이디어가 어떻게 받아들여지는지를 확인하기 전까지는 얼마나 성공할지 알 수 없다.

구글 같은 혁신 기업이 그렇게 운영된다. 구글은 일부러 신제품의 자잘한 세부 사항이 모두 확정되기 전에 사용자에게 제품을 출시한다(출시 전에 베타 검사를 충분히 거치지만 그래도 고객이 사용해 보기 전에는 제품이 완성될 수 없음을 안다). 이 또한 사용자를 위한 정책이다. 그들은 사용자가 제품을 어떻게 사용할지를 자신들이 결코 다 예측할 수 없음을 안다. 그래서 비유컨대 콘크리트가 굳어지기 전에 제품을 출시한다. 그러면 열심히 수집한 피드백을 반영하여 제품을 쉽게 보완할 수 있다. 구글에서는 이 과정을 "출시 후 개선"이라 부른다.[38]

여기서 중요한 개념은 구글이 예술가의 창작 과정을 따를 수는 없다는 것이다. 구글의 평가 기준은 청중의 수용에 있기 때문이다. 인문학에서 배우듯이 청중은 독자적으로 해석하게 되어 있다. 그런데 예술가에게는 그게 문제되지 않는다. 예술가는 표현하고 싶은 대로 창작할 뿐 그 과정이 청중의 수용과 별로 연결되어 있지 않다. 구글은 그렇게 할 수 없다. 교회도 마찬가지다. 구글의 목표는 온통 청중과 연결되어 있다. 따라서 아무리 회사의 기대작일지라도 청중이 받아들이지 않으면 단종된다. 구글에게 혁신이란 사용자와의 반복되는 대화다. 마찬가지로 **기독교적 혁신은 우리가 맡아 돌봐야 할 사람들과의 지속적 대화를 통해 이루어져야 한다.** 우리의 목표는 사람들이 일상생활을 새롭게 볼 수 있도록 영적 의미를 창출하는 것이다.

하나님이 돌보라고 맡기신 사람들의 피드백을 반영하는 사례가 또 있다. 고등학교 건물을 신축하는 학군을 생각해 보라. 나라면 교내 보도가 포장되기 전까지는 개교할 준비가 되지 않았다고 생각할 것이다. 그런데 설계사와 시공사가 수십 년째 따르고 있는 새로운 방법이 있다고 한다. 건축을 마친 다음, 건물과 건물 사이를 연결하는 모든 보도를 포장하지 않고 개교하는 것이다. 그들은 학생들이 어디로 다니는지 보고 나서 그 위치에 보도를 깐다. 그동안 추측이 빗나갔던 일에 질렸기 때문이다. 원래는 학생들의 이동 경로를 설계사가 정해서 그 설계도대로 새로운 보도를 깔았다. 그런데 처음부터 학생들은 건물 사이를 오갈 때 잔디밭으로 다녀서 그들은 낭패감을 느꼈다. 그래서 이제 시공사는 한동안 지켜본 다음에 학생들이 길을 내는 자리를 포장한다.

이것은 놀라운 은유다. 지을 건물 자체는 우리 그리스도인 리더들이 변경할 수 없다. 모든 고등학교에 화학 실험실과 역사 교실이 있어야 하듯이, 모든 기독교 프로그램은 예수님의 부활과 일상적 제자도의 소명을 다루어야 한다. 여기까지는 이미 굳어져 있는 콘크리트다. 그러나 양쪽을 연결하는 통로는 아직 포장되지 않았다. 그 보도의 위치를 정할 때, 우리는 우리에게 맡겨진 사람들과 협력해야 한다.

그 밖에도 우리가 실험에 대해 배울 수 있는 개념이 많이 있는데, 그것을 접하려면 쭉 열거하는 게 최선의 방법일 것이다.

① **실수에서 배운다.** 대다수 리더는 자신의 실수를 감춘다. 우리는 실수에서 배워야 할 중대한 책임이 있다. 우리의 실험에는 살아 있는 실존 인간이 개입되기 때문이다.[39]

② **아이디어를 폐기하지 말고 보완한다.** 우리는 새로운 아이디어를 너무 금방 포기한다. 다음번에 일이 잘 풀리지 않거든 어떻게 보완할 수 있을지 자문하라. 그런 다음에 다시 시도하라.

③ **용도가 다한 프로젝트는 폐기한다.** 새로운 아이디어를 너무 금방 포기하듯이 우리는 낡은 사역 프로젝트를 너무 오래 붙들고 있는 경향이 있다. 늘 그렇게 해 왔다는 이유만으로 지속하고 있는 일은

없는가?

④ **실패한 팀을 인정해 준다.** 우리는 실패한 팀에게 곧잘 낙인을 찍는다. 목표를 달성하지 못했으니 말이다. 하지만 아폴로 1호가 달에 착륙하지 못했다는 이유로 NASA(항공우주국)에게 낙인이 찍혔다면 어떻게 되었을까? 시도한 과정과 용기를 즐거이 인정해 주라.

⑤ **좋은 사람이 되도록 훈련한다.** 훈련하고 신뢰하라. 기업에서는 회사가 직원을 선발하지만 교회는 자원하는 이들을 중심으로 돌아간다. 선발보다 훈련이 훨씬 더 중요하다. 좋은 사람은 타고나는 게 아니라 훈련된다.

⑥ **소프트 런칭을 시도한다.** 식당 주인은 개업하기 전에 친구들을 초대해서 시식해 보게 한다. 개업한 후에도, 본격적으로 홍보하기 전에 몇 주간 모든 과정을 더 연습하고 보완한다.

⑦ **예배 시간에는 실험을 삼간다.** 예배는 교회 생활에서 가장 공적인 부분이다. 예배 시간에 새로운 프로그램을 실험하면 초보자의 실수를 공개하기로 자청하는 것이다.

이제 혁신하는 기관의 마지막 특성을 살펴볼 차례다. 앞서 말했듯이 힐 연구팀이 꼽은 혁신하는 기관의 다섯 가지 특성이 이번 장의 뼈대를 이룬다. 지금까지 목적과 가치와 협력과 실험을 살펴보았다. 마지막 특성은 통합적 결정이다.

통합적 결정

　대부분의 혁신 논의는 기기 생산에 초점을 맞추지만, 근래의 학술서에는 이야기를 생산하는 한 기업이 자주 언급된다. 바로 영화 제작사인 픽사(Pixar)다. 지금부터 픽사의 혁신 과정을 자세히 살펴볼 것이다. 이야기로 의미를 창출하는 그들의 방식이 우리가 명시한 목표와 아주 비슷하기 때문이다. 우리 목표는 공동의 기독교적 희망 이야기를 창출하여 우리가 맡아 돌봐야 할 사람들의 갈망과 상실에 대응하는 것이다. 어찌 보면 영화 관객은 픽사가 돌보도록 픽사에 맡겨진 사람들이라 할 수 있다. 픽사는 아주 신중을 기하여 주인공의 갈망과 상실에 동화할 수 있는 이야기 속으로 관객을 초대한다. 그들은 관객이 주인공의 상황에 각자를 대입하기를 원한다. **픽사의 모든 이야기는 인간 조건에 관한 것이다.** 지금부터 그 말이 무슨 의미인지 살펴보자.

　픽사 영화의 골자를 이루는 핵심 질문들을 보라. 〈토이 스토리〉(Toy Story)의 카우보이 우디는 친구들(장난감)과 소년(자신이 맡아 돌봐야 할 사람) 사이에서 한쪽을 택해야 한다. 우정과 도리 중에서 무엇이 더 중요하냐고 묻는 영화다. 〈벅스 라이프〉(A Bug's Life)의 주인공은 목적과 소명을 발견한다. 감독에 따르면, 〈토이 스토리 2〉는 "사랑 없이 영원히 살 수 있다면 당신은 그 삶을 택하겠는가?"를 묻는다.[40] 〈토이 스토리 3〉는 내려놓음을 주제로 이렇게 묻는다. 이제는 돌볼 책임이 없는 대상을 어떻게 계속 사랑할 것인가? 마찬가지로 배우 민디 케일링은 영화 〈인사이드 아웃〉(Inside Out)을 "성장이란 고단한 과정이며 그래서 슬퍼해도 괜찮다고 아이들에게 말해 주는 이야기"라고 요약했다.[41] 영화 〈업〉(Up)의 첫 시퀀스에 나오는 갈망과 상실은 앞서 3장에서 설명한 바 있다. 이렇듯 픽사의 각 영화는 근원적 인간 조건과 맞물려 있다. 그러니 관객의 공감을 자아내는 것도 우연은 아니다.

우선 혁신적 기관 문화의 창달과 관련해서 여태 우리가 살펴본 교훈을 픽사가 어떻게 구현하는지 살펴본 뒤, 이 기관의 혁신 과정이 우리가 본받을 만한 것인지 알아보자.

이번 장 서두에서 **정체성을 낳는 목적**을 논했다. 픽사는 자사의 목적이 무엇인지, 무엇이 목적이 아닌지 확실히 알고 있다. 대다수 사람들은 픽사가 애니메이션을 컴퓨터로 생성하는 스튜디오라고 말할 테지만 픽사의 말은 다르다. 애니메이션에 컴퓨터를 쓰는 것은 맞지만 그게 픽사의 존재 이유는 아니다. 그들에게 컴퓨터 애니메이션은 목표가 아니라 수단에 불과하다. 픽사는 이야기를 하려고 존재한다. 특히 공감을 자아내 청중을 끌어들이는 이야기다. 처음부터 "'이야기는 왕이다'가 최고 원칙이었고" 지금도 그것이 그들을 "규정하는 목표"다.[42] 그 목표를 추구하기 위해 컴퓨터로 생성하는 애니메이션을 사용할 뿐이다.

가치의 공유 면에서도 픽사는 아주 명쾌하다. (오랫동안 픽사 사장을 지낸) 에드 캣멀은 픽사의 핵심 가치인 "솔직함"에 대해 썼다.[43] 그들은 그것을 "덕"이라 칭하는데 이는 아주 기독교적인 용어다. 픽사에서 "솔직함이란 단어는 진실을 말할 뿐 아니라 주저함이 없다는 뜻이다." 주요 이야기 작가들은 서로 대화할 때 노골적이다. 캣멀에 따르면 "건강한 창작 문화의 특징은 사람들이 아이디어와 의견과 비판을 자유로이 나눈다는 것이다. 솔직하지 못한 환경을 그냥 두면 역기능을 낳는다."[44]

이 예는 건강한 기관이 서로 충돌하는 신념을 어떻게 관리하는지를 보여 준다. 대다수 기관은 솔직함을 중시하지만 예의를 더 중시한다.[45] 대다수 기관에서 내가 동료의 영화 각본에 결함이 있어 보인다고 직언하는 것은 정중하지 못하다. 하지만 픽사에서는 문제가 있어 보이는데도 입을 닫고 있는 것이 무례한 행동이다.

이 솔직함에는 부가 혜택도 있다. 나 자신의 견해도 개선될 여지가 생긴다는 것이다. 당신의 각본에 문제가 있어 보인다고 내 의견을 말하지 않으면, 그런 내 의견이 바뀔 기회가 생기지 않는다. 그러나 내가 지적하면 당신도 내게 솔직하게 답할 테고, 덕분에 나는 처음부터 내가 중요한 부분을 놓쳐 잘못 알고 있었음을 배울 수 있다. 또는 둘 사이에 대화가 시작되어 결국 양쪽 다 뭔가를 배울 수도 있다. 내가 솔직하지 못하면 모순된 메시지를 보내게 된다. 속으로는 틀렸다고 생각하면서 말로만 좋다고 할 것이다. 크리스 아지리스가 지적했듯이 솔직하지 못한 기관은 모순된 메시지로 인한 혼돈에서 헤어나지 못한다.[46] 솔직함은 다양한 견해를 북돋는다.

그러나 솔직함을 오해하거나 오용하면, 많은 문제를 낳을 수 있다. 특히 솔직함이 비열해지거나 상대를 비하하는 데 쓰인다면 더하다. 픽사가 어떻게 건강한 교류의 장을 창출하는지를 몇 문단에 걸쳐 아주 자세히 논하겠지만, 일단 짚어 둘 게 있다. 사람들의 공감을 자아내는 좋은 영화를 만든다는 최종 목표가 워낙 공고한 가치라서, 나쁜 행동은 거기에 밀려나는 경향이 있다. 나쁜 행동은 나쁜 영화를 낳는데 나쁜 영화는 용납될 수 없다. 그러니 변질된 솔직함도 용납될 수 없다.[47]

교회에 솔직함이 결여되면 사역이 시대에 뒤처진다. 얼마 전에 내가 만난 교역자 팀은 이렇게 물었다. "사랑하는 우리 담임목사님은 60세 이하 교인들과는 동떨어진 인식을 가지고 있는데, 그것을 우리가 어떻게 말해 줄 수 있을까요?" 그 교회의 문화에 의하면, 예의바른 사람은 결코 아무도 비판해서는 안 된다. 픽사에서는 모두가 비판을 장려한다. 픽사는 나쁜 영화를 용납하지 않는다. 교회도 시대에 뒤처진 사역을 용납해서는 안 된다. 나쁜 영화와 관계된 픽사의 경험에서 우리가 무엇을 배울 수 있는지 보자.

캣멀이 분명히 말하는 게 하나 있다. 수상작까지 포함해서 픽사 영화도 처음에는 다 나쁘다는 것이다. 그래서 실험이 그토록 중요하다. 캣멀에 따르면, 처음에 "(모든) 우리 영화는 '못생긴 아기'다. 성인의 예쁜 축소판이 아니라 정말 못생겼다. 엉성하고 미숙하고 취약하고 부실하다. 자라려면 시간과 인내라는 양분이 필요하다." 이 부분에서 경영진의 역할이 중요하다. "우리가 할 일은 제작진이 너무 속단하지 않도록 아기를 보호해 주는 것이다. 새것을 지키는 게 우리의 임무다."[48]

"못생긴 아기"라는 개념이 내게 큰 위안이 된다. 앞서 배웠듯이 새로운 아이디어를 폐기하지 않고 "보완하는" 게 중요하다. 픽사는 모든 새 아이디어가 처음에는 흉한 모습이리라는 것을 안다. 아기가 자라 스튜디오의 기대작이 되려면 브레인트러스트(아래에 설명이 나온다)의 많은 사이클(많은 반복)을 거쳐야 한다. 그동안 리더가 할 일은 사이클을 지속하는 것이다. 아름다운 작품이 나올 때까지 자꾸 반복하는 것이다.

담임목사의 설교가 현실과 동떨어져 있다는 그 교역자 팀에게 나는 뭐라고 답했을까? 그들의 관할권에서부터 시작하라고 말해 주었다. 즉 우선 그들끼리 시작하는 것이다. 교역자 회의에서 솔직함의 중요성을 거론하라. 서로에게 솔직하게 말하라(아직 담임목사에게는 그렇게 할 수 없다). 솔직함이 어떻게 도움이 되는지 담임목사에게 보여 주라. 그러고 나서 그를 대화 속으로 초대하라. 어휘를 심으라. "솔직함"이란 단어를 쓰라. 그러면서 교역자들에게 솔직하게 말해 달라고 담임목사에게 부탁하라. 일단 어휘를 심었으면 이제 서서히 그것을 그의 삶 속에 들여놓을 수 있다. 처음부터 그의 설교를 비판하지 말라. 그러면 너무 위험 부담이 크다. 더 안전한 주제를 찾아 솔직함을 연습하라. 그에게 변화의 대가가 별로 따르지 않을 만한 주제라야 한다. 거기까지 했을 때, 그다음에 서서히 가장 민감한 주제를 언급할 수 있다. 솔직함을 장려하려면 솔직해지고 싶은 마음을 불러일으켜야 한다.

캣멀은 혁신하는 기관의 리더들에게는 누구와도 공유할 수 없는 특수한 역할이 있다고 믿는다. 수석 리더가 "새것을 지켜야" 하는 이유는 기관의 타성(캣멀의 표현으로 하면, "굶주린 야수")이 모든 취약한 것을 본능적으로 삼켜 버리기 때문이다. 물론 새것이라고 다 살아남을 수 있거나 살아남아야 하는 게 아님은 캣멀도 안다. 자라지 못하는 묘목도 있음을 그도 인정한다. 하지만 그는 혁신의 속성 중에 수석 리더가 부담해야 할 부분이 있음도 안다. "처음 내놓은 독창적 아이디어는 볼품없고 애매할 수 있으나, 한편으로는 고질적 고정 관념의 반대이기도 하다. **바로 그 점이 아이디어의 매력이다**"라고 그는 말한다.[49]

일상 업무라는 굶주린 야수에게는 못생긴 아기에게 더 자원을 들일 가치가 있는지 판단할 기준이 없다. **기관은 혁신적 아이디어를 무시하도록 조정되어 있는데, 아이디어가 혁신적일수록 더 그렇다.**[50] 그래서 수석 리더인 "우리가 할 일은 이해가 부족한 이들로부터 새것을 지키는 것이다."[51] 그 사례로 캣멀은 앤드루 스탠턴이 아카데미 수상작 〈니모를 찾아서〉(Finding Nemo)의 아이디어를 처음 제안했을 때의 일화를 소개했다. 스탠턴이 내놓은 줄거리는 여러 복잡한 하부 이야기와 산만한 회상 장면이 엉망으로 뒤엉켜 있었다. 그 이야기는 그야말로 못생긴 아기였다. 그러나 이 기획을 들은 캣멀과 존 래시터는 딱 두 가지만 보고 프로젝트를 승인하고 서명했다. 하나는 그것이 물고기에 대한 이야기라는 것, 또 하나는 "앤드루가 하려는 이야기가 부자 관계에 흔히 수반되는 독립 투쟁의 핵심을 찔렀다"라는 것이었다.[52] 다시 말해, 그것은 인간 조건에 대한 이야기였다. 그래서 캣멀은 이 못생긴 아기를 자신이 보호해야 함을 알았고, 못생김의 문제는 픽사의 제작 과정에서(특히 솔직함이라는 가치를 통해) 해결되리라 믿었다. 솔직함과 보호라는 두 가지 덕은 서로 짝을 이룬다.[53]

굶주린 야수에 비유되는 일상 업무에 대해 하나 더 말할 게 있다. 우리가 수십 개 교회의 혁신 과정을 지도하면서 보니 교회들이 혁신을 포기하는 주된 이유는 일상 업무가 혁신 프로젝트를 삼켜 버리기 때문이었다. 그래서 별도의 시간에 따로 모여 회의하는 게 매우 중요하다. 예컨대 중고등부 사역자들이 사역 팀과 함께하는 정기 모임에 혁신적 요소를 넣으려 했을 때, 운영해야 할 기존 프로그램이 그 프로젝트를 삼켜 버렸고, 교회 리더들이 정기 교역자 회의에 혁신적 요소를 넣으려 했을 때도 굶주린 야수가 그것을 삼켜 버렸다. 픽사가 우리에게 가르쳐 주듯이 리더의 역할은 일상 업무라는 굶주린 야수로부터 혁신을 보호하는 것이다.

지금까지 힐 연구팀이 말한 목적과 가치와 협력을 픽사가 어떻게 구현하는지 살펴보았다.[54] 픽사의 사례가 기독교 기관의 혁신에 특히 공감을 자아내는 이유는 그들이 창출하는 게 기기가 아니라 이야기라서 그렇다. 그리스도인들처럼 픽사도 이야기로 의미를 창출하며, 그 의미로 우리의 사고 모델을 바꿔 놓기까지 한다.[55] 픽사의 사례에서, 혁신하는 기관의 그다음 특성인 **실험 위주의 발견에 의한 학습**도 살펴보자.

발견에 의한 학습은 각 영화가 일련의 실험으로서 진화하기 때문에 가능하다. 〈니모를 찾아서〉의 첫 기획 후에 래시터와 캣멀은 앤드루 스탠턴에게 이야기를 다시 다듬게 했다. 더 많은 사이클을 통해 등장인물별 시제품도 실험했다. 그들은 스토리보드에 영화의 흐름을 그렸고, 그것으로 미흡하자 또 다른 사이클을 반복했다. 신속하게 많은 사이클을 거친 것이다. 덕분에 반복 실험의 성과를 거둘 수 있었다. 줄거리의 투박한 대목들은 올바른 방향으로 가는 단계였을 뿐, 이를 실패로 여긴 적은 한 번도 없었다. 다만 그들은 아이디어를 대중에게 너무 일찍 공개하는 과오를 범하지 않았다. 우리 그리스도인은 새로운 프로그램을 광고한 뒤 초보자의 실수를 대중에게 자청해서 보여 주기를 좋아한다. 이는 마치 픽사가 레드 카펫 시사회를 열어 '못생긴 아기'를 공개하는 것이나 같다. 픽사는 신속한 반복 실험을 중시한다.

힐 연구팀은 혁신 모델의 마지막 특성인 **통합적 결정**도 간략히 설명한다. 통합적 결정의 취지는 솔직한 토론의 장을 마련하는 것이다. 그곳에서는 솔직하게 말하는 게 파괴적이지 않고 오히려 생산적이고 건설적이다. 캣멀에 따르면, 목표는 "똑똑하고 열정적인 사람들을 한 방에 모아 놓고 서로 솔직하게 말하면서 문제를 파악하고 해결하게 하는" 것이다. 그가 믿기에 "솔직함이라는 중요한 요소가 없이는 신뢰가 있을 수 없고, 신뢰가 없이는 창의적 협력이 불가능하다." 그래서 수석 리더로서 그의 "주된 역할"은 "회의의 기반이 되는 협약을 확실히 보호하고 유지하는" 것이다.[56] "협약"이란 단어가 중요하다. 여기서 우리는 집단을 결집하는 사회 협약(또는 사회 계약)을 떠올려야 한다. 이 계약 덕분에 집단은 공동체가 된다. 협약 개념을 이해하려면 픽사에서 솔직함을 표현하는 장을 이해해야 하는데, 그것을 그들은 브레인트러스트(Brain Trust)라 칭한다.

브레인트러스트는 "몇 달에 한 번씩 모여 툭 터놓고 대화하며 각 영화의 제작을 평가하는 픽사의 주요 회의 방식"이다. 처음에는 픽사 영화의 작가와 감독이 될 창작 리더들의 회의로 시작되었으나, 시간이 지나면서 "이야기 제작에 재주만 있으면 되는" 다양한 사람을 참여시켰다(픽사에서는 기관의 목적을 이야기가 이끈다는 점에서 "이야기가 왕이기" 때문이다). 픽사 영화로 발전할 이야기를 다듬는 게 회의의 목적인 만큼 이야기를 강조하는 게 중요하다. 각 참석자의 신뢰성도 이 목표에 기여하는 능력에 달려 있다(예컨대 캣멀은 경영을 위해 참석하지만, 이야기 제작 쪽은 잘 모르므로 대체로 침묵한다). "아이디어에 대한 공로를 인정받거나 상사에게 잘 보이거나, 그냥 점수를 따려는 등의 다른 동기"는 회의석상의 누구에게도 허용되지 않는다.[57] 좋은 이야기를 만드는 것만이 중요하다.

그럼에도 창의적인 사람들이 한자리에 그렇게 많이 모이면 문제가 생긴다. 아이디어가 너무 많아 한 이야기 속에 다 담을 수 없고, 내게 중요한 세부 사항이 당신에게는 중요하지 않을 수 있다. 이 문제를 해결하기 위해 브레인트러스트는 각 영화마다 감독을 한 명씩만 지정한다. 최종 결정은 감독의 관점에 달려 있다. 어떤 조언을 폐기하고 어떤 피드백을 반영할지를 감독이 정한다. 이렇게 누구의 관점이 가장 중요한지가 명확하다 보니 거기서 중요한 원칙이 도출된다. "브레인트러스트 자체는 권위가 없다. 중요한 것은 감독이 특정한 제안을 하나도 따르지 않아도 된다는 것이다." **브레인트러스트는 명령하는 게 아니라 아이디어를 생성한다.** 이렇게 권력의 역학을 없앰으로써 픽사는 "누구나 서로의 견해를 듣고 싶은 환경"을 조성한다.[58]

캣멀은 "우리는 영화 제작자들에게 **자유와 책임을** 함께 준다"라고 말한다. 그런 면에서 브레인트러스트는 "포용적 환경"이다. 즉 "적응적 도전"에 대응하기에 이상적인 환경이다(이런 용어에 대한 설명은 8장을 참조하라). 포용적 환경은 사람들이 정체되어 있을 수 없을 만큼 불편하면서도 새로운 존재 방식을 실험할 수 있을 만큼 안전해야 한다. 로널드 하이페츠에 따르면 리더는 "열기를 높여" 불편하게 하고, "열기를 낮추어" 안전하게 해야 한다.[59] 책임은 (서로의 피드백을 통해) 열기를 높이고, 자유는 (각자의 자율을 통해) 열기를 낮춘다. 그래서 브레인트러스트 회의는 포용적 환경이 된다.

열기의 개념에 대해 하나 더 말할 게 있다. 하이페츠가 쓴 "열기"라는 말은, 피하고 싶은 문제를 직면해야 하는 데서 오는 불편 수위를 뜻한다. 그러나 열기를 다른 의미로 논할 수도 있다. 때로 그것은 갈등에 수반되는 불화를 뜻한다. 예컨대 문제를 해결하기는커녕 오히려 화만 돋우는 대화도 있다.

솔직함이 회의를 지배하면 기분이 상할 일도 있을까? 서로 소리를 지르기도 할까? 열정적인 사람의 주장이 너무 열정으로 치달아 상대에게 상처를 입힐 수도 있을까? 픽사의 감독인 브래드 버드는 컨설팅 기업 맥킨지&컴퍼니와의 인터뷰에서 열정의 역할에 대한 질문을 받았다. 실제로 맥킨지의 질문은 혁신가가 분노할 필요도 있느냐는 것이었는데, 버드는 이렇게 답했다. "**열심인** 사람이 혁신에 더 능하다고 할 수 있습니다. 열정적 참여는 자신을 행복하게 할 때도 있고 비참하게 할 때도 있지만, 그래도 열심히 개입하는 사람이 더 낫습니다. 열심인 사람은 조용할 수도 시끄러울 수도 있고 중간 어디쯤일 수도 있지만, 공통점은 '문제를 해결하고 싶다. 꼭 **하고** 싶은 일이 있다'라는 마음으로 집요하게 깊이 캔다는 겁니다. 감열 유리가 있다면 그들이 발산하는 열이 보일 것입니다."[60]

그렇다면 여기 열기의 세 번째 의미가 있다. 바로 열심인 사람에게서 뿜어져 나오는 열정이다. 그래서 우리는 열심 있는 사람들이 때로 시끄럽게 서로 논쟁할 수도 있음을 인정해야 한다. 필요하다면 언성을 높여서라도 논쟁하되 기분이 아주 상하지 않는 법을 사람들에게 가르쳐야 한다. 당신의 말이 비열하게 느껴지고 당신의 목소리가 커질지라도 나는 당신의 솔직한 말을 들어야 한다. 당신이 공감하며 경청했음을 내가 알기 때문이고, 당신이 단지 자신의 영역을 지키려는 게 아니라 공동의 목표를 이루려는 것임을 내가 믿기 때문이다. 마찬가지로 똑같이 격렬한 내 답변을 당신도 들어야 한다. 결국 우리는 파트너로 남아야 한다. 결혼 상담에서 젊은이들에게 으레 하는 말처럼 모든 부부는 싸우는 법을 배워야 한다. 내 친구의 표현으로 "당신과 내가 서로 싸우는 게 아니라 둘이 함께 문제와 싸울 줄" 알아야 한다.[61] 혁신에 열심인 그리스도인들에게도 우리는 똑같이 가르쳐야 한다.

브레인트러스트는 어떻게 진행될까? 회의 때마다 팀은 각본의 진척 상황을 점검한다. 해당 이야기의 실험이 어떻게 진행되고 있는지를 살펴 잘되는 부분과 문제점을 파악한다. 영화 〈토이 스토리 3〉에 대한 브레인트러스트 회의를 예로 들어 보자. 각본가 마이클 안트는 줄거리에 자신이 몰랐던 문제가 있다는 지적을 받았다. 캣멀에 따르면, 이 각본의 중요한 전환점은 "탁아소 장난감들의 비열한 리더인 분홍색 곰 인형 로초가 장난감들의 반란에 무너지는 시점이다. 그런데 문제는 반란의 개연성이 떨어진다는 것이었다." 앤드루 스탠턴은 로초가 스탈린 같고 빅베이비라는 거구의 장난감은 스탈린의 군대 같다고 말했다. 군대가 반란을 일으키려면 그만한 이유가 있어야 했다. 스탠턴은 문제의 해법을 설명하지는 않았으나 안트에게 배경의 구성에 필요한 피드백을 주었다. 빅베이비가 그 배경을 알고 나면 충정을 거둘 수밖에 없게끔 말이다.[62] 요지는 스탠턴이 솔직히 말해 주지 않았다면 안트가 문제를 해결하기는커녕 그 문제를 인식조차 하지 못했으리라는 것이다.[63]

브레인트러스트 개념을 기독교 기관에서 어떻게 시행할 수 있을까? 사례 연구를 하나 보자.[64] 에벤에셀 파트너십은 어린이집과 교육 프로그램, 푸드 뱅크, 상담소, 취업 훈련과 알선 서비스를 운영하는 도심 사회복지 기관이다. 버트 마틴은 신임 대표, 주디는 어린이집 원장, 매기는 취업 프로그램 책임자다. 상담소와 푸드 뱅크에도 각각 팀장이 있으나 이 사례에는 포함되지 않는다. 일반적으로 다른 기관의 대표들은 정기 임원 회의를 소집하여 예산 같은 행정 업무를 조율한다. 버트도 그렇게만 해도 문제될 게 없다. 그러나 버트는 각 분과를 픽사가 영화를 대하듯이 대하고, 주디와 매기를 픽사가 감독을 대하듯이 대할 수도 있다. 매달 그가 네 분과의 팀장을 소집하여 브레인트러스트처럼 함께 회의한다는 뜻이다. 그들은 추진 중인 프로젝트를 제시하며 피드백을 청할 것이고, 서로에게 솔직하되 교만하지 않게 말할 것이다. 그 뒤에 버트는 각자에게 비전대로 실행할 것을 주문할 것이다.

이 모두가 이론상으로는 쉽지만, 실제로는 어렵다. 크리스 아지리스는 직원들에게 권한을 부여한다는 개념이 틀렸음을 폭로한 기사에서 이 일을 실천하기가 심히 어려운 이유를 설명했다. 브레인트러스트의 핵심은 감독이 자유와 책임을 **둘 다** 수용하는 데 있다. 경영자가 직원에게 권한을 부여한다는 것도 경영자는 권력을 내려놓고 직원들은 책임을 수용한다는 의미다. 그런데 아지리스에 따르면 대다수 직원과 경영자는 교묘한 게임으로 권한 부여를 무산시킨다. 경영자는 권력을 내려놓는 척만 하고 직원들도 경영자의 묵인하에 책임지는 척만 한다. 사실 경영자는 통제권을 잃을 마음이 없고, 직원들은 책임질 마음이 없다. 그래서 양쪽이 공모하여 흉내만 낸다. 브레인트러스트 모델이 효과를 낼 수 있으려면 양쪽 다 약속을 이행해야 한다.

에벤에셀 파트너십의 경우도 마찬가지다. 버트가 신임 대표로 부임해서 보니, 주디는 늦게 출근해서 일찍 퇴근하고 직원들을 거의 감독하지 않는다. 매기는 모금 담당이라는 부수 업무 때문에 본업인 취업 알선에 집중할 수 없다. 이런 현실을 브레인트러스트에 어떻게 적용할 수 있을까?

주디가 참석하면 브레인트러스트는 파행할 것이다. 이 회의에 수반되는 책임을 그녀가 선뜻 수용할 리 없을 테니 말이다. 다시 말해서 브레인트러스트는 적임자들이 모여야만 효과를 낸다. 브레인트러스트란 적임자들에게 혁신 (작업)의 재량을 부여하는 방식이다. 그 역할을 부적격자들에게 잘못 맡기면 브레인트러스트를 해도 소용없다. 픽사는 좋은 이야기 작가들을 발굴하여 그들에게 최적의 환경을 부여했다. 하지만 엉뚱한 씨앗에서는 결코 좋은 묘목이 나오지 않는다. 반면에 매기는 열정과 재능을 겸비했기 때문에 브레인트러스트의 좋은 멤버가 될 수 있다. 다만 버트의 입장에서 매기가 취업 알선 및 직업 훈련 업무를 정말 혁신하기를 기대한다면, 그녀를 모금 업무에서 놓아줘야 할 것이다. 브레인트러스트가 기독교 기관에서 효과를 낼 수 있으려면 적임자를 찾아 혁신 작업의 재량을 부여해야 한다.

지금까지 몇 페이지에 걸쳐 혁신을 꽃피울 만한 기관의 환경에 대해 알아보았다. "아이디어는 묘목과 같다"라는 개념을 받아들인다면, 우리는 혁신을 북돋아 줄 환경을 원하게 된다. 그런 교회 문화에는 1) 정체성을 낳는 목적, 2) 가치의 공유가 있고, 아울러 3) 다양성이 풍부한 협력, 4) 실험 위주의 학습, 5) 통합적 결정을 중심으로 혁신을 이루어 나갈 역량도 있다.

8.

공동체와 혁신

변화를 두려워하는 사람들을 어떻게 도울 것인가

혁신은 변화를 요구한다. 그런데 교회는 대개 변화되는 법을 모르고, 그리스도인 리더들은 대개 변화를 이끄는 법을 모른다. 기민한 리더만이 자신이 어떤 변화에 직면해 있고 사람들을 어떻게 그 속으로 이끌어야 하는지를 안다. 지난 몇 년 동안 내가 수백 개 교회를 도우면서 자주 들은 공통된 주제가 있다. 리더들에 따르면, 무엇을 해야 할지를 배우는 것보다 어떻게 해내야 할지를 아는 게 훨씬 더 어렵다.

이번 장의 목적은 변화를 일으키는 단계로 당신을 인도하는 데 있다. 구체적으로 질문 하나에 집중할 것이다. **반드시 변화되어야 하는데도 한사코 변화를 거부하는 사람들을 어떻게 도와 그들이 변화되게 할 것인가?** 이 질문이 혁신 작업에 특히 중요한 이유는 수많은 교회가 그런 상태에 있기 때문이다. 사람들의 필요가 달라졌으니 우리도 변화되어야 한다는 것은 알겠는데 그런 일을 시도할 생각만 해도 아찔하다. 그래서 우리는 변화에 저항한다. 이번 장의 통찰은 하버드 케네디스쿨(행정대학원)의 로널드 하이페츠가 수행한 연구에 기초한 것이다.

하이페츠는 필요한 변화에 함께 직면하여 사람들과 동행하는 법을 보여 준다. 이번 장은 두 이야기로 시작된다. 절대적으로 확실히 변화되어야 했는데도 절대적으로 확실히 변화가 요원해 보였던 두 집단의 실화다. 각 이야기 속에 자신을 대입해 보라. 당신이라면 무엇을 하겠으며 어떻게 대응하겠는가? 두 이야기에 이어, 당신이 비슷한 변화에 직면했을 때 따를 수 있는 8단계(시도할 만한 긍정적 방안)를 제시할 것이다. 첫 번째 사연의 무대는 워싱턴주다.

하이페츠는 타코마 외곽의 한 지역 사회에서 있었던 일을 소개한다.[1] 이 이야기를 타코마 사례라 하자. 구리 제련 공장이 대기 중에 비소를 뿜어 내고 있었다. 수십 년간 공장 인근 주민들은 아무런 문제가 없는 척했다. 비소는 눈에 보이지 않았다. 주민들은 자녀들이 대대로 여느 아이 못지않게 건강해 보였다고 말했다. 그러나 환경보호청(EPA)의 데이터에 따르면, 이 공장은 그 지역을 (만(灣) 저편의 배션 섬까지) 유해 물질로 오염시키고 있었다.

EPA는 우선 충격 요법을 써서 주민들이 문제를 부정하지 못하게 했다. 공장을 폐쇄하겠다고 엄포를 놓은 것이다. 주민들은 어떻게 반응했을까? 주민을 보호하려는 정부에게 고마워하는 듯한 사람은 거의 없었다. 오히려 (3대째 공장 직원이기도 한) 전직 시장은 "정부가 우리 자녀들의 생계 수단을 박탈하려 한다"라고 말했다.[2] 그는 발끈하여 문제를 정부 탓으로 돌렸다. 분노에 사로잡혀 여전히 문제를 외면한 것이다. 그의 생각에, 문제는 공장이 하늘에 독가스를 뿜어내는 게 아니라 정부가 그들의 일자리를 빼앗는 것이었다. 지금은 정부의 조치가 옳았다는 것을 아무도 부인하지 않지만, 그때의 그들은 정부를 비난했다. 다행히 EPA가 지역 사회를 잘 설득한 결과 타코마 사례는 결국 희망의 이야기가 되었다.

그때 EPA는 사람들을 주민 회의에 소집하여 향후 절차와 관련 문제에 대해 교육했다. 주민들은 두 집단으로 갈렸다. 한 집단은 모임에 나올 때 옷에 "일자리"라고 쓴 표찰을 달았고, 다른 집단의 표찰에는 "건강"이라고 적혀 있었다. 얼마 후에는 모두 EPA를 비난했다. EPA가 만들어 낸 문제이니 "결자해지"하라는 것이다. 급기야 이 일은 전국의 주목을 끌었다. 〈뉴욕 타임스〉를 비롯한 많은 신문이 EPA를 혹평했고, 한 환경 단체는 EPA가 "책임을 회피하려" 한다고 주장했다. 난감한 선택을 정부가 감당해야 하고, 지역 사회에 어떤 변화가 필요한지를 EPA가 결정해야 한다는 것이었다. 한 지역 주민은 "우리는 정부를 운영하라고 사람들을 선출한 것이다. 그런데 자기들은 손 떼고 우리더러 대신 운영하란 말인가"라고 말했다.[3]

　　그래도 EPA는 주민들이 어떻게 변화될 것인지는 그들 자신만이 결정할 수 있다고 말했다. 그래서 계속 모임을 열어서 문제점과 가능한 대책에 대해 교육했다. 결국 상황이 반전되었다. 주민 일부가 새로운 표찰을 달기 시작한 것이다. 표찰에 새긴 글귀는 "일자리"나 "건강"이 아니라 "양쪽 다"였다. 머잖아 그들은 애초에 의도했던 대안을 제시하라고 EPA 측에 요구했다. 다만 이제는 저항하지 않고 받아들였다. 결국 EPA는 공장을 폐쇄할 필요가 없었다. 모기업에서 자진 폐쇄했기 때문이다.[4] 공장이 폐쇄될 즈음에는 다행히 주민들이 직업 훈련 및 다른 대안을 수용할 준비가 되어 있었다. 몇 년 후 인근 제지 공장에서 수질 오염 문제가 발생했을 때 실제로 그들도 타코마 사례를 그대로 따랐다. 한 지역 관리의 표현에 따르면, 이제 지역 사회가 "문제를 소송으로 해결하려 하기보다 공동 대처하는 데 익숙해져 있었기" 때문이다.[5]

　　타코마 사례가 중요한 이유는 반드시 변화되어야 하는데 한사코 변화를 거부했던 사람들의 이야기라서 그렇다. 하지만 결국 변화의 길을 찾아냈기 때문에 그것은 희망의 이야기이기도 하다. 그래도 교회의 사례는 아니다. 교회 환경에서는 그것이 어떤 모습으로 나타날까? 이제 두 번째 사례를 살펴보자.

한국의 서울 인근에 절대적으로 이전해야 하는데 절대적으로 이전할 수 없는 교회가 있었다. 교회가 커져서 건물과 주차장이 너무 좁았다.[6] 이 교회의 사명에는 당연히 전도도 들어 있었다. 그래서 목사는 몇 킬로미터 떨어진 곳으로 교회를 이전하고 싶었다. 복음을 듣기 원하는 더 많은 사람을 넉넉한 공간에서 환영할 수 있도록 말이다. 그런데 문제가 있었다.

목사가 교회 이전 문제를 언급하자 많은 장로가 반대했다. 그 교회 건물은 장로들과 교인들에게 상징적으로 아주 중요한 의미가 있었다. 일제 강점기에 한국인은 하나님을 예배하는 게 금지되었는데, 이 교회는 거기에 항거하여 건물을 지었다. 일본군이 몰려와 건물 외벽에 판자를 둘러쳤을 때도 교인들은 바로 문밖에서 예배했다. 그러다 죽임을 당한 이들도 있었다. 이 건물은 공동체가 일본 침략군에 맞서 예수님께 충정을 지킨 곳이었다. 한 장로는 교인들의 정서를 "내 선조가 여기서 죽었고 내 형제들이 직접 벽돌을 쌓아 건물을 올렸다"라는 말로 요약했다. 그러니 교회가 건물을 버릴 수 없었던 것이다.

진퇴양난의 상황이었다. 목사는 교회가 전도의 사명을 존중하려면 절대적으로 확실히 교회를 이전해야 함을 알았지만, 절대적으로 확실히 교회 이전이 요원하다는 것도 알았다. 이전할 경우 어떻게 선조를 존중한다고 말할 수 있을지 교인들이 막막해했기 때문이다. 두 신념이 상충되는 전형적 사례였다. 교회의 사명과 교회의 순교자들을 둘 다 존중할 방도가 보이지 않았다. 이제 목사는 어떻게 해야 할 것인가?

한국 목사들은 교회와 지역 사회에서 큰 권위를 지닌다. 따라서 그 목사도 교인들의 반대를 무릅쓰고 교회를 대신해 결정할 수도 있었다. 한국 목사들이 자신의 소신에 충실한 것은 전통이기도 하다. 하지만 한국 장로들에게도 큰 권위가 있다. 교회 리더로 정식 임명된 선출 장로는 물론이고 나이가 지긋한 원로도 마찬가지다. 그런가 하면 순교자들에게도 무언의 권위가 있다. 그들은 이 건물에서 예배할 수 있는 교인들의 권리를 수호하고자 목숨을 버렸다.

대개 이런 상황에서 한국 목사들은 자기 권한을 행사하는 쪽을 선택할 것이다. 그 때문에 일부 장로가 교회를 떠난다 할지라도 말이다. 그러나 이 목사는 교회의 분열을 원하지 않았다. 아니면, 교회 이전 문제를 접어 두려는 목사도 있을 수 있다. 해묵은 상처가 너무 많이 불거져 나올 테니 말이다. 그러나 이 목사는 교회가 커져서 기존 시설로는 교인들을 감당할 수 없음을 알았다. 문제가 저절로 사라질 것처럼 행세하는 것도 좋은 해법은 아니었다.

그래서 목사는 장로들에게 자신의 결정을 알렸다. 장로들이 만장일치로 찬성하기 전에는 교회를 이전하지 않겠다고 말이다. 교회 이전을 반대하던 이들은 물론 기뻐하며 자신들이 이겼다고 말했다. 자신들이 교회 이전에 찬성표를 던질 일은 없을 테니 말이다. 목사가 만장일치로 하겠다고 발표하자 열기는 가라앉았지만, 그 대신 그들은 문제를 회피하려 했다. 당연히 그 장로들은 목사가 더는 교회 이전 가능성을 언급하지 않기를 원했다. 이미 자신들이 이겼으니 말이다.

그다음 순서로 목사는 그 장로들에게 하이페츠가 말한 "현실의 고통"을 느끼게 해 주었다. 기존 건물에 남아 있으면 여러 심각하고 중대한 문제가 생긴다는 것을 그들이 알아야 했다. 그래서 목사는 설문 조사를 실시해서 교실과 주차에 관한 고충을 모아 장로들에게 서면으로 보여 주었다. 문서에 따르면, 주차 공간을 찾아 15분간 교회 주위를 빙빙 돌아야 했던 이들도 있었다. 이렇게 장로들의 마음속에 교인들의 고충을 심어 주자 그들도 문제를 부정하기 어려워졌다. 다시 말해서 목사는 그들을 이야기 속으로 초대하여 그들의 회피에 제동을 걸었다.

하지만 설문 조사 결과가 나왔을 때도 목사는 자신의 뜻을 밀어붙이지 않았다. 교인들의 고충을 알려 열기를 높인 목사는 이제 조사 결과에 대한 논의를 장로들의 속도에 맡겨 열기를 낮추었다. 그들이 꼼짝없이 덫에 걸렸다고 느끼는 것은 그들이 문제를 부정하는 것만큼이나 목사가 원하는 바가 아니었다. 목사는 장로들에게 계속 문제에 집중하게 하면서도 자신의 권한을 내세우지는 않았다. "이 프로젝트에 모두가 동의할 때까지 저는 기다리겠습니다"라고 공언한 뒤, 이렇게 이유를 밝혔을 뿐이다. "하나님의 뜻이라면 우리 모두가 서로 동의하여 즐겁게 해 나갈 것입니다." 다만 목사는 장로들이 그 문제를 외면하지는 못하게 했다. 월례 회의 때마다 장로들은 주차 공간을 찾아 빙빙 도는 교인들에 대해 의논했다. 교회가 주차 문제를 해결하지 못해 사람들이 예수님을 만나러 왔다가 포기하곤 했다.

시간이 지나면서 일부 장로가 교회 이전의 필요성을 점차 깨달았다. 이제 프로젝트에 찬성하는 장로가 더 많아졌다. 그래도 목사는 그들에게 찬성론을 주장하지 못하게 했다. 교회 건물의 깊은 상징적 의미를 살려 낼 방안이 아직 누구에게서도 나오지 않았기 때문이다. 장로들이 계속 문제에 집중할 때 목사는 그들에게서 좋은 방안이 나오리라는 믿음이 있었다. 그래서 사명과 순교자 양쪽을 다 존중할 방도가 나올 때까지 계속 고민하게 했다.

여태 별로 말이 없던 한 장로가 입을 열었다. 건축가인 그는 지난 몇 달간의 장황한 토론을 바탕으로 교회 문제를 연구했다. "제가 지금 새 교회를 설계할 수 있습니다." 그렇게 운을 뗀 그는 그 대신 건축 비용이 훨씬 많이 들 거라며 기존 교회의 벽돌을 고스란히 해체하는 안을 내놓았다. "이 건물의 벽돌로 새 교회를 짓는 겁니다." 목사가 고대하던 새로운 방안이 나온 것 같았다.

그래도 목사는 반대자들을 다그치지 않고 말했다. "우리는 이 자리의 모든 원로들과 신앙의 장로들을 존중합니다. 더 시간을 두고 생각하며 기도해 봅시다." 아직도 자신에게 동의하지 않는 이들을 그는 보호하고 싶었다. 새로운 아이디어가 차차 뿌리를 내리도록 말이다. 장로들이 싹틔운 이 해법이 반대자들 속에서도 자라나 결국 모두의 것이 되는 게 목사의 바람이었다. 장로들은 여러 번 더 모인 끝에 결국 만장일치에 도달했다. 기존 교회의 벽돌로 새 교회를 짓기로 한 그들은 기금을 더 조성하여 몇 킬로미터 떨어진 곳에 교회를 더 크게 신축했다.

이상의 두 상황은 태평양을 사이에 두고 발생했다. 두 집단 모두 만만찮은 선택에 부딪쳤다. 하나는 일자리 대 건강이었고, 또 하나는 사명 대 순교자였다. 처음부터 끝까지 리더들이 공동체를 잘 도운 결과 양쪽 다 놀랍도록 희망적인 결과에 이르렀다. **종종 우리의 혁신 작업은 교회가 변화해야 하는데 변화할 수 없다는 난감한 선택에 직면해 있음을 깨달을 때 시**

작된다. 결국 혁신은 처음에 아무도 예상하지 못했던 뜻밖의 희망적인 방식으로 출현할 수 있다. 지금부터 하이페츠의 8단계 과정을 훑어보고자 한다. 어떻게 그것을 활용하여 교회가 변화 능력을 기를 수 있을지 알아보자. 교회가 변화를 두려워할 때조차도 말이다.

발코니에 올라가 조망하라

하이페츠는 무도장 비유로 시작한다.[7] 당신이 무도장에 있다고 상상해 보라. 사람들이 사방에서 빙글빙글 회전하고 있다. 당연히 전체 장면은 볼 수 없다. 어떤 상황인지 한눈에 보려면 발코니에 올라가야 한다. 그래야 무대를 위에서 조망할 수 있다.[8]

하이페츠의 발코니 비유에 담긴 의미는 우리가 깊이 생각하려면 멀리 떨어져야 한다는 것이다. 물리적 공간을 떠날 수 없다면 생각만이라도 현재의 활동에서 한동안 벗어나 있어야 총체적 관점에서 볼 수 있다. 순간의 어지러운 회전 속에 갇혀 있으면 전체 장면은 잘 보이지 않는다.

발코니 비유에는 특히 교회 리더들에게 유익한 의미가 함축되어 있다. 전통적 교회의 발코니석을 생각해 보라. 그곳은 대개 예외적인 교인들(청소년, 지각한 사람, 교회에서 슬그머니 일찍 나가려는 사람 등)이 앉는 자리다. 예배의 흐름이 발코니에서는 어떻게 보일까? 성만찬과 설교는 또 어떻게 보일까? 이사야 40장 9절에서 하나님은 (선지자를 통하여) "너는 높은 산에 오르라"라고 명하신다. 이 본문에서 높은 산이 중요한 이유는 1장부터 39장까지 이스라엘 백성은 하나님께 버림받았다고 느끼고 있었기 때문이다. 백성은 하나님의 형벌과 부재를 겪었고, 하나님이 자신들을 버리지 않으셨을까 하는 의문이 들었다. 그런데 40장 1절에서 기조가 완전히 바뀐다. 새로운 예언이 시작된다. 희망의 이야기다. 선지자는 높은 산에 올라가 무엇을 하고 무엇을 보는가? 백성과 함께 고대해 온 지극히 영광스러운 광경을 본다. "유다의 성읍들에게 이르기를 '너희의 하나님을 보라' 하라." 선지자는 하나님이 결코 그들을 버리지 않으셨다고 말한다. "보라, 저기 하나님이 보인다"라는 것이다. 높은 곳에 올라가면 풍경이 달라 보인다. 다가오는 미래를 향한 하나님의 희망 이야기가 정말 더 잘 보인다.

당신이 직면해 있는 변화는 어떤 종류인가?

어려운 변화의 다른 사례를 보자. 당신이 심장 전문의의 진찰을 받는다 하자. 의사는 당신에게 문제가 있다고 말한다. 당신은 체중을 감량하고 담배를 끊고 심장 수술을 받아야 한다. 그중 의사가 해 줄 수 있는 일은 무엇일까? 물론 심장 수술이다. 아무도 자기 몸을 수술할 수는 없다. 하지만 의사가 당신의 체중을 감량해 줄 수 있을까? 담배를 끊어 줄 수 있을까? 물론 아니다. 전문가가 해결해 줄 수 없는 문제도 있다. 아무리 실력이 좋거나 자상한 전문가라 해도 소용없다. 타인의 금연을 당신이 대신 해 줄 수는 없다.

잠시 이 문장을 더 생각해 보자. 당신을 지극히 사랑하는 친구가 있다 하자. 그야말로 최고의 친구다. 그 친구가 당신의 금연을 대신 해 줄 수 있을까? 역시 불가능하다. 하지만 당신을 지극히 사랑하는 친구가 아닌가?

사랑한다면 당연히 금연도 대신 해 줄 수 있어야 하지 않는가? 그래도 그것은 불가능한 일이다. 당신이 리더로서 하나님의 백성이 변화되도록 이끌려 한다면, 당신이 그들에게 해 줄 수 없는 일도 있다는 절대적 확신이 필요하다. 상대를 정말 사랑한다면 당신이 모든 문제를 해결해 줄 수 있어야 한다는 생각, 그 생각이 수없이 당신을 유혹해 올 테니 말이다(사람들도 당신에게 온갖 다양한 방식으로 그렇게 말할 것이다).

우리의 소명은 사람들이 성장하고 달라지고 참으로 변화되도록 그들을 돕는 것이다. 그러나 가장 중요한 목표일수록 대개 우리 소관 밖이다. 반드시 변화되어야 하는데 한사코 변화를 거부하는 사람을 어떻게 도와 변화되게 할 것인가? 본인 외에는 누구도 해결할 수 없는 문제가 분명히 존재할진대 당신은 리더로서 어떻게 하겠는가? 타인의 금연을 당신이 대신 해 줄 수는 없다. 그러니 어찌할 것인가?

여기서 우리는 문제를 두 종류로 구분할 것이다. 하나는 당신이 타인을 위해 해결해 줄 수 있는 문제고, 또 하나는 그렇지 않은 문제다. 이렇게 구분하는 이유는 문제의 종류에 따라 대응하는 방법이 완전히 달라야 하기 때문이다. 하이페츠는 해결 가능한 문제와 그렇지 않은 문제를 각각 "기술적 문제"와 "적응적 도전"이라 칭했다.[9]

기술적 문제에는 해답이 있다. 그가 말하는 해답이란, 문제가 없었을 때의 상태로 복귀한다는 뜻이다. 예컨대 내 학생 중에 웨스트 로스앤젤레스에 소재한 어느 대형 교회의 행정 목사가 있었다. 별관을 건축한 지 얼마 안 되던 때였는데 토요일 밤에 수도관이 터졌다. 주일 아침에 그가 교회에 가 보니 신축 별관 전체가 15센티미터까지 물에 잠겨 있었다. 대참사였다.

피해 실태를 파악하고 잔해를 치우는 데만 여러 주 걸렸고 보수 공사에는 수개월이 소요되었다. 그러나 1년 반이 지났을 때는 문제가 해결되어 모든 것이 정상으로 돌아왔다. 기술적 문제라서 해결도 가능했다. **기술적 문제의 경우, 재정과 시간과 기술을 잘 투입하면 문제가 종식될 수 있다.**

기술적 문제와 적응적 도전을 쉽게 구분하는 방법이 있다. 자전거 타이어를 교체하는 법을 배우는 것은 기술적 문제다. 단계별 설명이 가능하고, 유튜브에서 답을 찾을 수 있고, 전문가가 대신 해 줄 수도 있다. 교체하고 나면 문제가 종식되어 이전의 상태로 돌아간다. 반면 자전거 타는 법을 배우는 것은 적응적 도전이다. 직접 타 봐야 하고, 확실한 설명이 불가능하며, 전문가가 대신 배울 수 없다. 배우고 나면 자전거를 탈 줄 모르던 상태로 돌아갈 수 없다.

우리는 모든 문제를 기술적 문제로 보는 데 익숙해져 있다. 좀 더 노력하고 좀 더 시도하면 무슨 고장이든 고칠 수 있다는 식이다. 리더를 평가하는 방식도 대개는 그렇다. 우리가 생각하는 유능한 리더란 일을 성사시키고 문제를 해결하는 사람이다. 하지만 해결될 수 없고 종식되지 않는 문제도 있다. 흡연을 생각해 보라. 당신이 의사의 조언을 귀담아 듣고 담배를 끊었다 하자. 그러다 몇 달 후에 이전의 상태로 돌아가, 도로 담배를 피운다면 문제가 "해결된" 것인가? 물론 아니다. 해결되었다면 다시는 이전과 같아질 수 없다. 금연했다가 다시 흡연하면서 문제가 "해결된" 척할 수도 없다. 그래서 하이페츠가 "적응적 도전"이란 용어를 만들어 낸 것이다. **적응적 도전의 경우, 다시는 이전과 같아질 수 없다.**

하이페츠에 따르면, 적응적 도전은 "굳은 신념이 흔들릴 때, 성공의 기준이 달라질 때, 새로운 관점이 출현할 때" 생겨난다.[10] 이 정의를 다시 잘 보라. 적응적 도전이 발생하는 때는 우리가 사람들에게 새로운 신념을 수용하도록 권할 때, 더 나은 가치 추구를 기대할 때, 지금까지의 방식이 더는 통하지 않음을 보여 줄 때다. 바로 혁신이 필요한 순간이다. 새로운 신념과 가치와 행동이 없이는 의미 창출의 혁신도 있을 수 없다. 적응적 변화에 대해 저술할 때 하이페츠는 기독교를 염두에 둔 게 아니라 사회 전반의 문제에 더 관심을 두었다. 그럼에도 그의 연구가 하나님의 이름으로 인도하는 우리에게 중요한 이유는 적응적 도전에 대한 그의 핵심 통찰 때문이다. 바로 **기술적 수단으로는 적응적 목표를 이룰 수 없다**는 통찰이다. 다시 말해서, 우리 모두가 기술적 문제를 해결하려고 배운 각종 기술은 사람들의 신념과 가치관과 굳어진 행동 방식을 변화시키는 부분에서는 통하지 않는다.

어떻게 통하지 않는지를 예시한 후에 **왜** 통하지 않는지를 설명할 것이다. 쉬운 예로 시작하자. 내 친구가 담배를 끊어야 한다고 하자. 흔히들 그 친구에게 맨 처음 하는 일은 무엇일까? 금연에 관한 정보만 전달해 주면 그가 금연할 수 있을 것이라고 생각하는 것이다. 그래서 나는 친구에게 흡연이 왜 나쁜지를 설명하려 할 것이다. 정확히 어떤 반응을 기대하며 그러는 것일까? 정말 나는 친구가 내 현명한 조언을 따르리라고 생각하는 것일까? "설명해 주어 고맙다. 담뱃갑에 큼직하게 찍힌 경고문을 나는 보지 못했거든. 이제 담배를 끊는 게 좋겠지." 천만의 말씀이다!

그런데도 우리가 설명을 시도하는 이유는 그 방법밖에 모르기 때문이다. 친구가 자전거 타이어 교체하는 법이나 기저귀 가는 법을 배워야 한다면 내 설명이 도움이 될 수도 있다. 그럴 때는 지식의 전달만으로도 통한다. 하지만 흡연가 친구는 내 지식에 감동하지 않을 테니 이제 나는 어떻게 해야 할까? 설명으로 통하지 않으면 다른 수가 있다. 똑같은 말을 목소리만 높여서 또는 더 감정을 실어서 반복하는 것이다. 하지만 다들 알다시피 그래 봐야 소용없다. 내가 끊으란다고 해서 그가 담배를 끊는 것은 아니다. 금연의 필요성을 본인이 **인식해야** 하고, 금연에 수반되는 고통을 감수할 마음도 있어야 한다.

그렇다고 설명이 무용하다는 인상을 주고 싶지는 않다. 예컨대 친구가 일단 금연을 결심하면, 나는 금연이 얼마나 힘든가에 대해 그에게 설명해 줄 게 많다. 이를테면 니코틴의 중독성을 설명해 줄 수 있고, 니코틴 껌을 소개할 수도 있다. 니코틴의 중독성을 모른다면 그는 금연을 시도하다 흡연 욕구에 압도되어, 금연을 시작하기도 전에 포기할지도 모른다. 이렇듯 설명의 역할도 중요하다. 다만 설명으로 사람을 변화시킬 수는 없다. 왜 그럴까?

누가 변화되어야 하며 변화에 따를 대가는 무엇인가?

적응적 변화는 고통스럽다. 적응적 도전에 대응하려면 대가가 따른다. 생활 방식이 달라져야 한다. 내 흡연가 친구를 생각해 보라. 흡연가들이 금연하지 못하는 이유 중 하나는 습관을 끊기가 정말 어렵기 때문이다. 담배를 끊으려 하면 (대체로 화학적 중독과 관련된) 생리적 증상이 나타난다. 사회적 이유도 있다. 손에 뭔가를 쥐는 습관, 또는 담배로 침묵을 메우며 스트레스를 해소하는 습관이 굳어진 탓이다. 물리적 욕구를 몰아내도 사회적 욕구는 남는다. 다른 많은 적응적 도전도 마찬가지다. 신념이나 행동 방식을 고치기 어려운 이유는 그 신념을 중심으로 형성된 개념과 그 행동 방식을 중심으로 굳어진 루틴이 많기 때문이다. 변화에는 고통이 따른다. 생활 방식이 달라져야 하기 때문이다.

지금까지 내가 성경의 사례를 제시하지 않은 이유는 적응적 도전에 대한 사고 모델이 없이는 성경의 사례를 오해하기가 쉽기 때문이다. 이제 당신에게 그런 사고 모델이 생겼다. 적응적 변화는 담배를 끊는 것과 비슷하다. 고통이 따른다. 누가 대신해 줄 수 없다. 자전거 타는 법을 배우는 것과도 같다. 말로는 안 되고 직접 타 봐야 한다. 그것이 성경에서는 어떤 모습으로 나타날까?

예수께서 메시아의 의미를 설명하시는 마가복음 8장을 떠올려 보라. 예수님보다 더 권위 있고 더 신뢰성 있는 사람은 없다. 제자들은 여태 예수님이 행하시는 기적을 보았다. 그들이 보는 데서 예수님은 바다를 잠잠하게 하셨고, 물 위를 걸으셨고, 오천 명을 먹이셨다. 그분이 세례 받으실 때 하나님이 친히 "이는 내 사랑하는 아들이요"라고 증언하시는 것도 그들은 똑똑히 들었다. 우리 중 누구도 사역하다가 하늘에서 나는 육성을 듣지는 못할 것이다. 그런데 예수님은 하나님의 음성을 들으셨다. 베드로가 예수님을 메시아로 고백한 후 예수님은 제자들에게 그들의 메시아 개념이 틀렸다고 설명하신다. 인자가 고난을 받고 죽임을 당하고 사흘 만에 살아나야 할 것을 설명하신다. 마가복음에 보면 예수님은 "드러내 놓고" 이 말씀을 하셨다(막 8:32). 이때 제자들은 어떻게 반응했던가? 그들은 예수님께 그분이 틀렸다고 말했다. 예수께서 그들이 여태까지 간직한 소중한 신념을 버리게 하셨다는 점에서 이것은 적응적 도전이다.

적응적 변화는 얼마나 어려운가! 모든 권세를 지니신 예수님이 그들에게 친히 설명하셨는데도 그들은 그분이 틀렸다고 말했다. 왜 그랬을까? 예수님이 옳다고 인정하기가 고통스러웠기 때문이다. 제자들은 무엇을 바라고 그분을 따라나섰던가? 로마를 정복할 메시아를 바랐다. 예수님의 큰 보좌와 자신들 몫의 작은 보좌들을 예상했다. 그래서 야고보와 요한은 자신들이 어디에 앉을지에 그토록 관심이 많았던 것이다. 그들에게 적응적 변화가 어려웠던 이유는 무엇일까? 보좌를 포기해야 했기 때문이다. 기술적 수단으로도 적응적 목표를 이룰 수 있는 때가 역사에 딱 한 번 있었다면 바로 마가복음 8장의 순간이다. 예수님은 물 위를 걸으셨고, 하나님이 친히 그분을 위해 증언하셨다. 우리 중에는 한시라도 그런 권위를 지닐 사람이 없다. 그런데 어떻게 되었는가? 적응적 변화가 제자들에게 어찌나 힘들었던지 예수님도 기술적 수단으로는 그들을 설득하실 수 없었다. 그만큼 대가가 컸던 것이다. 예수님도 못 하신 일을 당신과 내가 어떻게 할 수 있겠는가?

이번 단계는 로널드 하이페츠의 또 다른 핵심 통찰에 기초한 것이다. 그는 "인간은 변화에 저항하지 않고 상실에 저항한다"라고 말했다.[11] 사람들은 변화가 두려운 게 아니라 변화를 통해 뭔가를 잃을 게 두려운 것이다. 어떤 사람이 우리 집을 찾아와 이렇게 말한다 하자. "안녕하세요. 국세청에서 나왔습니다. 죄송하지만 큰 착오가 있었습니다. 우리가 당신에게 백만 달러를 돌려 드려야 합니다. 여기 수표가 있습니다." 나는 어떻게 할까? 당연히 수표를 받을 것이다. 변화에 저항하지 않을 것이다. 이번에는 그 사람이 이렇게 말한다 하자. "안녕하세요. 국세청에서 나왔습니다. 죄송하지만 큰 착오가 있었습니다. 당신이 백만 달러를 더 납부해야 합니다." 나는 이 변화에 저항할까? 두말할 필요도 없다.

이것은 변화에 대한 근본적 통찰이다. 적응적 변화가 고통스러운 이유는 뭔가를 잃기 때문이다. 앞서 마가복음 8장을 논할 때 보았듯이 제자들이 메시아에 대한 예수님의 정의를 인정하려면 뭔가를 잃어야 했다. 야고보와 요한은 왕으로 오실 예수님을 상상했고 자신들도 그분의 좌우에 앉기를 희망했다. 정말 보좌가 있다고 생각했다. 그분이 고난을 받고 죽임을 당하고 다시 살아나셔야 한다는 말씀 앞에서 그들은 자신들이 완전히 틀렸음을 인정해야 했다. 예수님의 사고 모델을 받아들이는 데 대가가 따랐던 것이다.

인간은 변화에 저항하지 않고 상실에 저항하며, 모든 상실은 애도 과정을 요한다. 사랑하는 사람이 죽으면 당연히 애도해야 한다. 상실을 받아들이기까지 시간이 걸린다. 내가 믿기로 **모든 중요한 상실에는 애도 과정이 필요하다.** 적응적 변화를 통과하는 이들도 마찬가지다. 적응적 변화는 애도를 요한다.

애도하는 이들을 상담해 본 사람은 누구나 엘리자베스 퀴블러 로스의 책에 나오는 애도의 5단계를 알 것이다.[12] 우리 신학교에서도 학생들에게 애도의 5단계를 가르친다. 그러면 사람들을 상담할 때 무엇을 예상해야 할지 알 수 있고, 단계별로 그들을 도울 전략도 웬만큼 준비할 수 있다. 적응적 변화에 직면한 사람들도 대개 애도의 5단계를 거쳐야 한다. 그래서 그리스도인 리더들이 애도의 5단계를 알아 두면 무엇을 예상해야 할지 알 수 있고, 적응적 변화에 수반되는 상실에 직면하도록 사람들을 잘 도울 수 있다.

나는 리더들에게 애도의 5단계를 외우도록 권한다.[13] 그러면 누군가를 이끌어야 할 상황이 닥칠 때 다시 들추어 볼 필요가 없다. 애도의 5단계는 부정, 분노와 비난, 협상, 우울, 수용이다.

1) 부정

변화가 부담으로 느껴지면 많은 사람이 이를 부정하는 반응을 보인다. 변화가 필요 없는 것처럼 행세한다. 달라질 이유가 없다고 말하거나("흡연은 암을 유발하지 않아") 이 부담이 자신에게는 해당하지 않는다고 말한다("나는 암에 걸릴 만큼 많이 피우지 않아"). 내가 가르치는 모든 내용 중에서 사람들에게 부정의 위력을 설득하는 부분이 가장 어렵지 않다. 부정의 사례라면 어렵지 않게 찾을 수 있다. 아마 당신의 삶만 돌아보아도 될 것이다. 아무런 문제도 없는 것처럼 행세하려 무던히도 애쓰던 때를 생각해 보라. 주변 모든 사람이 문제를 지적해 주는데도 말이다. 당신이 사랑하는 교회만 봐도 알 수 있다. 교회가 난감한 문제를 외면하려 하는 부분이 아마 쭉 보일 것이다. **부정은 고통에 대한 즉각적 반사 반응이다.** 우리는 상처가 되는 일이라면 뒷걸음치며 외면한다. 부정이 얼마나 위력적인지 누구나 안다.

상대가 문제를 부정하고 있음을 깨닫게 하는 방법이 많이 있다. 몇 문단 뒤에서 그중 몇 가지를 구체적으로 살펴보겠지만, 그전에 나머지 애도 과정부터 보자. 당신이 용케 상대가 문제를 부정하고 있음을 깨닫게 했다 하자. 이제 그는 자신이 문제에 직면해야 함을 안다. 기술적 문제라면 지식을 전달해 주는 것만으로 충분할 수도 있다. 상대가 변화의 필요성을 알았으니 이제 달라질 것이다. 그러나 적응적 변화라면 자신이 부정하고 있음을 깨닫는 것은 시작에 불과하다. 어쨌든 당신이 거기까지 해 주었다 하자. 이제 그도 문제가 없는 척할 수 없음을 인정한다. 당신에게 돌아오는 보상은 무엇일까?

2) 분노와 비난

상대가 문제를 부정하고 있음을 깨닫게 해 준 결과는 분노와 비난이며, 종종 그 대상은 바로 당신이다. 우리 모두가 알아야 할 사실이 있다. 우리가 본분을 다해 사람들이 이제 문제를 부정하지 않도록 도와주면 당연히 그들 중 일부는 분노와 비난으로 넘어간다. 그래서 애도의 5단계를 아는 게 매우 중요하다. 그러면 당신이 도우려는 사람이 당신에게 분노할 때 그것을 당신과 연결시켜 받아들이지 않을 수 있다. 간단한 예를 들어 보자.

내 학생 중에 병원 원목이 있다. 하루는 그 원목이 환자를 만나러 갔다. 임신한 상태로 병원에 왔다가 이제 막 유산한 여성 환자였다. 병원에 혼자 온 환자는 원목이 도착했을 때 옷을 입던 중이었다. 원목이 자신을 소개하며 대화를 나누어도 되겠느냐고 묻자 환자는 "필요 없어요"라고 말했다. 그래서 원목은 "이해합니다. 그냥 함께 앉아 있기만 하겠습니다. 원하지 않으신다면 아무 말도 하지 않겠습니다"라고 말한 뒤 자리에 앉았다. 머잖아 그 환자는 화난 어투로 말하기 시작했다. 분노의 대상은 하나님과 병원과 모든 것이었다. 당신에게 묻겠다. 원목은 환자의 분노를 자신과 연결시켜 받아들였을까? 물론 아니다. 내게 그 얘기를 전하면서 원목은 "그 사람도 그냥 슬퍼서 하는 말이지요"라고 말했다.

"그냥 슬퍼서 하는 말이지요." 우리는 이 문장이 필요하다. 누구나 평소의 자신이 아닐 때가 있게 마련이다. 그건 정상이다. 리더가 사람들에게 문제를 직시하게 할 때, 사람들의 흔한 반응은 리더를 비난하는 것이다. 실제로 환자들이 자신의 암을 찾아낸 의사에게 화를 낼 때가 많다고 의사들은 말한다. 암이 의사 때문에 생겨난 것은 아니지만, 그래도 사람들이 **메신저를 공격하고** 싶은 것은 인지상정이다. 메신저만 사라진다면 다시 문제를 부정할 수 있을 테니 말이다.

여기서 리더는 흥미롭고도 난감한 순간에 봉착한다. 리더인 내가 하지도 않은 일을 누군가 내 탓으로 돌릴 때 나는 그것을 내 자신과 연결시켜 받아들여서는 안 된다. 아주 중요한 말이라서 반복하겠다. 사람들의 성장을 막아 적응적 변화에 이르지 못하게 하려면, 당신을 향한 그들의 분노를 당신과 연결시켜 받아들이면 된다. 이것은 우리 삶의 경험으로도 확인되는 사실이다.

텔레비전으로 농구 중계방송을 보고 있는 열세 살 아들에게 아빠가 차고 청소를 시킨다 하자. 우선 아들은 시간을 벌면서 아빠의 말을 무시하려 한다. 무슨 수를 써서라도 자신이 그 일을 할 필요가 없는 척한다. 그게 통하지 않으면, 아들은 좋은 공격이 최선의 방어임을 알기에 말싸움을 건다. 아빠가 번거로워서라도 자기한테 일을 시키지 못하게 하려는 것이다. 또 아들은 누가 더 센지 보자는 듯 대들어 아빠가 곁길로 새게 한다. 그렇게 말싸움이 벌어지는 동안 텔레비전의 농구 중계방송은 계속 틀어져 있다. 우리도 다 써 본 수법이다.

아기를 유산한 여성 환자를 만난 그 원목의 이야기로 돌아가 보자. 왠지 그 환자는 원목이 더 일찍 와서 기도해 주었더라면 모든 상황이 더 나았으리라는 생각이 든다. 그래서 분노가 점점 더 격해질 수도 있다. 당신이 그 원목이라고 상상해 보라. **그 분노가 당신 때문이 아님을 잘 알기에 당신은 그 분노를 자신과 연결시켜 받아들이지 않는다.** 환자의 분노에 당신도 분노로 맞서 "당신의 아이가 죽은 것을 왜 내 탓으로 돌립니까?"라고 말하지 않는다. 그 이유는 그녀가 당신을 희생양으로 이용하고 있음을 당신도 알기 때문이다. **그녀가 더 건강한 방식으로 상황에 대처할 수 있을 때까지 당신은 그녀의 화풀이 대상이다.** 사실 당신도 알다시피 그녀의 분노는 정말 분노가 아니라 분노로 가장한 두려움과 상실이다. 그녀가 슬퍼서 하는 말이다.

여기서 요지는 당신이 그 분노를 자신과 연결시켜 받아들이지 않는다는 것이다. 알다시피 지금 관건은 당신이 아니며, 당신이 할 일은 그녀가 아무리 분노한다 할지라도 그녀와 함께 버티는 것이다. 왜 버틸까? 그녀를 도와 문제를 잘 통과하게 하려면 그게 최선의 방법이기 때문이다. 그녀가 문제를 잘 통과하는 것이 잠시 당신의 자존심이 상하는 것보다 훨씬 더 중요하다. 그래서 당신은, **지금 관건은 자신이 아니라 애도하는 사람임을** 기억한다.

마찬가지로 적응적 변화를 통과하는 이들을 도울 때도 지금 관건은 당신이 아님을 기억해야 한다. 당신이 할 일은 그들을 도와 고통을 잘 통과하게 하는 것이다. 하이페츠는 그것을 이렇게 표현했다. 리더들은 "우리의 염려와 열망을 최대한 수용하는 창고와 같다. 우리가 그들에게 부여하는 권력의 반대급부로 말이다."[14] 리더의 역할은 사람들의 두려움을 잘 담아 두었다가 그들이 감당할 만한 속도로 조금씩 돌려주는 것이다. 이 창고를 그릇이나 대접이나 컵으로 생각해 보라. 우리는 사람들의 분노와 비난과 염려와 두려움을 수용한다. 잘 담아서 보관한다. 그러다 그들이 소화할 준비가 되면 그것을 그들에게 돌려준다.

　　이번 장 서두에 소개한 사례에서 EPA는 주민들의 비난과 분노를 수용했다. EPA는 방어하지 않았다. 그랬다면 곁길로 빠졌을 것이다. 그와 반대로 EPA는 당면 과제에 계속 집중했다. 그것은 바로 생명을 위협하는 대기오염에 대처하도록 주민들을 돕는 일이었다. **지금 나는 사람들이 중요한 난제에 대처하도록 돕는 중임을 기억해야 한다. 모욕감이 든다고 곁길로 빠질 시간이 없다.** 모욕감이 들 때 내가 기억하는 게 있다. 사람들이 내게 분노하는 이유는 대개 하나님께 분노하기는 너무 무서워서다. 내가 하나님 대신인 셈이다. 하나님이 누군가의 삶 속에서 놀라운 일을 행하시면 칭찬이 내게 돌아올 때가 많다. 내가 칭찬받을 만한 일을 하지 않았는데도 말이다. 마찬가지로 내가 애써 상기하듯이 때로 비난이 내게 돌아오는 이유도 사람들이 하나님께 화났기 때문이다. 그래서 나도 하나님처럼 반응한다. 그들과 함께 버티면서 계속 그들을 더 깊은 관계 속으로 초대하는 것이다. 시편의 애통 시를 잊지 말라. 하나님은 사람들의 분노를 감당하실 수 있다. 애통 시를 통해 우리에게 분노를 표현할 말을 주신다. 하나님이 그들의 분노를 감당하실 수 있다면 나도 그것을 감당할 수 있다.

3) 협상

그러나 비난과 분노는 거쳐 가는 단계일 뿐이다. 사람들과 함께 버티면 그들은 대개 다음 단계인 협상으로 넘어간다. 아마 이것이 퀴블러 로스의 5단계 중에서 가장 많이 주목받은 부분일 것이다. 협상의 원리를 누구나 안다. 이 기간에 자신이 제시할 만한 거래를 상상한다. "내가 착해지겠다고 약속하면 나를 여기서 구해 주실 건가요?" 하지만 협상은 그 이상이다.

협상의 문장은 대개 조건문이다. 하루에 담배를 반 갑으로 줄이기로 약속한다면 계속 담배를 피워도 될까? 비소 배출량을 줄인다면 공장을 계속 가동해도 될까? 예수님이 더 일찍 오셨다면 나사로가 죽지 않았을 텐데…. 이렇게 우리는 잠시 마법의 세계로 들어가, 마치 상황을 호전시켜 이전의 상태로 돌아갈 길이 있는 양 행동한다(다시는 이전과 같아질 수 없다는 게 적응적 도전의 핵심임을 잊지 말라. 예전의 상태로 복귀할 수 없다. 금연했다가 다시 흡연하면서 문제가 해결된 척할 수는 없다).

우리가 잘 알아차리지 못할 뿐이지 협상 행위는 아주 흔하다. 세대 차이로 갈등하는 교회를 생각해 보라. 그들은 음악 때문에 싸운다. 중간에 찬양 사역자가 끼여 있다. 새로 부임한 찬양 사역자만 해도 5년 사이에 벌써 세 번째다. 이것은 협상 행위다. 찬양 사역자만 새로 채용하면 그 사람이 양쪽 세대를 이어 줄지도 모른다는 것이다. 세대 갈등에 직접 대응하려면 너무 고통스럽다. 그래서 우리는 기술적 해답을 찾는다. 이를테면 찬양 사역자를 새로 물색한다. 그 문제를 해결하는 편이 더 쉬우니까 그것으로 충분한 척하는 것이다.

이런 협상을 나는 으레 접한다. 그래서 이제 (분노와 비난보다 훨씬 더 호의적인) 협상 행위를 오히려 반긴다. 수용으로 가는 길목이기 때문이다. 협상 단계의 사람을 돕는 법도 터득했다. **협상을 진지하게 대하면서 그게 협상임을 보여 주기만 하면 된다.** 예컨대 "그러니까 찬양 사역자만 새로 채용하면 세대 갈등이 없어질 거라고 생각하시는군요"라고 말해 준다. 음악 문제는 본질이 아니라 증상일 뿐임을 **그들 스스로 깨닫게** 하려는 것이다. 이 일은 시간이 걸린다. 그래도 내 경우에는, 협상 중인 사람과는 함께 버티기가 쉽다. **협상이 결코 그들을 만족시킬 수 없음을** 알기 때문이다.

4) 우울

내가 그들과 함께 계속 버티는 이유는 더 좋은 날이 기다리고 있기 때문이다. 나는 그들을 긍휼히 여기는 마음이 든다. 결국 협상이 통하지 않아 그들이 다음 단계로 넘어갈 것을 안다. 퀴블러 로스가 말한 우울이다. 대개 이것은 심리학적 의미의 우울증 질환이 아니라 해당 문제에 대한 우울이다. 그럴 만도 하다. 그들이 왜 애도의 5단계를 통과하는 중인지 잊지 말라. 그들이 애도하는 이유는 변화에 직면해야 하는데 그 변화에 대가가 따르기 때문이다. **변화의 필요성을 인정하면 고통이 불가피하기에 그 고통을 막아 내려는 행동이 바로 애도다.**

우울은 상실을 되돌릴 수 없음을 마침내 깨달을 때 찾아온다. 문제를 무시할 수 없고 희생양을 만들어도 소용없으며 협상으로 문제가 종식되지 않음을 깨달을 때 찾아온다. 그 순간 내가 할 일은 역시 그들과 함께 버티는 것이다(함께 버틸 때 정확히 무엇을 해야 하는지 몇 페이지 후에 설명할 것이다). 이제 그들은 거의 다음 단계로 넘어갈 준비가 되어 있다. 그래서 나는 끝까지 그들을 붙들어 준다.

5) 수용

마지막 단계는 수용이다. 잘될 경우, 결국 개인이나 집단은 자신이 문제에 대처해야만 함을 인식한다. 다만 전체 과정이 까다로울 수 있다. 앞서 제시한 대로만 보면 이 5단계는 직선형처럼 보인다. 상황을 부정하던 단계를 일단 지났으면 다시는 그 지점으로 돌아가지 않을 것처럼 말이다. 하지만 그렇게 간단하지 않다. **뭔가 일이 벌어져 문제가 새삼 절절하게 느껴지면 그들은 종종 부정이나 비난으로 퇴행한다.** 이것은 방어 기제다. 엄마의 죽음에서 헤어나지 못하는 소년에게 해마다 엄마의 생일 전후로 부정이나 분노가 도질 수 있듯이, 사람들은 종종 불가피한 변화의 규모에 압도되어 이전 단계로 되돌아간다. 그 순간 당신이 할 수 있는 일은 그들과 함께 버티면서 그들에게 문제에 다시 직면할 정서적 용기를 북돋아 주는 것뿐이다.

지금까지 애도의 5단계를 살펴보았다. 변화에 관심 있는 사람들에게 내가 하이페츠의 개념을 제시하면 그들은 대개 그 개념이 너무 복잡하거나 어렵다고 말한다. 더 쉬운 길이 있어야 한다는 것이다. 하지만 그런 반응이 무엇을 의미하는지 나는 안다. 그것은 협상 행위다. 나도 사람들의 변화를 돕는 더 쉬운 길이 있다면 굳이 이 고통스럽고 어려운 방법을 새로 배워서 이끌 필요가 없을 것이다. 정말 그렇다. 다른 길이 있다면 당신도 이 방법을 배울 필요가 없다. 적응적 도전을 기술적 문제로 취급할 길이 있다면 굳이 사람들의 분노를 수용하고 고통을 함께 견디지 않아도 된다. 하지만 다른 길은 없다.

적응적 변화를 추구하는 처음 세 단계는 분명하다. 발코니에 올라가 전체를 조망하라. 그러면서 이렇게 자문하라. 그중 적응적 도전은 무엇인가? 누가 변화되어야 하며 변화에 따를 대가는 무엇인가? 다음 단계는 당신이 무슨 근거로 행동할 것인지를 말해 준다.

권한을 얻으라

당신의 권한으로 할 수 있는 일은 무엇인가? "권한"이란 해당 일을 할 만한 자격이 있다는 뜻이다. 권한은 직위에서 올 때도 있다. 그러나 당신에게 필요한 권한을 다른 방식으로 얻을 수도 있다. 다시 내 흡연가 친구를 생각해 보자. 그의 변화를 도우려면 나는 그의 삶에 대해 왈가왈부할 수 있는 권한이 필요하다. 이 권한은 직위에서 오지 않는다.

예컨대 관계적 권한이 내게 발언권을 줄 수 있다. 관계도 관계 나름이다. 그냥 아는 사이라면 가족이나 믿을 만한 친구 사이일 때와는 권한이 다를 수밖에 없다.

이와 비슷하게 문화적 권한도 있다. 예컨대 한국 교회에는 두 부류의 '장로'가 있다. 선출 장로와 원로 장로다. 선출 장로에게는 공식 권한이 있다. 당회 회원의 권한이 문서에 적시되어 있다. 원로 장로에게도 권한이 있다. 그 문화에서 "연장자를 존중하는 것"은 아주 중요하기 때문이다. 선출 장로는 비교적 소수지만, 누구나 충분히 오래 기다리면 원로가 될 수 있다. 우리는 자신에게 권한이 있는 일만 할 수 있음을 인식해야 한다.

문제는 주어진 권한을 어디에 쓸 것이냐는 것이다. EPA 대표와 그 한국 교회 리더는 둘 다 권한을 현명하게 썼다. 누구나 그들이 권한을 행사하여 직접 결정할 줄로 알았다. 하지만 그런 일은 없었다. 그들은 주어진 권한으로 과정을 창출했다. EPA가 주민들만 최종 결정을 내릴 수 있다며 제시한 과정은 일련의 주민 회의였다. 한국 목사는 교회가 만장일치를 이룰 때까지 기다릴 것과 매달 당회 때마다 주차 공간을 찾아 빙빙 도는 교인들에 대해 의논할 것까지만 결정했다.

나는 종종 이런 질문을 받는다. "적응적 도전에 개입하려면 내게 권한이 얼마나 필요할까요?" **포용적 환경을 조성하고 유지할 만큼의 권한만 있으면 된다.**

포용적 환경을 조성하라

포용적 환경은 안전하고도 불편한 심리적 공간이다. 자전거 타는 법을 배우는 아이 곁에서 나란히 달리는 아빠를 떠올려 보라. 넘어질 때 잡아줄 아빠가 있다는 점에서 아이는 안전하다. 그러나 균형을 잡으면서 페달을 돌리고 핸들 조종하는 일을 전부 자신이 직접 해야 하므로 불편하다. 새로운 행동을 학습하는 사람은 아이다. 아빠가 자전거를 잡고 있으면 포용적 환경이 아니다. 아빠가 다 하는 셈이기 때문이다. 그러나 아빠가 아이에게 닿지 않게 손을 뻗고만 있으면 그것은 포용적 환경이다.[15]

이 개념을 더 명확히 정의해 보자. 적응적 변화를 돕는 우리의 모든 행동이 바로 포용적 환경을 조성하고 유지하는 능력에 달려 있기 때문이다. 구체적으로, 포용적 환경이란 사람들이 문제를 외면할 수 없을 만큼 불편하면서도, 새로운 존재 방식을 실험할 수 있을 만큼 안전한 심리적 공간이다. 앞서 말했듯이 기술적 수단으로는 적응적 목표를 이룰 수 없다. 이제 우리는 무엇을 해야 할지를 안다. **적응적 변화를 이루려면 반드시 포용적 환경을 조성해야 한다.**

하이페츠는 사람들이 적응하려는 노력을 피하는 이유를 두 가지로 꼽는다. 하나는 문제의 심각성을 느끼지 못하기 때문이고, 또 하나는 문제가 너무 벅차게 느껴져 그 무게에 압도되기 때문이다.

자전거 배우는 아이를 생각해 보라. 아빠가 계속 잡아 준다면, 아이는 균형 유지와 핸들 조종을 배울 필요가 없다. 힘든 일일랑 피한 채 신나게 페달만 돌리면 된다. 자전거를 타는 것처럼 느껴지겠지만 아빠가 잡고 있는 동안은 타는 게 아니다. 아빠가 손을 놓아 자신이 균형을 잡아야 할 때, 그때만 자전거를 배우는 것이다. 아빠가 손을 놓으면 처음에 어떻게 될까? 아이는 무서워서 아빠에게 다시 잡아 달라고 외친다. 실제로 당신이 겪어 본 아이들의 그 순간을 떠올려 보라. 어떤 아이는 그 순간을 받아들여 금방 배운다. 그러면 더 바랄 게 없다. 그러나 우리의 핵심 질문을 잊지 말라. "반드시 변화되어야 하는데 한사코 변화를 거부하는 사람을 어떻게 도와 변화되게 할 것인가?" 도전을 수용하는 아이는 한사코 변화를 거부하는 사람이 아니다.

아이가 반응할 수 있는 방식이 두 가지 더 있다. 어떤 아이는 아빠를 외쳐 부르면서 계속 페달을 돌린다. 그러면 아빠가 응원하며 나란히 달리는 사이에 싫든 좋든 아이는 자전거 타는 법을 터득한다. 이런 아이는 포용적 환경 속에 있다. 아빠가 곁에 있기에 새로운 존재 방식을 시도할 수 있을 만큼 안전하지만, 아빠가 잡아 주지 않기에 계속 자신이 시도해야 할 만큼 불편하다.

세 번째 반응도 가능하다. 내 딸아이는 자전거를 어렵게 배웠다. 내가 손을 놓으면 딸도 페달을 멈추었다. 변화의 필요성이 너무 벅차게 느껴져 공포에 질린 것이다. 그래서 내가 계속 함께 버텨 주어야 했다. 나는 한참 잡아 주다가 잠시 손을 놓았다가 다시 잡곤 했다. 다음에는 좀 더 오래 놓았다가 잡고, 다시 그보다 더 오래 놓는 식으로 반복했다. 내 쪽에서 계속 안전하게 해 주어야 딸도 계속 혼자서 페달을 돌릴 수 있었다. 처음에는 겨우 1-2초에 그쳤지만 말이다. 이렇듯 포용적 환경은 변화의 필요성을 무시할 수 없을 만큼 불편하지만 새로운 존재 방식을 시도할 수 있을 만큼 안전하다.

이 사례에서 아빠가 받을 수 있는 유혹을 생각해 보라. 아빠는 기꺼이 아이를 두려움에 맞서게 해야만 한다. 그런데 그 순간 아이가 불편하지 않게 자전거를 잡아 주고 싶어진다. 하지만 그러면 아이는 절대로 자전거 타는 법을 배울 수 없다. 리더들에게도 똑같은 일이 벌어진다. 사람들은 리더에게 "무엇이든 시키는 대로 할 테니 두려움에 맞서는 일만은 피하게 해 주세요"라고 말한다.

하이페츠는 이것을 "권위에 의지하는 도피"라 표현했다.[16] 마치 아이가 "정말 열심히 해서 자전거 타는 법을 배우기로 약속할게요. 오늘도 두 시간 동안 탈 게요. 그러니 아빠도 절대로 손을 놓지 않겠다고 약속해요"라고 말하는 것이나 같다. 누가 봐도 안 될 일이다. 그래서는 결코 배울 수 없다. 그런데 우리는 리더로서 늘 이 문제에 부딪친다.

그 한국 목사를 생각해 보라. 교회에 적응적 도전이 닥쳐왔다. 기존 건물로는 교인들을 수용할 수 없을 만큼 교회가 커졌기 때문에 반드시 교회를 이전해야 했지만, 순교자들의 유산을 존중해야 했기에 교인들은 한사코 이전을 거부했다. 이런 난감한 순간에 교인들은 얼마든지 "목사님이 결정하세요. 우리는 무엇이든 하라는 대로 하겠습니다"라고 말했을 수도 있다. 그러나 이는 목사가 받아들일 수 없는 방법이었다. 왜일까? 첫째로, 그랬다면 교인들 쪽에서 약속을 지키지 못했을 것이다. 교회를 이전하기로 목사 혼자 결정했다면 교회는 갈라졌을 것이다. 둘째로, 선택은 목사의 몫이 아니었다. 온 교회가 새로운 환경에 적응해야 했다. 친구의 금연을 내가 대신해 줄 수 없듯이 목사도 교인들을 대신해 결정할 수 없었다. 권위에 의지하는 도피는 통할 수 없다. 리더가 아무리 사람들의 상실을 막아 주고 싶다 해도 말이다.

그러니 사람들이 권위에 의지하여 도피하려 할 때 당신은 어찌할 것인가? 내가 딸에게 한 것과 똑같이 하면 된다. 하이페츠의 표현으로 "사람들의 기대를 그들이 감당할 만한 속도로 저버리는" 것이다.[17] 딸이 내게 말하기를, 내가 손을 놓지 않으면 자기도 두 시간 동안 연습하겠다고 한다면, 나는 "일단 계속 해 보자"라고 말한 뒤 마치 그 말에 동의한 듯 자전거를 잡고 나란히 달릴 것이다. 그러다 아주 조심스럽게 천천히 잠시 손을 놓았다가 다시 잡기를 계속 반복할 것이다. 다시 말해서 나는 딸이 계속 그 일에 집중하게 할 것이다.

타코마 사례와 그 한국 교회를 다시 보자. 양쪽 다 리더의 권한은 포용적 환경을 조성하는 데 쓰였다. EPA가 포용적 환경을 조성하기 위해 한 일은 두 가지다. 우선 공장을 폐쇄하겠다는 강수를 두었는데, 그러자 상황은 주민들이 문제를 무시할 수 없을 만큼 불편해졌다. 아울러 꾸준히 회의를 소집하되 딱히 그들이 어떻게 변화되어야 하는지를 지시하지는 않았다. 덕분에 상황이 안전해졌다. 마찬가지로 한국 목사도 교회 이전 문제를 당회에 상정했다(당회는 최종 결정권이 목사에게 있음을 알고 있다). 그래서 상황이 불편해졌지만 목사가 만장일치를 기다리겠다고 말한 덕분에 또한 안전해졌다. 양쪽 다 리더가 포용적 환경을 조성했다. 하지만 포용적 환경은 깨지기 쉬우므로 리더가 잘 감시하며 돌봐야 한다. 감귤 농부인 할아버지가 토양을 관리하여 과수를 돌본 것처럼 말이다.

속도: 고통을 조절하여 포용적 환경을 유지하라

하이페츠는 리더가 "열기를 높이거나 낮추어" 포용적 환경을 유지해야 한다고 말한다. 설명하자면 이렇다.

개인이나 집단이 엄두를 내지 못할 때는 리더가 열기를 낮추어야 한다. 그래야 그들이 새로운 존재 방식을 실험할 수 있을 만큼 상황이 안전해진다. 그와 반대로 개인이나 집단이 너무 편해서 적응적 도전을 무시할 수 있을 정도라면 리더가 열기를 높여야 한다. 그래야 그들이 변화의 필요성을 느낄 수 있다. 열기를 높이는 최선의 방법은 사람들에게 하이페츠의 표현으로 "현실의 고통(pinch)"을 느끼게 하는 것이다.[18] 이 문구에서 'pinch'는 "여동생이 나를 꼬집었다"라고 말할 때처럼 작은 고통을 뜻한다. 현실이 고통스러운 이유는 정말 변화가 필요한 상황이기 때문이다. 현실의 고통은 변화를 거부하는 데서 오는 부정적 결과를 의미한다. 예를 들어, 담배를 끊지 않으면 정말 수명이 단축될 것이다.

앞서 이야기한 한국 목사가 좋은 본보기다. 그는 당회의 만장일치가 필요하다는 말로 (더 안전하고 덜 불편하게) 열기를 낮춘 다음, 장로들에게 현실의 고통을 느끼게 하여 열기를 높였다. 주차 공간을 찾아 주변을 빙빙 돌다가 포기한 사람들의 사례를 수집해서 당회에 소개한 것이다. 아마 전도가 교회의 사명임을 지적하면서, 예수님을 대변한다는 교회가 어떻게 그분을 예배하려는 사람들을 주차 문제로 돌려보낼 수 있겠느냐고 물었을지도 모른다. 장로들이 문제를 무시할 수 없도록 목사는 구체적인 사례와 데이터를 제시했다. 그들의 고통을 조절하여 **생산적인 수준의 불편**을 느끼게 했다. 덕분에 그들은 정체되어 있을 수 없을 만큼 불편하면서도 새로운 존재 방식을 실험할 수 있을 만큼 안전하다고 느꼈다. 목사가 포용적 환경을 잘 유지하고 있다는 뜻이었다.

사람들에게 현실의 고통을 느끼게 하는 목적은 변화의 필요성을 "스스로 깨닫게" 하기 위해서다. 그 한국 교회 장로들은 교회가 반드시 이전해야 함을 스스로 깨달아야 했다. 문제를 외면하면 곧 교회에 온 사람들을 돌려보내는 것과 같음을 스스로 깨달아야 했다. 리더가 그들 대신 깨달을 수는 없다. 매달 당회에서 목사가 새로운 사례를 제시할 수는 있으나 문제에 눈떠야 할 사람은 장로들이었다. 이 문제를 교회가 무시할 수 없음을 각 장로가 스스로 깨달아야 했다.

그런데 막상 사람들이 깨달음에 떠밀려 '부정' 단계에서 벗어나면 이때 리더에게 다소 위험한 결정의 순간이 찾아온다. **이 깨달음의 순간에 잘**

못 대처하여 승리를 패배로 전락시킨 목사를 여럿 보았다. 당신은 사람들이 문제를 깨닫고 받아들이게 하려고 몇 달째 설명했다. 마침내 그중 한 명이 교회에서 당신에게 다가와 말한다. "이제야 깨달았습니다. 제 생각에 교회는 이 문제에 대해 뭔가 조치를 취해야 합니다." 그러면서 그는 정확히 당신이 몇 달째 해 온 말과 표현을 정확히 되풀이해서 설명한다. 당신이 이미 다 한 말이라는 것을 까맣게 잊고서 말이다. 심지어 그 사람은 "진작 교회가 조치를 취했어야지요"라며 당신에게 화를 낼 수도 있다. 이때 방어해서는 안 된다. 물론 "무슨 소립니까? 제가 몇 달째 바로 그 말을 한 건데요"라고 되받고 싶은 마음이 굴뚝같을 것이다. 하지만 그랬다가는 모든 게 망가진다. 그러면 **기껏 고심 끝에 새로운 걸음을 내딛을 준비가 된 그 사람이 당신 때문에 민망하여 몸을 사릴 것이다.**

그 대신 나는 이렇게 말한다. "듣던 중 반가운 말입니다. 마침 똑같이 생각하는 교인들이 더 있는데, 괜찮다면 그들과 연결해 드리지요. 그러면 이 일을 우리가 함께 해 나갈 수 있겠습니다." 하지만 솔직히 이게 말처럼 쉽지 않다. 내가 그런 순간에 잘못 대처한 때가 기억난다. 컨설턴트로서 어떤 기관을 돕던 중이었다. 몇 달째 나는 그들에게 이제부터 재정 자료를 보관해야 한다고 말했다. 그들이 매번 사실에 근거하지 않고 사건에 근거하여 결정을 내리고 있었기 때문이다. 그런데 회계가 반대했다. 그러던 그녀가 얼마 후 내게 말하기를 잘 생각해 보니 교회가 재정 자료를 더 잘 보관해야겠다면서 오히려 내가 자신을 제대로 훈련해 주지 않았다고 불평했다. 그때 내가 했어야 할 말은 "듣던 중 반가운 말입니다. 이 일을 우리가 함께 해 나갈 수 있겠습니다"인데 실제로 한 말은 달랐다. 그런 깨달음의 순간에 우리는 신중히 대처해야 한다.

사람들에게 현실의 고통을 느끼게 하여 열기를 높이면 그들이 문제를 스스로 깨달을 수 있다. 반대로 열기를 낮추려면 어떻게 해야 할까? 하이페츠의 말처럼, 잠시 기술적 문제에 집중하면 사람들이 더 안전하다고 느낀다. 예컨대 자전거 타는 법을 가르치는 아빠는 한동안 아이가 페달을 돌리는 법에 집중하게 할 수 있다. 그동안 계속 자전거를 잡아 주면서 말이다. 그러면 아이가 다시 자신감을 얻어 학습을 지속할 수 있다. 한국 교회 목사의 경우에는, 당회에서 기존 주차장의 선을 다시 그어 더 많은 차를 수용하는 방안을 논할 수 있다. 주차장의 선을 다시 긋는다고 해서 근본적 문제가 해결되지는 않겠지만, 시간을 벌어 장로들이 문제를 더 희망적으로 보게 할 수는 있다.

의지적으로 관심을 지속시키라

적응적 변화에는 시간이 걸린다. 기술적 문제는 대개 재정과 기술로 즉시 해결할 수 있다(물론 오래 걸리는 경우도 있다). 그러나 적응적 도전은 거의 매번 시간을 요한다. 변화되어야 할 사람들이 변화의 필연성을 받아들이려면 시간이 걸린다. 애도 과정을 통과하는 데도 시간이 걸리고, 문제의 해법을 찾아내는 데도 시간이 걸린다. 금방 되는 일이 아니다.

타코마 사례를 생각해 보라. 워싱턴 주의 그 도시는 한 걸음씩 내딛을 때마다 상실에 더 깊이 직면해야 했다. 공장에서 독가스가 뿜어져 나온다는 사실을 인정해야 했고, 문제를 EPA가 대신 해결해 주지 않을 것임을 받아들여야 했다. 일자리나 건강 중에서 양자택일해야 한다는 생각도 버려야 했다. 일자리와 건강을 둘 다 챙기기로 결정한 후에는 그에 맞는 해법을 모색해야 했다. 각 단계마다 시간이 걸렸다. 그만큼 상실이 뒤따랐기 때문이고, 정부에서 구원의 손길을 내밀어 문제를 종식시켜 주리라는 주민들의 기대를 EPA가 저버렸기 때문이다.

그러는 내내 EPA는 사람들이 관심을 잃거나 낙심하지 않도록 두 가지 방식을 통해 계속 문제에 집중하게 했다. 계속 공장을 폐쇄하겠다고 말해서 문제의 긴박성이 가라앉지 않게 했고, 꾸준히 회의를 열어서 그들이 계속 앞으로 나아가게 했다.

이렇게 의지적으로 관심을 지속시키는 일이 적응적 변화에서 가장 힘든 부분이다. 내가 다년간 풀러청소년연구소를 통해 교회들을 도우면서 보니 교회들이 변화를 바라면서도 변화에 실패한 가장 큰 이유는 의지적으로 관심을 지속시키지 못했기 때문이다.

여기서 우리는 픽사에서 말하는 일상 업무라는 굶주린 야수를 상기할 수 있다. 적응적 변화를 이끌려면 많은 에너지가 필요하다. 리더들은 대개 일상 업무에 너무 치여 그냥 변화에 집중하기를 포기하는 게 편해진다. 월례 당회에서 의지적으로 장로들의 관심을 지속시킨 한국 목사도 얼마든지 당회의 통상적 활동에 몰두하느라 깜빡 잊고 교회 이전의 필요성에 집중하지 못할 수도 있었다. 그러나 그는 끝까지 초점을 잃지 않았다.

그래서 이 책 부록에 가상 인물 헬렌이 등장한다. 사람들을 돕는 모든 리더에게 헬렌이 필요하다. 부록에 제안했듯이 당신도 봉사자 중 한 명을 지명하여 팀의 감시를 부탁할 수 있다(그 사람이 당신의 헬렌이다). 내가 적응적 변화를 이끌 경우, 헬렌을 지명하여 맡길 일은 다음과 같다. 헬렌은 정기 직원회의가 아닌 자리에서 나를 따로 만나 내게 이 네 가지만 물으면 된다. 1) 적응적 도전에 직면한 당신의 사람들을 마지막으로 만난 게 언제인가? 2) 포용적 환경을 유지하기 위해(열기를 높이거나 낮추기 위해) 무엇을 했는가? 3) 그 사람들을 다음에 언제 만날 것인가? 4) 그때 포용적 환경을 유지하기 위해 무엇을 할 계획인가?

일을 사람들에게 돌려주되
그들이 감당할 만한 속도로 하라

여기서 우리는 누구도 타인의 금연을 대신 해 줄 수는 없음을 다시 기억해야 한다. 리더십에 대한 대다수 교회의 사고 모델은 리더가 교인들을 대신해 결정해야 한다는 것이다. 그들의 생각대로라면 리더가 사람들의 고통을 종식시키지 않는 것은 직무 유기다. 그 한국 목사처럼 말이다. 타코마 사례를 더 자세히 살펴보자.

구체적 행동 방침을 지시하지 않고 주민 회의를 열기로 한 EPA의 결정은 중요한 고비가 되었다. 그들은 포용적 환경을 조성하기로 했다. 공장 폐쇄를 운운하여 열기를 높이는 한편, 막상 아직 폐쇄하지는 않아 열기를 낮추었다. EPA 청장(윌리엄 러클스하우스)은 토머스 제퍼슨의 말을 인용하여 자신의 생각을 이렇게 설명했다. "우리가 보기에 사람들이 충분히 깨이지 않아 건전한 분별력으로 통제권을 행사할 수 없다면, 해결책은 그들의 통제권을 빼앗는 게 아니라 분별력을 보완해 주는 것이다."[19] 사실상 이렇게 말한 셈이다. 어떤 고통스러운 선택이든 주민들 스스로 결정할 수 있을 뿐 아니라, 리더가 할 일은 그런 현명한 결정에 필요한 정보를 제공하는 것이라고 말이다.

포용적 환경을 조성하려는 EPA의 결정에 대중은 매우 부정적인 반응을 보였다. 전국 각지의 신문은 EPA와 청장이 비정하게 주민들에게 일자리와 건강 중에서 하나를 택하도록 강요한다고 보았다. 훌륭한 리더는 책임을 떠넘기지 않고 비난을 감수한다는 것이다. 이에 EPA 청장은 "주민들이 개입하겠다고 요구해서 나도 그들을 개입시킨 것인데, 이제 와서 '그 질문은 하지 말라' 하니 그러면 대안은 무엇인가? 그들을 배제하는 것인가?"라고 대응했다.[20] 하이페츠의 표현을 빌리자면, 대중이 믿은 사고 모델(큰 거짓말?)은 사람들이 고통에 직면하지 않도록 리더가 고통을 종식시켜야 한다는 것이었다. 하지만 고통을 종식시키려면 리더가 대신 결정하는 수밖에 없는데, 얼마나 많은 일자리가 얼마나 많은 생명만큼의 가치가 있는지는 당사자 외에 누구도 결정할 수 없는 문제다.

이렇게 일을 사람들에게 돌려준 EPA는 그 결과에 자신들도 놀랐다. EPA는 주민들이 공해와 건강과 일자리 문제를 잘 안배한 타개책을 내놓으려니 예상했는데, 그들은 결국 다른 결론에 도달했다. 지역 경제의 다각화를 요구한 것이다. 특히 공장 직원들의 재교육을 통한 다각화였다. 하이페츠는 "지나고 나서 보면 자명한 답이지만, 그때만 해도 다각화 개념은 누구의 머릿속에도 없었다"라고 지적했다. "EPA, 업계, 노동조합, 환경 단체, 지역 관리" 등 누구도 미처 그런 생각을 하지 못했던 것이다. "공청회의 시끄러운 마찰 과정, 언론의 논쟁, 지역 사회 동원이 모두 어우러져 결국 새로운 아이디어가 나왔다."[21]

EPA 리더들은 주어진 권한으로 결과를 종용한 게 아니라 과정을 창출했다. 일을 주민들에게 돌려주되 그들이 감당할 만한 속도로 일하게 했다. 거기서 두 가지 성과가 나왔다. 주민들은 부여받은 권한으로 무엇이 중요한지를 스스로 결정했고, 그리하여 결국 리더들조차 생각하지 못한 아이디어를 내놓았다. 그 한국 교회에서도 똑같은 일이 벌어졌다. 목사는 주어진 권한으로 문제에 대한 당회의 관심을 지속시켰고, 이로써 자신조차 생각하지 못한 해법이 누군가에게서 나올 수 있는 시간을 벌었다(또한 그 사람을 보호했다). "누구도 타인의 금연을 대신 해 줄 수는 없다"라고 확신한다면, 그렇다면 우리는 일을 사람들에게 돌려주어야 한다.

지금까지 살펴본 하이페츠의 통찰을 8단계로 정리할 수 있다. 우선 그것을 열거한 뒤, 6장에서 살펴본 한 사례에 적용하여 그것이 혁신과 어떻게 맞물리는지를 예시하고자 한다.

> 1) 발코니에 올라가 조망하라.
>
> 2) 당신이 직면해 있는 변화는 어떤 종류인가?
>
> 3) 누가 변화되어야 하며 변화에 따를 대가는 무엇인가?
>
> 4) 당신의 권한으로 할 수 있는 일은 무엇인가?
>
> 5) 포용적 환경을 조성하라.
>
> 6) 속도: 포용적 환경을 유지하라.
>
> 7) 의지적으로 관심을 지속시키라.

8) 일을 사람들에게 돌려주라.

하이페츠의 적응적 변화의 8단계 요약

1) 발코니에 올라가 조망하라

플로리다주의 중고등부 목사 에리카는 중학생들에게 애통을 가르치기로 했다. 에리카와 동역자는 앞으로 할 일을 계획했다. 그들은 꾸준히 만나 의논하기로 했고, 체계적 경청을 연습하기로 했고, 풀러의 혁신 컨퍼런스에 참석하기로 했다.[22] 핵심 통찰은 6장에 제시된 과정을 따르는 것이었다.

2) 당신이 직면해 있는 변화는 어떤 종류인가?

에리카와 동역자가 금세 깨달은 사실이 있다. 여태 자신들이 중고등부 사역에 대한 교인들의 사고 모델을 고쳐 주려 했다는 것이다. 그것도 큰 걸림돌이었지만 주요 목표는 아니었다. 주요 목표는 하나님께 대한 중학생들의 사고 모델을 고쳐 주는 것이었다. 다시 말해서 사람들은 큰 거짓말을 믿고 있었다. 성인들이 믿는 거짓말은 오늘날의 중고등부 사역도 한 세대 전의 중고등부 사역과 같아야 한다는 것이었고, 청소년들이 믿는 거짓말은 하나님께 분노를 표현하는 게 잘못된 일이다 못해 위험할 수도 있다는 것이었다. 이런 큰 거짓말을 퇴치하려면 사고 모델을 수정해야 했는데, 이는 적응적 도전에 해당한다.

3) 누가 변화되어야 하며 변화에 따를 대가는 무엇인가?

에리카는 이 프로젝트가 효과를 내려면 적어도 세 그룹의 사람들이 변화되어야 함을 깨달았다. 감당해야 할 대가가 그룹마다 다를 테니 계획도 각기 달라야 했다.

① 청소년

프로젝트의 목적은 중학생들을 도와 에리카의 표현으로 "은혜에 기초한 정체성"을 정립할 수 있게 해 주는 것이었다. 거기에 따를 대가가 있었다. 그들은 하나님께 분노를 직접 표현하는 데 대한 두려움에 직면해야 했고, 여태 억눌러 온 상실의 고통을 느껴야 했다.

② 학부모

학부모에는 두 부류가 있으며 각각 변화에 직면해야 했다. 우선 교인인 학부모들은 하나님께 말씀드리는 적절한 방법에 대한 자신들의 사고 모델을 수정해야 했다. 교회에 다니지 않는 학부모들은 자녀가 신앙 안에서 성장하는 방식을 인정해야 했다. 그리고 양쪽 다 앞으로 발생할 수 있는 혼란을 감당할 수 있어야 했다. 청소년이 자신의 고통을 대면하기 시작하고 권위를 가진 인물에게(이 경우 하나님께) 분노를 솔직히 말하는 법을 배우노라면 혼란이 뒤따르게 마련이다.

③ 중등부 봉사자

중등부에서 봉사하는 성인들은 청소년 사역의 새로운 방법을 수용해야 했다. 이전에 애통을 실천해 본 사람이 그중 아무도 없었으므로 어색한 일시적 불편도 겪어야 했다. [23]

4) 당신의 권한으로 할 수 있는 일은 무엇인가?

에리카는 자신의 권한으로 할 수 있는 일과 할 수 없는 일을 금방 알았다. 자신의 관할권에 속한 일에는 변화를 줄 권한이 있었다.

① 청소년

중고등부 사역자로서 에리카는 중등부 모임의 내용을 바꿀 권한이 있었다. 모일 때마다 청소년들에게 포용적 환경을 조성해 줄 수 있다는 뜻이었다.

② 학부모

에리카는 학부모 모임을 소집할 권한도 있었다. (전적으로는 아니어도) 어느 정도 그들을 "활용할" 수 있다는 뜻이었다.

③ 중등부 봉사자

봉사자 모임을 소집하는 것도 물론 에리카의 권한이었다.

그러나 타인의 영향권에 속한 일을 에리카가 변화시킬 권한은 없었다. 에리카는 전 교인을 끌어들일 권한이 없었고, 성인 예배에 영향을 미칠 만한 일은 아무것도 할 재량이 없었다(그런데 뜻밖에도 나중에 교회 측에서 사순절 기간에 그녀와 중등부에게 예배의 일부를 인도해 줄 것을 요청했다).

5) 포용적 환경을 조성하라

적응적 도전에 직면한 각 그룹을 위해 어떻게 포용적 환경을 조성할 것인가? 그것을 정하는 게 에리카의 창의적 활동 중 가장 중요한 부분이었다. 한 가지 포용적 환경이 두 집단에 공통으로 적용될 때도 있긴 하지만, 이 경우에는 세 그룹의 포용적 환경을 각기 따로 조성해야 했다.

① 청소년

이 그룹의 포용적 환경은 두 가지 차원에서 이루어졌다. 일반적 차원에서는 중등부 정기 모임 자체가 포용적 환경이었다. 대체로 모임이 여느 때와 큰 차이가 없어 보인다는 점에서는 열기가 낮아졌다. 그러나 그녀가 애통에 초점을 맞추어 약간의 변화를 주었다는 점에서는 열기가 높아졌다. 즉 청소년들에게 각자의 고통을 직시하자고 권유하는 부분이 달랐다.

특수한 차원에서는 미완성 문장을 채워 넣는 애통 방식도 포용적 환경이었다. 평소에 표현하지 않던 생각과 감정을 글로 쓰게 했다는 점에서는 열기가 높아졌지만, 학생들에게 미완성 문장을 내준 사람이 에리카 자신이라는 점에서는 열기가 낮아졌다. 당연히 그들은 (설령 하나님께 분노를 표현한다 해도) 그게 잘못된 일이라고 느끼지 않았다. 하나님을 대언하는 사람('사신' 즉 대사를 생각해 보라)의 지도하에 이루어진 일이기 때문이다.

② 학부모

학부모를 위한 포용적 환경은 훨씬 더 미묘했다. 에리카는 우선 "하나님은 여러분의 솔직한 말을 감당하실 수 있습니다"와 "시편의 애통 시" 같은 문구를 소개하여 말을 심었다. 또 앞으로 자녀의 분노 표현이 좀 더 성숙해질 거라고 말해 주어 공동의 희망 이야기를 창출했다. 이 모두가 새로운 개념인 데다 자칫 위험해 보일 수도 있어 열기가 높아졌지만, 또한 자녀를 부모에게 보내기 전에 에리카 자신이 그들의 화풀이 대상이 되어 주었기 때문에 열기가 낮아졌다. 실제로 학부모들이 집에서 자녀와 함께 애통에 대해 대화하고 싶다며 도움이 될 만한 자료를 요청하기에 이르렀다.

아울러 에리카는 학부모의 밤을 포용적 환경으로 활용했다. 이 행사가 청소년들을 관찰하고 봉사자들과 안면을 트는 자리라는 점에서는 열기가 낮아졌다. 모든 중학교의 학부모 총회와 비슷하다 할 수 있다. 하지만 그날 에리카가 부모들에게 자녀의 활동에 동참하게 한 것과 하나님께 말씀드리는 새로운 방식을 교육했다는 점에서는 열기가 높아졌다.

③ 중등부 봉사자

에리카의 혁신을 실제로 도운 팀은 소규모였지만, 그래도 그녀는 봉사자들과 소그룹 리더들에게 애통을 훈련해야 했다. 그래서 훈련을 실시했다. 사실은 애통만 아니라 경청도 훈련해야 했는데 그녀는 이를 "공감 훈련"이라 칭했다. 앞서 말했듯이 그녀는 봉사자들에게 충동을 억제하도록 조언하면서 "경청하고 있는 중에 말하고 싶어질 때마다 물을 한 모금 머금어 자신의 입에서 '그렇긴 하지만…'이라는 말이 나오지 못하게 막는다"라는 지침을 주었다. 또한 그들에게 십 대 때의 개인적 경험을 회상하게 했다. 이때 소환된 감정 덕분에 그들은 청소년들에게 공감하기가("함께 느끼기가") 더 쉬워졌다. 사실 이 훈련을 근간으로 에리카는 나중에 학부모들은 물론이고 결국 온 교인까지 훈련할 수 있었다.

덧붙이자면 에리카는 이렇게 겹겹의 포용적 환경을 조성하면서도 그것을 늘 의식한 것은 아니다. 여기에 애통 같은 혁신된 실천의 묘미가 있다. 혁신된 실천은 이미 전통에 뿌리를 두고 있기 때문에 열기를 낮추어 안전하게 해 주지만, 동시에 어떤 면에서 혁신되었거나 새롭기 때문에 열기를 높인다. 그래서 **혁신된 실천 자체가 종종 포용적 환경이 된다.**

6) 속도: 포용적 환경을 유지하라

에리카는 혁신 작업을 지속할 계획을 세웠다. 10주간의 중등부 모임을 미리 설계한 것이다. 계획에 따라 처음에는 안전한 활동으로 시작해서 시간이 갈수록 점점 더 그들 개인과 연결하는 활동을 하게 했다. 첫 주에는 성인을 섭외하여 시편 22편과 42편과 욥기와 예레미야애가의 이야기를 들었다. 중학생들에게 그들의 감정이 표현되어 있는 노래 가사(찬양뿐 아니라 일반 노래까지도)를 고르게 하기도 했다.

시간이 경과하면서 매주 그들은 새로운 활동을 통해 좀 더 깊은 애통으로 들어갔다. 이렇게 "과정의 속도를 잘 조절하자" 점차 열기가 높아졌다. 그와 동시에 매주 그들이 애통을 좀 더 편하게 느끼게 되면서 열기가 낮아졌다. 덕분에 에리카는 부담 없이 새로운 내용을 소개할 수 있었다. 예컨대 그녀는 "애통하다 보면 자신이 초래한 문제가 보일 수도 있다"라는 개념을 소개했다. 그러면서 자신이 타인의 고통을 초래한 일을 깨달을 때 어떻게 자백해야 할지를 가르쳤다.

7) 의지적으로 관심을 지속시키라

에리카는 10주간 계획을 미리 공표했기 때문에 학생들의 관심을 지속시킬 수 있었다. 대개 이 부분은 쉽다. 의지적으로 관심을 지속시키는 데 가장 힘든 부분은 프로젝트를 구상하는 기간이다. 즉 아직 아무에게도 소개하기 전이다. 예컨대 우리가 중고등부 사역자들을 상대로 매년 혁신 컨퍼런스를 개최하다 보니, 많은 교회 팀에게 가장 힘든 시간은 혁신 컨퍼런스를 마치긴 했는데(즉 시제품은 나와 있는데) 아직 그것을 각자의 중고등부에 접목할 계획을 짜지 못한 그 시점이었다. 그들이 시제품을 만들었다는 사실을 자축하고 있을 바로 그때(긴박감이 고조되어 열기가 높아져 있을 때) 직책상의 다른 일들(일상 업무라는 굶주린 야수)이 그들을 부른다. 바로 그때 "헬렌"(감시를 맡아 줄 외부인)이 있으면 유익할 수 있다.

8) 일을 사람들에게 돌려주라

에리카는 심고 물을 주는 정원사에 불과하다. 감귤을 재배한 내 할아버지처럼 그녀도 성장에 도움이 될 환경을 조성할 뿐이다. 프로젝트에 어느 정도나 동참할지는 청소년들 스스로 정해야 했고, 듣는 데서 더 나아가 협력할지 여부를 학부모들이 결정해야 했으며, 힘들여 공감하는 일을 봉사자들이 해야 했다. 누구도 타인의 금연을 대신 해 줄 수는 없듯이 그중 어떤 일도 에리카가 대신 할 수 없었다. 결국 이 혁신은 그들(과 성령)의 소관이었다.

그렇다면 이 모두가 어떻게 전개되었을까? 매주 에리카는 청소년들에게 중등부 모임 때 어떤 기분이 드는지를 한 단어로 표현하게 했다. 처음에는 "슬프다", "어수선하다", "어렵다"와 같은 단어를 쓰던 중학생들이 애통 프로젝트가 지속되자 중등부 경험을 "점점 나아진다", "공감이 간다", "위력적이다"와 같은 단어로 표현하기 시작했다. "분노"를 느낀다고 답한 아이들도 있었다. 에리카는 이것을 중등부에 대한 분노로 받아들인 게 아니라 평소 삶 속에서 느끼던 분노가 중등부의 애통 과정을 통해 경험되고 표현된다는 징후로 받아들였다.[24]

또 중등부의 인원수도 늘었다. 중학생들이 모임에서 긍정적인 경험을 하면서 친구들을 초대한 것으로 보이며, 친구들도 계속 참석하기로 한 것이다.

학생들은 하나님 앞에서 감정을 솔직하게 표현할 수 있게 되면서부터 하나님과의 관계가 달라졌다고 고백했다. 한 학생은 에리카에게 "하나님께는 무조건 공손해야만 되는 줄 알았는데 정말 솔직해져도 괜찮은 거네요"라고 말했고, "사랑과 분노가 어떻게 공존할 수 있는지 잘 모르겠어요"라던 다른 학생도 결국 "화가 났을 때도 상대를 신뢰한다면 관계가 더 깊어지겠네요"라고 말했다.[25]

우리는 이번 장을 질문으로 시작했다. 비록 좌절감이 들지라도 리더라면 누구나 한 번쯤 드는 의문이다. **반드시 변화되어야 하는데 한사코 변화를 거부하는 사람들을 어떻게 도와 변화되게 할 것인가?** 우리가 배웠듯이 사람들이 변화를 거부하는 데는 이유가 있다. 인간은 변화에 저항하지 않고 상실에 저항한다. 이런 적응적 도전에 맞닥뜨릴 때 리더가 할 일은 공감으로 대응하여 포용적 환경을 조성하는 것이다. 포용적 환경이란 사람들이 정체되어 있을 수 없을 만큼 불편하면서도 새로운 존재 방식을 실험할 수 있을 만큼 안전한 심리적 공간이다.

언뜻 보기에는 이런 대응이 공감과는 거리가 멀어 보일 수 있다. 하지만 우리가 기억해야 할 것은 사람들이 반드시 변화되어야 한다는 사실이다. 그들에게 변화의 필요성을 들이민 것은 리더인 우리가 아니라 세상이다. 흡연가 친구는 정말 변화되어야 한다. 타코마의 그 공장은 주민들에게 독가스를 배출하는 일을 정말 중단해야 했고, 한국의 그 교회는 전도의 사명을 정말 감당해야 했다. 리더들은 변화의 필요성을 만들어 낸 게 아니라 사람들을 도와 그 필요성에 직면하게 했을 뿐이다. 그 리더들의 가장 유익한 대응은 사람들이 상황에서 유발된 기존의 고통에 대처할 수 있도록 과정(환경)을 창출하되 그들이 감당할 만한 속도로 했다는 것이다.

리더가 적응적 변화를 이끌려면 충실하게 한 걸음씩 내딛을 수 있는 기민성이 필요하다. 맡겨진 사람들의 말을 경청하고 해석해서 잘 대응해야 하기 때문이다. 이런 기민성을 기르는 일은 까다로울 수 있는데, 그것이 다음 장의 주제다.

9.

리더십과 혁신

기민함과 상상력을 갖춘 리더가 되라

잉그리드라는 신학생이 어느 한인 교회를 돕는 과정을 자신의 인턴십 프로그램으로 만들고 싶다며 나를 찾아왔다. 그녀는 이민 가정의 딸들을 돕고 싶은 마음이 있었다. 그들이 그녀가 맡아 돌봐야 할 사람들이었다. 자신도 엘살바도르 출신 이민자라서 그들이 직면하고 있는 장애물이 어떤 것인지 자신의 경험으로 알았다. 연구를 통해 잉그리드는 청소년 이민자에게 일대일 멘토를 붙여 주면 그들의 대학 졸업률이 두 배로 높아진다는 것을 알았다. 그래서 이미 멘토링 사역에 착수했고, 그 교회 교인들을 동원해 여학생들과 연결시켜 주었다. 그러다 도움이 필요해서 나를 찾아왔다. 자신이 만든 새 사역을 학위 취득에 요구되는 인턴십 과정으로 인정받고 싶었던 것이다. 아울러 그 사역에 지원을 받고자 소속 교단에 보조금을 신청하는 절차도 지도해 달라고 했다.[1]

잉그리드 사례를 통해 미래의 동향을 볼 수 있다. 잉그리드는 자신이 신학교를 졸업할 때쯤이면 교회 시스템에서는 자신의 일자리가 나올 수 없음을 안다. 그 세대 사람은 누구도 시스템에 의존할 수 없다. 학업만 마치면 취업되던 기독교 세계의 모델은 수명이 다했고, 따라서 이 세대는 앞길이 막막하다. 그래서 그녀는 자신이 교회 안에서 사역하든 교회 밖에서 사역하든 사역지를 스스로 만들어 내야 함을 안다. 요컨대 **그녀의 미래는 자신의 기민성에 달려 있다.**

물론 문제는 신학교 교육이 더는 존재하지 않는 세상에 맞게 조정되어 있다는 것이다. 현재의 교육은 혁신 능력과 기민성을 길러 주기 위한 게 아니다. 한 세대 전만 해도 신학교 교육의 목표는 어느 학자의 표현으로 **"신학적 낙타"**를 양성하는 것이었다.[2] 학교는 학생에게 지식을 가득 채워 넣은 뒤 사막으로 내보냈다. 이미 배운 것만으로 평생 충분하기를 바라면서 말이다. 20세기에는 신학적 낙타들이 대체로 승승장구했다. 낙타는 특수한 환경에 적합한 맞춤형 동물이며, 오아시스와 오아시스를 잇는 예측 가능한 경로를 이동할 때는 안성맞춤인 수송 수단이다. 당연히 학교들도 한때는 예측 가능한 세상에 맞게 조정되어 있었다.

그러나 잉그리드가 들어설 세상은 워낙 예측 불허라서 낙타 모델의 사역에 의존할 수 없다. 낙타는 변화하는 세상에서 살아남을 적응력이 없다. 그녀가 들어설 세상에는 기민성과 상상력을 갖춘 그리스도인 리더가 요구된다. 낙타는 아주 특수한 환경에서만 진가를 발휘하도록 되어 있는데, 잉그리드가 모래 언덕의 정상에 올라가 보면 저편에 오아시스는 없고 사막만 더 펼쳐질지도 모른다. 어쩌면 열대 우림이나 도시 구획에 가게 될수도 있다. 지금의 졸업생들은 세상의 예측 못할 온갖 변화에 대처해야 한다. 내가 신학교에 다니던 25년 전에는 아무도 내게 인터넷에 대해 말해 주지 않았다. 지금의 인터넷 세상은 내가 졸업한 지 6개월 후에야 출현했으니 말이다. 마찬가지로 지금도 세상에는 아무도 예견할 수 없는 변화가 속속 다가오고 있다. 미래의 모든 잉그리드는 다음번 모래 언덕에 어떤 변화가 기다리고 있든 거기에 대응할 기민성을 길러야 한다.

잉그리드에 대비되는 다른 졸업생이 있다. 페트라는 모범 후보자로 사역에 입문했다. 명문 교회에서 자라 유명한 기독교 대학을 나온 페트라는 신학대학원도 우수한 성적으로 쉽게 마쳤고, 난해한 신학적 질문에 척척 답하여 노회의 후보자 심사 위원회를 감동시켰다. 졸업 후 그녀는 많은 교역자가 있는 대형 교회의 부목사라는 요직에 발탁되었다. 나중에 큰 교회의 담임목사가 될 수 있는 지름길에 오른 셈이다. 내가 그녀를 만난 계기는 교단에서 주최한 연구 소그룹에 그녀가 최연소로 참여했기 때문이다. 이번에도 그녀는 남보다 빨랐던 것이다. 그렇게 모든 게 순탄했는데, 그녀는 부임한 지 불과 몇 년 만에 갑자기 그 요직에서 해임되었다. 페트라는 정확히 신학교에서 교육을 통해 배출하려는 그런 모범적인 사역자였는데, 바로 그게 문제였다.

페트라는 깊은 생각에 잠겼고 여태 성찰 중이다. 사역을 그만두고 고향으로 돌아간 후에도 그녀는 교단의 그 연구에 계속 참여했고, 실패도 자신의 책임으로 받아들였다. 그러나 자신을 교단 시스템의 산물로 봐야 한다는 생각이 강해지자 그녀는 경험에 기초하여 사역 준비에 대한 탁월한 논문을 썼다. 그 분석에 따르면 신학교 교육은 "다분히 학문적 모델에 기초해 있고 이는 예비 목사나 교인에게 도움이 되지 않는다." 그녀는 "학문적 모델"의 패착을 설명하고자 신학교와 교단 양쪽의 과정을 분석했다. "준비 과정에서는 **문해 기술**이 칭찬받지만, 사역에 요구되는 것은 **관계 기술**이다. 알고 보니, 내가 모범 후보자라는 말을 들었던 이유는 문해력이 좋았기 때문이다. 내가 좋은 후보자였을지는 몰라도 준비 과정에서 사역에 필요한 관계 기술은 배울 수 없었다."[3]

그녀는 **자신이 읽은 책과 자신이 이끄는 사람들을 연결할 기민성**이 없었다. 사실 그녀는 사람보다 책을 이해하는 데 더 에너지를 쏟도록 배웠다. 그런데 리더가 되고 보니 사람들은 늘 변화했고, 그녀가 할 일은 성경을 새로 해석하여 자신이 맡아 돌봐야 할 사람들의 삶에 대응하는 것이었다. 앞서 누누이 사례를 제시했듯이, 마르틴 루터는 로마서를 새로 해석하여 종교개혁을 일으켰고, 랄프 윈터는 예수님의 고별사를 새로 해석하여 현대 선교 운동을 선도했다. 그들이 그럴 수 있었던 이유는 세상이 변했다는 것과 변화하는 세상 속에 사는 사람들에게 성경의 새로운 통찰이 필요하다는 것을 인식했기 때문이다.

페트라의 발표에 이어 우리의 대화가 더 이어졌다. 페트라는 이런 난관이 어떻게 전개되었는지를 설명했다. 그녀가 교회 직위에서 경험한 갈망과 상실에는 역할 갈등이라는 주제가 관통하고 있었다. 청소년과 가정 분야를 관할하는 부목사로서, 그녀는 중고등부 사역자의 상사이자 담임목사의 부하였다.[4] 십 대 아이들의 말을 경청하면서 그녀는 그들에게 필요한 것이, 담임목사가 교회를 통해 주려는 것과는 사뭇 다름을 깨달았다. 다시 말해서 그 교회는 더는 존재하지 않는 청소년의 필요에 맞게 조정되어 있었다. 청소년들과 중고등부 사역자들을 지원해야 할 그녀의 책임은 담임목사와 당회가 원하는 대로 수행해야 할 책임과 충돌했다. 중고등부 사역자는 하나님이 자신에게 돌보라고 맡기신 청소년들을 섬기고자 했고, 담임목사와 당회는 지나간 시대의 사역을 재현하고자 했다. 양쪽의 필요에 대응할 방도를 개발하려면 그녀에게 상상력이 필요했다.

아울러 목사 역할이 아내 역할 및 엄마가 되려는 갈망과 대립하면서 그녀는 큰 불안을 느꼈다. 페트라는 역할 갈등을 조정할 기민성이 부족했다. 그래서 자신이 가장 잘하는 일만 하고자 했다. 분명한 대책을 마련하지 않은 채로 사람들과 떨어져서 글을 쓰고 생각에 잠긴 것이다. 정확히 신학교 교육이 준비시켜 준 대로 한 셈인데, 바로 그게 문제였다. **전통 교회의 제약 속에서 페트라는 늘 변화하는 사람들의 필요를 채워 줄 기민성이 없었다.**

물론 문제는 우리가 페트라의 과거와 잉그리드의 미래 사이에 살고 있다는 것이다. 우리가 물려받은 사역 시스템은 과거 기독교 문화에서나 통하던 우직한 낙타들을 배출하도록 되어 있다. 그 시스템이 달라지지 않는 한(신학교 교수로서 나는 시스템에 변화가 일어나고 있는 부분들을 지목할 수 있으며 특히 우리 학교에서 그렇다[5]), 우리가 아는 사역은 더는 존재하지 않는 세상에 맞을 뿐이다. 이제는 **목사들에게 기민성을 길러 주어 예측 불허의 세상에서 사역할 수 있도록 준비시켜야 한다.** 이번 장의 초점이 목사에게 있긴 하지만 지금부터 살펴보려는 통찰은 미국 교육 제도의 산물인 모든 그리스도인 리더에게 적용된다. 그리스도인 리더가 일하는 곳이 종교 기관이든 일반 기업이든 관계없다.

기민성이 부족하다는 문제는 신학 교육에만 국한되는 게 아니라 교육 제도의 산물이다. 교육 제도는 우리의 기대가 펼쳐지는 장이라 할 수 있다. 거기서 보면 우리가 어떤 세상을 섬기도록 조정되어 있는지가 잘 보인다. 사실 톰 켈리와 데이비드 켈리에 따르면 최우등 졸업생들도 기민성이 부족함을 흔히 볼 수 있다.[6] 켈리 형제는 혁신 분야에서 가장 존경받는 목소리에 속한다. 데이비드 켈리는 혁신의 두 아이콘인 혁신 육성 기업 IDEO와 스탠포드 디자인학교(d.school)를 설립했고, 톰 켈리는 IDEO 동업자로서 혁신에 대해 방대한 글을 썼다. 근래의 한 기사에서 형제는 사람들이 네 가지 "고질적 두려움"에 막혀 혁신에 필요한 창의력을 발휘하지 못한다고 진단했다. 잠시 후에 그 네 가지 공포증을 살펴볼 텐데, 그전에 그 기사의 파급 효과를 보는 게 중요하다. 이 기사가 여러 경영대학원에 촉발한 논의는, 졸업생들이 기민한 혁신 작업을 수행할 수 있도록 준비시켜야 한다는 것이었다.

경영대학원 교수 힐러리 오스틴은 그런 기사 하나를 "우리가 기대하는 훌륭한 학생은 어떤 사람인가?"라는 질문으로 시작했다.[7] 다시 말해서 성공에 대한 우리의 사고 모델은 무엇인가? 이 기사에 묘사된 이상적인 경영대학원 학생을 페트라 같은 모범적인 그리스도인 리더로 바꾸어 읽어도 무방하다. 우리가 원하는 "똑똑한 지성인은 자진해서 열심히 공부하고 믿음직스럽고 암기력이 좋다. 부담스러운 시험에도 침착하고 능숙하게 대처한다. 또 뭐가 있을까? 과제물을 반드시 제때에 제출할 만큼 자신을 관리할 줄 안다고 할까? 아무리 힘들어도 그들은 일을 정확히 완수한다. 집중하며 협력하는 수업 태도를 보인다." 이것이 이상적 학생의 특징이다. 오스틴은 "일반적인 교육 모델에서는 이런 학생이 늘 전 과목 A학점을 받는다"라고 인정한다. 아무리 힘든 교과 과정에서도 "수석은 이런 학생의 몫이다." 졸업 후 사역하게 될 교회의 면접에서도 그들은 좋은 성과를 낸다. 그리스도인 리더에 대한 사고 모델에 맞아들기 때문이다. 우리는 그런 사고 모델이 잘 통하리라 생각하며 자신이 섬기는 세상을 그런 곳으로 본다. 페트라가 그런 학생이었다.

오스틴의 핵심 요지는 이것이다. "현행 시스템에서 승승장구하는 훌륭한 학생들이 오늘날 실제 사회로 나가면 줄줄 미끄러진다." 경영대학원에 대한 오스틴의 결론은 페트라가 자신이 경험한 신학 교육에 대해 내린 결론과 똑같다. "지금의 교육 제도는 무능해서 문제가 아니라 너무 유능해서 탈이다." 세상에 필요한 이상(理想)을 우리가 잘못 알고 있으면서 그 이상을 구현할 졸업생들을 대량 생산하고 있으니 말이다. 우리는 세상이 예측 가능한 곳인 것처럼 행세한다. 우리가 생각하는 그리스도인 리더들은 보장된 결과를 만들어 내야 한다. 그러나 **예측 가능성을 염원하는 리더들은 이미 비틀거리고 있다.** 그 이유를 켈리 형제에게 들을 수 있다.

그들은 네 가지 두려움(그들의 표현으로 "공포증")이 창의력을 무너뜨리고 혁신의 발목을 잡는다고 보았다. 예측 가능한 세상을 바라도록 사람들을 길들일 때 우리는 이런 두려움을 조장하는 것이다. 이제 곧 보겠지만 이런 두려움은 리더에게서만 아니라 교회에서도 나타난다. 네 가지 두려움은 다음과 같다.

1) 혼란한 미지의 세계에 대한 두려움
2) 비판받을 것에 대한 두려움
3) 첫발을 떼는 데 대한 두려움
4) 통제권을 잃을 것에 대한 두려움

하나씩 설명해 보면 문제가 명확해진다. **혼란한 미지의 세계에 대한 두려움**은 명확한 기준이 없는 문제에 부딪칠 때 찾아오는 불안을 가리킨다. 앞서 말했듯이 잉그리드에게는 스스로 미래를 창조할 기민성이 필요하고, 페트라가 전통 교회의 제약 속에서 자신에게 맡겨진 사람들을 섬기려면 청소년 사역을 혁신할 상상력이 필요했다. 하지만 둘 중 어느 쪽에도 그런 변화의 명확한 기준은 없다(사실 우리가 제시할 수도 없다). 예상되는 결과는 혼란이다. 뚜렷한 지침이 없는 미지의 세계라서 그렇다. 잉그리드도 페트라도 본받을 모본을 정하지 못했으니 그럴 수밖에 없다.[8]

비판받을 것에 대한 두려움은 그들이 각각 미지의 미래로 가는 길을 실험할 때 실수가 하나라도 나오면 지켜보던 사람들이 혹독하게 반응한다는 것이다. 사역을 새로 개척해야 한다는 점에서 그들은 둘 다 초보자다. 우리는 리더들에게 초보자의 실수가 최대한 사람들 앞에서 드러나지 않게 하라고 조언한다. 그러려면 주변부에서 실험해야 하는데, 그들은 그런 기회를 창출하는 법을 모를 때가 많다.[9] 그래서 결국 실수가 공개된다. 초보자라면 누구나 하는 실수인데도 그런 환경에서는 그들에게 실수의 여지가 허용되지 않는다.

첫발을 떼는 데 대한 두려움은 전체 노정이 나와 있어야만 첫발을 뗄 수 있다는 생각에서 비롯한다. 첫발을 떼어 길을 나서는 순간, 다른 대안은 다 배제되는 것처럼 느껴진다. 그러나 문제는 길이 분명하지 않다는 것이다. 잉그리드가 어떤 오아시스에서 다음 오아시스로 가는 거라면 잘 다져진 길이 있을 것이다. 그러나 기민성을 논하는 요지 자체가 분명한 길이란 없다는 데 있다. 잉그리드는 스스로 길을 뚫든지, 아니면 직접 가면서 찾아내야 한다. 물이 떨어지기 전에 오아시스가 나오리라는 보장이 없다면, 그런 사막을 향해 첫발을 떼기란 훨씬 더 어렵다.

끝으로 **통제권을 잃을 것에 대한 두려움**은 인간이 두려움에 대처하는 방식과 관계된다. 우리는 스스로 통제하는 척하지만 정말 통제권이 있는 사람은 아무도 없다. 이것은 신학적 진술이다. 믿음이 부족할 때도 우리는 군이 하나님께 의지하지 않아도 된다는 듯이 자신이 통제하는 척하며 버틴다. "하나님을 의지한다"라는 말은 자신의 운명을 더는 스스로 주관하지 않는다는 뜻이다.

이 네 가지 공포증이 공모하여 우리의 손발을 묶는다. 현재의 많은 성직자가 아마도 기민성을 발휘해 본 적이 별로 없을 것이라는 의미다.

위 네 가지 두려움에는 공통점이 있다. 페트라 같은 우등생의 경우도 이에 해당한다. 이런 두려움은 그녀처럼 공부를 잘하는 학생들이 교육 프로젝트와 과제물을 해결하기 위해 개발한 각종 전략을 무용지물로 만든다. 이런 모범생의 비법은 통제권이다. 그들은 분명한 기대치, 분명한 마감 날짜, 분명한 수단, 분명한 목적을 원한다. 모든 게 분명한 데서 오는 예측 가능성을 바란다. 하지만 앞서 말한 잉그리드의 세상에서는 그런 확실성이 명백히 배제된다. 그런데도 페트라는 신학적 낙타가 되려 했다. 오아시스와 오아시스를 잇는 길이 분명히 정해져 있기를 원했다. 자신의 낙타 혹에 저장된 지식만으로 이 샘을 떠나 다음 샘까지 가기에 충분하다는 확신을 원했다. 요컨대 그녀는 예측 가능성을 원했다. 기대치가 예측 가능하기만 하면 그 예측대로 만족스러운 결과를 내놓을 자신이 있었기 때문이다. **페트라가 원한 예측 가능한 환경은 잉그리드로서는 꿈도 꿀 수 없는 것이었다.** 페트라가 밀려난 이유는 그녀가 달라진 세상에 적응하지 못했기 때문이다. 그들은 둘 다 혁신해야 한다. 기민성을 길러야 한다.

기민성도 기르기 어렵지만 혁신에 요구되는 자질이 하나 더 있다. **혁신은 훈련을 요한다.** 흔히 우리는 기민성과 훈련을 짝지어 생각하지 않는다. 기민성을 곡해하여 기민한 사람에게는 계획성이 없다고 단정하고, 훈련의 의미를 왜곡해서 무조건 계획대로만 하려고 고집하는 것이라 생각한다. 둘 다 틀린 생각이다. 훈련이란 계획을 실행하는 힘이다. 훈련된 사람은 자신의 기대에 부응할 수 있다. 한번 결심한 일은 끝까지 해낼 자신이 있다.

잉그리드와 페트라에 이어 다른 예를 들어 보자. 진은 늘 공부에 재주가 있어 어렵지 않게 고등학교를 마쳤다. 그런데 대학에 가 보니 자신만큼 똑똑하거나 그보다 더 똑똑한 사람들로 가득했다. 그것은 불쾌한 자각이었다. 그녀는 자신을 제대로 훈련해 본 적이 없었다. 오늘 못한 일을 내일로 미루곤 했는데 이튿날에도 못하기는 마찬가지였다. 그래서 한동안 허우적거렸다. 결국 그녀는 훈련을 아직 발육되지 않은 근육이라 생각하고 훈련 근육을 키우기 시작했다. 시간이 지나자 자신에게 했던 약속을 확실히 이행할 수 있게 되었다.

기민성과 훈련은 서로 맞물려 있다. **준비되어 있으면 기민해진다.** 재즈 뮤지션이 자유자재로 연주할 수 있음은 오랜 시간 준비했기 때문이고, 제빵사가 처음 보는 레시피로 자신 있게 조리할 수 있음은 이미 기본을 두루 섭렵했기 때문이다. 무용수도 기본을 연습해 두면 뜻밖의 새로운 조합이 가능해진다. 경험자는 "정확히 저것은 아니어도 그와 비슷한 것을 본 적이 있다"라고 말할 수 있다. 운동선수도 생각해 보라. 스포츠 세계에서 "챔피언은 비시즌에 만들어진다"라는 말이 있다. 비시즌에 준비하여 단련된 선수는 힘든 경기에서 예기치 못한 도전이 닥쳐와도 기민하게 대처할 수 있다. 이렇듯 준비를 통해 리더는 "학습된 본능"을 기를 수 있다.

학습된 본능의 유익

　"학습된 본능"이란 말은 언뜻 모순처럼 보인다. 대개 우리는 본능이란 타고나는 것이라 생각한다. 아기 새는 알을 쪼고 나와서 공중을 향해 부리를 벌린다. 아무도 그들에게 어미가 입 안에 벌레 조각을 넣어 주리라고 말한 적이 없지만, 입을 벌리면 살아남는다는 것을 안다. 이것이 흔히 말하는 본능이다. 그러나 우리가 말하는 본능이 그것만은 아니다.

　당신은 태어날 때부터 자동차를 운전하는 법을 알았는가? 물론 아니다. 그런 사람은 없다. 하지만 라디오를 듣거나 자녀와 대화하거나 장볼 거리를 생각하면서 (또는 동시에 세 가지를 다 하면서) 운전할 수 있는 사람이 얼마나 많은가? 이는 우리가 본능적으로 하는 일이다. 무슨 뜻인지 예를 들어 보자. 나는 캘리포니아에 거주하며 학생들을 가르치고 있는데 여기는 고속도로가 삶의 일부인 곳이다. 학생들에게 고속도로에서 운전하고 있는 자신을 상상해 보게 하면 누구라도 즉시 그게 가능하다. 이어 교통 체증(이 또한 캘리포니아에 늘 있는 일이다)을 상상하게 한다. 차가 너무 많아 그들은 시속 50킬로미터로 가고 있다. 이번에도 학생들은 전혀 어려움 없이 그 장면을 떠올린다. 그 상태에서 내가 "차들이 꼬리에 꼬리를 물고 서행하고 있는데 뒤에 경찰차가 나타나면 여러분은 어떻게 합니까?"라고 물으면 그들은 즉시 "속도를 줄입니다"라고 답한다. 그러고는 모두 웃는다. 고속도로에서 시속 50킬로미터 주행이면 과속 딱지를 받을 염려가 없는데, 우리는 제한 속도를 초과하는 경우가 너무 많은 나머지 경찰이 보이기만 하면 **본능적으로** 속도를 줄인다. 마치 뇌가 개입하기도 전에 눈이 발에게 직접 명령해서 브레이크를 밟는 것처럼 말이다. 기민한 리더십을 배우는 것도 운전을 배우는 것과 같다. 이 또한 학습된 본능이다. 학습이라 함은 태어날 때부터 운전할 줄 사람이 아무도 없기 때문이고, 본능이라 함은 노련한 리더라면 의식적 사고 없이도 행동할 수 있기 때문이다.[10]

간호사 마리아의 예를 보면 학습된 본능이 더 잘 이해될 것이다. 내 친척은 "학습된 본능"이란 표현을 듣더니 즉시 자신과 매일 함께 일하는 간호사들을 떠올렸다. 마리아가 좋은 예다. 마리아는 중환자실 간호사다. 하루는 중환자실에 입실한 환자가 자신을 병상에 누이는 간호사들에게 농담을 건네며 자신은 중환자실에 올 만큼 아픈 데가 없다고 말했다. 그러니 (학습된 본능이 없는) 당신과 나라면 그 환자는 실제로 크게 우려할 만한 질병이 없다고 생각할 것이다. 그러나 마리아의 생각은 달랐다. 그녀는 **본능적으로** 농담을 무시하고 환자의 창백한 피부와 멍한 눈을 살폈다. 다년간의 중환자실 간호 경험에서 나온 행동이었을 뿐 자신이 그러는 줄도 몰랐다. 그런데 조짐이 좋지 않았다. 마리아는 환자가 금세 위독해질 것을 알았고, 그래서 아무도 예견하지 못한 상황에 대비하기 시작했다. 안타깝게도 그녀의 판단이 옳았다. 하루도 못 되어 환자는 그 병원에서 가장 중증의 환자가 되었다가 금방 사망했다. 중환자실에 들어올 때 이미 폐렴이 손쓸 수 없을 정도로 진행되어 있었던 것이다. 마리아의 본능은 초보자들이 보지 못하는 것을 보게 했다. 이것이 바로 학습된 본능이다.[11]

운전 배우기와 간호 업무, 이 두 예에는 공통된 주제가 있다. **학습된 본능은 우리에게 무엇을 주목해야 하고 무엇을 무시해도 괜찮은지를 가르쳐 준다.**[12] 운전을 처음 배울 때 나는 길가에 쭉 주차된 차들이 제일 두려웠다. 그 차들이 불시에 내 앞으로 튀어나올 것만 같았다. 그래서 고개를 길가 쪽으로 비스듬히 틀고 운전했다. 바로 앞에 있는 자동차가 더 큰 문제임을 아직 배우기 전이었다. 또 모든 표지판을 읽어야만 하는 줄로 알고 "진입 금지 일방통행"과 "고양이를 찾습니다 사례합니다"를 똑같이 주시했다. 시간이 지나면서 진입 금지 표지판에 집중하고 고양이를 찾는다는 표지판은 걸러내는 법을 배웠다. 이는 중요한 기술이었다. 어차피 누구도 모든 표지판을 다 읽을 수 없으니 말이다. 이렇듯 우리는 어떤 데이터를 집중해야 하고 어떤 데이터를 묵살해도 되는지를 배운다. 그래서 간호사 마리아는 환자의 행동(웃음과 농담)을 무시하고 창백한 얼굴빛과 흐릿한 눈에 주목했다. 학습된 본능 덕분에 우리는 쏟아져 들어오는 방대한 양의 데이터를 여과할 수 있다. 무엇을 주목하고 무엇을 무시해도 괜찮은지를 학습된 본능이 가르쳐 준다.

앞서 말한 재즈 뮤지션과 제빵사와 무용수와 운동선수의 경우도 마찬가지다. 학습된 본능 덕분에 그들은 여기저기를 기민하고 우아하게 넘나들수 있다. 준비되어 있기에 기민해진 것이다. 그들은 본능적 반응에 필요한 작업을 이미 거쳤다.[13]

기민성을 갖추라

기민성이란 한 자리에서 다른 자리로 재빠르게 움직이는 능력이다.[14] 이것은 현 추세에 잘 들어맞는다. 사회는 우리가 적응할 수 없을 정도로 빠르게 변화하고 있고, 이전의 '기다렸다가 따라 하기' 전략은 이제 통하지 않는다. 그래서 기민한 리더는 한 걸음씩 내딛는 법을 배워야 한다. 그런데 그리스도인 리더에 대한 대다수 교회의 사고 모델은 그게 아니다.

대다수 사람들은 리더에게 엉뚱한 것을 바란다. 이전에 나는 어느 위원회와 대화한 적이 있는데, 그 위원회는 기독교 비영리 기관의 대표가 될 후보자를 면담하려고 준비 중이었다. 그 위원회가 후보자에게 바라는 것은 두 가지였다. 바로 비전("우리는 이 목표를 향해 갑니다"라고 말할 수 있는 사람)과 계획("그 목표를 이 방법으로 이룰 겁니다"라고 말해 줄 사람)이었다. 그들은 목표 달성의 일곱 단계를 한꺼번에 제시할 수 있는 리더를 원했던 것이다.

왜 그런 리더를 원하는지 이해는 되지만 그런 리더십에는 문제가 있다. 더는 통하지 않는다는 것이다. 적어도 가장 중요한 것들을 우리에게 주지 못한다. 단계별 노정을 한꺼번에 제시하는 리더십 모델이 잘 통하려면 우리가 하는 일이 예측 가능하고 불변해야 한다. 크리스마스이브에 자전거를 조립하는 일처럼 말이다. 이때는 모델 번호 1370A의 조립법이 단계별로 나와 있는 맞춤형 설명서가 있으면 좋다. 보조 바퀴와 핸들에 다는 장식용 술은 선택 사양이다. 그게 통하는 이유는 일이 예측 가능하고 외부 요인의 영향을 받지 않으며 이 상황에만 국한되기 때문이다. 모델 1370A의 부품이 무엇이고 서로 어떻게 맞물리는지를 사전에 정확히 알 수 있다. 모호한 부분이나 이변이 없으며 따라서 복안도 필요 없다. 계획에 성공하는 데 필요한 모든 지식을 사전에 얻을 수 있다. 어쨌든 설명서에 그렇게 나와 있다. 그러나 모든 시트콤에서 보여 주듯이, 아무리 최선의 계획을 따른다 해도 일은 얼마든지 틀어질 수 있다. 단계별 설명서는 예측 가능한 세상에서만 통하며 그것도 기술적 문제에만 해당한다. **적응적 도전에는 기민성이**

요구된다.

리더십은 자전거 조립과는 달리 예측 불허다. 그렇다면 리더십은 무엇과 같을까? 심고 물을 주는 것과 같다. 내 딸 던리는 초등학생 시절에 샐비어와 레몬밤과 민트 같은 허브를 즐겨 가꾸었다. 작은 플라스틱 컵에 담긴 허브를 사다가 안뜰의 화분에 옮겨 심곤 했다. 딸이 허브 가꾸기를 처음 배울 때 우리는 **단계별 지침**을 주었다. "우선 심는다. 그다음 매주 한 번씩 물을 준다." 그런데 이렇게 확실한 방법을 썼는데도 허브는 금세 죽었다. 문제는 딸이 허브를 심은 때가 한여름이었다는 것이다. 바깥 기온이 매일 38도가 넘으니 물을 훨씬 더 자주 주었어야 했다. 결국 던리는 심은 후의 다음 단계가 날씨에 달려 있음을 터득했다. 유독 더울 때는 허브에 물을 많이 주어야 했고, 비가 올 때는 물에 잠기지 않게 차양 밑으로 들여놓아야 했다. 그 밖에도 더 있었다. 딸의 목표는 허브를 심는 것만이 아니라 잘 자라도록 도와주는 것이었다. 결국 나는 딸에게 허브 재배의 단계별 지침을 줄 수 없었다. 그다음 단계는 늘 허브를 심은 후 상황이 어떻게 변화되는지에 달려 있었기 때문이다.

그리스도인 리더로서 우리의 목표는 조립식 자전거처럼 사역을 짜맞추는 게 아니라 하나님의 사람들을 도와 성장하게 하는 것이다. 바울과 아볼로처럼 우리도 심고 물을 준다. 사람들의 성장을 돕는 것이 우리 목표이기에 우리는 단계별 노정을 한꺼번에 제시하는 리더십 모델을 따를 수 없다. 그렇다면 그리스도인 리더가 할 일은 무엇인가?

내가 믿기로 그리스도인 리더의 본분은 하나님의 사람들을 도와 한 걸음씩 충실하게 내딛게 하는 것이다.[15] 전체 노정을 제시해야 한다는 유혹을 받을 수 있다. 그러나 우리가 할 수 있는 일이라곤 한 걸음씩 충실하게 내딛는 것뿐이다. 실제로 최선의 과정은 경청한 뒤 충실하게 첫 걸음을 내딛고, 다시 경청한 뒤 충실하게 또 한 걸음을 내딛는 것이다. 계속 그렇게 하면 된다.

한 걸음씩 충실하게 내딛는 게 왜 이렇게 중요할까? 이후에 어떤 단계가 필요할지 예측할 수 없기 때문이다. 예컨대 교회 부지에 친교실을 증축하려는 교회를 생각해 보라. 그 정도면 비교적 단순한 프로젝트다. 위원회를 구성하고 설계도를 작성하고 기금을 조성한 뒤 시공업자에게 맡겨 공사를 시작하면 된다. 그런데 각 단계마다 그들 내부의 문제가 드러나는 바람에 한 걸음씩 충실하게 내딛기가 어려워졌다. 우선 위원회를 구성하는 일부터 꼬였다. 공식 통제권과 관련해서는 교역자와 당회 사이에 내재되어 있던 갈등이 불거졌고, 비공식 통제권과 관련해서는 부유하되 명목상 교인들과 가난하되 활동적인 교인들 사이에 파묻혀 있던 알력이 불거졌다. 다행히 목사가 현명하게 사태를 제대로 간파했다. 목사가 지혜롭게 인지했듯이 교회가 내딛을 충실한 첫 걸음은 위원회 구성이 아니라 통제권을 둘러싼 해묵은 갈등을 해소하는 것이었다. 교회가 위원회를 구성할 준비가 되려면 그것부터 해결해야 했다. 목사가 원안에 매달렸다면 결코 교회가 충실하게 첫 걸음을 내딛도록 돕지 못했을 것이다. 친교실 증축은 기술적 문제지만 통제권 문제를 해결하는 것은 적응적 도전이다.

실제로 적응적 도전은 전혀 예측을 불허한다. 그래서 기민한 리더가 늘 필요하다. 내 말을 오해하지는 말라. 그 교회 목사에게 전체 과정의 종합 계획이 필요했다는 데는 나도 이의가 없다. 다만 그 목사는 융통성을 발휘하여 그 과정을 각 단계의 필요에 맞게 조정할 수 있어야 했다. 그러지 않았다면 그 교회는 건물을 증축하고도 충실함에서는 자라 가지 못했을 것이다.

집중해서 한 걸음씩 충실하게 내딛는 게 중요한 이유는 대개 걸음마다 고통이 따르기 때문이다. 고통이 따르다 보니 시간도 걸린다. 사실 앞으로 나아가야 한다는 이유로 고통스러운 부분(성장점)을 대충 넘어가고 싶을 때가 많다. 그러나 정말이지 그렇게 해서 도움이 되려면 우리 목표가 사람들의 성장을 돕는 것과는 무관해야만 한다.

대개 우리는 리더에게 엉뚱한 것을 바란다. 어디로 가서 무엇을 해야 할지를 말해 줄 리더를 원한다. 그러나 우리에게 필요한 것은 우리의 성장을 도와줄 수 있는 리더다. 요컨대 한 걸음씩 충실하게 내딛도록 도와줄 리더가 필요하다.

기민성을 기를 필요성에 대해서는 이 정도면 충분히 납득되었을 것이다. 이제 "어떻게?"의 문제가 남아 있다. 이번 장 나머지에서는 거기에 초점을 맞추어 리더가 어떻게 성장하고 발전할 수 있는지를 살펴볼 것이다. 이제부터 살펴볼 교훈의 적용 범위는 기민성을 훌쩍 벗어난다. 리더가 학습하기 원하는 모든 본능에 똑같이 적용되는 교훈이다. 여기 기민성을 기르려는 리더가 추구할 수 있는 몇 가지 긍정적 방안이 있다.

학습을 저해하는 책임 전가를 삼가라

하버드의 저명한 학자 크리스 아지리스는 (목사처럼) 타인의 성장과 변화를 돕는 게 주업인 사람들을 상대로 중요한 연구를 실시했다. 목사와 의사와 기업 경영인 등 다양한 전문직 종사자의 대표 격으로 그들을 연구했다. 연구 결과, 이들 전문직 종사자들은 성숙을 향한 걸음을 잘 내딛을 줄을 몰랐다. 아지리스에 따르면, **정말 새로운 것을 배울 수 있으려면 학습을 저해하는 요소부터 제거해야 한다.** 무슨 뜻인지 설명해 보자.

아지리스가 15년에 걸쳐 심층 연구를 실시한 대상은 전문 경영인들이다. 그들은 거의 모두 명문 대학에서 석사 학위를 받았고 자신의 일에 "매우 만족"했다. 한마디로 업계 최고의 실력파였다. 그는 그들에게 학습에 대해 물었다. 조직의 개선을 어떻게 지원하며 본인은 어떻게 개선하고 있느냐는 질문이었다. 그러자 15년 내내 일관되게 흥미로운 패턴이 드러났다. 아지리스에 따르면 "학습과 변화 노력의 초점이 〔본인 이외의〕 외부 요인에 있는 한 전문 경영인들은 열심히 참여했다."[16] 변화되어야 할 사람이 **타인**일 때에 한해서는 업계 용어로 "지속적 개선"에 즐거이 개입한 것이다. "그러나 지속적 개선을 추구하는 일이 **본인의** 직무 수행 쪽으로 선회하는 순간 문제가 발생했다." **본인에게** 어떤 변화가 필요하냐고 아지리스가 묻기만 하면 그들은 즉시 뒷걸음쳤다. "그들의 태도가 나빠서는 아니었다." 전문 경영인들은 대체로 개선하는 일에 헌신되어 있었다. 다만 자신의 결점을 거론하기가 불편했을 뿐이다.

"어떻게 된 일일까? **전문 경영인들은 당황했다.** 위협을 느끼며 방어적인 태도를 보였다." 그들이 자신의 개선 가능성을 구체적으로 언급하지 않으려 한 이유는 그러려면 **자신의 약점을 인정해야 했기 때문이고,** 자신의 실패를 인정하지 않으려 한 이유는 자신이 못나 보일까 봐 두려워서였다.

그래서 그들은 에덴동산에서 아담과 하와의 잘못이 발각된 이후로 인간이 늘 하던 대로 했다. "모든 문제의 책임을 불분명한 목표, 둔감하고 불공정한 중간 관리자, 미련한 고객 등 본인 이외의 외부 요인에 돌렸다." 유능하고 유명한 전문 경영인들인데도 "내 잘못이 아닙니다"라는 말이 입에 붙어 있었다. 아지리스는 이런 회피 행위를 "그들은 완전히 남의 일처럼 말했다"라는 말로 요약했다. 최고의 리더들이 자신의 미흡한 직무 수행에 대해서는 "어쩔 수 없었다고 주장했다. 본인의 한계 때문이 아니라 타인의 한계 때문에 그렇게 행동할 수밖에 없었다는 것이다." 그들이 실수에서 배우지 못한 이유는 애초에 자신의 잘못을 인정할 마음이 없었기 때문이다.

자신의 실패를 책임지지 않으려는 사람을 우리도 본 적이 있다. 사실은 우리도 다 그런 적이 있다. 나 역시 그런 일이 있었다. 리더들의 모임에서 세미나를 할 때였는데, 그중에는 목사들이 많이 있었다. 내가 제시한 사례 연구는 이전에 다른 모임에서도 수백 번 말했던 것인데, 이 모임은 다른 모임들처럼 반응하지 않았다. 대개 이 사례는 열띤 대화를 촉발했는데 이번에는 다들 약간 지루해 보였다. 나를 초빙한 주최자는 이 모임에 대해 좋게 얘기를 했다. 주최자의 말대로라면, 그들은 그 지역에서 신학적으로 가장 깊이 있는 목사들인데, 그런 그들이 흥미로운 사례를 듣고도 심드렁한 표정이었다. 그래서 내가 어떻게 했을까? 다년간의 교육 경험에 근거해선, 나는 그들을 탓했다. 그들에게 책임을 전가하며 속으로 이렇게 추론했다. "다른 모임에서는 다 이 내용을 좋아하지 않았던가. 이 사람들한테 문제가 있는 거야. 그러니 당황하지 말고 넘어가자. 그나저나 어떻게 이렇게들 무덤덤할 수가 있나!" 사실 나는 당황했다. 강연을 부탁받고 최고의 목사 모임에 왔는데 그들은 예의상의 관심조차 보이지 않았다. 나는 그들을 이해하려 하지 않고 무시해 버렸다. 무슨 일인지 알아보고 싶지 않았다. 괜히 내 잘못으로 드러날까 봐 두려웠다. 내 자신을 방어하느라 소심해진 것이다.

　무엇보다 안타까운 것은 내가 기회를 놓쳤다는 사실이다. 그날의 내막을 나중에 들었다. 내가 도착하기 직전에 그들은 잠깐 서로 근황을 나누었는데 한 여자 목사가 폭탄선언을 했다. 그녀는 "제가 레즈비언인 것 같아요. 이런 의문이 든 지 오래됐습니다. 지난주에 한 여성과 데이트했는데 그녀를 계속 만나고 싶어요. 아직 아무한테도 말하지 않았습니다. 우리 교인들도 모르고 제 친구들과 가족들도 몰라요. 여러분에게 처음 말한 것입니다. 여러분의 지원이 필요해요"라고 말했다. 마침 내가 문밖에 와 있었기 때문에 그들은 이 발언을 소화하거나 그 일에 대해 더 자세히 들을 시간이 없었다. 바로 그때 내가 들어와 그들의 주목을 끌려 했던 것이다.

　되돌아보면 분명히 그들은 내 말이 지루했던 게 아니라 생각이 다른 데 가 있었던 것이고 당연히 그럴 만도 했다. 그 모임에서 동성애는 논란이 많은 문제였고, 무엇이 최선의 반응인지 아무도 확실히 몰랐다. 내 추상적 사례 연구는 그들에게 벌어진 상황에 맞설 수도 없고 그래서도 안 됐다. 하지만 여기 안타까운 사실이 있다. 늘 리더십은 경청으로 시작된다고 말하던 내가 진득이 멈추어 경청하지 않은 것이다. 그러니 무슨 일인지 제대로 알 턱이 없었다. 일이 뜻대로 풀리지 않자, 나는 내 입장만 생각하며 나를 방어하기에 급급했고, 내 바람대로 반응하지 않는 그들을 비난했다. 그렇게 방어하느라 그 상황에서 배울 기회를 놓쳤다. 그들을 탓하는 순간, 내 학습은 완전히 끝난 셈이다.

소모적인 평행 대화를 삼가라

아지리스가 관찰한 전문직 종사자들도 똑같은 행동을 보였다. 그들이 자신의 실패와 연관된 상황에 대해 말할 때였다. 아지리스는 일이 잘 풀리지 않는 상황에서 이 유능한 전문가들과 그들의 상사 사이에 오간 대화에 주목했다. 그들이 자신의 실수를 인정하고 설명할 수 있을지 궁금했던 것이다. 그러나 매번 그들은 상사와 답답한 대화만 하고 있었다. "그들의 대화는 서로 엇갈렸다. 상황을 설명하는 데 필요한 접점을 끝내 찾지 못했다."[17] 그들은 자신의 행동이 개선될 수 있다는 가능성조차 인정하지 않았다. 이런 관찰을 바탕으로 아지리스는 한 전형적 대화를 지어내 "소모적인 평행 대화"라 칭했다. 본래는 전문직 종사자와 상사 사이의 대화지만 내가 배경을 바꾸었다. 목사들이 요점을 잘 이해하도록 그 대화를 다음과 같이 교회 환경에 대입했다.

> 목사: 우리 교회는 변화를 원하지 않습니다.
>
> 질문자: 교인들이 변화를 원하도록 도와주는 게 목사님의 역할이 아닐까요?
>
> 목사: 하지만 교인들은 내 말을 듣지 않을 겁니다. 내가 틀렸다고 생각하니까요.
>
> 질문자: 교인들에게 목사님의 관점을 알릴 만한 다른 방법이 없을까요?

목사: 회의를 더 해야겠지요.

질문자: 회의 결과가 달라지게 하려면 회의를 어떻게 준비하셔야 할까요?

목사: 교회 리더들과 더 소통해야 합니다.

질문자: 제 생각도 같습니다. 어떻게 주도적으로 그들을 교육하시겠습니까?

목사: 다들 너무 바빠서 모일 시간이 없다네요.[18]

소모적인 평행 대화는 화자(이 경우에는, 목사)가 책임을 회피하려는 방어 기제다. 아지리스에 따르면 "(목사)의 말이 틀리지는 않지만 유익하지 않다는 게 문제다. (목사)는 자꾸 초점을 자신의 행동에서 타인의 행동으로 돌림으로써 자신이 배울 기회를 막아 버린다."[19] 이 목사는 자신의 책임을 인정할 용의가 없다. 훌륭한 목사라면 무슨 수를 내서라도 교인들과 소통할 책임이 있으며, 교인들이 메시지를 들으려 하지 않을 때일수록 특히 더 그렇게 해야 한다. 그런데 이 목사는 그럴 마음이 없다.

세심한 독자라면 여기서 이런 논리적 의문이 들 수 있다. 성공한 사람들이 왜 잘 배울 줄을 모를까? 앞뒤가 맞지 않는다. 무능한 사람이 배울 줄 모른다면 그건 이해가 된다. 하지만 아지리스는 똑똑해서 성공한 사람일수록 실수에서 배우지 못한다고 콕 짚어 말하지 않는가. 왜 그럴까? 이 질문에 좀 더 시간을 할애하려 한다. 기민성을 높이고 싶은 목사들이 종종 그 일을 몹시 힘들어하는 이유가 정확히 그것과 맞닿아 있기 때문이다. 사실 페트라 같은 리더들이 "네 가지 공포증"에서 헤어나지 못하는 이유도 그것

356

으로 설명된다.

강점으로 약점을 덮지 말라

아지리스는 사람들이 걸핏하면 방어 논리에 빠지는 이유를 바로 우리 사회가 성공의 요건으로 삼는 기술들에서 찾는다. 학교 교육을 오래 받은 사람들(예를 들면, 목사처럼)은 일찍부터 자신의 강점으로 약점을 덮는 법을 배운다. 교육 제도 자체가 그런 행동에 보상이 따르도록 되어 있다. 나도 일찍부터 그것을 배워 종종 써먹었다. 대학 시절 뿌듯했던 한 순간도 바로 그것과 관계된다. 지금 돌아보면 민망하다. 위기를 모면한 줄로 착각하고 그토록 뿌듯해했으니 말이다.

"미분 방정식"이라는 미적분학 과목을 수강할 때였다(나는 공학을 전공했다). 우리는 이 특정 유형의 수학 문제를 푸는 다양한 방법을 배웠다. 특수한 문제마다 가장 적합한 기법이 따로 있는데 나는 모든 기법을 제대로 이해하지는 못했다. 사실은 이해하지 못한 게 대부분이다(이야기하는 지금도 내 실패를 축소하려 하고 있다). 사실, 지금의 아내가 된 여자를 새로 만난 때라서 내가 공부를 이전만큼 열심히 하지 않았기 때문이다(지금도 "보다시피 그럴 만한 이유가 있었다"라고 말하고 있다). 그런데 공부를 소홀히 한 것을 인정하고 싶지는 않았다. 다행히 내게 이를 상쇄할 강점이 있었다. 라플라스 변환이라는 기법만은 확실히 이해했던 것이다. 그래서 기말 고사를 볼 때 모든 문제를 라플라스 변환으로 전환했다. 숙제를 꼬박꼬박 했더라면 쉽게 풀릴 문제를 내가 아는 기법으로 풀려니 복잡한 연산을 거쳐야 했다. 그래도 해내고 나니, 나는 아주 뿌듯했다. 기말 고사에서 받은 A학점 덕분에 그 과목에서 무난한 성적을 얻었다. 이 사건에서 나는 무엇을 배웠을까? 실수를 인정하지 않고도 대충 넘어갈 수 있음을 배웠다. 강점으로 약점을 덮는 법을 배웠다.

그러나 이렇게 실패를 인정하지 않고 자만하면 대가를 치르는 법이다. 그 기말 고사에서 A학점을 받은 지 2년 후, 나는 고급 전기공학 과목에서 가까스로 낙제를 면했다. 2년 전의 그 선수 과목에서 익혀 두지 않은 여러 기법을 이번에 활용해야 했기 때문이다. 두 과목이 서로 연결되어 있다는 것을 그때는 몰랐다. 낙제할 뻔했던 과목은 선택 과목이고 어차피 내 장래 직업은 그 분야가 아니라고 나는 합리화했다. 실패를 합리화하며 그 일이 중요하지 않은 척했다. 문제는 강점으로 약점을 덮은 데서 끝나지 않았다. 애초에 약점이 존재하지 않았던 것처럼 행세한 게 문제였다. 내가 내 약점에 직면하지 않았기에 피해가 지연되면서 훨씬 악화되었다.

이와 비슷한 이야기를 학생들과 목사들에게서 많이 듣는다. 덕분에 우리는 어떻게 **방어 논리의 피해가 지연되어 일상생활 속에 나타나는지를** 알 수 있다. 한 여성은 "테니스와 비슷해요"라고 말했다. 그녀는 백핸드를 치지 못하는 선수였다. 그런데 연습해서 백핸드 실력을 키우지는 않고 몸을 바삐 놀려 모든 공을 포핸드로 쳤다. 그러다 보니 대가가 따랐다고 했다. 한참 더 멀리까지 뛰어 다녀야 했기 때문에 상대 선수보다 훨씬 일찍 지쳤다. 시합 후에 탈진해서 쓰러질 때마다 그녀는 그냥 상대의 체력이 월등해서 그런 것이라고 혼잣말하곤 했다. 자신이 포핸드로만 공을 침으로써 피해를 지연시킨 뒤, 상대를 칭찬함으로써 결과를 합리화한 것이다. 백핸드를 연습하지 않은 것을 책임지지 않으려는 방어 기제의 악순환이었다. 되돌아보면서 그녀는 그렇게 자신을 속인 동기가 분명했다고 시인했다. 자신의 백핸드 실력이 문제임을 인정하면 더 시간을 내서 연습해야 할 텐데 그게 싫었다는 것이다. 상대의 출중한 체력이 문제라면 그녀가 할 일은 하나도 없었다. 그녀의 잘못이 아니었다. 그러나 자신의 결점 때문임을 인정하는 순간, 그녀는 변명의 여지 없이 열심히 노력해서 실력을 향상시켜야 했다. 이야기 끝에 그녀는 열심히 노력해서 문제를 해결할 각오가 선 다음에야 비로소 문제를 인정할 수 있었다고 말했다.

물론 사역에서도 똑같은 일이 벌어진다. 앨런은 목사가 되기 전에 예술가였다. 신학생 시절에는 예배 과목이 즐거워서 관련 과목을 모두 수강했다. 그는 전례 문구를 시적으로 멋있게 썼고 설교에도 기품과 힘이 있었다. 그가 이런 분야에 뛰어났던 이유는 그만큼 공을 들였기 때문이다. 예배 중의 광고도 미국의 쇼프로그램 〈새터데이 나이트 라이브〉(Saturday Night Live, 약칭 SNL)의 목사 버전 독백이라 생각하며 직접 작성했다. 결과도 좋았다. 그 밖에도 여러 면에서 그는 탁월한 목사였다.

그런데 앨런은 갈등이라면 질색했다. 연기자 기질을 타고난 그는 모든 사람이 자신을 좋아해 주기를 원했다. 그래서 예배 위원장 제리를 피해 다녔는데, 제리는 성미가 까다로웠기 때문이다. 제리에게는 가능하면 이메일로 연락했고, 전화할 때도 일부러 제리가 직장에 있을 시간에 집으로 전화해 메시지를 남겼다. 그러니 불상사는 예견된 일이었다. 어느 2월에 앨런은 평소의 성찬식을 그달 첫째 주일에서 둘째 주로 옮기고 첫째 주일에는 특별 순서를 편성했다. 그런데 그 전화를 받은 제리의 십 대 아들이 메시지 전하는 일을 잊었고, 메시지를 전달받지 못한 제리는 첫째 주일에 본당 앞쪽에 성찬을 준비해 놓았다. 예배 순서에서 성찬식이 빠진 것을 뒤늦게 알고서 기겁했음은 물론이다. 예배 전에 격한 말이 오가다가 점점 일이 커졌다. 예상대로 앨런은 제리가 단순한 소통 오류에 과잉 반응한다며 제리를 탓했고, 문제의 원인이 제리가 아니라 자신에게 있다는 사실을 끝내 이해하지 못했다. 소통이 불가능할 수밖에 없었던 이유는 앨런이 자신의 결점을 받아들일 마음도 없고 갈등에 대처하는 법을 배울 생각도 없었기 때문이다.

자신의 약점을 받아들이라

반대로 자신의 결점을 받아들이고 극복하는 사람들도 있다. 앤이라는 중년 여성이 생각난다. 앤은 간호사가 되어야겠다는 사명감이 들었을 때 두려움을 느꼈다. 이직을 하나님의 부르심이라 말하면서도 학교가 두려웠던 것이다. 앤은 고등학교 때 공부를 잘하지 못했기 때문에 자신이 똑똑하지 못하다는 것을 "알았지만", 그래도 하나님의 부르심에 꼭 응하고 싶었다. 학업에 대한 두려움은 고등학교 1학년 때부터 쭉 멀리했던 수학에서 극에 달했다. 다행히 간호사는 수학을 알 필요가 없다. 적어도 앤은 그렇게 생각했다.

그런데 간호학교에 다니다 보니 간호사도 "약의 용량을 계산해야" 했다. 의사가 처방한 용량이 0.5그램인데 조제실에 8온스짜리 약병밖에 없다면 간호사가 그램을 온스로 변환하는 법을 알아야 했다. 간단한 수학 문제였지만 앤에게는 그 일도 공포스러웠다.

앤은 선택의 기로에 놓였다. 용량 계산은 어차피 대개 약사가 할 일이라고 합리화하면서 자신의 약점을 무시하고 그냥 수학 시험을 몇 번 망칠 수도 있었고, 아니면 자신의 약점을 받아들이고 수학에 대한 두려움을 극복할 수도 있었다. 결정적 요인은 훌륭한 간호사가 되고 싶다는 그녀의 간절한 열망이었다. 알고 보니 그녀는 수학보다 더 두려운 게 있었다. 행여나 환자에게 용량이 틀린 약을 투여할 수 있다고 생각하니 견딜 수 없었던 것이다. 그러니 자신의 약점을 받아들여야 했고, 그래서 아들에게 도움을 청했다. 고등학생 아들은 단위 변환의 간단한 공식을 뗀 지 오래였다. 앤은 아들과 함께 여름 내내 공부에 매달렸다. 아들이 문제를 내면 엄마가 낑낑대며 풀었다. 처음에는 산수 실력이 달리는 것보다 자신감이 없는 게 더 문제였지만 시간이 가면서 문제 풀이가 숙달되었다. 결국 앤은 전 과목에 합격점을 받고 간호사가 되었다. 그런데 이야기는 거기서 끝나지 않는다.

공부를 어찌나 확실히 했던지 앤은 소속 간호사실에서 수학 전문가로 통했다. 용량 변환이 잘 안 될 때마다 다른 간호사들이 그녀에게 도움을 청했다. 약점이 강점으로 바뀌다 못해 건강한 자신감의 출처가 된 것이다. 앤은 어떻게 용기를 내서 자신의 약점을 인정하고 극복했을까? 두려움이 차오를 때마다 그녀는 하나님이 부르신 일을 잘하고 싶다는 간절한 열망으로 그것을 물리쳤다. 하나님이 그녀에게 돌보라고 맡기신 사람들을 섬기는 것이 실패를 인정할 때의 두려움보다 더 중요했다.

실패를 학습의 기회로 삼으라

방어 논리로 피해를 지연시키지 않으려면 이렇듯 실패를 인정하고 힘써 극복하는 게 최선책이라 할 수 있다. 데이비드 나이그런이 밝혀낸 사실도 정확히 이것과 일치한다. 그는 종교 리더들을 연구하여 평범한 리더와 비범한 리더의 차이점을 알아냈다. 연구 결과에 따르면 비범한 리더는 실패에서 배울 줄 안다는 점에서 남들과 달랐다.

나이그런은 여러 종교 비영리 기관의 비범한 리더들을 상대로 종합 연구를 기획했다. 그가 살펴본 전문가 집단은 아지리스가 연구한 집단과 비슷했다. 다만 나이그런은 최고 리더들만의 남다른 특성에 관해 질문했다. 연구에 주로 사용한 방법은 인터뷰 대상자와 두세 시간 동안 대화해야 하는 행동사건면접(BEI)이었다. 연구자(이 경우에는, 나이그런)는 한 기관 전체나 여러 비슷한 기관에 속한 다수의 리더를 인터뷰한다(천주교 수도회의 리더들이나 종교 병원의 최고 경영진을 예로 들 수 있다). 각 리더를 동료들이 평범한 리더나 비범한 리더 중 하나로 이미 평가해 놓았으나 나이그런은 누가 누구인지 모르는 상태에서 그들을 인터뷰했다. 그냥 인터뷰해서 연구팀과 함께 그들의 답변을 분석했다. 연구 목적은 답변을 통해 비범한 리더들이 세상을 어떻게 다르게 보는지를 밝혀내는 것이었다.[20]

내가 나이그런에게 그 연구에서 가장 인상적인 결과를 듣던 일이 기억난다.[21] 나이그런은 동료들의 평가 내용을 보지 않고도 누가 비범한 리더인지 알아맞힐 수 있었다. 해당 BEI의 근간이 된 두 질문에 대한 그들의 답변만 들어 보면 알 수 있었다. 우선 그는 "당신이 업무에 성공한 사례를 말씀해 주십시오"라고 물었다. 이어 반대 질문으로 리더로서 실패한 사례를 물었다. 모두에게 두 질문을 반복하며 성공과 실패의 순간을 차례로 논했다. 각 리더들이 성공과 실패의 상황을 어떻게 묘사하느냐가 이번 BEI의 관건이었다. 그런데 나이그런에 따르면 이런 인터뷰에서 흥미로운 결과가 나왔다.

내 생각 같아서는 최고의 리더일수록 성공이 많았다고 답하고 최악의 리더일수록 실패가 많았다고 답했을 법하다. 그런데 정반대였다. 나이그런은 동료들이 누구를 비범한 리더로 평가했는지를 보지 않고도 알 수 있었다. 최고의 리더들은 근래에 자신이 딱히 성공한 사례를 잘 떠올리지 못한 반면, 평범한 리더들은 성공한 사례만 줄줄이 말할 뿐 실패는 거의 떠올리지 못했다.

이 관찰에서 나이그런은 중요한 교훈을 도출했다. 차이는 상황 자체에 있는 게 아니라 리더가 사건을 어떻게 생각하느냐에 달려 있다는 것이었다. 즉 세상을 보는 리더의 관점이 달랐다. 잘된 부분과 잘못된 부분이 섞인 상황을 평범한 리더는 성공으로 규정했으나, 최고의 리더는 실패로 보았다. 이것이 무슨 뜻인지 설명해 보자.

리더가 자신이 설정한 목표를 달성했으나 도중에 사람들에게 상처를 입혔다 하자. 평범한 리더는 "논쟁이 벌어져 화해가 필요하긴 했지만 결국 나는 일을 해냈다. 그러니까 성공이다"라고 결론지을 것이다. 그러나 최고의 리더는 "최종 결과에 썩 만족할 수 없다. 원하는 결과는 얻었을지 몰라도 결국 논쟁이 벌어져 많은 사람과 화해해야 했다. 이 특정 목적을 사람들에게 상처를 입히지 않고도 달성할 수 있어야 했다. 다음번에는 그들의 감정까지 살피며 더 잘해야 한다"라고 평가할 것이다. 차이가 보이는가? 그 차이는 최고의 리더들이 비관론자라는 게 아니다. **최고의 리더일수록 자신의 직무 수행에 결코 만족하지 않는다**는 것이다. 그들에게는 더 잘하려는 뿌리 깊은 갈망이 있다. 평범한 리더는 개선할 기회를 알아차리지 못했고, 강점의 사례 속에 공존하는 약점을 인정할 줄 몰랐다. 반면 탁월한 리더는 기회를 놓치지 않고 더 나아졌다.[22]

겸손과 자신감을 겸비하라

리더가 자신의 행동을 그런 식으로 성찰하려면 자신감과 겸손이 절묘한 조화를 이루어야 한다. 자신감이 필요한 이유는 그게 없으면 리더가 대개 자신의 실패를 (남에게만 아니라 자신에게도) 숨기기에 급급하기 때문이다. 그와 동시에 자신감을 알맞게 다스려 줄 겸손도 필요하다. 앞으로도 실수할 수밖에 없음을 인정할 만큼 겸손해야 한다.

짐 콜린스도 최고의 리더들에게서 비슷한 특성을 발견했다. 나이그런이 최고의 리더들을 가려내고 싶었듯이 그도 좋은 기업과 위대한 기업을 구분하려 했다. 최고의 기업들에는 콜린스가 말하는 "레벨5 리더십"이 있었다. 해당 리더들은 개인으로서는 지극히 겸손하면서도 기관에 대해서는 의지를 불태웠다. 자기 능력에 대한 겸손과 기관의 성취력에 대한 자신감을 겸비한 것이다. 겸손과 자신감이 조화를 이룬 덕분에 그들은 나이그런이 연구한 리더들과 비슷한 반응을 보였다. 기관의 실패를 자신의 책임으로 돌린 것이다. 그들은 늘 이런 식으로 말했다. "내가 책임자로서 이 문제를 예견했어야 했다. 내 불찰이다." 일이 잘 풀리지 않을 때면 그들은 타인이나 불운을 탓하지 않고 비판의 초점을 자신에게 돌렸다. 그런데 기관이 성공했을 때는 공로를 남에게 돌리며 이런 식으로 말하곤 했다. "방금 우리는 힘든 일을 완수했는데 누구누구가 없었다면 해낼 수 없는 일이었다. 그들이 이 중요한 프로젝트에 오랜 시간을 쏟아부었다."

이 리더들은 자기를 향한 찬사에 수긍하거나 자기가 관심을 받으려 하지 않고 오히려 다른 사람들이 주목을 받게 했다. 콜린스는 그것을 최고의 리더일수록 실패를 거울로 보고 성공을 창으로 본다는 말로 표현했다. 탁월한 리더는 "일이 잘될 때는 창밖으로 보이는 외부 요인에 공로를 배분한다. … 반면 일이 틀어졌을 때는 불운을 탓하지 않고 거울 속에 보이는 자신에게 책임을 돌린다." 콜린스에 따르면, 실패의 책임은 자신이 지고 성공의 공로는 남에게 돌리는 사람이 바로 최고의 리더다.[23]

이렇듯 아지리스와 나이그런과 콜린스의 각 연구를 하나로 묶어 주는 공통된 주제가 있다. 탁월한 리더는 자신의 능력(더 정확히 말하자면, 하나님이 자신을 통해 하시는 일)에 대한 건강한 자신감이 충분하므로 자신의 행동을 분석하여 실패를 인정할 수 있다. 책임을 수용하고 공로를 배분할 수 있을 만큼 정서적으로 안정되어 있다. 자아 성찰을 통한 겸손과 자신감의 조합은 나이그런과 콜린스가 최고의 리더들에게서 찾아냈고, 아지리스가 나머지 리더들에게 결여되어 있음을 밝혀낸 요소다. 탁월한 리더는 이 조합의 화신이다. 그래서 자기 방어 논리로 피해를 지연시키는 게 아니라 약점을 받아들이고 극복한다.

인내가 재능 못지않게 중요함을 깨달으라

이 학자들의 통찰은 리더의 태도가 재능 못지않게 중요함을 보여 준다. 우리는 리더십을 기술과 능력의 축적으로 생각하는 경향이 있지만 탁월한 리더에게는 그 이상이 있다. 그들은 건강하게 자신에게 초점을 맞추며, 이 태도 덕분에 실패를 스스로 책임진다. 최고의 리더를 가려내는 부분에서 내 경험이 나이그런만큼 방대하지는 못하지만, 강의실에서 만나는 (장차 최고의 리더가 될) 최고의 학생들과 세미나에서 만나는 뛰어난 목사들을 보면 모두 공통된 태도가 있다. 그들은 그 수업이 다른 사람이 배워야 할 내용이라고 생각하고 싶은 유혹을 물리친다는 것이다.

학습을 다른 사람의 일로만 생각하려는 유혹을 설명해 보자면 이렇다. 사람들이 종종 내게 하는 말이 있다. "참 좋았습니다! 정말 제 친구가 배워야 할 교훈이네요!" "강연에 감사드립니다. 우리 교회 장로들이 들었으면 좋았을 텐데요." 새로운 교훈에 대한 반응으로 다른 사람을 끌어들이는 것이다. 이것은 대개 학습을 회피하려는 방어 기제다. 반면 최고의 리더는 교훈을 마음에 새기고 어떻게든 그 학습한 내용대로 자신의 행동을 고친다.

학습을 다른 사람의 일로만 생각하려는 유혹은 특히 사역자들에게 솔깃하다. 본래 우리의 직무 자체가 교훈을 배워 다른 사람들에게 전달하는 것이니 말이다. 내 생각에, 교구 목사의 일주일에서 특히 거룩한 순간은 홀로 서재에서 기도하는 마음으로 성경 본문을 탐구할 때다. 이때 목사는 주님께 말씀을 받아서 전해야 한다는 거룩한 부담을 느낀다. 하나님의 메신

저라는 자리에 수반되는 이런 특권과 책임을 우리는 결코 잊어서는 안 된다. 그러나 이 책임이 때로 목사에게 이상한 영향을 미칠 수 있고, 그러면 그들은 점차 수도관처럼 되어 버린다. 하나님의 말씀이 자신에게는 스며들지 않은 채 그냥 거쳐 가게만 하는 것이다.

나도 교사로서 이 유혹을 느낀다. 책을 읽거나 강연을 듣다가 너무 정곡을 찔려 위기감이나 가책이나 당혹감이 들 때면, 나는 그 중요한 교훈이 유발하는 불편을 피해 뒷걸음치곤 한다. 이 교훈을 배워야 할 사람들을 생각하거나 이 교훈을 가르치는 나를 상상함으로써 뒷걸음치는 것이다. 요컨대 나는 자존심이 무너질 위기를 모면하고자 메시지의 수신자가 아니라 전달자로 자처한다. 안타깝게도 이 방어 기제로 인해 내 배움마저 최소화된다. 내가 다른 사람들을 생각하며 시간을 보내는 이유는 바로 나 자신을 생각하지 않기 위해서다. "이 교훈을 배워야 할 사람을 내가 알고 있다"라고 말하는 리더는 대개 자신이 그 교훈을 배워야 한다는 사실을 숨긴다. 실패가 너무 두려워 실패에서 배우지 못한다.

실패에서 배우는 능력은 대개 사명을 탁월하게 수행하려는 사람들의 성미에 더 잘 맞는다. 수학을 두려워하는 마음보다 자신의 소명을 사랑하는 마음이 더 컸던 앤처럼 그들에게는 특권과 책임이라는 뿌리 깊은 동기가 있다. 내가 이전에 알았던 한 동료는 사명을 다하려는 갈망의 위력을 심리학 세계의 한 이야기로 예시하곤 했다.

오래전에 박사과정 학생들 중 어떤 부류가 장차 최고의 심리학자가 될지를 예측하려는 여러 연구가 있었다. 다양한 자질을 시험한 결과, 한 가지 자질이 다른 모든 것보다 두드러지게 나타났다. 그것은 타고난 직관력이나 남다른 측은지심과는 무관했다. 최고의 심리학자들은 좋은 심리학자가 되려는 열망이 간절한 이들이었다. 더 나아지려는 치열한 열망 덕분에 좋은 심리학자가 된 것이다. 시작할 때 얼마나 유능했는지는(또는 적성이 부족했는지는) 중요하지 않았고, 공감하며 경청하는 재능을 타고났는지 여부도 중요하지 않았다. 중요한 것은 그들이 계속 더 나아졌다는 것이다. 아무리 통찰력 있던 학생이라도 더 나아지려는 열정이 없으면 더 이상 성장하지 못했고, 아무리 변변찮게 출발한 학생이라도 계속 성장했다면 결국 전자보다 더 실력이 좋아졌다. 기민성을 기르는 핵심 요인은 더 나아지려는 갈망이며, 물론 그것은 약점을 받아들이는 능력에 달려 있다.

여기에 끼어들 수 있는 다른 유혹이 있다. 약점을 무시하려는 유혹의 짝은 약점에 집착하려는 유혹이다. 어떤 이들은 위의 내용을 읽고 이렇게 호소한다. 특유의 불리한 조건 때문에 자신은 도저히 탁월해질 수 없다고 말이다. 그래서 그들의 잠재력은 그 한 가지 결함에 가려진다. 역설이지만 이 또한 문제를 외부로 돌리는 또 다른 방식일 뿐이다. 난공불락의 조건 때문에 자신이 더 나아질 수 없다고 말하는 목사는 초점을 돌려 정작 해결 가능한 문제를 외면하는 것일 수 있다. 때로 사람들은 스포츠에 비유해서 자신을 방어한다. 예컨대 풋볼계와 농구계에 각각 "속도를 가르칠 수는 없다"라는 말과 "신장을 가르칠 수는 없다"라는 말이 있다. 힘이 부족한 선수라면 체력 단련실에서 오래 훈련하면서 힘을 키울 수 있고, 코치가 다양한 기술을 가르치면 선수의 기량도 향상될 수 있다. 그러나 운동선수의 자질 중에는 가르칠 수 없는 부분도 있다.

물론 사역에서도 마찬가지일 수 있다. 예컨대 신학교 입학하기 전부터 이미 타고난 달변가인 학생들이 있다. 그러나 그 문제(즉 가르칠 수 없는 부분)는 내가 보기에 생각만큼 필수는 아니다. 나는 동작이 느리고 몸이 깡말라서 점프를 잘 못하지만 그래도 매주 두 번씩 농구를 즐긴다. 혼자서 팀을 끌고 나갈 정도의 실력은 안 되지만 대개 웬만큼은 팀에 기여한다. 천부적 재능으로 교회를 짊어질 만큼 뛰어난 목사는 드물다(그만한 재능이 있다 해도 그게 위험할 수밖에 없는 신학적 이유가 있다). 그러니 우리 대부분은 약점을 인정하고 열심히 개선해 나가야 한다. 내가 만일 진지하게 더 나은 농구 선수가 되고 싶다면, 속도를 높이거나 신장을 키우려고 노력하지는 않을 것이다. 하지만 체력을 단련해 힘을 더 키우거나 기술을 연습해 슛을 더 잘할 수는 있다.

그래서 우리는 처음의 질문으로 돌아간다. 무엇이 리더를 막아 기민성을 기르지 못하게 하는가? 지금까지 최소한 세 가지 교훈을 살펴보았는데, 한 걸음씩 충실하게 내딛기로 결단한 목사라면 꼭 배워야 할 교훈이다. 책임을 전가하지 말라. 자신의 약점을 인정하고 극복하라. 실패에서 배우라. 모두 중요한 교훈이다. 하지만 무엇이 우리를 막는지에 대해서는 답해 주지 못한다. 왜 우리는 걸핏하면 방어 논리를 내세우며 뒷걸음칠까?

방어 논리의 신학적 원인에 주목하라

나는 책임을 수용하고 약점을 받아들이고 실패에서 배우는 일을 그토록 어렵게 만드는 신학적 원인이 있다고 믿는다. 리더는 특히 두려움과 교만에 빠지기 쉽다. 가장 유능한 그리스도인들까지도 두려움과 교만 때문에 자신의 실체를 보지 못한다.

1) 두려움

두려움은 신학적 문제다. 무슨 뜻인지 예를 들어 보자. 예일대학교 대학원에 들어간 첫해에 나는 정말 불안했다. 아이비리그 학교에 입학해서 사뭇 뿌듯하긴 했지만, 나를 잘못 뽑았음을 학교 측이 언제쯤 알아낼까 하는 생각을 떨쳐버릴 수 없었다. 아무래도 내가 부족해 보였다. 아니, 정말 부족했다. 부족하지 않은 사람은 아무도 없었다. 입학할 시점에 자신이 아이비리그 교육을 받을 자격이 있다고 주장할 수 있는 사람은 아무도 없었다. 그 학교가 명문인 이유는 애초에 교육받을 필요가 없는 완벽한 학생들을 잘 찾아내서가 아니라 입학한 학생들을 실력자로 길러 냈기 때문이다. 그런데도 나는 1학년 내내 "(내 실력 없음이) 언제쯤 밝혀질까?"라는 불안을 떨칠 수 없었다. 내 결격 사유가 반드시 드러나 학교에서 쫓겨날 것만 같았다. 그래서 나는 어떻게 했던가?

내 약점을 숨기려 했다. 내가 얼마나 모르고 있는지조차 모를 때도 당당히 발언했고, 처음 듣는 개념인데도 무슨 뜻인지 알아듣는 척했다. 그중에서도 최악은 내 잘못을 지적받을 때 분개한 것이다. 나는 두려웠고 그 두려움을 덮으려고 약점을 숨겼다. 내 논리는 이런 식이었다. "내 잘못을 인정하면 신뢰성을 잃을 것이고 신뢰성을 잃으면 쫓겨날 것이다. 그러니 아무에게도 내 잘못을 보여서는 안 된다." 이 경험은 내게 하나의 원형으로 남았다. 그만큼 보편적인 유혹이기 때문이다. 아내와 내게 "언제쯤 밝혀질까?"라는 문구는 오리무중에 빠진 사람의 불안을 표현하는 약어가 되었다.

그런데 이것이 왜 신학적 문제일까?

내 두려움은 신학적 원인에서 생겨나 영적 파장을 일으켰다. 나는 내가 예일에 온 것이 하나님이 나를 부르셨기 때문이라 믿었다. 필시 당신도 하나님이 당신을 부르셔서 지금의 사람들을 돌보도록 맡기셨다고 믿듯이 말이다. 그런데 역경에 부딪치자 "하나님이 나를 엉뚱한 데로 부르셨다면 어떻게 하지?"라는 의문이 들었다. 내가 예일에 잘못 왔을지도 모른다는 염려는 "하나님이 나를 여기로 부르셨는지 정말 확신할 수 없다"라는 말이나 같았고, 나를 여기로 부르신 게 어쩌면 그분의 실수라고 믿는 것과 같았다.

이 두려움이 신학적인 것임을 알면 거기서 해방될 수 있다. 내 삶을 잠시만 돌아보아도 그 두려움이 잘못된 것이었음을 알 수 있기 때문이다. 지금까지 하나님이 내게 그분의 신실하심을 보여 주신 순간이 헤아릴 수 없이 많다. 그러니 이제 와서 그분을 신뢰해도 될지를 묻는다는 것은 배은망덕하고 무도한 일이다. 그래서 나는 "언제쯤 밝혀질까?"라는 두려움이 차오를 때마다 지금 내가 하나님이 부르신 곳에 있음을 상기한다. 그분이 부르신 곳에 있으니 설령 내 잘못을 인정해서 내가 못나 보여도 그것은 하등 중요하지 않다. 조금 창피당해도 하나님이 나를 이곳으로 부르셨다는 사실은 달라지지 않는다. 그러니 마땅히 전력을 다해 이 소명을 추구함이 옳다.

내 두려움의 신학적 원인이 하나님이 나를 엉뚱한 데 두셨을지도 모른다는 데 있는 만큼, 영적 파장도 그 못지않게 교묘하다. 나는 어떻게든 하나님께 잘 보이려고 그분께 뭔가 해 드리려 할 때가 많다. 나를 통해 그분이 하시도록 맡겨야 하는데 말이다. 그 논리에 함축된 의미는 물론 이것이다. 내 약점을 인정하면 하나님도 그것을 아시게 되어 더는 나를 좋아하지 않으실 것이고, 내가 부름받아 섬기는 사람들도 내 부족함을 알고는 더는 나를 좋아하지 않을 것이다. 굳이 이런 식으로 표현하는 이유는 이 논리가 너무도 뻔히 터무니없기 때문이다. 하나님은 내 약점을 나보다 훨씬 속속들이 아시며 그런 결점에도 불구하고 나를 사랑하신다. 내가 맡아 돌봐야 할 사람들 앞에서 완전한 척하는 것은 내가 하나님 행세를 하는 것과 같다. 하나님만이 완전하시기 때문이다. 그러니 나는 사력을 다하여 허구를 붙들고 있는 셈이다. 어차피 아무도 믿지 않는 허구 말이다.

이렇듯 우리가 자신의 약점을 인정하지 않으려는 그 기저에는 두 가지 두려움이 도사리고 있다. 하나님이 정말 나를 부르지 않으셨을까 봐 두려워하고, 행여 결점을 보였다가 하나님의 사랑과 사람들의 존경을 잃을까 봐 두려워한다.

2) 교만

다른 원인은 교만이라는 죄다. 신학자들이 으레 말하듯이 교만은 가장 기본적인 죄다. 교만해지면 신으로 자처할 수 있기 때문이다. 우리의 시조가 에덴동산에서 나무 열매를 따 먹은 이유도 하나님과 같아지기 위해서였다. 고백하건대 나도 똑같이 따 먹을 때가 많다.

교만은 적어도 두 가지 방식으로 아주 교묘하게 표출된다. 첫째로, 교만해지면 나를 과대평가한다. 열매를 내가 맺었다고 확신하며 내 성취를 부풀린다. 자라나게 하시는 분은 하나님인데 말이다. 둘째로, 교만해지면 남을 나보다 낮춘다. 남이 기여한 부분을 무시한다. 콜린스가 말한 창과 거울이 뒤바뀐 셈이다. 이제 비판은 나를 투과해 남을 향하고 칭찬은 오직 나만을 반사한다. **교만은 학습을 저해하고 자만심은 기민성을 무너뜨린다.**

교만의 반대는 겸손이다. 겸손한 리더십이 표출되는 방식은 그리스도인들에게도 대개 뜻밖이다. 흔히 우리가 생각하는 겸손은 자신을 낮추는 것이다. 그러나 사실은 로마서 12장 3절이 더 적절한 정의다. "(자신에 대해, NIV) 마땅히 생각할 그 이상의 생각을 품지 말고 오직 하나님께서 각 사람에게 나누어 주신 믿음의 분량대로 지혜롭게 생각하라." 겸손은 나를 하나님이 보시듯 보는 것이다. 하나님이 보시는 나는 신기하게도 모든 것을 할 수 있으되, 단 "내게 능력 주시는" 그리스도 안에서만 할 수 있다. 콜린스는 많은 최고 기관의 리더들에게서 겸손이 관찰되었다고 썼다. 그들은 개인으로서는 겸손하지만, 기관 사람들이 협력하여 해낼 수 있는 일에 대해서는 거의 열광적인 자신감을 보였다.

그런 겸손을 생각하면 휴 디 프리가 떠오른다. 풀러신학대학원 교수가 될 때 나는 휴 디 프리의 이름을 딴 리더십 개발 교수직에 임용되었다. 그를 기리는 직위이니 당연히 그에 대해 알고 싶었는데 그는 이미 세상을 떠났으므로 그의 책을 읽었다.[24] 생전에 그는 큰 기업인 허먼 밀러의 대표였다. 유명한 사무실 가구를 만드는 그 회사는 그가 사장으로 재임하던 중에 크게 성공했고, 그는 그 시기를 회고록에 담아냈다. 당신도 읽어 보았으면 알겠지만 대개 회고록은 일정한 공식을 따라 "나는 이렇게 해냈다"라고 말한다. 지혜로운 원로 목사들도 종종 회고록을 쓴다. 그런데 디 프리의 책은 달랐다. 겸손으로 가득했다. 그는 허먼 밀러 회사가 현명하거나 성공적인 조치를 취한 사례를 번번이 소개했고, 회사 리더들이 회의에서 중요한 결정에 이르던 과정도 자주 기술했다. 그런데 자신은 마치 우연히 그 장면을 목격한 구경꾼에 불과하다는 듯이 회고했다. 주변의 훌륭한 사람들에 대한 이야기는 그칠 줄 모르면서 정작 자신의 영향력은 줄여서 말했다. 나는 그가 진심으로 두 가지를 믿었음을 깨달았다. 회사가 아주 특별하다는 것과 자신의 리더십은 그렇지 못하다는 것이었다. 회사에 대한 그의 자신감은 절대적이었던 반면 공로가 자신의 몫이라는 생각은 거의 없었다.

그렇다면 그리스도인 리더는 교만과 두려움이라는 이중 유혹에 어떻게 대처할 것인가? 교만과 두려움을 고찰하는 게 중요한 이유는 이를 통해 우리가 왜 실패의 책임을 어떻게든 남에게 전가하려 하는지를 알 수 있기 때문이다. 그런데 아지리스가 지적했듯이, 사람들에게 지식만 주어서는 대개 자신의 약점을 받아들이게 할 수 없다. 그에 따르면 "자신의 방어 논리를 지적받은 사람의 필연적 반응은 더 많은 방어 논리다."[25] 그가 상대한 전문가들은 진정으로 더 나아지기를 원하는 유능한 성인들인데도 그랬다. 앞 단락에서, 책임을 수용해야 한다고 말했는데, 그것을 읽은 당신은 약점을 받아들이고 싶은 의향은 더 생겼을지 몰라도 책임을 수용할 수 있는 능력이 더 자라지는 않았을 것이다. 지식으로는 부족하다. 그렇다면 한 걸음씩 충실하게 내딛지 못하도록 자꾸 막는 두려움을 리더들은 어떻게 극복할 수 있을까?

3) 하나님께 속한 존재

이런 유혹을 물리치는 해법 역시 신학적이다. 우리가 뼛속 깊이 새겨야 할 영적 깨달음이 있다. 하이델베르크 요리문답의 유명한 문구에 그 신학적 통찰이 있다. "살아서나 죽어서나 나는 나의 것이 아니요 몸도 영혼도

나의 신실한 구주 예수 그리스도의 것입니다." '소속'의 신학은 리더를 괴롭히는 유혹을 두 가지 위력적인 진술로 퇴치한다. 내가 하나님의 것이라는 말은 그분의 가계도에 지울 수 없이 새겨졌다는 뜻이다. 나는 제적되거나 파문될 수 없다. 하나님이 나를 가족으로 입양하셨다. 내가 왕가의 일원이 된 것은 무슨 대단한 행위로 얻어낸 결과가 아니라 하나님의 선물이다. 내가 하나님의 자녀가 되기 위해 아무것도 한 게 없듯이 무슨 짓을 해도 이 집에서 쫓겨날 수 없다. 소속은 두려움을 몰아낸다. 하나님의 약속대로 나는 아무것도 우리를 그분이 자녀 한 명 한 명에게 쏟아부으시는 사랑에서 끊을 수 없음을 안다. 하나님께 속해 있기에 내 정체성이 그분의 사랑에서 기인한다는 것도 안다. 내 정체성은 사랑받을 자격을 입증하려는 내 행위에서 나오는 것이 결코 아니다. 요컨대 나는 하나님께 속한 존재이므로 아무것도 두려울 게 없다.

소속에는 다른 의미도 있다. 성경에 보면 "너희 몸은 … 값으로 산 것이 되었으니"라고 했다(고전 6:19-20). 다시 말해서 땅이 포도주 양조업자의 소유이듯 나도 하나님의 소유다. 이 사실은 때로 미국인의 감성을 거스른다. 우리는 인간이 누군가의 소유라는 개념을 싫어한다. 하지만 시간은 내 것이 아니다. 포도주 양조업자가 땅을 사는 목적은 땅을 잘되게 하기 위해서다. 그는 토지를 개간하여 포도나무를 심고 물을 준다. 수확한 포도는 당연히 주인의 것이며, 포도주도 그가 만든다. 나무에 달린 포도는 스스로 포도주가 될 수 없다. 나는 하나님의 소유이므로 내가 하는 일에 대해 교만해질 수 없다. 어디로 가야 할지 또는 내 삶에서 가장 중요한 게 무엇인지를 내가 정할 수 없다. 공로도 취할 수 없다. 사도 바울의 말마따나 한 사람은 씨앗을 심고 다른 사람은 물을 주지만 "오직 자라게 하시는 이는 하나님뿐"
이기 때문이다(고전 3:7).

다음 세대와 혁신

스마트폰 세대의 영적 필요에 맞춰 사역을 조정하다

지금의 교회는 더는 존재하지 않는 세상에 맞게 조정되어 있다. 이제부터 하나의 사례를 자세히 보면서 여태 배운 내용으로 어떻게 혁신하는 교회와 기민한 리더를 길러 낼 수 있을지 살펴보자. 초점을 맞출 문제는 많지만 그중 하나만 보자. 지금의 교회는 스마트폰 세대에 맞게 조정되어 있지 않다. 19세기에 여느 미국인의 삶이 어땠는지 돌이켜 보라. 19세기 말의 보통 미국인은 도시에 거주했고 삶이 단절되어 있었다. 일하는 곳과 예배하는 곳과 친구를 만나는 곳이 한 도시 안에서 각기 달랐다는 뜻이고 이동 수단은 전차였다. 그로부터 한 세기가 지난 1990년대에도 우리는 비슷하게 단절된 세계에서 살았다. 미국인은 자동차를 몰아 출근하고 교회에 다니고 놀러 나갔다. 전차가 자동차로 바뀌었을 뿐이지 어떤 면에서는 이전과 비슷했다. 자동차 문화에서 삶의 기조는 물리적 공간이었다. 사람들은 직장으로 **가고** 교회로 **가고** 친구 집으로 **갔다**. 1990년대 말까지도 미국인의 삶은 이렇듯 단절되어 있었다.

아직도 교회는 물리적 공간으로 분할된 세상에 맞게 조정되어 있다. 우리가 신앙생활을 어떻게 평가하는지 보라. 출석으로 평가한다. 해당 장소에 몸이 직접 가 있어야 한다. 그리스도인은 교회에 나가고, 성숙한 그리스도인은 주중 성경공부 모임에도 나간다. 19세기와 20세기의 세상은 물리적 공간으로 분할되어 있었다. 그런데 교회는 21세기인 지금도 물리적 공간으로 분할된 세상에 맞게 조정되어 있다. 당연히 사람들이 교회로 **와**

야 한다는 것이다.

반면 밀레니얼 세대와 그다음의 Z세대가 사는 세상은 물리적 공간으로 단절되어 있지 않다. 청년들을 보라. 어느 그룹이든 관계없다. 제일 먼저 눈에 띄는 것은 그들의 세계가 스마트폰을 중심으로 돌아간다는 것이다. 그들은 동시에 두 곳에 있는 게 아주 편하다. 야구 중계를 보면서 친구에게 문자를 보내기도 하고, 완전히 다른 곳에 있는 친구들을 상대로 두 개의 대화방을 넘나들기도 한다. 그들의 세계는 장소로 규정되지 않는다. 내 세대는 "전화기와 문자질밖에 모르는 요즘 젊은것들"에 대해 불평하고 싶을 수 있지만, 그러면 우리도 우리가 젊었을 때 꼰대라고 성토하던 구세대가 되고 만다. 스마트폰 세대를 보면 지금의 세상이 보인다. 그들에게 기성세대의 세상 속에 머물라고 요구할 수는 없다. 우리 쪽에서 재조정해야 한다.

지금부터 살펴보려는 교회는 담임목사와 더불어 주변 지역에 잘 알려져 있는 밀레니얼교회다.[1] 이 교회는 더는 존재하지 않는 공간 중심의 세상에 맞게 조정되어 있으며, 이는 그들이 스마트폰 세대를 평가하는 방식에 선입견으로 작용한다. 현재 밀레니얼교회는 캠퍼스가 여러 곳이다. 주일 아침마다 찬양은 캠퍼스 별로 인도하고 설교는 모교회에서 송출하는 동영상으로 듣는다. 이 교회를 '밀레니얼교회'라 칭하는 이유는 자신들이 맡아 돌봐야 할 사람들이 대부분 청년임을 교회도 알고 있기 때문이다. 스마트폰으로 규정되는 바로 그 세대다.[2]

작년부터 이 교회는 예배 전체를 웹사이트에 올렸다. 그러자 교회 리더들에게 문제가 생겼다. 온라인 예배를 보겠다는 청년이 점점 늘면서 "교회 출석률"이 떨어진 것이다. (밀레니얼 세대가 아닌) 리더들은 즉시 이 문제를 밀레니얼 세대가 바쁘거나 게을러서 헌신이 부족해진 것으로 진단했다. 그들에게는 해법도 문제만큼이나 자명했다. 청년들이 교회로 **돌아와야** 한다는 것이었다. 이 교회의 사역 모델은 주일 예배와 주중 소그룹 제자 훈련으로 이루어져 있다. 그래서 리더들의 결론은 "밀레니얼 세대가 주일에 교회에 나오지 않는다면 소그룹에라도 **나오게** 만들어야 한다"라는 것이었다.

보다시피 리더들이 문제와 해법을 해석하는 방식은 기성 세대의 세상에 맞게 조정되어 있다. 그래서 교인들의 신앙생활을 공간 중심의 '출석'으로 평가한다. 예배란 교회에 나온다는 뜻이고, 제자 훈련이란 소그룹에 나온다는 뜻이다. 지금도 밀레니얼교회는 물리적 공간으로 규정되는 세상에 맞게 조정되어 있다. 하지만 그들의 사역 대상은 더는 공간에 제약받지 않는 스마트폰 세대다. 세상이 달라졌다. 그러니 이 교회도 재조정해야 한다.

밀레니얼교회가 하나님을 예배하기를 중단하거나 제자 훈련을 포기하는 일은 결코 없을 것이다. 앞서 살펴본 "우리는 어떻게 할 수 있을까?"의 관점에서 생각해 보라. 우리 교회가 밀레니얼 세대를 섬기는 교회라면, 우리는 어떻게 예배와 제자 훈련을 보는 교인들의 관점을 스마트폰 세대에 맞게 재조정할 수 있을까? 농부가 심고 물을 주는 방법을 새로 개발해야 하듯이, 이 교회도 더는 시대에 뒤처진 출석 개념으로 예배와 제자 훈련을 평가할 수 없음을 인식해야 한다. 재조정하고 있는 다른 기관들을 살펴보면 도움이 될 것이다.

내셔널풋볼리그(NFL)는 스마트폰 세대의 새로운 '참석' 개념에 맞추어 이미 재조정하고 있다. 고화질 영상이 도래하면서 NFL은 팬들이 경기장에서 보는 것보다 텔레비전이나 스마트폰으로 경기를 더 잘 볼 수 있음을 인식했다. 그래서 애틀랜타 팰컨스 팀은 2017년에 새 경기장을 개장했다. 지은 지 25년밖에 되지 않는 조지아돔이 있는데 왜 12억 달러(약 1조 6천억 원)를 또 들였을까? 차이는 팬의 경험에 있다. 새 경기장에는 경기장 높이에 초대형 고화질 텔레비전 스크린을 설치했다. "헤일로"(원광, 후광)라 불리는 이 스크린 덕분에 팬들은 경기장에서 전통적 연대 경험(경기장 주변에서 벌이는 파티)에 더하여 고화질 클로즈업 화면까지 모두 즐길 수 있다.

NFL은 기존 경기장의 결함을 인식해야 했다. 관중석에서 구장을 볼 때 시야가 별로 좋지 않다는 점 말이다. NFL 구단주로서는 자신의 경험을 기준으로 밀레니얼 세대의 관전 방식을 비판하고 싶을 수도 있고, 팀들도 좋지 않은 시야가 과거에 문제된 적 없으니 앞으로도 문제되지 않을 거라고 얼마든지 (틀리게) 단정할 수도 있었다. 그러나 스마트폰 세대는 경기장에 경기를 보러 가는 게 아니라(경기 장면이야 텔레비전으로 더 잘 볼 수 있다) 연대 경험을 하러 간다. 팰컨스 팀은 섬기는 대상의 말을 경청한 덕분에 참석의 의미를 재조정해야 함을 배웠다. 그래서 기꺼이 거액의 돈을 투자했다.

광고업계도 스마트폰 세대에 맞추고 있다. 한 관계자에 따르면 "밀레니얼 세대와 Z세대는 광고업계를 당혹감에 빠뜨렸다. 젊은 층은 이전 어느 때보다도 더 많은 콘텐츠를 더 많은 방식으로 집어삼킨다. 그들은 기존 규칙이 싫어 규칙을 바꿔 버렸다. 700개 케이블 채널에 돈을 낼 마음이 없고, 3분 내내 지루한 광고를 볼 마음은 더더욱 없다." 이 작가의 중학생 딸은 "애플TV와 넷플릭스와 훌루와 아마존과 유튜브를 보는데" 모두 스마트폰으로 시청한다. 그러다 "인스타그램을 한 바퀴 돌고, 재빨리 사진을 훑어

내리고, 속성 쿡방을 몰아 본다. 친구들에게 문자를 보내고 SNS로 그룹 영상 통화를 한다. 이게 딸이 긴장을 푸는 방식이다." 광고업계는 이 중학생을 비롯한 스마트폰 세대를 다시 유선 텔레비전 앞으로 유인할 수 없음을 안다. 그러니 달라질 수밖에 없다.[3] 여기서 그 작가의 최종 결론이 도출된다. 하나님의 사람들을 이끄는 리더들에게 아주 중요한 결론이다. "현 추세는 싫고 기존 방식이 더 좋았다며 후자를 고수하려는 사람은 실패할 수밖에 없다." 애틀랜타 팰컨스 팀은 달라졌고 광고업계는 달라지는 중이다. 교회도 어떻게든 스마트폰 세대에 맞게 재조정해야 한다.

교회 안에 있는 우리는 자칫 **"기존 방식이 더 좋았다"**라고 말하기 쉽다. 실제로 변화에 저항하거나 변화를 수용하지 않는 교회 권력자들의 사례가 많이 있는데, 그 이유는 변화의 혜택이 자신들 몫이 아니기 때문이다. 예컨대 19세기에 의료계는 마취제 에테르라는 혁신을 수용했다. 에테르 덕분에 환자들은 의사가 수술하거나 치과의사가 발치하는 동안 수면 상태에 있을 수 있었다. 이것은 사람들의 고통을 덜어 주었기 때문에 큰 혁신이었다. 그런데 당대의 성직자들은 한 가지 경우에 에테르 사용에 반대했다. 성경에 해산의 고통이 에덴동산에서 반항한 데 대한 저주라고 되어 있으니 출산 중인 여성에게는 에테르를 투여해서는 안 된다는 것이었다.[4] 하지만 일의 고통을 덜어 주는 기술 변혁은 성직자들(모두 **남자**였다)도 수용했다. 창세기의 그 저주에는 여자에게 더해질 해산의 고통만 아니라 남자가 "얼굴에 땀을 흘려야" 수확한다는 대목도 들어 있다. 다시 말해서, 당대의 성직자들은 남자가 땀 흘려 수고해야 한다는 저주는 감해져도 되지만, 여자가 수고하여 자식을 낳으리라는 저주는 감해질 수 없다고 믿은 것이다. 이렇게 믿은 이유는, 그들이 다 **남자**다 보니 전자는 자신들에게 해당하는데 후자는 그렇지 않았기 때문이다. 교회의 결정권자들이 공간 중심 세대의 산물이자 현 사역 모델을 개발한 리더라면, 아무래도 그들은 "기존 방식이 더 좋았다"라고 말할 것이다. 그러나 스마트폰 세대에게 다가가려면 그들도 기민한 리더들을 길러 내는 법과 교회를 혁신하는 법을 배워야 한다.

밀레니얼교회는 무조건 청년들을 설득하여 주일 예배에 다시 나오게 하려고만 할 게 아니라 이 기회에 본질로 더 깊이 들어갈 수 있다. 목표는 그들에게 주일 예배의 여러 요소(즉 기독교 신앙의 여러 실천)를 통해 그들 삶의 영적 의미를 해석하게 해 주는 것이다. 즉 이 교회도 **공동의 희망 이야기**를 창출하여 자신들이 맡아 돌봐야 할 사람들의 갈망과 상실의 영적 의미를 해석해야 한다.

리더십은 경청으로 시작되므로 우리는 하나님이 교회에게 돌보라고 맡기신 스마트폰 세대의 갈망과 상실이 무엇인지 물어야 한다. 풀러청소년연구소는 청소년과 청년을 상대로 선구적 활동을 펼쳐 왔는데, 특히 갈망과 상실 부분에서는 적어도 세 가지 범주에 주목한다. 바로 정체성과 소속과 목적이다. 사람들은 일에서 정체성을 찾을 때가 너무 많고, 공동체에 속하기를 갈망하며, 자신보다 큰 목적에 기여하기 원한다. 그런데 밀레니얼교회가 사역하는 첨단기술의 도시 정황에서 사람들이 흔히 믿는 큰 거짓말이 있다. 3장에서 보았던 워싱턴 DC의 사례에서와 마찬가지로 공동체를 떠나서도 의미 있게 살아갈 수 있다는 거짓말이다.

스마트폰 세대에 대응하여 밀레니얼교회가 어떻게 혁신할 것인지를 생각할 때 우리는 주일 아침 예배라는 실천과 소그룹 공동체라는 실천도 함께 생각해야 한다.

우선 예배부터 살펴보자. 이 교회가 고수하려는 모델에는 예배에 대한 몇 가지 전제가 깔려 있다. 이 교회는 예배의 찬양 부분이 곧 예배라고 생각한다. 아무래도 하나님을 높이는 시간이기 때문이다. 물론 이 교회 리더들에게 묻는다면 그들도 기도와 헌금과 심지어 서로 인사를 나누는 시간까지도 모두 로마서 12장 1절에 나오는 "영적 예배"의 일부라고 인정할 것이다. 그러나 교회에서 으레 쓰는 표현대로 하자면, 찬양 시간은 예배 중의 '예배', 기타와 드럼을 연주하는 이들은 '예배팀', 마이크를 잡고 노래하는 이들은 '예배 리더'로 각각 불린다. 실제로 우리가 인터넷 예배의 문제점에 대해 교회 리더들과 대화해 보면, 대개 그들은 교인들이 찬양에 능동적으로 참여해야 하는데 찬양을 시청하면 수동적 청중으로 바뀐다고 말한다.

바로 여기서 우리의 전제를 검토해야 한다. 교회에서 주변 사람들은 뜨겁게 찬양하고 있는데 내 옆 사람이 주머니에 손을 넣은 채 말없이 서 있다면, 그는 예배에 참여하고 있는 것일까? 그럴 수도 있고 아닐 수도 있다. 겉모습만 보아서는 모른다. 콘서트홀에 가서 LA 교향악단의 연주를 듣는 여성을 생각해 보라. 그녀는 노래하지 않는다. 아예 가사도 없다. 그래도 '참여하고' 있는 것일까? 역시 사람에 따라 다르다. 내가 아는 어떤 이들은 완전히 몰입해서 말을 잃는 반면, 어떤 이들은 따분해서 관심을 거둔다. 방금 우리가 배웠듯이 '참여'의 기준은 몸으로 출석하는 것도 아니고 목소리를 보태는 것도 아니다.

스마트폰 세대가 공감할 만한 경험을 하나 생각해 보면 도움이 될 것이다. 브로드웨이 뮤지컬인 〈해밀턴〉 공연장에 가 보라. 노래를 따라 부르는 관객은 없다. 그러나 그들은 가사를 다 알고 안무에 감탄하며 공연이 끝나면 눈물을 흘린다. 요컨대 '참여'한다. 칼럼니스트 조 포스난스키는 딸 일라이자와 함께 이 뮤지컬을 보고 와서 감동적인 글을 썼다.[5] 딸은 뮤지컬을 보러 가기 전에 준비했다. 모든 가사를 익혔고, 블로그사이트 텀블러의 "해밀턴" 커뮤니티에 가입했고, "해밀톰"(이 뮤지컬의 제작 과정을 전부 담은 두꺼운 책의 별칭)을 읽었다. 뮤지컬을 보고 와서는 친구들에게 말했고, "우리 이민자는 결국 일을 해내지"와 같은 메시지를 되뇌었고, 일주일 내내 그 노래들을 흥얼거렸다. 뮤지컬에 참여한 것이다.

예배에 참여한다는 것은 어떤 모습일까? 하나님을 경외하고 설교에 감화를 받고 찬양 가사로 한 주간의 이야기를 쓴다면, 충분히 참여한 게 아닐까? 내가 보기에는 그렇다. "평가한 만큼만 수행된 것이다"라는 말이 있다. 평가 기준이 몸으로 참석하는 것이라면, 우리는 출석이 곧 예배라고 생각하는 것이다. "B에 대해 보상하면서 A를 기대하는 것은 어리석다"라는 말도 있다.[6] 우리는 출석에 대해 보상하면서 예배를 기대한다. 스마트폰 세대에 맞게 재조정하려면 가장 중요한 요소를 평가해야 하고, 몸으로 참석하는 것이 곧 예배라는 생각을 버려야 한다.

마찬가지로 소그룹과 관련해서도 가장 중요한 요소에 대해 자문해야한다. 흔히들 주중 소그룹이 공동체성과 제자도 훈련을 촉진한다고 전제한다. 그러나 미국 기독교에 천착하는 선도적 학자라 할 수 있는 로버트 우스나우가 보여 주는 현실은 다르다.[7] 그에 따르면 소그룹이 하는 일은 본래의 취지와는 정반대일 때가 많다. 깊이 대신 피상성을 부추기고 공동체성 대신 종종 개인주의를 조장한다는 것이다. 예를 들어 설명해 보자. 기독교 소그룹에 속해 본 사람은 이런 상황에 익숙할 것이다. 당신과 내가 속해 있는 그룹에서 성경공부를 하다가 내가 이상한 성경 해석을 주장한다 하자. 또는 내가 직장 상사가 고압적이고 무례하다며 이 문제 해결을 위한 기도를 부탁한다 하자. 그룹은 어떻게 반응할까? 내가 뭐라고 말하든, 곧 이단적 주장을 쏟아 내든 상사를 매도하든, 그룹은 내 말을 받아 줄 것이다. 상대가 뭐라고 말하든 그를 지지해 주는 게 도덕적인 것으로 통하기 때문이다. 우스나우가 밝혔듯이, 그 결과는 우리의 의도와는 정반대다. 누군가의 주장을 더 깊이 파고들어가 보자는 도전이 희귀하다 보니 깊이가 별로 없고, 각 사람의 경험에 맞장구만 치다 보니 공동체성과도 거리가 멀어진다. 우스나우의 연구에 따르면, 우리가 중시하는 소그룹 성과는 대개 본래 의도하던 바에 미치지 못한다.

물론 소그룹이 나쁘다는 말은 아니다. 소그룹 성경공부는 신앙 성장의 훌륭한 장이 될 수 있으며, 실제로 나는 거의 성인기 내내 소그룹에서 제자 훈련을 받았다. 내 요지는 소그룹을 경시하려는 게 아니라 재조정과 혁신에 있다. **우리 그리스도인은 이미 아는 것의 결점은 무시하거나 수용면서, 잘 모르는 것의 결점은 꼬치꼬치 따지는 경향이 있다.** 그래서 소그룹에 대해서는 단점을 무시하고 장점에 집중하면서, 스마트폰 세대에 대해서는 잠재적 장점을 무시하고 단점에 집중한다. 자동차 문화가 낳은 단절된 삶은 수용하면서, 거리를 뛰어넘어 사람들을 연합할 수 있는 스마트폰의 잠재력은 무시한다. 그러나 지금 존재하는 세상인 스마트폰 문화에 맞게 재조정하려면, 이 새 시대에 요구되는 사역의 (단점만 아니라) 장점도 인정해야 한다.

예배와 제자도라는 두 가지 실천 외에도 밀레니얼교회가 사역을 스마트폰 세대에 맞게 재조정하는 데 도움이 될 세 번째 실천이 있다. 바로 소명이라는 실천이다. 사도 바울이 고린도 교인들에게 일깨웠듯이 우리의 일은 하나님이 이미 세상에서 하고 계신 일에서 출발한다. 바울은 그들에게 하나님이 그리스도 예수 안에서 "세상을 자기와 화목하게 하시며" 우리에게도 화목하게 하는 직분을 주셨다고 말했고, 이어 "그러므로 우리가 그리스도를 대신하여 사신이 되어"라고 했다(고후 5:19-20). 앞서 말했듯이 대사는 자국 시민이면서 양국의 우호 관계를 조성할 (이 경우에는 마르틴 루터가 말한 "천국"과 "지상 나라"를 이어 줄) 분명한 목적으로 타국에 거주한다. 루터는 두 나라에서 살아간다는 개념을 소명의 개념과 연결했다. "소명의 현장은 지상 나라다. 더 정확히 말해서 소명은 이웃을 사랑하라는 구체적인 부르심이며, 이 부르심은 지상 나라에서 각자의 '신분' 내지 사회적 위치에 수반되는 직무의 형태로 온다."[8] 루터는 '신분'을 일터와 연결해서 이해했다. 대사가 특정 국가에 배치되듯이 우리 그리스도인도 특정 일터의 직무에 배치된다. 그곳 사람들이 곧 우리가 맡아 돌봐야 할 사람들이다.

꽤 오래전에 나는 실리콘밸리에서 경영자 그룹을 상대로 이런 개념의 초기 버전을 제시한 적이 있다. 소명이라는 실천을 혁신하여 자신이 맡아 돌봐야 할 사람들에게 집중해야 한다고 말했더니, 첨단기술 기업의 한 젊은 변호사가 물었다. "내가 직원들에게 개인적으로 관심을 가져야 한다는 말인가요?" 나는 "예, 그렇습니다"라고 답했다. 이어 그리스도인에게 그런 책임이 있는지에 대해 알찬 토의가 이어졌다. 하지만 그는 확신을 갖지 못하는 듯했다.

그로부터 몇 달 후에 출간된 책에 내가 그 젊은 변호사의 질문에 답한 것보다 훨씬 나은 답이 들어 있었다. 기독교 서적이 아니라 일반 독자를 상대로 한 책이지만 말이다. 이 책의 저자 킴 스콧은 구글과 애플에 차례로 경영 훈련 과정을 신설했으며, 지금은 트위터와 드롭박스 같은 기업 CEO들의 멘토로 활동하고 있다. 이 책의 중심 개념은 리더에게 두 가지 책임이 있다는 것이다. 바로 사람들에게 개인적으로 관심을 가질 책임과 솔직하게 문제를 제기할 책임이다. 이어 킴 스콧은 어떤 리더도 직원들에게 개인적으로 관심을 갖기 전에는 직원들의 문제를 솔직하게 제기할 수 없다고 말한다. 그런데 그 젊은 변호사는 두 직무 중 후자만 받아들이고 전자는 거부하려 했다.

　　스콧은 자신에게 맡겨진 사람들을 개인적으로 돌본다는 게 어떤 의미인지를 이야기로 제시하는데, 이 이야기가 소명이라는 기독교 실천을 이해하는 데 도움이 된다. 스콧이 첨단기술 신생 기업의 CEO이던 시절, 유난히 바쁜 어느 날이었다. 화급을 요하는 가격 책정 문제를 밤늦게 알게 된 스콧은 오전 회의를 전부 취소하고 스프레드시트에 집중하기로 했다. 그런데 이튿날 아침 사무실에 들어서니 한 동료가 할 말이 있다며 달려왔다. 그 동료는 자신이 신장 이식을 받아야 할지도 모른다는 말을 이제 막 듣고 심란한 상태였다. 스콧은 한 시간 동안 그와 함께 차를 마시며 마음을 다독여 주었다. 그의 방에서 나오니, 아들이 중환자실에 있는 엔지니어가 보였다. 스콧은 굳이 회사에 나온 그를 한참 설득해 아들이 있는 병원으로 돌려보냈다. 끝으로 다른 동료가 기쁜 소식이 있다며 스콧을 찾아왔다. 딸이 주(州) 전체의 수학 시험에서 최고 점수를 받았다는 것이다. 스콧은 시간을 내서 축하해 주었다. 가격 책정 문제에 쏟아부으려던 시간이 사람들의 갈망과 상실을 듣느라고 뭉텅 잘려 나갔다.

　나중에 스콧은 멘토에게 그날 오전에 대해 말하면서 "정서적 보모 노릇"을 하느라 "진짜 일"을 못했다고 불평했다. 그러자 멘토는 "보모 노릇이 아니라 그것을 가리켜 경영이라 하지요. **그게 바로 당신의 일입니다**"라고 대답했다. 킴 스콧이 도출한 이야기의 요지는 이것이다. "우리는 리더 역할의 '정서적 수고'를 과소평가하지만, 정서적 수고는 단지 일의 일부가 아니라 훌륭한 리더의 핵심 요소다."[9] 당신의 일에서 사람이 스프레드시트 못지 않게 중요하다. 그래서 스콧은 책 나머지를 할애하여 왜 경영자가 기꺼이 사람들에게 개인적으로 관심을 가져야만 솔직하게 문제를 제기할 수 있는지를 설명한다.

　젊은 변호사는 물었다. "내가 직원들에게 개인적으로 관심을 가져야 한다는 말인가요?" 그렇다. 그들은 단지 직원이 아니라 그가 돌보도록 그에게 맡겨진 사람들이다. 당신의 일이 직업으로 그치지 않고 이웃을 사랑하라는 부르심이자 소명이 되기를 원한다면, 하나님이 자신을 그곳에 심으셨다고 보아야 한다. 당신은 맡겨진 사람들을 돌보도록 그곳으로 부름받았다.

　요약하자면, 어떻게 밀레니얼교회가 사역을 스마트폰 세대에 맞게 재조정할 수 있을지를 생각할 때, 우리에게 도움이 되는 두 가지 기준이 있다. 바로 사람과 실천이다. 즉 늘 변화하는 문화와 영원히 변함없는 복음이다. 덕분에 우리는 하나님이 돌보라고 맡기신 사람들의 갈망과 상실의 영적 의미를 해석할 수 있다. 스마트폰 세대는 정체성과 소속과 목적 면에서 의미를 갈구한다. 그래서 예배와 공동체와 소명 같은 실천이 필요하다. 예배라는 실천이 정해 주는 기준은 곧 밀레니얼 세대에게 하나님을 높일 기회와 삶의 이야기를 써 나갈 문장이 필요하다는 것이다. 제자도와 공동체성 훈련은 상호 교류 속에 지적과 도전이 포함되어 있어야만 진척될 수 있다. 소명이라는 실천 덕분에 밀레니얼 세대는 화요일 오전이나 목요일 오후에 자신이 심겨진 자리에서 이웃을 사랑할 수 있다. 거기가 어디든 그들을 자신이 맡아 돌봐야 할 사람들로 인정할 수 있다. 이런 통찰이 합해져서 밀레니얼교회는 늘 변화하는 사람들과 영원히 변함없는 복음에 맞게 사역을 재조정할 수 있다.

알고 보니 밀레니얼교회의 일부 리더는 풀러신학대학원에서 주최한 혁신 컨퍼런스에 참여했다. 그들은 6장에 기술된 많은 개념에 대한 브레인스토밍 과정을 거쳤는데, 그중 한 개념이 자신들의 상황을 창의적으로 생각하는 데 도움이 되었다. 바로 "인접 가능성"이라는 개념이다. 먼저 그것이 어떤 의미인지 설명한 뒤, 밀레니얼교회가 스마트폰 세대에 맞게 재조정하는 데 이 통찰을 어떻게 활용할 수 있을지 살펴보려 한다.

"인접 가능성"이라는 용어를 처음 쓴 사람은 스티븐 존슨이다.[10] 방이 많이 있는 집을 떠올려 보라. 교회가 그중 한두 개를 차지하고 있다 하자. 우리 대부분은 새로운 개념을 찾아내려 할 때 이미 차지하고 있는 방 안에서만 자질구레한 것까지 세세히 살핀다. 그러나 연구 결과에 따르면 혁신가들은 다른 전략을 쓴다. 집의 다른 방들로 탐색의 범위를 넓히는 것이다.

우리 경우에는 이는 기독교 바깥이나 심지어 종교 바깥의 영역에서 배운다는 뜻이다. 즉 인접한 방에서 통찰을 얻어 다시 우리 분야에 적용하는 것이다. 스탠포드의 저명한 학자 캐슬린 아이젠하트가 (모든 혁신이 왜 결국 의미 창출의 혁신인지를 설명하면서) 말했듯이 혁신의 관건은 박스를 벗어나 사고하는 게 아니다. 그 이유를 그녀는 "혁신은 다양한 영역의 아이디어를 종합하거나 연결한 결과다"라고 밝히면서, 이를 "동시에 여러 박스 안에서 사고한 결과"라 칭했다.[11] 그녀는 정말 새로운 아이디어를 찾으려 하기보다 다른 영역에 잘 정착되어 있는 아이디어를 정말 새롭게 적용하라고 권한다. 밀레니얼교회의 소그룹 사역을 스마트폰 세대에 맞게 재조정하는 데 중점을 두면서, 인접 가능성의 두 가지 사례를 살펴보자.

첫째로, 우리는 온라인 교육 분야에서 배울 수 있다. 지난 20년간 많은 대학이 특히 인터넷을 통해 새로운 방법을 개척하여 학습을 세상 속으로 확장했다. 내가 가르치는 풀러신학대학원도 일부 학위 과정을 온라인으로 운영해 왔다. 그 과정에서 풀러가 창안한 중요한 구분이 밀레니얼교회에 **인접 가능성**의 역할을 해 줄 수 있다.

본래 우리는 온라인 교육도 대면 교육"만큼만" 하면 된다고 목표를 (잘못) 정했다. 그런데 막상 실험해 보니 어떤 부분에서는 온라인 교육이 전통 강의실 교육보다 더 효과가 좋았다. 그러니 스마트폰 시대의 소그룹도 어떤 부분에서는 공간 중심의 전통 소그룹보다 더 효과가 좋을 수 있다. 구체적으로 우리 풀러는 현장을 떠난 교육과 현장에 접목된 교육을 구분한다.

전통 모델의 신학교 교육에서는 학생들이 자신의 공동체를 떠나 타지역의 신학교로 이주한다("신학교에 **간다**"라는 표현 자체에 신학 교육에 대한 공간 중심의 사고 모델이 전제되어 있다). 공동체의 리더로 길러 낼 사람을 공동체와 떼어 놓는다는 게 바람직하지 않다는 거야 신학교들도 수십 년째 알고 있다. 하지만 그 전통 모델의 단점과 더불어 산 지 워낙 오래되다 보니 이제 단점이 보이지 않는다. 그래서 공동체를 이끄는 법을 공동체를 떠나서 배운다는 이 모순을 우리는 수동적으로 받아들인다.

이와 대조적으로 우리 풀러는 이제 현장에 접목된 교육을 논한다. 온라인 학생들은 리더로 양성되기 위해 굳이 자신이 자란 공동체를 떠날 필요가 없다. 교수인 내게도 강의실 방식으로는 생각지 못했던 새로운 교육적 가능성이 열린다. 예컨대 내가 가르치는 리더십 과목의 경우, 공동체와 관계를 맺고 있는 학생들은 매주 수업 시간에 배우는 교훈을 실제로 시험해 볼 수 있다. 그래서 나는 학습 내용을 공동체에 적용해 보는 과제를 내준다. 기존 강의실 모델에서는 공동체를 이끄는 법을 논하려면 사례 연구와 기타 대체 활동을 활용해야 했다. 그러나 현장 안에 있는 학생들에게는 그것을 공동체의 모든 복잡한 정황 속에 직접 대입해 보게 할 수 있다. 현재 진행형의 삶을 다룰 때는 현장을 떠난 교육보다 현장에 접목된 교육이 더 효과적이다.

소그룹도 마찬가지일 수 있다. 전통 모델에서는 모든 참여자가 가정과 직장을 떠나 별도의 공간으로 이동한다. 그러나 우리가 창출하는 모델에서는 참여자들이 이를테면 직장 환경에 그대로 머물면서 (어쩌면 스마트폰을 통해) 서로 교류할 수 있다. 현장을 떠난 소그룹에서는 불가능한 학습이 현장에 접목된 소그룹에서는 가능해질 수 있다.

우리에게 스마트폰 세대에 대해 가르침을 줄 수 있는 또 다른 "인접 가능성"은 소위 "실천 공동체"다.[12] 존 실리 브라운은 제록스 파크 연구원 시절에 제록스사의 위임을 받아, 복사 기술자들이 어떻게 기술을 익히는지를 조사했다. 이 기술자들을 교육하는 데 들어가는 돈이 엄청난 규모라서 회사 경영진은 브라운 팀이 인공지능 프로그램을 개발하기를 원했다. 다시 말해서 그에게 "과정 혁신"을 맡긴 것이다.

브라운이 활용한 과정은 우리의 혁신 과정과 아주 비슷했다. 우선 브라운은 출장 수리 기술자들을 따라다녔다(경청했다). 그 결과 놀라운 사실을 알아냈다. 굳이 새로운 교육 프로그램을 개발할 필요가 없다는 것이었다. 기술자들은 커리큘럼이 아니라 이야기를 통해 배워야 했다. 문제가 풀리지 않으면 그들은 매뉴얼을 펼친 게 아니라 동료 기술자에게 구조 신호를 보내 도움을 받았다. 각자 겪었던 비슷한 상황을 이야기하며 함께 해법을 찾아냈다. 그뿐 아니라 그 지식을 모든 동료에게 퍼뜨렸다. 사무실에 복귀하면 다음 호출을 기다리는 동안 대개 둘러앉아 카드놀이를 하면서 그날의 경험담을 나누었던 것이다.

제록스사의 교육은 오히려 그들의 이야기에 제동을 걸었다. 회사는 기술자들이 전통 방식대로 매뉴얼을 들춰 보기를 원했다. 그러나 존 실리 브라운 팀은 정반대를 권고했다. 결국 그들은 기술자들에게 송수신 무전기를 지급하여(스마트폰이 나오기 전이었다) 언제라도 서로의 경험을 나눌 수 있게 했다.

실천 공동체란 수시로 이야기와 비공식 소통을 통해 실천을 배우는 그룹이다. 소그룹의 강조점을 공식 성경공부에서 이루어지는 학습에 둔다는 점에서, 교회는 제록스사와 아주 비슷하다. 그러나 우리가 브라운에게 배워야 할 게 있다. 가장 중요한 학습은 (직장 환경에 접목된) 사람이 다른 사람들의 경험담을 들을 때 이루어진다는 것이다. 제록스사는 직원을 공식 학습 공간(강의실)에 모아 놓고 표준 커리큘럼(매뉴얼)대로 가르치면 그들을 뛰어난 수리 기술자로 훈련할 수 있을 줄 알았다. 그러나 사실은 공동체에 접목된 이야기가 훨씬 더 중요했다. 교회의 목표가 사람들을 세상 속의 제자로 빚어내는 것일진대 우리가 인식해야 할 게 있다. 사람들을 세상에서 분리해 공식 공간(소그룹)으로 보내서 표준 커리큘럼(공부 교재)으로 가르치는 것이, 세상 속에서 충실하게 살아갈 그리스도인을 빚어내는 유일한(또는 최선의) 방법이 아닐 수도 있다는 것이다.

밀레니얼교회의 일부 리더와 대화하면서 우리는 스마트폰 세대를 위한 소그룹 경험을 개발해 보기로 했다. 온라인 교육과 "실천 공동체"의 통찰을 활용해 소명과 공동체를 혁신하기로 한 것이다. 그래서 스마트폰 소그룹 시제품을 개발했다. 굳이 한곳에서 모일 필요가 없는 그룹이었다.

그 리더들이 제안한 시제품은 세 부분으로 이루어졌다. 첫째로, 스마트폰 소그룹 참여자들의 개강 모임은 대면으로 한다. 대면 모임의 목적은 교재를 소개하기 위한 것이기도 하지만 더 중요하게는 관계의 물꼬를 트기 위해서다. 일단 대면으로 만난 후에야 온라인에서 서로 더 마음을 열 수 있다는 통찰에 근거한 것이다.

두 번째 부분은 내용과 반응이다. 참여자들은 평일에 매일 앱을 이용해서 스마트폰으로 내용을 받는다. 그 내용에는 소명에 대한 학습 내용, 주일 아침의 찬양 가사를 활용한 묵상, 그 주 설교의(또는 그와 관련된) 적용이 포함될 수 있다. 참여자들은 매일 15분 동안 자료를 공부하고 그 주제에 대한 여러 질문에 대한 답을 작성해야 한다. 내용의 초점은 자신에게 맡겨진 사람들을 돌보는 데 있다.

이 소그룹의 세 번째 요소는 대면 기도와 묵상 나눔이다. 각 참여자는 매주 최소한 다른 참여자 한 명과 만나는데, 만나는 횟수는 대면 1회 또는 영상 통화 2회다. 그룹 리더들은 특히 근무지가 서로 가까운 사람들끼리 대면 만남을 갖도록 권장한다.

이 시제품은 전통 소그룹에서 다루지 않는 많은 문제를 다룬다. 그러나 이 시제품이 아직 부합하지 못하는 기준이 하나 있다. 실천 공동체가 이루어지려면 공동체 사람들이 서로를 필요로 해야 한다. 제록스사의 경우 기술자들은 문제가 풀리지 않을 때 동료 기술자에게 구조 신호를 보내 도움을 받았다. 마찬가지로 이 그룹의 리더들도 누군가 직장에서 힘든 일이 있을 때 다른 멤버에게 구조 신호를 보낼 수 있기를 바랐다.

이 실험의 결과는 어땠을까? 첫 단계는 좋았으나 여러 차원에서 실패했다. 첫 단계가 좋았다 함은 정말 참여자들의 직장 속으로 침투하는 내용을 개발했기 때문이다. 그러나 일부 다른 목표는 이루지 못했다. 참여자들은 기도하러 따로 만나지 않았고, 아무도 구조 신호를 보내지 않았다. 사실은 리더들 쪽의 실패가 가장 컸을 것이다. 실험을 이끌던 부부는 집안 사정으로 중간에 그만두었고, 대타로 투입된 리더는 헌신이 부족한 데다 포용적 환경, 즉 모임을 피하고 싶은 사람들을 불편하게 하면서도 시제품에 대해 불안해하는 사람들을 안전하게 해 줄 환경을 조성하려는 의욕이 없었다.

이것은 성공일까, 실패일까? 그다음을 어떻게 하느냐에 달려 있다. 대다수 교회는 의도했던 목표가 첫 시도 때 다 이루어지지 않으면 대개 실패한 실험으로 간주한다. 이 교회도 그렇게 한다면 아마 스마트폰 세대를 위한 소그룹 혁신이 불가능하다고 결론짓고 포기할 것이다. 그러나 새로운 리더들을 발굴하고 훈련하고 다시 실험한다면 결국 그들은 스마트폰 세대의 실생활을 중심으로 소그룹을 혁신할 수 있을 것이다.

성경 사사기에 보면 이스라엘 백성의 삶은 괴로운 악순환의 연속이다. 그 책의 많은 이야기가 이런 패턴으로 진행된다. 백성이 하나님께 반항하여 나쁜 일이 벌어지면 그분께 부르짖고, 하나님이 들으시고 사사를 세우셔서 사사가 상황을 해결하면 백성은 (한동안) 감사하다 다시 반항한다. 그렇게 악순환이 되풀이된다. 책 후반부에서 저자는 하나님께 반항하는 백성을 이런 말로 묘사한다. "그때에는 이스라엘에 왕이 없었으므로 사람마다 자기 소견에 옳은 대로 행하였더라"(삿 17:6; 21:25). 악순환에서 헤어나지 못하는 백성의 실상을 부각하고자 아예 그 말로 책이 끝난다. 이야기가 말줄임표로 끝나 악순환의 지속을 알리는 것이나 같다.

밀레니얼교회도 수많은 교회처럼 악순환에 빠져 있다. 뭔가 일이 벌어져 그들은 변화의 필요성을 깨닫는다. 열심히 수고해서 새로운 것을 개발한다. 실험해 본다. 실험은 절반의 성공에 그친다. 이제 교회는 사사기의 이스라엘 백성처럼 선택의 기로에 선다. 악순환을 지속할 수도 있고 깰 수도 있다. 밀레니얼교회가 다시 실험에 나선다면 악순환을 깰 수 있지만, 이전의 실패 때문에 실험을 겁낸다면 악순환이 지속된다.

지금의 교회는 더는 존재하지 않는 세상에 맞게 조정되어 있다. 재조정이 필요하다. 달라지기 원한다면 우리가 맡아 돌봐야 할 사람들의 갈망과 상실을 경청해야 한다. 기독교 실천을 혁신하여 그들의 갈망과 상실의 영적 의미를 해석해야 한다. 나아가 그것을 우리는 스마트폰 세대를 위한 공동의 희망 이야기로 바꿔 써야 한다.

1. 하나님이 당신에게 돌보라고 맡기신 사람들은 누구인가

당신과 당신 팀이 누구의 말을 경청할 것인지를 구체적으로 정하라.

2. 평가 기준을 명확히 정하라

당신 팀에서 몇 사람이 헌신하여 매주 몇 사람에게서 몇 개의 이야기를 경청할 것인지를 정하라. 당신은 이렇게 말할 수 있다. "우리 다섯 명이 각자 4주 동안 매주 2회씩 경청을 실천한다. 경청이 끝나면 각자 적어도 하나의 갈망 이야기와 두 개의 상실 이야기를 기록한다." 그렇게 하면 한 달 만에 40명에게서 120개 이야기(갈망 40개, 상실 80개)가 축적된다.

3. 감독 체계를 구축하라

봉사자 중 하나를 지명하여 당신 팀의 감독을 부탁할 수 있다(그 사람을 헬렌이라 하자). 당신은 이렇게 말할 수 있다. "매주 우리는 헬렌과 함께 모일 겁니다. 헬렌은 나가서 경청을 실천하지 않아도 되고 다음 세 가지만 합니다. 1) 우리를 반드시 모이게 합니다. 2) 모임에서 우리 각자에게 몇 사람을 만나 몇 개의 이야기를 모았는지 묻습니다. 3) 우리에게 다음 주에 누구를 만날 계획인지 묻습니다." 그룹을 도울 때 나는 그들에게 권하여 자애롭되 엄격한 어머니를 영입하게 한다. 그녀의 자녀가 장성하여 집을 떠난 경우라면 더 좋다. 당신이 실망시키고 싶지 않은 사람을 고르라. 당신이 아무리 바쁘다고 말해도 변명을 받아 주지 않고 기어이 그 일을 완수하게 할 사람이라야 한다.

4. 이야기를 수집하라

매주 모일 때마다 각자 수집해 온 이야기를 읽으라. 몇 주가 지나면 시간을 내서 이야기를 주제별로 분류하라. 두드러지게 나타나는 갈망은 무엇인가? 반복해서 등장하는 상실은 무엇인가? 당신에게 맡겨진 사람들의 경험과 일치해 보이는 전형적 이야기가 있는가? 이야기를 들을 때 당신의 감정이 어땠는지 자문해 보라. 듣고 나서 당신이 어떻게 변화되고 있는지 자문해 보라. 자신이 변화되는 게 경청의 목적임을 잊지 말라. 그래야 사람들의 갈망과 상실에 맞게 재조정할 수 있다.

5. 큰 거짓말을 찾아내라

목표는 큰 거짓말을 한 문장으로 기술하는 것이다. 큰 거짓말이란 사람들이 되뇌는 이야기이며, 이것에 막혀 그들은 희망과 치유의 복음을 듣지 못한다. 우선 접착식 메모지에 당신이 들은 큰 거짓말을 기억나는 대로 최대한 많이 적으라. 당신 팀이 그것을 함께 분류하라. 점점 범위를 좁히고 가지를 쳐 내면 마침내 하나의 큰 거짓말이 나온다.

감사의 말

책을 쓰는 과정에서 가장 즐거운 부분은 모든 고마운 사람에게 공공 연히 감사를 표할 때가 아닐까 싶다. 우선 풀러신학대학원과 그곳 사람들에게 감사한다. 이 학교는 오랜 세월 내게 집과도 같은 곳이며, 사실 내가 그곳에 임용되기도 전부터 여태까지 쭉 내 지성과 학문의 터전이었다. 평소에 즐겨 말하듯이 나는 신학적으로는 보수인데 사회적으로는 진보며, 신학적으로 보수라서 사회적으로 진보다. 그것을 배운 곳도 풀러다. 이 학교는 내게 주위의 과부와 고아와 외국인을 대변하는 선지서를 읽는 법, 애통을 경청하는 법, 죄인과 소외 계층을 긍휼의 눈으로 보는 법을 가르쳤다. 하나님이 당신에게 돌보라고 맡기신 사람들의 말을 경청해야 한다는 이 책의 강조점은 내가 풀러신학대학원의 돌봄과 지도를 받을 때부터 품기 시작했다. 참으로 고마운 일이다. 구체적으로 마크 래버튼 총장과 동료 교수들 (특히 토드 존슨과 마크 라우 브랜슨과 사역학부 전원)에게 감사한다. 메리와 데일 앤드링가 부부에게도 각별한 감사를 전한다. 그들은 자신들의 아낌없는 후원이 이 프로젝트에 얼마나 크게 기여했는지 아마 모를 것이다.

나를 복음의 동역자로 삼아 준 풀러청소년연구소(FYI)의 캐라 파월, 브래드 그리핀, 스티브 아규, 제이크 멀더, 케일럽 루스, 잭 엘리스에게도 고마움을 표한다. 7장에서 다룬 "브레인트러스트"의 솔직함과 헌신과 용기와 창의력을 FYI 리더십 팀(캐라와 브래드와 제이크와 스티브)의 팀워크에서 직접 경험할 수 있어 특히 감사하다. 그들과는 물론이고 총 4년에 걸쳐 혁신 컨퍼런스에 참여한 100여 교회와 함께 일한 것도 내게는 특권이었다. 풀러 산하 맥스 디 프리 리더십 센터의 마크 로버츠, 미켈라 오도널-롱, 토드 볼싱어에게도 감사한다.

취지를 정확히 알고 혁신에 아낌없이 헌신해 준 릴리재단에 빚졌다. 병행된 세 가지 프로젝트(청소년 사역 혁신, 청년 사역 혁신, 직업 혁신)는 이 책을 검증하는 주요 현장이었다. 그렇게 현장에서 교회들과 교류하지 않았다면 책의 개념이 상당히 부실해졌을 것이다. 특히 풀러의 혁신 사역 프로젝트를 관장하는 모체 프로그램("부름받은 삶의 의미와 목적")의 책임자 캐슬린 커헤일런과 리더십 팀에게 감사한다. 그들의 지원 덕분에 이 작업의 초안을 리젠트칼리지와 버지니아신학대학원에서 발표할 수 있었다. 엄청난 수고로 그 프로젝트를 주도해 준 티샤 해드라와 제시 듀스버그에게 감사한다.

이 책의 원고 버전을 혁신에 관한 필수 세미나 과목(capstone seminar)에서 주교재로 삼기로 한 하버드대학교 신학부의 더들리 로즈와 로라 투아크에게도 큰 감사를 전한다.

지금까지 20년 가까이 내 학문의 주요 대화 상대가 되어 준 종교리더십학회와 *Journal of Religious Leadership*(종교 리더십 저널)에 감사한다. 이 작업의 첫 제안서에 보여 준 피드백에 특히 감사한다.

전체 원고를 읽어 준 학자들과 친구들에게도 감사한다. 그들의 피드백에 기초하여 내용을 전면 수정했다. 감사를 받아야 할 그들은 드와이트 샤일리, 테리 엘튼, 에밀리 클릭, 스티브 아규, 캐라 파월, 브래드 그리핀, 제이크 멀더, 그레그 존스, 캐슬린 커헤일런, 낸시 고잉, 론다 맥큐언, 제시 듀스버그, 스티브 데이비스, 지니 코모드 등이다.

내가 다니는 교회(라번하이츠장로교회)와 특히 우리 제자도 그룹(조니와 타냐 에블렛 부부, 폴과 스테파니 볼즈 부부, 브라이언과 헤더 마하피 부부)에게 감사한다.

여러 해 동안 특히 너그럽게 나와 동행해 준 두 친구도 마땅히 특별한 감사를 받아야 한다. 하버드의 에밀리 클릭과 클레어몬트 맥케나 칼리지의 스티브 데이비스다.

이 책의 헌정 대상인 나의 가족, 부모님과 두 딸과 아내에게 감사한다. 특히 아내 지니는 하나님이 내게 주신 큰 선물이다. 가족들이 없었다면 집필이 아예 불가능했거나 그만한 가치가 없었을 것이다.

머리말

1. 서로 무관한 분야의 방안들을 융합한다는 개념은 우리가 살펴보려는 종류의 혁신에서 특히 중요하다. 2장 끝부분의 "기독교적 혁신에는 의미 혁신이 수반된다" 단락의 논의를 참조하라.

2. 제록스 파크 연구소의 앨런 케이가 한 말이다. 그가 언급한 프로젝트의 비전이 나중에 세계 최초의 퍼스널 컴퓨터가 되었다. Michael Hiltzik, *Dealers of Lightning: Xerox PARC and the Dawn of the Computer Age* (New York: HarperBusiness, 1999), 122. (마이클 A. 힐트직, 《저주받은 혁신의 아이콘: 제록스 팔로알토 연구소》, 지식함지 역간)

3. 그런 내용은 학술지 기사로 더 적합하다. 다음 기사를 참조하라. Scott Cormode, "Innovation That Honors Tradition: The Meaning of Christian Innovation", *Journal of Religious Leadership* 14, no. 2 (2015년): 81-102, https://arl-jrl.org/wp-content/uploads/2019/01/Cormode-Innovation-that-Honors-Tradition.pdf.

1부

1. 빠르게 변하는 세상, 제자리걸음인 교회

1. 에리카는 〈청소년 사역 혁신〉, 〈청년 사역 혁신〉, 〈직업 혁신〉 등 풀러에서 병행되는 세 가지 혁신 중 하나에서 보조금을 받고 그곳에 왔다. 캘리포니아주 패서디나의 풀러 캠퍼스에서 열린 컨퍼런스에 참석한 교회는, 지금까지 세 가지 프로젝트를 모두 합하면, 100곳이 넘는다. 프로젝트마다 절차는 비슷했다. 참석자들은 패서디나에 오기 전에 5주간 온라인 교육을 받았고(경청 과정도 거쳤다), 풀러에서 사흘간 컨퍼런스에 참석했고(시제품 개발까지 마쳤다), 10주간 각자의 교회에서 그대로 실험했다(풀러의 코치가 지도했다). 전체 프로젝트를 풀러청년연구소(특히 케일럽 루스와 스티브 아규)가 맡아 진행했다.

2. Dwight Zscheile, *The Agile Church: Spirit-Led Innovation in an Uncertain Age* (New York: Morehouse Publishing, 2014), x.

3. 이 현상이 다음 책에 기술되어 있다. Thomas Friedman, *Thank You for Being Late: An Optimist's Guide to Thriving in the Age of Accelerations* (New York: Farrar, Straus, & Giroux, 2016). (토머스 프리드먼, 《늦어서 고마워》, 21세기북스 역간)

4. Peter Vaill, *Learning as a Way of Being: Strategies for Survival in a World of Permanent White Water* (San Francisco: Jossey-Bass, 1996).

5. Robert Dabney, "Review of Dr. Girardeau's *Instrumental Music in Public Worship*", *Presbyterian Quarterly* (1889년 7월), https://www.naphtali.com/articles/worship/dabney-review-of-girardeau-instrumental-music/.

6. L. Gregory Jones, "Traditioned Leadership", *Faith & Leadership*, 2009년 1월 19일, http://www.faithandleadership.com/content/traditioned-innovation.

7. "역사적 교회"의 의미 자체에 이견이 있음을 안다. 하지만 역사적 신앙으로부터 다른 사람들을 배제하려는 이들도, 대대로 전수된 신앙과 이어져 있는 자기네 고유의 연결 고리만은 고수하려 한다.

8. 또 다른 치명적 유혹은 혁신이 하나님 소관이 아니라 우리 소관이라고 착각하는 것이다. 차차 보겠지만 혁신은 성령께서 하시는 일이다. 우리가 할 일은 세상을 자신과 화목하게 하시는 하나님께 협력하는 책임을 다하되 인간의 활동이 결정적 요소인 양 행세하지 않는, 그런 혁신 과정을 창출하는 것이다. 우리 몫을 다한 뒤 나머지는 하나님께 넘겨 드리면 된다.

9. 체념과 믿음의 구분은 1843년에 초간된 쇠렌 키르케고르의 책 《두려움과 떨림》(지식을만드는지식 역간)으로 거슬러 올라간다. 그래서 기도할 때마다 나도 해당 사안을 두렵고 떨림으로 하나님께 넘겨 드린다고 자주 고백한다.

10. 드러커가 이 질문들에 대해 여러 번 쓰긴 했지만 전체를 가장 쉽게 접할 수 있는 곳은 재간행된 다음 저서다. Peter Drucker, *The Five Most Important Questions You Will Ever Ask about Your Organization* (San Francisco: Jossey-Bass, 2008). (피터 드러커, 《최고의 질문》, 다산북스 역간). 그의 질문들은 기업의 구심점을 공동 목표에 묶어 두는 도구로 자리매김했다. 모든 기업의 두 구성원에게 이 질문들을 던졌을 때 비슷한 대답이 나와야 한다. 이 질문들은 워낙 유명해서 학술 논문에만 아니라 잡지 기사와 블로그 게시물과 애니메이션 동영상에도 등장한다. 다섯 가지 질문은 다음과 같다.

    1) 당신 기업의 사명은 무엇인가?

    2) 당신의 고객은 누구인가?

    3) 고객이 가치 있게 여기는 것은 무엇인가?

    4) 고객은 어떤 결과를 기준으로 당신의 성과를 측정할 것인가?

    5) 고객 가치를 실현하기 위한 당신의 계획은 무엇인가?

11. 사도의 사신 역할을 교회가 이어받았다. 따라서 바울이 자기 일행에 대해 한 말("우리가 … 사신이 되어")은 세상에 보냄받아 화목하게 하시는 하나님의 일에 동참하는 우리 그리스도인에게도

적용된다.

12. 바울이 쓴 "사신"의 그리스어 원어는 군주를 대변하도록 파송된 사절을 가리킨다. 이 단어를 통해 바울은 자신을 보내신 하나님의 대언자로서 자신에게 권위가 있음을 강조하면서도, 또한 화목을 부각해서 그 주장을 누그러뜨린다. 이렇듯 그는 하나님과 고린도 교인들 사이의 화해 사절로서, 그들에게 하나님이 자비와 은혜로 베푸시는 화해를 받아들일 것을 당부한다. 다음 책을 참조하라. Paul Barnett, *The Second Epistle to the Corinthians, New International Commentary of the New Testament* (Grand Rapids: Eerdmans, 1997), 307-9. (폴 바넷, 《NICNT 고린도후서》, 부흥과개혁사 역간)

13. 바울의 사명 목표인 "화목하게 함"에 대해서는 다음 책을 참조하라. Murray J. Harris, *The Second Epistle to the Corinthians, New International Greek Testament Commentary* (Grand Rapids: Eerdmans, 2005), 445, 446.

14. 자세한 내용은 다음 기사를 참조하라. Scott Cormode, "Leadership Begins with Listening", Fuller Seminary De Pree Leadership Center, 2018년 7월 17일, https://depree.org/leadership-begins-with-listening.

15. Robert Wuthnow, *The Crisis in the Churches* (New York: Oxford University Press, 1997).

16. 우리가 강조하는 갈망과 상실이 안타깝게도 잘못 해석될 수 있다. 차차 보겠지만 혁신의 초점은 예수 그리스도의 죽음과 부활을 통해 하나님이 하시는 일에 있어야 한다. 그런데도 우리가 갈망과 상실에서 출발하는 이유는 인간 조건을 중시하기 때문이다. 하나님도 인간 조건에 예수님의 죽음과 부활로 답하셨다. 따라서 우리가 탐색하는 갈망과 상실은 늘 십자가로 귀결되어야 한다. 현대 문화는 모든 인간이 경험하는 끔찍한 상실을 제대로 이해하지 않고 성취와 진정성으로 그것을 대체한다. 이에 대한 아주 유익한 논의는 다음 책을 참조하라. Andrew Root, *Faith Formation in a Secular Age* (Grand Rapids: Baker Academic, 2017), 116-51.

17. 3장에서 보겠지만 테레사 와이즈먼의 연구를 인용한 브레네 브라운에게서 공감에 대한 최고의 논의를 볼 수 있다. 가장 쉽게 접할 수 있는 자료는 짤막하면서도 탁월한 브라운의 이 동영상이다. "Brené Brown on Empathy", 2013년 12월 10일, https://www.youtube.com/watch?v=1Evwgu369Jw.

18. 이 인용문을 비롯한 이번 장의 모든 관련 정보는 에리카를 인터뷰한 결과이며, 두 차례의 인터뷰는 2018년 8월 13일과 2018년 11월 14일에 진행되었다.

19. 이 개념에 대한 더 자세한 설명은 다음 책을 참조하라. Scott Cormode, *Making Spiritual Sense* (Nashville: Abingdon, 2006).

20. 정확한 표현은 이렇다. "너희 중에 죄 없는 자가 먼저 돌로 치라"(요 8:7).

21. 이야기를 통해 변화된다는 표현 때문에 하나님의 역할이 축소돼서는 안 된다. 더 정확히 말하자면 하나님이 사람을 변화시키시는데, 이때 종종 그들 앞에 제시되는 이야기가 반응을 이끌어 낸다.

22. 이런 이야기가 교회를 규정하는 방식에 대해서는 다음 책을 참조하라. George Lindbeck, "The

Story-Shaped Church", 출전: *Scriptural Authority and Narrative Interpretation*, G. Green & H. Frei 편집 (Philadelphia: Fortress, 1987).

23. Ella Saltmarshe, "Using Story to Change Systems", *Stanford Social Innovation Review*, 2018년 2월 20일, https://ssir.org/articles/entry/using_story_to_change_systems.

24. 같은 기사에서 솔트마쉬는 "인간은 늘 이야기를 통해 혼돈의 세상을 이해해 왔다"라고 지적했다.

25. Saltmarshe, "Using Story." 스타인벡의 인용문은 *Paris Review* 인터뷰 기사에 실려 있다.

26. "이야기가 의식으로 발전한" 것이라는 개념에 대해서는 다음 책을 참조하라. James K. A. Smith, *Imagining the Kingdom: How Worship Works* (Grand Rapids: Baker Academic, 2013), 108-19. (제임스 스미스, 《하나님 나라를 상상하라》, IVP 역간)

27. Christine Pohl, *Making Room: Recovering Hospitality as a Christian Tradition* (Grand Rapids: Eerdmans, 1999). (크리스틴 폴, 《손 대접》, 복있는사람 역간)

28. 비전에 대한 최고의 연구는 다음 기사다. James Collins & Jerry Porras, "Building Your Company's Vision", *Harvard Business Review*, 1996년 9-10월, http://www.fusbp.com/pdf/Building%20Companys%20Vision.pdf.

29. 킹의 신학 교육과 특히 비폭력 추구의 결단에 대해서는 다음 책을 참조하라. Taylor Branch, *Parting the Waters: America in the King Years, 1954–63* (New York: Simon & Schuster, 1988), 69-104.

2. '복음으로 세상을 해석하는' 세계관을 말하다

1. 빌립이 사도행전 8장에서 만난 에티오피아 내시가 최초의 기독교 선교사라는 주장도 있다.

2. Ralph D. Winter, "The Highest Priority: Cross-Cultural Evangelism", 출전: *Let the Earth Hear His Voice: Official Reference Volume, Papers and Responses; International Congress on World Evangelization, Lausanne, Switzerland* (1974년), J. D. Douglas 편집 (Minneapolis: World Wide Publications, 1975), 213-25, https://www.lausanne.org/docs/lau1docs/0213.pdf.

3. Winter, "Highest Priority", 214.

4. "Influential Evangelicals", *Time*, 2005년 2월 7일, http://content.time.com/time/specials/packages/article/0,28804,1993235_1993243_1993320,00.html.

5. 내가 제시하는 기독교적 혁신의 정의는 혁신을 "공동체가 수용하는 새로운 실천"으로 보는 개념과 일치하면서도 그것을 더 구체화한 것이다. 나는 공동체의 실천과 사람을 양쪽 다 강조한다. 다음 책을 참조하라. Peter Denning & Robert Dunham, *The Innovator's Way* (Cambridge,

MA: MIT Press, 2010), xv.

6. Peter Senge, *The Fifth Discipline* (New York: Currency/Doubleday, 1990), 174-204, 특히 175. (피터 센게, 《학습하는 조직》, 에이지21 역간)

7. Ronald Heifetz & Martin Linsky, *Leadership on the Line* (Boston: Harvard Business Review Press, 2002), 11. (로널드 A. 하이페츠, 마티 린스키, 《실행의 리더십》, 위즈덤하우스 역간)

8. Taylor Branch, *Parting the Waters: America in the King Years, 1954–63* (New York: Simon & Schuster, 1989), 143-205.

9. 마틴 루터 킹 목사가 1955년 12월 5일에 한 연설 원고를 다음 웹사이트에서 볼 수 있다. https://kinginstitute.stanford.edu/king-papers/documents/mia-mass-meeting-holt-street-baptist-church.

10. Ann Swidler, *Talk of Love: How Culture Matters* (Chicago: University of Chicago Press, 2001), 34.

11. Swidler, *Talk of Love*, 188. 그녀는 또 "연역 논리는 문화 체계를 구성하는 핵심 요소가 아니다"라고 말했다(189).

12. Swidler, *Talk of Love*, 29, 30.

13. Tom Kelley & Jonathan Littman, *The Art of Innovation: Lessons in Creativity from IDEO, America's Leading Design Firm* (New York: Currency/Doubleday, 2001). (톰 켈리, 조너던 리트맨, 《유쾌한 이노베이션》, 세종서적 역간)

14. Tom Kelley & David Kelley, *Creative Confidence* (New York: Crown Business, 2013). (톰 켈리, 데이비드 켈리, 《유쾌한 크리에이티브》, 청림출판 역간). 다음 강연도 참조하라. David Kelley, "How to Build Your Creative Confidence", TED 강연 (2012년), https://www.ted.com/talks/david_kelley_how_to_build_your_creative_confidence (6:02 지점부터).

15. Lara Logan, "How Unconventional Thinking Transformed War-Torn Colombia", *60 Minutes*, 2016년 12월 11일, https://www.cbsnews.com/news/60-minutes-colombia-after-civil-war-lara-logan/.

16. Julian Birkinshaw, John Bessant, & Rick Delbridge, "Finding, Forming, and Performing: Creating Networks for Discontinuous Innovation", *California Management Review* 49, no. 3 (2007년): 67-84, 특히 68, http://facultyresearch.london.edu/docs/sim48.pdf. 온라인판은 페이지 번호가 책과 다르다.

17. 이차대전 이후로 미국 기독교를 휩쓴 거대한 구조적 변화는 다음 책에 가장 잘 요약되어 있다. Robert Wuthnow, *The Restructuring of American Religion* (Princeton: Princeton University Press, 1990).

18. L. Gregory Jones, "Traditioned Leadership", *Faith & Leadership*, 2009년 1월 19일, http://

www.faithandleadership.com/content/traditioned-innovation.

19. 문화 예배에 대해서는 다음 두 책을 참조하라. James K. A. Smith, *Desiring the Kingdom: Worship, Worldview, and Cultural Formation* (Grand Rapids: Baker Academic, 2009), 특히 25. (제임스 K. A. 스미스, 《하나님 나라를 욕망하라》, IVP 역간). Smith, *Imagining the Kingdom: How Worship Works* (Grand Rapids: Baker Academic, 2013), 14-21, 108-13. (제임스 K. A. 스미스, 《하나님 나라를 상상하라》, IVP 역간). 구현된 이야기로서의 예배에 대해서는 다음 책을 참조하라. Smith, *Imagining the Kingdom*, 109.

20. Smith, *Desiring the Kingdom*, 26.

21. 데이비드 와이스와 클로드 르그랑드는 과정으로서의 혁신과 결과로서의 혁신을 유익하게 구분하며, 공저한 책에서 혁신 과정을 강조한다. 반면 스콧 앤서니와 클라크 길버트와 마크 존슨 같은 이들은 혁신보다 변화를 더 중시한다. 전체 기관의 목적과 실행이 혁신 과정을 거치면 결국 그것이 변화를 낳는다. 다음 두 책을 참조하라. David Weiss & Claude Legrand, *Innovative Intelligence* (Hoboken, NJ: Wiley, 2011), 5. Scott Anthony, Clark Gilbert & Mark Johnson, *Dual Transformation* (Boston: Harvard Business Review Press, 2017), 10.

22. 내가 인용하는 문헌은 대부분 근년의 것이다. 학자들이 2005년 이전에 저술한 혁신을 개괄하려면 다음 책을 참조하라. Jan Fagerberg, "Innovation: A Guide to the Literature", 출전: *The Oxford Handbook of Innovation*, Jan Fagerberg, David Mowery & Richard Nelson 편집 (New York: Oxford University Press, 2005), 1-26.

23. 기독교에도 제품 혁신의 사례가 있긴 하다. 성경 번역은 제품의 창조다. 반면 성경을 다른 언어의 지방어로 처음 번역한 사람은 우리가 말하는 의미 창출의 혁신을 한 것이다. 다만 같은 언어의 역본이 하나 더 늘어난다고 해서 의미 창출의 방식이 크게 달라진 것은 아니다.

24. 다음 책을 참조하라. Jeffery Liker, *The Toyota Way* (Burlington, NC: McGraw-Hill Audio, 2004). (제프리 라이커, 《도요타 방식》, 가산출판사 역간). "린"(lean) 원리에 입각하여 개선을 지속한다는 도요타의 개념은 아주 중요해져서 현재 많은 사회 분야에 영향을 미치고 있다. 다음 책을 참조하라. John Black, *The Toyota Way to Healthcare Excellence* (Chicago: Health Administration Press, 2016).

25. 다음 기사를 참조하라. Gregory Dees, "The Meaning of Social Entrepreneurship." 1998년 스탠포드에서 처음 간행된 것을 2001년 듀크대학교에서 다듬어 발표했다. https://entrepreneurship.duke.edu/news-item/the-meaning-of-social-entrepreneurship/.

26. Roger Martin & Sally Osberg, *Getting Beyond Better: How Social Entrepreneurship Works* (Boston: Harvard University Press, 2015), 7-11. 다음 기사도 참조하라. Martin & Osberg, "Social Entrepreneurship: The Case for Definition," *Stanford Social Innovation Review*, 2007년 봄, https://ssir.org/articles/entry/social_entrepreneurship_the_case_for_definition. ("The Meaning of Social Entrepreneurship"에 제시된) 디즈의 정의와 (*Getting Beyond Better*에 제시된) 마틴과 오스버그의 정의가 중요하게 상충됨에도 불구하고 그리스도인 저자들이 그

둘을 호환해서 쓰는 예를 흔히 볼 수 있다. 사회 혁신가들이 굵직한 사회 문제를 논하는 방식의 여러 예는 다음 책을 참조하라. Richard Pascale, Jerry Sternin & Monique Sternin, *The Power of Positive Deviance: How Unlikely Innovators Solve the World's Toughest Problems* (Boston: Harvard Business Press, 2010). (리처드 파스칼, 제리 스터닌, 모니크 스터닌, 《긍정적 이탈》, 알에이치코리아 역간)

27. 기독교적 사회 개혁의 최고 사례들을 L. 그레고리 존스와 팀 샤피로의 책에서 볼 수 있다. 존스는 "사회 혁신"과 "사회 기업가정신"을 구분한다. "사회 혁신이 인류의 번영을 위해 기관을 신설하고 혁신하고 변화시킬 전략을 발견하고 개발하는 것"이라면 "사회 기업가정신은 사회 혁신 전체의 하위 개념으로서 새로운 시도의 착수에 집중한다." 다음 책을 참조하라. L. Gregory Jones, *Christian Social Innovation* (Nashville: Abingdon, 2016), 3-7. 다음 두 자료도 참조하라. "Traditioned Innovation" 블로그 기사 모음, https://www.faithandleadership.com/category/principles-practice-topics/traditioned-innovation. Tim Shapiro & Kara Faris, *Divergent Church: The Bright Promise of Alternative Faith Communities* (Nashville: Abingdon, 2017).

28. 슘페터에 대해서는 다음 책을 참조하라. Thomas McCraw, *Prophet of Innovation: Joseph Schumpeter and Creative Destruction* (Cambridge, MA: Harvard University Press, 2007). (토머스 매크로, 《혁신의 예언자》, 글항아리 역간)

29. "파괴적 혁신"에 대해서는 클레이튼 크리스텐슨의 다음 책부터 참조하라. Clayton Christensen, *The Innovator's Dilemma: When New Technologies Cause Great Firms to Fail* (Boston: Harvard Business Review Press, 1997). (《혁신 기업의 딜레마》, 세종서적 역간). 특히 고등교육에 대한 그의 관점이 그리스도인에게 유익하다. Christensen, *The Innovative University* (San Francisco: Jossey-Bass, 2011). 혁신을 위한 리더십에 대해서는 다음 공저를 참조하라. Jeff Dyer, Hal Gregersen & Clayton Christensen, *The Innovator's DNA: Mastering the Five Skills of Disruptive Innovators* (Boston: Harvard Business Review Press, 2011). (제프 다이어, 《이노베이터 DNA》, 세종서적 역간)

30. "비연속적 혁신"이란 용어의 대표 주자는 런던경영대학원의 줄리언 버킨쇼다. 그는 그것이 무엇인지 기술하면서 "산업 구조", "새로운 고객 욕구", "인지 장벽", "내부 메커니즘" 등 네 종류의 관련 연구를 열거했다. Birkinshaw, Bessant & Delbridge, "Finding, Forming", 69. 비제이 고빈다라잔과 크리스 트림블이 구축한 혁신 전략도 비슷한데, 그들은 "가치 사슬 모형, 고객 가치의 개념화, 잠재 고객 파악 등 적어도 세 가지 방식으로 과거의 관행과 결별한다." Vijay Govindarajan & Chris Trimble, "Strategic Innovation and the Science of Learning", *MIT Sloan Management Review* 45, no. 2 (2004년 겨울): 67-75, https://sloanreview.mit.edu/article/strategic-innovation-and-the-science-of-learning. 다음 기사도 참조하라. Morten T. Hansen & Julian Birkinshaw, "The Innovation Value Chain", *Harvard Business Review*, 2007년 6월, 2-10, https://hbr.org/2007/06/the-innovation-value-chain.

31. 슘페터의 창조적 파괴 개념에 동조하는 사람들 사이에도 혁신에 대한 입장은 다양하다. 예컨 대 모한비르 소니와 로버트 C. 월코트와 이니고 아로니스는 혁신의 12가지 다른 "차원"을 열거 했는데, 이 모두의 공통 기반은 "혁신의 관건은 새로운 제품이 아니라 새로운 가치다"라는 개 념이다. Mohanbir Sawhney, Robert C Wolcott & Inigo Arroniz, "The 12 Different Ways for Companies to Innovate", *MIT Sloan Management Review* 47, no 3 (2006년 봄): 75-81, https://sloanreview.mit.edu/article/the-different-ways-for-companies-to-innovate/. 그들의 강조점은 드러커의 세 번째 질문인 "고객이 가치 있게 여기는 것은 무엇인가?"에서 기인했다. 이 학자들 외에도 유명한 실무가들이 담론을 형성해 왔다. 드러커는 혁신을 "기업이 목적을 두 고 경제적 또는 사회적 잠재력에 변화를 이루려는 집중된 노력"이라 기술했다. Peter Drucker, "The Discipline of Innovation", *Harvard Business Review*, 2002년 8월, 6. 다음 책에서 발췌 된 내용이다. Peter Drucker, *Innovation and Entrepreneurship: Practice and Principles* (New York: Harper & Row, 1985). (피터 드러커, 《기업가정신》, 한국경제신문사 역간)

구글 경영진에 따르면 "혁신이란 새롭고 유용한 개념의 산출과 수행을 공히 포괄한다. … 무 엇이든 새롭고 신기하고 철저히 유용해야 혁신적이라 할 수 있다." Eric Schmidt & Jonathan Rosenberg, *How Google Works* (New York: Grand Central Publishing, 2014), 206. (에릭 슈 미트, 조너선 로젠버그, 《구글은 어떻게 일하는가》, 김영사 역간)

32. 혁신에 대한 일반 저자들의 관점이 다양하긴 하지만 공통점도 있다. 혁신이 결국 조직 문 화의 변화를 요한다는 것이다. 예컨대 다음 책을 참조하라. Frances Horibe, *Creating the Innovation Culture* (New York: Wiley & Sons, 2001).

33. Paul DiMaggio, "Cultural Entrepreneurship in Nineteenth-Century Boston", *Media, Culture, and Society* 4 (1982): 33-50.

34. Andrew Hargadon, *How Breakthroughs Happen: The Surprising Truth about How Companies Innovate* (Boston: Harvard Business School Press, 2003), xii.

35. Hargadon, *How Breakthroughs Happen*, 31-54. 이 과정은 폴 디마지오가 말한 "문화 기업가 정신"과 비슷하다. 디마지오의 개념이 사회학계에서 더 널리 쓰인다. 하거돈이 구체적으로 혁신 의 목표를 논했기 때문에 이 책에서는 그의 용어를 쓰겠지만, 둘의 개념은 잘 조화된다. 사실 하 거돈은 디마지오의 원작에 공공연히 의지한 학자들에게서 문화적 도구의 개발을 배웠다. 그래 서 하거돈이 발견한 문화적 과정들은 디마지오가 처음 설명한 것과 당연히 비슷하다. 특히 다음 기사를 참조하라. DiMaggio, "Cultural Entrepreneurship in Nineteenth-Century Boston." 문 화가 인간의 정보 처리 방식에 어떤 영향을 미치는가라는 더 큰 질문을 다룬 이 영향력 있는 기 사도 참조하라. DiMaggio, "Culture and Cognition", *Annual Review of Sociology* 23 (1997년 8월): 263-87.

36. 도구의 개발을 논할 때 나는 여러 은유를 혼합해서 쓴다. 망치 같은 도구를 만드는 과정은 장비 개발과 비슷하지만, 문화적 도구를 개발하는 과정은 묘목 재배와 비슷하기 때문이다.

37. Hargadon, *How Breakthroughs Happen*, xii.

38. 지면상 이 주제를 더 논할 수는 없지만 혁신에는 개인의 혁신과 기관의 혁신이 둘 다 필요하며, 이는 전통을 중시하는 혁신에서도 마찬가지다.

39. 신제도주의 학자들이 말하는 "제도적 동형화"의 관점에서 보면, 블로그는 내 사고에 모방적 동형화를 통해 영향을 미치지만 내 상사는 규범적 동형화나 심지어 때로는 강제적 동형화를 통해 영향을 미칠 소지가 높다. 이 구분은 중요하다. 규범적 수단과 강제적 수단으로 영향을 미칠 수 있는 주제는 한정되어 있기 때문이다. 신제도주의 조직 이론은 우리의 관심사인 문화적 혁신과 밀접하게 얽혀 있다. 선구적 작가가 양쪽 분야 모두 폴 디마지오이기 때문이다. "문화 기업가정신"에 대한 그의 저작은 문화적 도구에 대한 스위들러의 저작에 선행하여 후자에 큰 영향을 미쳤다.

다음 기사를 참조하라. DiMaggio, "Cultural Entrepreneurship in Nineteenth-Century Boston." 제도적 동형화에 대해서는 다음 여러 책을 참조하라. Paul DiMaggio & Walter Powell, "The Iron Cage Revisited: Institutional Isomorphism and Collective Rationality", 출전: *The New Institutionalism in Organizational Analysis*, W. Powell & P. DiMaggio 편집 (Chicago: University of Chicago Press, 1991), 63-82. Roger Friedland & Robert R. Alford, "Bringing Society Back In: Symbols, Practices, and Institutional Contradictions", 출전: Powell & DiMaggio, *New Institutionalism*, 232-63. Harry Stout & Scott Cormode, "Institutions and the Story of American Religion: A Sketch of a Synthesis", 출전: *Sacred Companies*, N. J. Demerath 외 편집 (New York: Oxford University Press, 1998), 62-78. Scott Cormode, *Making Spiritual Sense* (Nashville: Abingdon, 2006), 109 주 15.

40. Ann Swidler, "Culture in Action: Symbols and Strategies", *American Sociological Review* 51 (1986년 4월): 273-86, 특히 273.

41. 이렇게 융합하는 중요한 방법 중 하나는 스티븐 존슨이 말한 "인접 가능성"을 탐색하는 것이다. 이 개념을 그는 "가능한 유동적 네트워크"를 탐색하라는 허버트 사이먼의 권고에서 착안했다. Steven Johnson, *Where Good Ideas Come From* (New York: Riverhead Books, 2011), 153-55. (스티븐 존슨, 《탁월한 아이디어는 어디서 오는가》, 한국경제신문사 역간)

42. 문화에 대한 문헌은 상반되는 비유로 온통 혼합되어 있다. 나도 여러 비유를 혼합해서 쓸 것이다. 책들에 그렇게 되어 있을 뿐 아니라 그래야 전체 개념을 이해하기가 더 쉽기 때문이다. 실제로 스위들러는 "문화적 도구 키트" 개념을 소개하는 기사의 초록 첫 문장에서 "습관과 기술과 스타일의 이 레퍼토리 또는 '도구 키트'를 가지고 사람들이 '행동 전략'을 짠다"라고도 표현했다. Swidler, "Culture in Action." Swidler, *Talk of Love*. 앤 스위들러는 아주 영향력 있는 다음 책을 공저했다. Ann Swidler, Robert Bellah, Richard Madsen, William Sullivan & Steven Tipton, *Habits of the Heart* (Berkeley: University of California Press, 1985). 이 책은 문화가 어떻게 인간의 가장 기본적인 경험을 형성할 수 있는가를 논하는 토대를 놓았다. 이 책이 특히 중요한 이유는 "인간 조건"(서구 전통에서 흔히 쓰는 표현)과 관련된 질문들에 사회과학적으로 접근하기 때문이다.

43. Swidler, "Culture in Action," 273.

44. Peter Drucker, *Managing in a Time of Great Change* (Boston: Harvard Business Review Press, 2009), 201. (피터 드러커, 《대변화 시대의 경영》, 청림출판 역간). 다음 기사를 참조하라. Drucker Institute, "The Virtues of Cross-Pollination," 2011년 8월 26일, https://www.drucker.institute/thedx/the-virtues-of-cross-pollination/.

45. 이 말과 이후의 관련 인용문은 모두 다음 책에서 인용했다. Senge, *Fifth Discipline*, 175-76.

46. Robert Wuthnow, *The Crisis in the Churches* (New York: Oxford University Press, 1997), 6-7

3. 사람들의 갈망과 상실에 공감하며 경청하다

1. 여러 사람과 여러 교회의 특징을 합쳤다.

2. Scott Cormode, *Making Spiritual Sense* (Nashville: Abingdon, 2006).

3. Ann Streaty Wimberly, "Called to Listen: The Imperative Vocation of Listening in Twenty-First Century Communities", *International Review of Mission* 87, no. 346 (1998년 7월): 331-41, 특히 332.

4. Barbara Kellerman, *Followership* (Boston: Harvard Business School Press, 2008).

5. "틈새 교회"와 "교구 교회"를 구분한 낸시 태텀 애머먼의 말과 비교해 보라. Nancy Tatom Ammerman, *Congregation and Community* (New Brunswick, NJ: Rutgers University Press, 1997), 34-36, 384 주58.

6. 딸아이가 좋아하는 과학도 마찬가지다. 딸은 오하이오주립대학에서 물리학의 "응집 물질" 분야로 박사과정을 밟고 있다. 내가 모르는 분야다. 딸의 공부에 대해 질문하고 대화할 만큼은 알아야겠기에 나는 딸이 대학원에 입학하던 해에 화요일 밤마다 유튜브 동영상을 보곤 했다. 애석하게도 전자스핀과 중첩에 대한 동영상을 보면 볼수록 오히려 더 이해가 안 갔다. 하지만 내 목표는 물리학을 이해하는 게 아니라 딸을 이해하는 것이었다(딸도 자신이 이해받는다는 것을 알도록 말이다).

7. 구글은 혁신 작업을 핵심 사명에 집중한다. 그러나 리더들은 엔지니어들이 언뜻 보기에 핵심에 속하지 않는 듯한 아이디어도 추진할 것을 지시한다. 사명 중심을 확실히 유지하는 구글의 메커니즘이 있다. "20퍼센트 타임제"에 따르면 "엔지니어들은 시간의 20퍼센트를 무엇이든 자신이 원하는 일에 쓸 수 있다. (그런데 이 정책은) 대체로 오해를 받았다. 여기서 중요한 것은 시간이 아니라 자유다." 이는 "시키는 일이 아니라 본인이 원하는 일을 할 때 느끼는 자유"를 의미한다. Eric Schmidt & Jonathan Rosenberg, *How Google Works* (New York: Grand Central

Publishing, 2014), 226, 226 주 182.

8. 구글 리더들은 "제품 전략에 관한 한 우리의 가장 중요한 지침은 사용자에게 집중하는 것이다"라고 말한다. Schmidt & Rosenberg, *How Google Works*, 213.

9. L. Gregory Jones, "Traditioned Leadership", *Faith & Leadership*, 2009년 1월 19일, http://www.faithandleadership.com/content/traditioned-innovation.

10. 선한 사마리아인 이야기의 폭넓은 호소력과 보편적 적용에 대해서는 다음 책을 참조하라. Robert Wuthnow, "Along the Road", 출전: *Acts of Compassion* (Princeton: Princeton University Press, 1991), 157-87.

11. 선교적 교회 운동이 특히 잘 강조했듯이 교회는 교회 주변에 거주하는 이웃들의 말을 각방으로 경청할 수 있다. 예컨대 다음 책을 참조하라. Mark Lau Branson & Nicholas Warnes 편집, *Starting Missional Churches: Life with God in the Neighborhood* (Downers Grove, IL: IVP Books, 2014). 크레이그 밴 겔더의 폭넓은 훌륭한 저작과 특히 다음 책에 실린 그의 선구적 에세이들도 참조하라. *The Church between Gospel and Culture: The Emerging Mission in North America*, George R. Hunsberger & Craig Van Gelder 편집 (Grand Rapids: Eerdmans, 1996).

12. Robert Wuthnow, *The Crisis in the Churches* (New York: Oxford University Press, 1997).

13. 예컨대 풀러청소년연구소의 실무이사 캐라 파월이 편집한 다음 잡지 기사를 참조하라. "Young People," *Fuller*, 제7호, 2016년, https://fullerstudio.fuller.edu/issue/issue-seven/. 특히 "정체성과 소속과 목적"에 대한 다음 서문을 참조하라. https://fullerstudio.fuller.edu/introduction-young-people/.

14. 타네하시 코츠는 미국사의 내러티브 속에 자신의 이야기를 교직하여 미국 도심에 거주하는 흑인들의 갈망과 상실을 글로 옮겼다. 변화되려면 반드시 경청해야 함을 잘 보여 주는 책이다. 그는 미국인들이 미국사를 책임져야 한다며, 인종 차별의 혜택을 가능하게 한 죄는 그런 혜택을 누리는 모든 사람에게 있다고 역설한다. Ta-Nehisi Coates, *Between the World and Me* (New York: Spiegel & Grau, 2015), 7-11. (타네하시 코츠, 《세상과 나 사이》, 열린책들 역간)

15. 백 년 전이라면 나는 셰익스피어 작품으로 인간 조건을 예시할 것이다. 그의 가장 유명한 글은 예컨대 "사느냐 죽느냐 그것이 문제로다"라는 대사다. 인간 조건을 곱씹던 햄릿은 자살할 것인지 아니면 "상한 마음과 육신이 물려받은 수많은 고뇌"에도 불구하고 계속 살아갈 것인지를 그렇게 소리 내어 묻는다(《햄릿》 3막 1장). 그러나 현 세대에게는 셰익스피어의 예가 적절하지 못할 것이다.

16. 픽사의 감독들은 주인공의 정서적 고뇌만 심사숙고하는 게 아니라 다른 핵심 인물들도 함께 본다. 실제로 다른 인물들은 남을 돌보게 하는 존재로 그려지곤 한다. 그들의 인간 조건을 통해 주인공의 경험을 부각하는 것이다. 예컨대 〈토이 스토리 2〉는 우디의 선택을 중심으로 돌아간다. 그런데 그의 선택을 도드라지게 하려고 픽사는 펭귄 위지(눌러도 소리가 나지 않아 버려졌다)와 카우걸 제시(사랑하는 주인이 나이가 들면서 버렸다)라는 인물을 만들어 냈다. 픽사의 에

드 캣멀은 이렇게 설명한다. "위지와 제시가 더해지면서 우디의 선택에 한껏 긴장이 감돈다. 그는 결국 버려질 줄 알면서도 사랑하는 사람 곁에 남을 수도 있고, 아니면 영원히 존중받을 세상[박물관]으로 달아나되 자신이 받도록 되어 있는 사랑을 잃을 수도 있다. 이거야말로 진짜 선택이고 진짜 고민이다. 창작 팀은 그것을 서로에게 이렇게 표현했다. 당신이라면 사랑 없이 영원히 사는 쪽을 택하겠는가? 그 선택의 고뇌가 느껴져야 영화가 된다." Ed Catmull, *Creativity, Inc.* (New York: Random House, 2014), 72. (에드 캣멀, 《창의성을 지휘하라》, 와이즈베리 역간)

17. 그 시퀀스를 유튜브에서 볼 수 있다. 다음 동영상을 참조하라. https://www.youtube.com/watch?v=F2bk_9T482g.

18. 이 단편 영화에 관객의 반응은 양분되었다. 다수의 백인 관객은 만두가 아들에 대한 비유나 꿈이라는 게 이해되지 않아 혼란스러웠다고 말한 반면, 백인 이외의 관객과 특히 이민자 자녀들은 눈물이 났다는 답을 내놓았다. 다음 기사를 참조하라. Petrana Radulovic, "The Polarized Reactions to Pixar's 'Bao' Are Rooted in Culture", 2018년 12월 18일, https://www.polygon.com/2018/6/26/17505726/pixar-bao-dumpling-short-reactions.

19. Ed Catmull, "How Pixar Fosters Collective Creativity", *Harvard Business Review*, 2008년 9월, https://hbr.org/2008/09/how-pixar-fosters-collective-creativity.

20. 사연을 들음으로써 사람들을 사랑한다는 이 개념은 공감을 논하는 부분에서 다시 살펴볼 것이다.

21. 그의 표현은 이렇다. "더 권위 있게 설교하고 이끌 수 있으려면 주변 정황을 알아야 합니다. 자신이 섬기는 지역과 사람들을 알아야 합니다." Aaron Graham, "Windows on the Church: Session II", 2013년 11월 6일. 마크 래버튼 풀러신학대학원 총장 취임식에서 한 연설이다.

22. 다음 책을 참조하라. Alexia Salvatierra & Peter Heltzel, *Faith-Rooted Organizing* (Downers Grove, IL: InterVarsity, 2014), 66-71.

23. 사람들이 이 거짓말을 소리 내어 말하는 경우는 거의 없다. 그것은 행동의 배경 내지 기초가 될 뿐이지 결코 발설되지는 않는다. 소리 내어 말하면 오히려 그 위력을 상실할 때가 많다. 따라서 소명을 다하는 그리스도인의 역할은 하나님이 그에게 돌보라고 맡기신 사람들 사이에 만연해 있는 이런 거짓말을 표면화하는 것이다. 그래야 거짓말이 진리 앞에서 힘을 잃는다.

24. Graham, "Windows on the Church."

25. 이 거짓말을 퇴치하는 것이 탁월한 다음 책의 목적이다. Steven Corbett & Brian Fikkert, *When Helping Hurts* (Chicago: Moody, 2014). (스티브 코벳, 브라이언 피커트, 《헬프: 상처를 주지 않고 도움을 주고받는 성경적인 방법》, 국제제자훈련원 역간)

26. 이 단락은 "신봉 이론"(사람들이 행동의 근거로 내세우는 신념)과 "사용 이론"(그런 명목상의 신념에 붙이는 조건)의 모순에 대한 크리스 아지리스의 기념비적 작품에 기초한 것이다. 다음 기사를 참조하라. Chris Argyris, "Teaching Smart People How to Learn", *Harvard Business*

Review, 1991년 5-6월, 99-109, https://hbr.org/1991/05/teaching-smart-people-how-to-learn?autocomplete=true. 이 개념이 그리스도인 리더에게 어떻게 유용한지에 대해서는 다음 기사를 참조하라. Scott Cormode, "Espoused Theory", 2001년, https://www.fuller.edu/next-faithful-step/resources/espoused-theory/.

27. "기술"이란 표현을 썼지만 "학습된 본능"으로 이해하는 게 더 좋다. 9장의 "학습된 본능" 단락을 참조하라.

28. 브레네 브라운이 요약한 테레사 와이즈먼의 다음 연구에서 인용했다. *Journal of Advanced Nursing* 23, no. 6 (1996년 6월): 1062-67, https://www.researchgate.net/publication/227941757_A_concept_analysis_of_empathy. 짤막하면서도 훌륭한 브라운의 다음 동영상을 참조하라. "Brené Brown on Empathy", 2013년 12월 10일, https://www.youtube.com/watch?v=1Evwgu369Jw.

29. "Brené Brown on Empathy."

30. Brené Brown, "The Power of Vulnerability" TED 강연, 2011년, https://www.ted.com/talks/brene_brown_on_vulnerability?language=en. 이것과 짝을 이루는 다음 강연도 참조하라. Brown, "Listening to Shame", TED 강연, 2012년, https://www.ted.com/talks/brene_brown_listening_to_shame/transcript?language=en.

31. 다음 자료를 참조하라. Brad Griffin, "Three Words Every Young Person Wants to Hear", 2017년 3월 17일, https://fulleryouthinstitute.org/blog/three-words.

32. 정확한 수치는 87퍼센트다. "What Millennials Want When They Visit Church", Barna Research, 2015년 3월 4일, https://www.barna.com/research/what-millennials-want-when-they-visit-church/.

33. Chimamanda Adichie, "The Danger of a Single Story", TED 강연, 2009년, https://www.ted.com/talks/chimamanda_adichie_the_danger_of_a_single_story?language=en (인용문은 4:37 지점에 나온다).

34. 다음 책으로 시작하면 좋다. Coates, *Between the World and Me*.

35. 다음 책을 참조하라. Chanequa Walker-Barnes, *Too Heavy a Yoke: Black Women and the Burden of Strength* (Eugene, OR: Cascade, 2014).

36. 좋은 책이 있다. Almeda Wright, *The Spiritual Lives of Young African Americans* (New York: Oxford University Press, 2017).

37. 이런 대화에 참여하는 법을 보여 주는 유익한 예로 다음 책이 있다. Teesha Hadra & John Hambrick, *Black and White: Disrupting Racism One Friendship at a Time* (Nashville: Abingdon, 2019).

38. 이 주제에서 내게 특히 영향을 미친 탁월한 개괄 기사가 있다. 좀 오래되긴 했지만 흡수에 대한 학자들의 논의가 전개되어 온 과정을 볼 수 있다. Russell Kazal, "Revisiting Assimilation:

The Rise, Fall, and Reappraisal of a Concept in American Ethnic History", *American Historical Review* 100, no. 2 (1995년 4월): 437-71.

4. 일상의 영적 의미를 밝히는 신학을 정립하다

1. Katie Hafner, "Researchers Confront an Epidemic of Loneliness", *New York Times*, 2016년 9월 5일, https://www.nytimes.com/2016/09/06/health/lonliness-aging-health-effects.html.

2. AARP(미국은퇴자협회)의 지원으로 실시된 미시간대학교의 여론 조사 결과다. Sarah Elizabeth Adler, "National Poll on Healthy Aging: Many Older Adults Feel Isolated", 2019년 3월 4일, https://www.aarp.org/health/conditions-treatments/info-2019/study-isolation-health-risks.html.

3. Hafner, "Epidemic of Loneliness."

4. Claire Pomeroy, "Loneliness Is Harmful to Our Nation's Health", *Scientific American*, 2019년 3월 20일, https://blogs.scientificamerican.com/observations/loneliness-is-harmful-to-our-nations-health/.

5. "Cigna U.S. Loneliness Index: Survey of 20,000 Americans", Cigna(건강보험 서비스 기관), https://www.multivu.com/players/English/8294451-cigna-us-loneliness-survey/docs/IndexReport_1524069371598-173525450.pdf.

6. Sarah Berger, "Gen Z Is the Loneliest Generation, Survey Reveals, but Working Can Help", CNBC, 2018년 5월 2일, https://www.cnbc.com/2018/05/02/cigna-study-loneliness-is-an-epidemic-gen-z-is-the-worst-off.html.

7. Jane O'Donnell, "Teens Aren't Socializing in the Real World: And That Is Making Them Super Lonely", *USA Today*, 2019년 3월 20일, https://www.usatoday.com/story/news/health/2019/03/20/teen-loneliness-social-media-cell-phones-suicide-isolation-gaming-cigna/3208845002. 이 기사에 다음 연구가 인용되었다. Jean Twenge, *iGen* (New York: Atria Books, 2018), https://www.cnbc.com/2018/05/02/cigna-study-loneliness-is-an-epidemic-gen-z-is-the-worst-off.html (2018년 5월 2일).

8. Guy Winch, "The Unexpected Loneliness of Motherhood", *Psychology Today*, 2017년 3월 28일, https://www.psychologytoday.com/us/blog/the-squeaky-wheel/201703/the-unexpected-loneliness-new-mothers. Wednesday Martin, "The Captivity of Motherhood: Why Mothers Are Still Lonely", *Atlantic*, 2015년 7월 15일, https://www.theatlantic.com/entertainment/archive/2015/07/the-captivity-of-motherhood/398525/.

9. Sigal Barsade & Hakan Ozcelik, "The Painful Cycle of Employee Loneliness, and How

It Hurts Companies", *Harvard Business Review Blog*, 2018년 4월 24일, https://hbr.org/2018/04/the-painful-cycle-of-employee-loneliness-and-how-it-hurts-companies. Kathryn Vasel, "Why Workplace Loneliness Is Bad for Business", *CNN* Business, 2018년 12월 5일, https://www.cnn.com/2018/12/05/success/workplace-loneliness/index.html.

10. 〈타임〉지의 한 인터뷰에 따르면 외로움이란 "실제 관계와 바라는 관계 사이의 괴리"다. Jamie Ducharme, "One in Three Seniors Is Lonely", *Time*, 2019년 3월 4일, https://time.com/5541166/loneliness-old-age/.

11. Hafner, "Epidemic of Loneliness."

12. 이 개념에 대한 더 자세한 설명은 다음 책을 참조하라. Scott Cormode, *Making Spiritual Sense* (Nashville: Abingdon, 2006).

13. 안드레 헨리는 "선지자의 일차적 직무는 보이지 않는 세계를 보여 주는 것이다"라고 말했다. Andre Henry, "Making the Invisible Visible: Prophetic Drama as a Tactic for Social Change", *Fuller* magazine, 2020년 겨울, fullerstudio.fuller.edu/making-the-invisible-visible-prophetic-drama-and-social-change.

14. Beth Redman & Matt Redman, "Blessed Be Your Name" (Capitol Christian Music Group, 2002), https://www.lyrics.com/lyric/5758033/Matt+Redman.

15. Max De Pree, *Leadership Is an Art* (New York: Dell, 1989), 11. (맥스 드 프리 《리더십은 예술이다》, 한세 역간)

16. 그렇게 쓸 때 칼 와익이 염두에 둔 것은 기관의 사고방식이었다. Karl Weick, "Enactment Processes in Organizations" (1977년). 다음 책에 다시 수록되었다. Weick, *Making Sense of the Organization* (Malden, MA: Blackwell Publishers, 2001), 189. 이어 그는 "기관이 독백하는 이유는 … 환경을 규명하여 더 잘 알기 위해서다"(189)라고 말했다. 그러나 스위들러가 말해 주듯이, 이 개념은 개인에게도 적용된다.

17. "공론화"의 중요성에 대해서는 다음 두 기사를 참조하라. Scott Cormode, "Mixed Messages Cause Chaos", 2019년, https://www.fuller.edu/next-faithful-step/resources/mixed-messages-cause-chaos/. Cormode, "Make Mixed Messages Discussable", 2019년, https://www.fuller.edu/next-faithful-step/resources/make-mixed-messages-discussable/.

18. 그래서 크리스 아지리스는 리더들에게 직접 관찰 가능한 데이터와 우리가 거기에 부여하는 해석을 분리해야 한다고 역설한다. 그의 말대로 리더는 자신의 해석을 관찰된 사실로 보고 신봉할 게 아니라 가설로 보고 검증해야 한다. Chris Argyris, "Good Communication That Blocks Learning", *Harvard Business Review*, 1994년 7-8월, 77-85, https://hbr.org/1994/07/good-communication-that-blocks-learning. Argyris, "Teaching Smart People How to Learn", *Harvard Business Review*, 1991년 5-6월, 99-109, https://hbr.org/1991/05/teaching-smart-people-how-to-learn?autocomplete=true.

19. 초대 기독교의 구제에 대한 내 논의는 두 작가의 영향을 받았다. 데이비드 다운즈와 헬렌 리의 다음 세 책을 참조하라. David Downs, *Alms: Charity, Reward, and Atonement in Early Christianity* (Waco: Baylor University Press, 2016). Helen Rhee, *Loving the Poor, Saving the Rich: Wealth, Poverty, and Early Christian Formation* (Grand Rapids: Baker Academic, 2012). Rhee 편집, *Wealth and Poverty in Early Christianity* (Minneapolis: Fortress, 2017).

20. 내가 이해하는 시행은 칼 와익의 영향을 많이 받았다. 다음 책을 참조하라. Karl Weick, *Making Sense*, "Enactment" 부분, 176-236.

21. 앤드류 루트가 "케노시스 이야기"나 "xyz 형식"이라 칭한 이야기 구조에 나도 깊이 공감한다("비움"을 뜻하는 그리스어 단어 "케노시스"는 빌립보서 2장 7절에서 자신을 비우신 그리스도를 가리켜 쓰였다.- 옮긴이). 이 용어는 이야기가 "x임에도 불구하고 y가 아니라 z다"라는 패턴을 따른다는 뜻이다. 전형적 이야기는 "예수님이 하나님으로 존재하심에도 불구하고 하나님과 동등됨을 취할 것으로 여기지 않으시고 자신을 비우셨다"라는 것이다. 나는 우리가 언급하는 여러 실천도 다 케노시스 이야기로 기술될 수 있다고 본다. 예컨대 환대의 실천은 "나는 내부인임에도 불구하고 내부인의 특권을 나만의 것으로 주장하지 않고 외부인들에게 나눈다"가 되고, 소명이라는 실천은 "나는 재능이 있음에도 불구하고 그 재능을 이기적으로 쓰지 않고 사람들을 섬기는 데 쓴다"가 된다. 이것이 루트가 말한 "내러티브 형식의 사역"이다. Andrew Root, *Faith Formation in a Secular Age* (Grand Rapids: Baker Academic, 2017), 166-71, 208-10, 특히 166. 위의 모든 사례는 루트의 틀에 맞추어 내가 대입한 것이다.

22. 실천에 대한 이번 단락은 다음의 내 책을 일부 참조했다. Scott Cormode, *Making Spiritual Sense*, 96-107.

23. 매킨타이어의 문제는 꽤 난해하다. 그래서 내가 그의 개념을 설명하고자 인용할 자료는 대부분 그의 제자들이나 그의 저작을 효과적으로 활용한 다른 사람들의 것이다. 사회적 실천에 대한 그의 정의를 보면 내가 해설자들에게 크게 의존할 수밖에 없는 이유가 이해될 것이다. 사회적 실천이란 "사회적으로 확립된 인간 협력 활동의 일관되고 복합적인 형태로서, 그 활동의 내재적 선은 그 활동의 탁월한 수준에 도달하려 애쓰는 과정에서 실현되며, 이때 탁월한 수준이란 그 활동에 적합하면서 어느 정도 결정적인 요소이고, 결과는 탁월함에 이르는 인간의 능력이 그리고 관련 목표와 선에 대한 인간의 개념이 체계적으로 확장된다는 것이다." Alasdair MacIntyre, *After Virtue*, 재판 (Notre Dame, IN: University of Notre Dame Press, 1984), 187. (알래스데어 매킨타이어, 《덕의 상실》, 문예출판사 역간)

24. "실천"의 개념은 다양한 학문 전통에 따라 약간씩 의미가 다르다. 예컨대 종교교육학자들은 "이론"과 "실천"을 구분하며, 특히 이론이 늘 실천에 선행한다는 전제가 오류임을 강조한다. 사회학자들도 "실천"이란 단어에 대해 다른 입장을 취한다. 그들이 보는 "'실천'이란 무의식적이거나 몸에 뱄거나 습관적인 모든 활동으로서, 명시적이고 의식적인 개념과 대비된다." 이 인용문은 앤 스위들러의 말이며 다음 책에 나온다. Ann Swidler, *Talk of Love: How Culture Matters* (Chicago: University of Chicago Press, 2001), 191. 그러나 그녀는 스티븐 터너 등 여러 사람

의 말을 참조했다. "실천"에 대한 다른 중요한 사회학적 논의는 미셸 푸코와 피에르 부르디외에게서 볼 수 있다. 전자는 실천이 권력 구조를 복제하고 강화함을 강조했고, 후자는 "실천의 논리는 논리학자의 논리와는 다르다"라고 주장했다. 다음 두 책을 참조하라. Michel Foucault, *The History of Sexuality*, 제1권, *An Introduction* (New York: Pantheon, 1978). (미셸 푸코, 《성의 역사》, 나남 역간). Pierre Bourdieu, *The Logic of Practice* (Stanford, CA: Stanford University Press, 1990). 다음 책에서 재인용했다. Swidler, *Talk of Love*, 192. 다음 두 책도 참조하라. Robert Wuthnow 외, *Cultural Analysis: The Work of Peter L. Berger, Mary Douglas, Michel Foucault, and Jürgen Habermas* (Boston: Routledge & Kegan Paul, 1984). Stephen Turner, *The Social Theory of Practices: Tradition, Tacit Knowledge, and Presuppositions* (Chicago: University of Chicago Press, 1994). "논리"에 대해서는 다음 책을 참조하라. Roger Friedland & Robert Alford, "Bringing Society Back In: Symbols, Practices, and Institutional Centralizations", 출전: *The New Institutionalism*, W. Powell & P. DiMaggio 편집 (Chicago: University of Chicago Press, 1991), 223-62. 프리드랜드와 앨퍼드의 "제도적 논리" 개념을 신앙 세계에 적용하는 문제에 대해서는 다음 책을 참조하라. Harry S. Stout & Scott Cormode, "Institutions and the Story of American History: A Sketch of a Synthesis", 출전: *Sacred Companies*, N. J. Demerath 외 편집 (New York: Oxford University Press, 1998), 62-78.

25. 지난 20년간 실천에 대해 특히 흥미로운 학문적 논의가 있었다. 그것은 매킨타이어와 다익스트라로부터 시작되어 다수의 흥미로운 저작을 통해 지속되었다. (이번 장에 인용된 사람들에 더하여) 내 사고에 특히 영향을 미친 몇몇 사람은 다음과 같다. Dorothy Bass 편집, *Practicing Our Faith* (San Francisco: Jossey-Bass, 1997) (크레이그 다익스트라 외 《일상을 통한 믿음 혁명》, 예영커뮤니케이션 역간); Miroslav Volf & Dorothy Bass 편집, *Practicing Theology: Beliefs and Practices in Christian Life* (Grand Rapids: Eerdmans, 2002); *Christine Pohl, Making Room: Recovering Hospitality as a Christian Tradition* (Grand Rapids: Eerdmans, 1999) (크리스틴 폴, 《손 대접》, 복있는사람 역간); Pohl, *Living in Community: Cultivating Practices That Sustain Us* (Grand Rapids: Eerdmans, 2012) (폴, 《공동체로 산다는 것》, 죠이선교회출판부 역간); L. Gregory Jones, *Embodying Forgiveness* (Grand Rapids: Eerdmans, 1995); Benjamin Conner, *Practicing Witness: A Missional Vision of Christian Practices* (Grand Rapids: Eerdmans, 2011); Frank Rogers, *Practicing Compassion* (Nashville: Upper Room Books, 2015) (프랭크 로저스 Jr., 《예수의 길: 긍휼도 연습이 필요하다》, 예수전도단 역간); Bonnie Miller-McLemore, *In the Midst of Chaos: Caring for Children as a Spiritual Practice* (San Francisco: Jossey-Bass, 2011).

26. 크레이그 다익스트라는 그것을 이렇게 표현했다. "실천은 한 사람의 활동이 아니다. … 그것은 공동체와 전통의 더 큰 실천에 참여하는 것이다." Dykstra, "Reconceiving Practice", 출전: *Shifting Boundaries: Contextual Approaches to Theological Education*, Barbara Wheeler & Edward Farley 편집 (Louisville: Westminster/John Knox, 1991), 35-66, 특히 41.

27. 이렇게 철저히 개인화된 영성의 가장 유명한 형태를 "쉴라이즘"이라 한다. 로버트 벨라와 공저자들이 책에 한 여성을 소개한 데서 그런 이름이 붙었다. 그녀는 신앙을 자기 이름(쉴라 라슨-옮긴이)으로 지칭하며 이렇게 말했다. "지금까지 내 신앙이 나를 지탱해 주었다. 이것은 쉴라이즘이다. 그냥 나 자신의 작은 목소리다." 이 신앙을 정의해 달라는 요청에 그녀는 "그냥 자신을 사랑하고 자신에게 잘해 주자는 것이다. 그렇게 서로 돌보면 되지 않을까"라고 답했다. Bellah 외, *Habits of the Heart* (Berkeley: University of California Press, 1985), 221. 다음 책도 참조하라. Wade Clark Roof, *A Generation of Seekers: The Spiritual Journeys of the Baby Boom Generation* (New York: HarperSanFrancisco, 1993). 자신이 "영적이지만 종교는 없다"라고 말하는 일부 현대인의 성향이 강조되어 있다.

28. Dykstra, "Reconceiving Practice", 47 (강조 추가).

29. 물론 실천이 전통의 덫에 갇힐 수 있음을 인식하는 것도 중요하다. 신앙 공동체는 실천을 새로운 세대마다 혁신하고 혁신해야 한다. 이 논의는 율법주의와 반율법주의의 양극단을 피하는 성경적 균형과 비슷하다. 역사가 윌리엄 부스마에 따르면 장 칼뱅은 이것을 미로와 나락 사이를 걷는 것에 비유했다. 미로는 규율과 율법과 전통에 과도히 의존하는 상태를 가리킨다. 칼뱅은 이 단어를 일부 현대 그리스도인이 "미로를 걷는다"라고 말할 때와 같은 의미로 쓴 게 아니라 그냥 사방이 담으로 막혀 있고 출구가 겹겹의 혼란한 통로 뒤에 가려져 있는 곳을 지칭했다. 반면 나락은 제한과 지침이 없는 상태를 가리킨다. 방향을 잃고 끝없이 자유 낙하하는 느낌에 비견되며, 하나님과 세상일랑 각자가 지어내기 나름이다. 기독교 실천에 참여하는 사람들은 진부한 전통주의의 미로와 전통 부재의 나락 사이를 걷는다고 할 수 있다. William Bouwsma, *John Calvin: A Sixteenth-Century Portrait* (New York: Oxford University Press, 1988), 45-48. (W. J. 부스마, 《칼빈》, 나단출판사 역간)

30. 로버트 우스나우는 실천에 근거한 영성의 틀을 다음 책에 제시했다. Robert Wuthnow, *After Heaven: Spirituality in America since the 1950s* (Berkeley: University of California Press, 1998). 그에 따르면 "신성한 장소에 머무는 전통적 영성은 구도하는 새로운 영성에 밀려났다. … 사람들은 우주와 조화를 이루게 해 주는 형이상학에 대한 믿음을 잃은 반면, 신성한 세계에 대한 상충되는 관점들 사이에서 점차 타협하면서 파편적 지식과 실용적 지혜를 얻으려 한다"(3). 이런 부류에게 그는 "실천 지향의 영성 개념"을 제안한다(168).

31. Mark Labberton, "The Ongoing Story of Fuller Seminary: Roots in Orthodoxy, Branches in Innovation", *Theology, News and Notes*, 2014년 봄, https://fullerstudio.fuller.edu/the-ongoing-story-of-fuller-theological-seminary-roots-in-orthodoxy-branches-in-innovation/.

32. 사실 렘브란트는 이 장면을 적어도 세 가지 다른 버전으로 그렸는데, 관점은 각기 다르지만 사마리아인이 부상자를 말에서 안아 올려 주막 주인에게 돌봐 달라고 맡기는 순간을 포착한 것만은 다 똑같다. 현대 미국인들이 선한 사마리아인의 비유를 해석하는 여러 방식에 대해서는 다음 책을 참조하라(렘브란트의 그림들도 언급된다). Robert Wuthnow, "Along the Road", 출전: *Acts of Compassion: Caring for Others and Helping Ourselves* (Princeton: Princeton

University Press, 1991), 157-87.

33. 여기서 나는 "실천의 재검토"에 대한 크레이그 다익스트라의 선구적 기사를 특히 염두에 두었다. 그 기사에서 그는 "우리 인간의 정체성은 실천을 통해 그리고 실천이 매개하는 지식과 관계를 통해 구성된다. … 공동체 생활도 실천을 통해 구성된다. 공동체는 실천에 참여하기만 하는 게 아니라 어떤 의미에서 공동체가 곧 실천이다"라고 말했다. Craig Dykstra, "Reconceiving Practice", 47.

34. 딸을 데리고 이 뮤지컬을 보러 간 어느 아버지의 가슴 뭉클한 사연을 다음 웹사이트에서 볼 수 있다. Joe Posnanski, "Hamilton", 2016년 12월 31일, https://sportsworld.nbcsports.com/hamilton/.

35. 알래스데어 매킨타이어는 덕을 "인간의 후천적 품성"으로 정의했다. "덕을 갖추고 행하면 대개 실천에 내재된 선을 이룰 수 있지만, 덕이 결여되어 있으면 사실상 그런 선을 이룰 수 없다." MacIntyre, *After Virtue*, 191.

36. Miroslav Volf, "Theology for a Way of Life," 출전: *Practicing Theology*, 250, 251. 같은 책에 실린 다른 세 편의 기사에도 비슷한 논지가 나온다. Craig Dykstra & Dorothy Bass, "A Theological Understanding of Christian Practices." Amy Plantinga Pauw, "Attending to the Gaps between Beliefs and Practices." Kathryn Tanner, "Theological Reflection and Christian Practices."

37. Brad Kallenberg, "The Master Argument of MacIntyre's *After Virtue*", 출전: *Virtues and Practices in the Christian Tradition: Ethics after MacIntyre* (Notre Dame, IN: University of Notre Dame Press, 2003), 7-29, 특히 22.

38. Kallenberg, "Master Argument", 21.

39. Jeffrey Stout, *Ethics after Babel: The Languages of Morals and Their Discontents* (Boston: Beacon, 1988), 271.

40. 그래서 실천과 전통은 불가분의 관계다. "탁월함이라는 기준은 … 다른 사람들과 더불어 영혼을 성찰하는 신학적 대화를 요구한다." 영혼을 성찰하는 대화가 오랜 세월 지속된 것을 다르게 표현하면 곧 기독교 전통이다. Craig Dykstra & Dorothy Bass, "Times of Yearning, Practices of Faith", 출전: Bass, *Practicing Our Faith*, 1-12, 특히 7.

41. Kallenberg, "Master Argument", 21.

42. 로렌 위너는 일부 "기형적 실천도 실천 자체의 한 부분"이라는 점에서 어떤 "과오"는 과오가 아니라고 주장한다. Lauren Winner, *The Dangers of Christian Practice: On Wayward Gifts, Characteristic Damage, and Sin* (New Haven: Yale University Press, 2018), 16. 인류 타락의 "근원적 손상"에서 기인한 왜곡은 불가피하다는 뜻이다. 예컨대 환대가 외부인을 내부인처럼 대하는 것이므로, 근원적 손상의 예는 혜택을 얻으려고 특권을 공유하는 것(왜곡이다), 환대의 대가로 감사와 심지어 보상을 바라는 것(그러면 맞교환 내지 거래로 변한다), 인사이더의 특별 지

위를 놓지 않으려는 것(그룹 내 최고의 자리를 지킨다) 등이 된다.

43. 나는 궁휼을 '행동하는 공감'이라 본다.

44. Thomas Jeavons & Rebekah Burch Basinger, *Growing Givers' Hearts* (San Francisco: Jossey-Bass, 2000), 20.

45. 웰스는 명망 있는 극작가 키이스 존스턴의 말을 인용했다.

> 독창성을 꾀하는 사람들일수록 늘 기존의 똑같이 진부한 답에 도달한다. … 영감을 받은 예술가는 **뻔하다**. 그는 아무것도 결정하지 않으며 이 생각과 저 생각을 저울질하지도 않는다. 노련한 즉흥 배우는 자신이 느긋한 의식 상태에 도달하면 당연히 뻔해질 것을 안다. … 기독교 제자도의 실천과 훈련도 그리스도인을 똑같이 느긋한 의식 상태로 이끌기 위한 것이다. 불안한 위기처럼 보이는 상황에서도 자유로이 (아예 능숙하게) "뻔해질" 수 있도록 말이다. (Keith Johnstone, *Impro: Improvisation and the Theatre* [New York: Routledge & Kegan Paul, 1979]. 다음 책에서 재인용했다. Samuel Wells, *Improvisation: The Drama of Christian Ethics* [Grand Rapids: Brazos, 2004], 81.)

46. 실천의 작동 원리는 내가 9장에서 말한 "학습된 본능"과 비슷하다. 실천이란 천성은 아니로되 시간이 가면서 제2의 천성으로 굳어질 수 있는 생활 방식이다. 이런 본능을 학습하려면, 무엇에 주목해야 하고 무엇을 무시해도 괜찮은지를 배우는 게 중요하다. 다음 기사를 참조하라. Scott Cormode, "Constructing Faithful Action: Inculcating a Method for Constructive Ministry", *Journal of Religious Leadership* 3 (2004년 봄): 221-76, https://arl-jrl.org/wp-content/uploads/2016/01/Cormode-Constructing-Faithful-Action-Inculcating-a-Method-for-Reflective-Ministry.pdf.

47. Wells, *Improvisation*, 12 (강조 추가).

48. Wells, *Improvisation*, 12. 그는 이런 말도 했다. "도덕 생활에서 중요한 것은 … 당장의 작은 실행이라기보다 장기간의 준비다"(73). "위기의 순간이 닥칠 때 사람은 이미 몸에 배어 있는 습관에 의존한다"(76).

49. Dallas Willard, *The Divine Conspiracy* (San Francisco: HarperSanFrancisco, 1998), 35-60. (달라스 윌라드, 《하나님의 모략》, 복있는사람 역간)

50. Tara John, "How the World's First Loneliness Minister Will Tackle the 'Sad Reality of Modern Life'", *Time*, 2018년 4월 25일, http://time.com/5248016/tracey-crouch-uk-loneliness-minister/.

51. 2015년에 실시된 다음 연구가 여러 신문과 잡지 기사에 인용되었다. Nicole Valtorta 외, "Loneliness and Social Isolation as Risk Factors for Coronary Heart Disease and Stroke", Heart 102 (2016년 4월 18일): 1009-16, https://heart.bmj.com/content/heartjnl/102/13/1009.full.pdf.

52. Rhitu Chatterjee, "Americans Are a Lonely Lot, and Young People Bear the

Heaviest Burden", NPR, 2018년 5월 1일, https://www.npr.org/sections/health-shots/2018/05/01/606588504/americans-are-a-lonely-lot-and-young-people-bear-the-heaviest-burden.

53. Vivek Murthy, "Work and the Loneliness Epidemic", *Harvard Business Review: The Big Idea*, 2017년 9월, https://hbr.org/cover-story/2017/09/work-and-the-loneliness-epidemic.

54. 일각에서 미국 내 그리스도인들이 "박해받고" 있다고 주장하는 운동이 벌어지고 있다. 그러나 내가 판단하기로 여전히 사회는 정직한 사람들을 박해하기보다 혜택과 보상을 훨씬 많이 준다. 다음 고전의 핵심 논지도 그것이다. Max Weber, *The Protestant Ethic and the Spirit of Capitalism* (1905), S. Kalberg 번역 및 업데이트 (New York: Oxford University Press, 2011). (베리타스알파 편집국, 《프로테스탄트 윤리와 자본주의 정신》, 베리타스알파 역간)

55. Bryant Myers, *Walking with the Poor* (Maryknoll, NY: Orbis, 2011). (브라이언트 L.마이어스, 《가난한 자와 함께하는 선교》, 기독교문서선교회 역간)

56. 다음 책의 몇 가지 경고를 참조하라. Steven Corbett & Brian Fikkert, *When Helping Hurts* (Chicago: Moody, 2014).

57. 이것이 다음 책의 핵심 통찰이다. Kara Powell & Chap Clark, *Sticky Faith: Everyday Ideas to Build Lasting Faith in Your Kids* (Grand Rapids: Zondervan, 2011).

58. Miroslav Volf, *Exclusion and Embrace: A Theological Exploration of Identity, Otherness, and Reconciliation* (Nashville: Abingdon, 1996), 129. (미로슬라브 볼프, 《배제와 포용》, IVP 역간)

59. 초대 교회의 저명한 신학자인 나지안주스의 그레고리는 우리를 위해 예수님이 낯선 땅에 나그네로 오셨다는 말로 성육신을 설명했다. 이렇듯 하나님은 주인으로서 우리 인간을 환대하실 뿐아니라 친히 우리의 환대에 의존하셨다. Gregory of Nazianzus, "Oration on Holy Baptism." 다음 책에서 재인용했다. Pohl, *Making Room*, 33.

60. Rhee, *Loving the Poor*, 특히 "Wealth, Poverty, and Koinonia", 103-38.

61. Pohl, *Making Room*, 17-19. Pohl, *Living in Community*, 159-76.

62. 풀러청소년연구소의 조사 결과 이런 "따뜻한 공동체"의 경험이 젊어지는 교회(젊은 층에게 능숙하게 다가가는 교회)의 필수 요건으로 드러났다. Kara Powell, Jake Mulder & Brad Griffin, *Growing Young* (Grand Rapids: Baker Books, 2016), 163-95. (캐라 파월, 제이크 멀더, 브래드 그리핀, 《Growing Young》, 다세연 역간)

63. 이 주제에서 내게 특히 영향을 미친 탁월한 개괄 기사가 있다. 좀 오래되긴 했지만 흡수에 대한 학자들의 논의가 전개되어 온 과정을 볼 수 있다. Russell Kazal, "Revisiting Assimilation: The Rise, Fall, and Reappraisal of a Concept in American Ethnic History", *American Historical Review* 100, no. 2 (1995년 4월): 437-71.

5. 기독교 전통에서 교회 혁신 아이디어를 구하다

1. Karl Weick, "Small Wins: Redefining the Scale of Social Problems", *American Psychologist* 39, no. 1 (1984년 1월): 40-49, https://homepages.se.edu/cvonbergen/files/2013/01/Small-Wins_Redefining-the-Scale-of-Social-Problems.pdf.

2. 다음 두 책을 참조하라. Kara Powell & Chap Clark, *Sticky Faith: Everyday Ideas to Build Lasting Faith in Your Kids* (Grand Rapids: Zondervan, 2011). Kara Powell, Jake Mulder & Brad Griffin, *Growing Young* (Grand Rapids: Baker Books, 2016).

3. 다음 책에 실린 이야기다. Powell, Mulder & Griffin, *Growing Young*, 211-12.

4. 팀 켈러의 《일과 영성》은 우리의 논의에 특히 중요하다. 의미 형성에 대한 칼 와익의 개념, 실천에 대한 알래스데어 매킨타이어의 관점, 그리고 이야기가 인간을 규정한다는 우리의 강조점을 켈러가 하나로 묶기 때문이다. 특히 "인간은 이야기와 연결하지 않고는 무엇이든 의미를 알 수 없다"라는 말로 시작되는 9장 "복음의 관점으로 일을 이해하다"를 참조하라. Timothy Keller, *Every Good Endeavor: Connecting Your Work to God's Work* (New York: Dutton, 2012), 155. (팀 켈러, 《일과 영성》, 두란노 역간)

5. 지난 20년 동안 소명에 대한 왕성하고 흥미로운 학문적 논의가 있었다. 최고의 저작은 래버튼과 하디와 켈러와 볼프의 것이다(아래의 주6-8을 참조하라). 다음 여러 책에서도 중요한 통찰을 얻을 수 있다. Steven Garber, *The Fabric of Faithfulness* (Downers Grove, IL: IVP Books, 2007). Garber, *Visions of Vocation* (Downers Grove, IL: IVP Books, 2014). Amy Sherman, *Kingdom Calling* (Downers Grove, IL: IVP Books, 2011). Douglas Schuurman, *Vocation* (Grand Rapids: Eerdmans, 2004). Kathleen Cahalan & Douglas Schuurman 편집, *Calling in Today's World: Voices from Eight Faith Perspectives* (Grand Rapids: Eerdmans, 2016).

6. Lee Hardy, *The Fabric of This World: Inquiries into Calling, Career Choice, and the Design of Human Work* (Grand Rapids: Eerdmans, 1990), 46. (리 하디, 《직업과 소명에 대한 기독교적 관점》, 부흥과개혁사 역간)

7. 모든 그리스도인의 첫 번째 소명이 어떻게 제자도의 소명인지가 다음 책에 특히 명쾌히 설명되어 있다. Mark Labberton, *Called* (Downers Grove, IL: IVP Books, 2014), (마크 래버튼 《제일 소명》, IVP 역간)

8. 다음 책에서 재인용했다. Hardy, *Fabric of This World*, 51. 미로슬라브 볼프는 루터가 소명과 직업을 잘못 엮어 위르겐 몰트만이 말한 "**소명-직업 위계**의 신성화"를 낳았다고 주장한다. Miroslav Volf, *Work in the Spirit* (New York: Oxford University Press, 1991), 107-8. (미로슬라브 볼프, 《일과 성령》, IVP 역간), 볼프는 다음 책에서 인용했다. Jürgen Moltmann, *On Human Dignity* (Philadelphia: Fortress, 1984), 47. 윌리엄 플래처는 루터의 신분 개념이 여성과 농민을 주변부 지위에 두고 부자 남성의 위상을 성별하는 정체된 사회관에서 비롯했다고 지적한다. 따라서 우리는 루터의 저작을 참조하되 "신분"이란 단어가 더 현대적 의미를 띠면서 사

회적 유동성을 끌어안도록 그 용법을 바꿀 필요가 있다. 그에게서 영감을 얻되 그의 전제를 무조건 다 받아들이지는 않는 것이다. 다음 책을 참조하라. William Placher, *Callings* (Grand Rapids: Eerdmans, 2005), 206.

9. *Tin Toy* (1988년). 대개 유튜브에서 볼 수 있다. 다음을 참조하라. https://www.youtube.com/watch?v=ffIZSAZRzDA.

10. Kate Harris, "Motherhood as Vocation", https://washingtoninst.org/motherhood-as-vocation/. 다음 자료를 참조하라. Harris, "Navigating the Challenges of Career, Motherhood, and Identity", https://vimeo.com/121758875.

11. 선교의 궁극적 관건이 우리가 섬기는 사람들이라는 개념은 소위 선교적 교회 운동의 핵심이다. 이 운동의 기원은 1980년대 레슬리 뉴비긴의 저작과 1990년대 대럴 구더의 저작으로 거슬러 올라간다. 그 후로 크레이그 밴 겔더, 앨런 록스버러, 마크 라우 브랜슨, (근래 들어) 드와이트 샤일리의 저작을 통해 확장되었다. 운동 초기에 뉴비긴은 "사역의 과제는 교회 전체를 지역 사회 전체의 선교로 이끌어 모든 사람의 사생활뿐 아니라 공생활 전체를 마땅히 하나님의 통치 아래로 불러들이는 것이다"라고 말했다. Lesslie Newbigin, *The Gospel in a Pluralistic Society* (Grand Rapids: Eerdmans, 1989), 238. (레슬리 뉴비긴 《다원주의 사회에서의 복음》, IVP 역간). 다음은 이 주제에 대한 위의 학자들의 다른 저작 중 일부다. Darrell Guder, *The Continuing Conversion of the Church* (Grand Rapids: Eerdmans, 2000). Darrell Guder 외 편집, *Missional Church* (Grand Rapids: Eerdmans, 1998). (대럴 구더 《선교적 교회》, 주안대학원대학교출판부 역간). Craig Van Gelder, *The Ministry of the Missional Church* (Grand Rapids: Baker Books, 2007). Alan Roxburgh & Scott Boren, *Introducing the Missional Church* (Grand Rapids: Baker Books, 2009). (앨런 록스버러, 스캇 보렌, 《선교적 교회 입문》, 한국교회선교연구소 역간)

12. 외과의사가 되는 데 대한 아툴 가완디의 소신도 이와 매우 비슷하다. 타인의 살에 칼을 댈 만큼 소질이나 재능을 충분히 타고난 사람은 아무도 없다. 강점이 출발점이긴 하지만 결국 당신이 맡아 돌봐야 할 사람들을 섬기려면 당신의 천성이 아닌 부분을 개발해야 한다. 다음 기사를 참조하라. Atul Gawande, "The Learning Curve", *New Yorker*, 2002년 1월 28일, https://www.newyorker.com/magazine/2002/01/28/the-learning-curve.

13. Walter Brueggemann, "The Liturgy of Abundance, the Myth of Scarcity", *Christian Century*, 1999년 3월 24-31일, https://www.religion-online.org/article/the-liturgy-of-abundance-the-myth-of-scarcity/.

14. Miroslav Volf, *Free of Charge* (Grand Rapids: Zondervan, 2005), 특히 1장 "하나님, 베푸시는 분". (미로슬라브 볼프, 《베풂과 용서》, 복있는사람 역간)

2부

6. 분별과 혁신

1. Andrew Hargadon, *How Breakthroughs Happen: The Surprising Truth about How Companies Innovate* (Boston: Harvard Business School Press, 2003), 7.

2. Linda Hill, Greg Brandeau, Emily Truelove & Kent Lineback, "Collective Genius", *Harvard Business Review*, 2014년 6월, 94-102, https://hbr.org/2014/06/collective-genius. 그들은 또 "방향을 제시하는 리더십은 문제의 해법이 명확히 알려져 있을 때 잘 통할 수 있다"라고 말했다.

3. Julian Birkinshaw, Cyril Bouquet & J.-L. Barsoux, "The 5 Myths of Innovation", *MIT Sloan Management Review* 52, no. 2 (2011년 겨울): 43-50, https://sloanreview.mit.edu/article/the-5-myths-of-innovation/.

4. 다음 책에서 재인용했다. Walter Isaacson, *Innovators: How a Group of Hackers, Geniuses, and Geeks Created the Digital Revolution* (New York: Simon & Schuster, 2014), 68. (월터 아이작슨, 《이노베이터》, 21세기북스 역간)

5. Isaacson, *Innovators*, 84.

6. 아이작슨은 이런 농경 비유를 썼다. "유레카 순간이 창의적 도약처럼 보일 수 있지만 사실은 여러 아이디어가 ⋯ 무르익을 때 발생하는 진화 과정의 결과다." Isaacson, *Innovators*, 91.

7. 혁신의 체계적 과정을 농경 비유로 설명한 사람들이 더 있다. 다음 두 자료를 참조하라. Vijay Govindarajan & Chris Trimble, "Strategic Innovation and the Science of Learning", *Sloan Management Review* 45, no. 2 (2004년 겨울): 67-75, https://sloanreview.mit.edu/article/strategic-innovation-and-the-science-of-learning/. Eric Schmidt & Jonathan Rosenberg, *How Google Works* (New York: Grand Central Publishing, 2014), 특히 207, 240.

8. 예컨대 다음 책을 참조하라. Linda A. Hill, Greg Brandeau, Emily Truelove & Kent Lineback, *Collective Genius: The Art and Practice of Leading Innovation* (Boston: Harvard Business Review Press, 2014), 138. (린다 힐·그레그 브랜도·에밀리 트루러브·켄트 라인백, 《혁신의 설계자》, 북스톤 역간)

9. 다음 책에서 재인용했다. Hargadon, *How Breakthroughs Happen*, 3.

10. Hill 외, *Collective Genius*, 18.

11. 저명한 학자 캐슬린 아이젠하트는 "혁신은 본질상 우연히 발생하며 거의 예측 불허다"라고 강조했다. 우리가 보기에 거목으로 자랄 것 같은 씨앗은 아마 싹을 틔우지 못할 것이다. 그래서 묘목을 하나만 심지 않고 많이 기르는 게 더 유리하다. Hargadon, *How Breakthroughs Happen*, vii, Kathleen Eisenhardt 서문.

12. 아이디어를 가꾸는 작업이 워낙 혁신의 필수라서 비제이 고빈다라잔과 크리스 트림블은 많은 기사와 책을 통해 그것이 "혁신의 이면"이라고 공들여 설명했다. 다음 여러 책을 참조하라. Vijay Govindarajan & Chris Trimble, *The Other Side of Innovation* (Boston: Harvard Business Review Press, 2010) (비제이 고빈다라잔, 크리스 트림블,《퍼펙트 이노베이션》, 케이디북스 역간), Govindarajan & Trimble, *10 Rules for Strategic Innovators* (Boston: Harvard Business School Press, 2005) (고빈다라잔, 트림블,《늙은 코끼리를 구하는 10가지 방법》, 21세기북스 역간), Govindarajan & Trimble, *Beyond the Idea* (New York: St. Martin's Press, 2013) (고빈다라잔, 트림블,《혁신하려면 실행하라》, 글로세움 역간).

13. Schmidt & Rosenberg, *How Google Works*, 209-10. 그들은 다음 책에서 인용했다. James C. Collins & Jerry I. Porras, *Built to Last* (New York: HarperBusiness, 1994). (짐 콜린스, 제리 포라스,《성공하는 기업들의 8가지 습관》, 김영사 역간)

14. Edward Farley, "Interpreting Situations: An Inquiry into the Nature of Practical Theology", 출전: *Formation and Reflection: The Promise of Practical Theology*, Lewis S. Mudge & James N. Poling 편집 (Philadelphia: Fortress, 1987), 1-26.

15. Luke Timothy Johnson, *Scripture and Discernment: Decision Making in the Church* (Nashville: Abingdon, 1996), 특히 1장 "Definitions."

16. Ruth Haley Barton, *Pursuing God's Will Together: A Discernment Practice for Leadership Groups* (Downers Grove, IL: IVP Books, 2012), 10.

17. Danny Morris & Charles Olsen, *Discerning God's Will Together* (Lanham, MD: Rowman & Littlefield, 2012). Elizabeth Liebert, *The Soul of Discernment* (Louisville: Westminster John Knox, 2015). Elizabeth Liebert, *The Way of Discernment* (Louisville: Westminster John Knox, 2008). (엘리자베스 리버트《영적 분별의 길》, 좋은씨앗 역간). Mark Yaconelli, *Contemplative Youth Ministry* (Grand Rapids: Zondervan, 2006), 특히 243.

18. Johnson, *Scripture and Discernment*, 110.

19. Ellen T. Charry, *By the Renewing of Your Minds: The Pastoral Function of Christian Doctrine* (New York: Oxford University Press, 1997), 4-5, 9, 133.

20. 이 주제에 접근하는 수많은 관점이 예컨대 다음 두 책에 실려 있다. Bonnie Miller-McLemore 편집, *The Wiley-Blackwell Companion to Practical Theology* (Malden, MA: Wiley-Blackwell, 2014). Kathleen Cahalan & Gordon Mikoski 편집, *Opening the Field of Practical Theology* (Lanham, MD: Rowman & Littlefield, 2014).

21. Scott Cormode, "Constructing Faithful Action: Inculcating a Method for Reflective Ministry", *Journal of Religious Leadership* 3, no. 1 (2004년 봄): 221-76.

22. 브랜슨과 마티네스는 이 과정이 중단되지 않는다는 점을 강조하고자 나선형이라는 호칭을 선호하는데, 나도 거기에 선뜻 동의한다. Mark Lau Branson & Juan Martínez, *Churches,*

Cultures and Leadership: A Practical Theology of Congregations and Ethnicities (Downers Grove, IL: IVP Academic, 2011), 특히 1장.

23. 토머스 그룹은 5단계 과정으로 보았다. 다음 두 책을 참조하라. Thomas H. Groome, "Theology on Our Feet: A Revisionist Pedagogy for Healing the Gap between Academia and Ecclesia", 출전: *Formation and Reflection: The Promise of Practical Theology*, Lewis S. Mudge & James N. Poling 편집 (Philadelphia: Fortress, 1987), 55-78. Groome, *Sharing Faith* (San Francisco: HarperSanFrancisco, 1991). (토마스 그룹《나눔의 교육과 목회》, 기독교대한감리회홍보출판국 역간)

24. Richard Osmer, *Practical Theology: An Introduction* (Grand Rapids: Eerdmans, 2008).

25. 실천 신학을 요약한 선구적 저작들은 내가 보기에 다음과 같다. Don Browning, *A Fundamental Practical Theology* (Minneapolis: Fortress, 1995). Groome, *Sharing Faith*. Branson & Martínez, *Churches, Cultures and Leadership*. Osmer, *Practical Theology*. Andrew Root, *Christopraxis: A Practical Theology of the Cross* (Minneapolis: Fortess, 2014). 흑인의 관점은 다음 책을 참조하라. Dale Andrews & Robert London Smith Jr. 편집, *Black Practical Theology* (Waco: Baylor University Press, 2015). 아시아인의 관점은 다음 글을 참조하라. Courtney T. Goto, "Asian American Practical Theologies", 출전: Cahalan & Mikoski, *Opening the Field*, 31-44. 히스패닉의 관점은 다음 글을 참조하라. Hosffman Ospino, "US Latino/a Practical Theology", 출전: Cahalan & Mikoski, *Opening the Field*, 233-50.

26. 소수계 공동체의 관점에서 책을 쓴 실천 신학자들은 이 경청에 특수한 정황이 반영되어야 함을 유익하게 강조한다. 예컨대 두 흑인 신학자 데일 앤드루스와 로버트 런던 스미스 주니어는 이렇게 썼다. "실천 신학의 출발점은 신앙인과 신앙 공동체의 경험과 실천과 세계관이며, 특히 변화와 갈등과 위기와 소외와 무지의 상황일수록 더 그렇다." "Prophetic Praxis for Black Practical Theology", 출전: *Black Practical Theology*, Dale P. Andrews & Robert London Smith Jr. 편집 (Waco: Baylor University Press, 2015), 11.

27. 이 인용문을 비롯한 네 가지 요약 질문은 다음 책에서 가져왔다. Osmer, *Practical Theology*, 4.

28. IDEO는 자신들의 과정을 문서로 요약하여 인터넷에 공개했다. *The Field Guide to Human-Centered Design* (San Francisco: IDEO.org, 2015년), http://www.designkit.org/resources/1.

29. 이 과정의 구글 버전은 다음 책에 요약되어 있다. Jake Knapp, *Sprint: How to Solve Big Problems and Test New Ideas in Just Five Days* (New York: Simon & Schuster, 2016). (제이크 냅,《스프린트》, 김영사 역간)

30. 그래픽을 작성해 준 풀러청소년연구소의 메이시 데이비스에게 감사한다.

31. 전체 150편 중 65편(43퍼센트)이 애통이다.

32. 현대에 와서 애통이 회복되고 있는 현상의 기원은 다음 기사로 거슬러 올라간다. Walter Brueggemann, "The Costly Loss of Lament", *Journal for the Study of the Old Testament* 36 (1986년): 57-71. 근래의 가장 좋은 요약은 다음 자료에 나와 있다. John Witvliet, "What about Liturgical Lament?", 2016년 1월 17일, http://www.academia.edu/20220148/Reflections_on_ Lament_in_Christian_Worship.

33. Walter Brueggemann, *Psalmist's Cry: Scripts for Embracing Lament* (장소 미상: House Studio, 2010).

34. IDEO는 웹사이트를 운영하여 골치 아픈 혁신 문제들의 답을 크라우드소싱 방식으로 모색하는데, 이때 각 질문이 "우리는 어떻게 … 할 수 있을까?"로 표현된다. IDEO가 제기한 "우리는 어떻게 음식물 쓰레기를 퇴치할 수 있을까?"라는 질문은 대규모 크라우드소싱 혁신의 사례 연구가 되기도 했다. 다음 웹사이트를 참조하라. https://www.openideo.com/content/fighting-food-waste-together.

35. Knapp, *Sprint*, 73-80. 구글의 디자인 스프린트 키트를 웹사이트 https://designsprintkit. withgoogle.com/에서 무료로 활용할 수 있다. 다음 자료도 참조하라. IDEO, *Field Guide*, 85.

36. Johnson, *Scripture and Discernment*, 109-19.

37. "스콧의 4대 논술 규칙"을 나는 학생들에게 이렇게 요약해서 가르친다. 모든 문장의 주제는 하나뿐이어야 한다. 모든 문단의 주제도 하나뿐이어야 한다. 모든 논문의 주제도 하나뿐이어야 한다. 논문의 모든 문단은 논문의 주제와 직결되어야 한다.

38. 지도 교수들의 수상작을 읽어 보니 그들은 내가 여태 배운 문법 규칙 중 일부를 어겼다. 예컨대 문장마다 간단명료한 요점을 딱 하나만 남기려고 자주 문장을 "그리고", "그러나", "그래서" 같은 단어로 시작했다. 내가 늘 배운 바로는 그런 접속사로 시작되는 문장은 앞 문장과 결합되어야 했다. 그래도 분명히 그들의 글쓰기에는 웬만한 논문에서 볼 수 없는 탄력이 있었다. 그래서 나도 그들의 습관을 받아들였는데, 그 바람에 많은 교정자의 탄식을 자아냈다.

39. 말콤 글래드웰은 탁월한 사람들의 특징이 "실천력"에 있음을 밝혔고, 앤절라 더크워스도 열정적 끈기를 기른 사람들을 동일한 단어로 표현했다. Malcolm Gladwell, *Outliers* (New York: Little, Brown, 2008). (말콤 글래드웰, 《아웃라이어》, 김영사 역간). Angela Duckworth, *Grit* (New York: Scribner, 2016). (앤절라 더크워스, 《그릿》, 비즈니스북스)

40. 영적 성장을 교인 수로 대체하는 (한심해 보이는) 교회들을 우리도 다 알고 있다.

41. James Collins, *Good to Great and the Social Sectors* (New York: HarperCollins, 2005), 14. (짐 콜린스, 《비영리 분야를 위한 좋은 조직을 넘어 위대한 조직으로》, 김영사 역간)

42. John Goldingay, "John Goldingay on Lament", 2016년 4월 25일, https://www.youtube. com/watch?v=dXyuLxqAw88.

43. "분별 작업은 **개인의 행동**을 칭찬하거나 규탄하기 위한 게 아니라 **공동체의 정체성**을 세우기 위한 것이다." Johnson, *Scripture and Discernment*, 119 (강조 원문).

44. "Brené Brown on Empathy", 2013년 12월 10일, https://www.youtube.com/watch?v=1Evwgu369Jw. 혁신과의 연관성이 다루어져 있다. 다음 책도 참조하라. Tom Kelley & David Kelley, *Creative Confidence* (New York: Crown Business, 2013), 21, 22, 85-89.

45. Kelley & Kelley, *Creative Confidence*, 123.

46. Knapp, *Sprint*, 111-13. 다음 인터넷 지도서를 참조하라. https://designsprintkit.withgoogle.com/methods/sketch/crazy-8s/.

47. Patrick Miller, *They Cried to the Lord: The Form and Theology of Biblical Prayer* (Minneapolis: Fortress, 1994), 57, 337-57. 다음 두 책도 참조하라. Bruce Waltke, James Houston & Ericka Moore, *The Psalms as Christian Lament: A Historical Commentary* (Grand Rapids: Eerdmans, 2014). Glenn Pemberton, *Hurting with God: Learning to Lament with the Psalms* (Abilene, TX: Abilene Christian University Press, 2012).

48. 애통 시에 대한 존 골딩게이의 방대한 저작이 있지만 그의 통찰을 가장 쉽게 접할 수 있는 장은 풀러신학대학원의 풀러스튜디오에서 제작하는 동영상과 팟캐스트다. 다음 두 자료를 참조하라. "John Goldingay Teaches Psalms of Protest", 2016년, https://fullerstudio.fuller.edu/psalms-protest/. "John Goldingay on Lament", 2014년, https://youtube.com/watch?v=dXyuLxqAw88.

49. "John Goldingay on Lament."

50. Soong-Chan Rah, *Prophetic Lament: A Call for Justice in Troubled Times* (Downers Grove, IL: IVP Books, 2015). Rah, "Let the People Lament", 2016년 2월 28일, https://www.youtube.com/watch?v=U6-z-DbVqF4.

51. Leslie C. Allen, *A Liturgy of Grief: A Personal Commentary on Lamentations* (Grand Rapids: Baker Academic, 2011).

52. 다음 책에 나오는 여러 사례를 참조하라. Knapp, *Sprint*, 111-13. 온라인으로도 볼 수 있다. https://designsprintkit.withgoogle.com/methods/sketch/crazy-8s/.

53. 예배가 늘 기쁜 감정이나 심지어 외로운 감정에서 나오는 것은 아님을 잘 안다. 다만 이번 장에서 갈망과 상실의 감정을 다루고 있는 만큼 여기서는 예배드릴 때의 감정을 강조한다.

54. 디자인 기업 IDEO에는 데니스 보일의 이름을 딴 보일의 법칙이 있는데, 그는 "회의에 참석할 때 절대로 시제품 없이 오지 말라"라고 공표했다. Tom Kelley & Jonathan Littman, *The Art of Innovation: Lessons in Creativity from IDEO, America's Leading Design Firm* (New York: Currency/Doubleday, 2001), 106.

55. 이번 문단의 모든 인용문은 자신의 경청에 관한 에리카의 보고서에서 가져왔다.

56. 이 인용문을 비롯한 이번 장의 관련 정보는 두 차례(2018년 8월 13일과 2018년 11월 14일)에 걸친 에리카와의 인터뷰에서 가져왔다.

57. "Brené Brown on Empathy."

58. 포용적 환경에 대해서는 8장에서 살펴볼 것이다.

7. 조직 문화와 혁신

1. 다음 책을 참조하라. Walter Isaacson, *Innovators: How a Group of Hackers, Geniuses, and Geeks Created the Digital Revolution* (New York: Simon & Schuster, 2014), 35.

2. 어느 CEO는 같은 요지를 다른 은유로 이렇게 표현했다. "내가 할 일은 무대 위에서 공연하는 게 아니라 무대를 설치하는 것이다." Linda A. Hill, Greg Brandeau, Emily Truelove & Kent Lineback, *Collective Genius: The Art and Practice of Leading Innovation* (Boston: Harvard Business Review Press, 2014), 3.

3. 실제로 드러커의 말인지 확실하지 않으나 전 포드자동차 CEO(마크 필즈)가 유명한 진술에서 드러커의 말로 인용한 뒤로 세간에 그렇게 받아들여져 왔다. 다음 자료를 참조하라. Bernard Ross, "Culture Eats Strategy for Breakfast", 2020년, https://www.managementcentre.co.uk/culture-eats-strategy-for-breakfast/.

4. Linda Hill, Greg Brandeau, Emily Truelove & Kent Lineback, "Collective Genius", *Harvard Business Review*, 2014년 6월, 4-10, http://www.capss.org/uploaded/2014_Redesign/Leadership_Development/Institutes/images_2015-2016/Deeper_Dive_2015/session_1_handouts/Collective_Genius.pdf.

5. "혁신은 대개 다양한 사람들이 협력하여 아이디어의 광범위한 포트폴리오를 생성할 때 이루어진다. 그때부터 그들은 종종 열띤 토론을 주고받으며 아이디어를 다듬어 아예 새롭게 진화시킨다." Hill 외, "Collective Genius", 5.

6. Hill 외, "Collective Genius", 6.

7. 목적이 어떻게 정체성을 낳는지에 대한 더 자세한 내용은 다음 두 자료를 참조하라. James Collins & Jerry Porras, "Building Your Company's Vision", *Harvard Business Review*, 1996년 9-10월, http://www.fusbp.com/pdf/Building%20Companys%20Vision.pdf. Scott Cormode, *Making Spiritual Sense* (Nashville: Abingdon, 2006), 81-83.

8. Robert Wuthnow, *The Crisis in the Churches* (New York: Oxford University Press, 1997).

9. 물론 우리의 궁극 목적은 하나님을 예배하고 그분의 사람들을 빚어내는 데 있다. 그러나 그 일을 우리는 하나님이 우리에게 돌보도록 맡기신 사람들을 섬김으로써 수행한다. 따라서 이번 장의 취지상 우리의 초점은 사람들에게 있다. 다만 우리가 심고 물을 주는 일은 하나님이 늘 해 오신 일에 동참하는 것에 지나지 않음을 결코 잊어서는 안 된다.

10. 여기서 말하는 가치란 교회에서 신봉하는 가치가 아니라 실제로 사용되는 가치. 크리스 아지

리스가 구별한 "신봉 이론"과 "사용 이론"에 대해서는 다음 자료를 참조하라. Scott Cormode, "Espoused Theory", 1999년, https://www.fuller.edu/next-faithful-step/resources/espoused-theory/.

11. 가치와 정체성의 연관성에 대해서는 다음 책을 참조하라. Cormode, *Making Spiritual Sense*, 77-81.

12. "형태가 불분명한 문제"라는 문구에 대해 한마디 덧붙인다. "학습"이 그토록 중요한 가치인 이유는 어느 기관이든 문제를 해결하려는 동안에는 문제를 제대로 이해할 수 없기 때문이다. 목표를 이해할 수는 있다(즉 맡아 돌봐야 할 사람들에게 경험되는 인간 조건의 영적 의미를 해석할 수는 있다). 혁신을 시도할 때마다 기관은 사람들의 갈망과 상실에 대해 좀 더 배운다. 그러나 처음부터 최종 목표를 다 이해하지는 못한다. 구글이 사용자의 경험을 다 이해하지 못하는 것과 같다.

13. Hill 외, "Collective Genius", 5.

14. Tom Kelley & David Kelley, *Creative Confidence* (New York: Crown Business, 2014).

15. Julian Birkinshaw, Cyril Bouquet & J.-L. Barsoux, "The 5 Myths of Innovation", *MIT Sloan Management Review* 52, no. 2 (2011년 겨울): 43-50, https://sloanreview.mit.edu/article/the-5-myths-of-innovation/. 9장에서 보겠지만 아웃사이더를 영입할 때는 그들을 너무 빨리 조직에 순응시키지 않는 게 중요하다. 종교 기관이 모순된 메시지를 내놓는 사례는 비일비재하다. 기관의 기준에 균열을 일으키도록 일부러 관점이 다른 사람을 채용해 놓고는 정작 그들을 평가할 때는 바로 그 기준에 얼마나 잘 순응하느냐를 따지는 것이다. 예컨대 기독교 비영리 기관에서 백인이 아닌 사람을 채용한 뒤 매사에 그들에게 백인의 관점을 기대하기도 하고, 기독교 대학에서 학제간 관점을 대변하는 교수를 임용한 뒤 평가 기준을 얼마나 다른 모든 사람처럼 생각하느냐에 두기도 한다. 마찬가지로 교회도 때로 "지역 주민을 초대하고" 싶지만, 속으로는 방문자들이 자기네 교회의 오랜 교인처럼 입고 행동하고 생각하기를 바란다.

16. Andrew Hargadon, *How Breakthroughs Happen* (Boston: Harvard Business School Press, 2003), viii, Kathleen Eisenhardt 서문.

17. 신학 교육을 논한 많은 학술서가 1980년대부터 신학 커리큘럼의 "분열"을 개탄해 왔으나 지금도 각 분야(그리고 휘하 과목들)는 다분히 독자적으로 운영되고 있다. 실제로 많은 학교에서 학과의 가치는 얼마나 사일로로 존립할 수 있느냐로 평가되며, 사일로로 운영할 수 없거나 운영하지 않는 학과는 위축된 위상을 하소연한다. 그동안 신학 교육의 통합 성과가 지지부진했던 이유 중 하나는 전통적으로 과소평가되어 온 학과들의 위상을 '학제간' 협력이 위협한다고 보았기 때문이다. 그래서 이 문제가 중요하다. 교수들은 통합을 전통적으로 위상이 높은 학과가 전통적으로 위상이 낮은 학과를 삼키는 은폐된 수단으로 보는 경향이 있었다. 애초에 (커리큘럼 전반에 다양한 목소리를 통합함으로써) 다양성을 존중하려던 노력이 오히려 (위상이 대등하지 못한 학과 간의 협력은 늘 힘센 쪽에 유리하다는 생각 때문에) 다양성을 위협한다고 인식된 것이다.

이런 분열에 대한 논의는 1983년에 다음 책으로 시작되었다. Edward Farley, *Theologia:*

The Fragmentation and Unity of Theological Education (Philadelphia: Fortress). (에드워드 팔리, 《신학 교육의 개혁》, 부흥과개혁사 역간). 다음 두 책도 참조하라. Edward Farley, "Why Seminaries Don't Change: A Reflection on Faculty Specialization", *Christian Century*, 1997년 2월 5-12일, 133-43. David Kelsey & Barbara Wheeler, "New Ground: The Foundations and Future of the Theological Education Debate", 출전: *Theology and the Interhuman: Essays in Honor of Edward Farley*, Robert R. Williams 편집 (Valley Forge, PA: Trinity Press International, 1995), 특히. 186-87. 팔리를 통해 촉발된 이 담론의 역사는 다음 두 책과 특히 후자에 요약되어 있다. Conrad Cherry, *Hurrying toward Zion: Universities, Divinity Schools, and American Protestantism* (Bloomington: Indiana University Press, 1995), 특히 4장. David H. Kelsey, *Between Athens and Berlin: The Theological Education Debate* (Grand Rapids: Eerdmans, 1993).

18. 사일로 현상은 결국 다양한 목소리를 위축시킨다. 이를 가장 잘 예시해 주는 연구 결과를 보스턴 시먼스대학 산하의 기관젠터센터(CGO)에서 함께 일하는 여성들이 내놓았다. 여성의 경험에 대한 그들의 말은 유색인의 경험이나 다수파 정서 속에서 근무하는 이들의 경험에도 다분히 들어맞는다. 그들이 많은 기사와 저서에서 보여 주었듯이 "여성을 존중하기" 위해 여성만의 분리된 공간(즉 사일로)을 만든다는 개념은 오히려 여성을 고립시킨다. 겉보기에는 전체 기관이 평소처럼 일하는 가운데 여성의 권익을 존중하는 것처럼 보인다. 그러나 많은 기관이 (특히 1970년대에) 사일로 공간 전략을 써 보았지만 젠더 평등에 도움이 되지 않았다. 이 학자들의 주장에 따르면 여성을 위해 일터의 불평등을 바로잡는 최선책은 기업 문화를 바꾸는 것이며, 이는 고립이 아닌 교류를 통해서만 가능하다. 통합 과정을 가장 반대한 이들은 오히려 "여성팀"을 이끄는 여성 리더들이었다. 자신들 개인의 권력 상실을 자신들이 대변해야 할 집단의 권력 상실로 착각했기 때문이다.

CGO의 축적된 연구는 다음 웹사이트를 참조하라. http://www.simmons.edu/about-simmons/centers-organizations-and-institutes/cgo. 젠더와 기관에 대한 방대한 문헌의 요약은 CGO 공동 연구자인 하버드의 로빈 일리, 스탠포드의 데브라 마이어슨, 매사추세츠대학교의 마르타 칼라스와 린더 스머칙의 다음 두 개괄 기사를 참조하라. Robin Ely & Debra Meyerson, "Theories of Gender in Organizations", 출전: *Research in Organizational Behavior*, Barry M. Staw & Robert I. Sutton 편집 (Greenwich, CT: JAI Press, 2000), 22:103-51. Marta Calas & Linda Smircich, "From 'The Woman's Point of View': Feminist Approaches to Organization Studies", 출전: *Handbook of Organization Studies*, Stewart Clegg, Cynthia Hardy & Walter R. Nord 편집 (Thousand Oaks, CA: Sage Publications, 1996), 218-57. 인종과 관련해서는 다음 글을 참조하라. Stella Nkomo & Taylor Cox, "Diverse Identities in Organizations", 출전: Clegg 외, *Handbook*, 338-56. 위축시키는 사일로에 의존하지 않고 일터의 문화를 바꾸어 젠더 평등을 북돋는 법에 대한 자원은 다음 두 책을 참조하라. Debra Meyerson, *Tempered Radicals: How Everyday Leaders Inspire Change at Work* (Boston: Harvard Business School Press, 2003). Joyce Fletcher, *Disappearing Acts: Gender, Power, and Relational*

Practice at Work (Cambridge, MA: MIT Press, 2001). 하버드협상프로그램의 데보라 콜브가 쓴 세 권의 책도 참조하라. Deborah Kolb, *Everyday Negotiations: Navigating the Hidden Agendas of Bargaining* (San Francisco: Jossey-Bass, 2003). Kolb, *Her Place at the Table: A Woman's Guide to Managing Five Key Challenges to Leadership Success* (San Francisco: Jossey-Bass, 2010). Kolb, *Negotiating at Work: Turning Small Wins into Big Successes* (San Francisco: Jossey-Bass, 2015).

19. Mark Granovetter, "The Strength of Weak Ties", *American Journal of Sociology* 78, no. 6 (1973년 5월): 1360-80.

20. Eric Schmidt & Jonathan Rosenberg, *How Google Works* (New York: Grand Central Publishing, 2014), 213-14.

21. 아이러니하게도 구글은 나중에 이 정책을 폐기했다. 2015년에 구호를 "옳은 일을 하자"로 고쳤다가 2018년에 "악해지지 말자"라는 정책을 완전히 없앴다. 내가 말하려는 요지는 말을 심으면 교회 문화가 크게 달라질 수 있다는 것이다. 이 경우 구글은 가치에 부응하는 게 불편하게 느껴져 가치를 수정했다. Kate Conger, "Google Removes 'Don't Be Evil' Clause from Its Code of Conduct", *Gizmodo*, 2018년 5월 18일, https://gizmodo.com/google-removes-nearly-all-mentions-of-dont-be-evil-from-1826153393.

22. Schmidt & Rosenberg, *How Google Works*, 64, 65.

23. Schmidt & Rosenberg, *How Google Works*, 234-40. 인용문은 238-40에 나온다.

24. 분명히 혁신은 실험에 기반해서만 산출될 수 있다. 그러므로 실험에 대한 우리의 "사고 모델"이 기독교 기관에 적합한지 점검해야 한다. 고빈다라잔과 트림블은 좋은 실험의 5대 기준을 이렇게 제시했다. 1) 결과가 신속히 나와야 한다. 2) 결과가 모호하지 않아야 한다. 3) 외부 영향을 받지 않게 실험을 분리시킬 수 있어야 한다. 4) 비용이 적게 들어야 한다. 5) 반복 가능한 실험이라야 한다. 유형의 제품을 만들 때는 이 모두가 잘 통한다. 그러나 마이클 코언과 제임스 마치가 이미 1974년에 지적했듯이 교회와 학교처럼 "모호한" 상태로 존재하는 기관도 있다. 이런 기관에서는 위의 5대 기준을 따르는 게 불가능하다. 이유는 1) 수단을 통해 목적을 이루기까지 진행이 느리므로 결과가 신속히 나올 수 없고, 2) 결과가 당연히 모호할 수밖에 없고, 3) 여러 요인이 맞물려 있어 실험을 외부 영향으로부터 떼어 낼 수 없고, 4) 상황이 워낙 복잡해서 어떤 결과도 반복될 수 없기 때문이다. 그래서 우리는 실험을 거론할 때 "과학적 방법"을 따를 수 없다. 다음 두 자료를 참조하라. Vijay Govindarajan & Chris Trimble, "Strategic Innovation and the Science of Learning", *MIT Sloan Management Review* 45, no. 2, (2004년 겨울): 67-75, https://sloanreview.mit.edu/article/strategic-innovation-and-the-science-of-learning/. Michael Cohen & James March, *Leadership and Ambiguity*, 재판 (Boston: Harvard Business School Press, 1986). 모호성이 종교 기관에 미치는 의미에 대해서는 다음 기사를 참조하라. Scott Cormode, "Multi-Layered Leadership: The Christian Leader as Builder, Shepherd, and Gardener", *Journal of Religious Leadership* 1, no. 2 (2002년 가을):

69-104.

25. 실제로 에디슨이 한 말인지는 확실하지 않다. 혁신 관련 서적에 많이 인용되긴 하지만 백열전구를 그가 "발명하지" 않았다는 점에서 출처가 미심쩍은 말이다. 그래도 내가 계속 인용하는 이유는 그 골자가 사실이기 때문이다. 에디슨은 전구를 혁신의 경지로 개량했고, 무수히 많은 시도와 실패를 통해 지금의 칭송받는 혁신적 결과에 도달했다. 에디슨의 과감한 혁신에 대한 자세한 설명은 다음 책을 참조하라(그에게 따라붙는 각종 신화의 정체도 폭로되어 있다). Hargadon, *How Breakthroughs Happen*, 특히 7장.

26. Birkinshaw 외, "5 Myths", 45.

27. Peter Senge, *The Fifth Discipline* (New York: Currency/Doubleday, 1990). 다음 기사에서 센게(Senge)는 "장기적으로 우수한 수행은 우수한 학습에 달려 있다"라고 썼다. "The Leader's New Work: Building Learning Organizations", *MIT Sloan Management Review* 32, no 1 (1990년 가을): 7-23, https://sloanreview.mit.edu/article/the-leaders-new-work-building-learning-organizations/.

28. Govindarajan & Trimble, "Strategic Innovation."

29. 우리가 성공보다 실패에서 더 많이 배운다는 사실은 늦어도 1960년대 칼 와익의 선구적 연구 이후로 조직 행동 분야와 조직 심리학 분야에서 정설이 되었다. 그의 연구에 대한 요약은 다음 책을 참조하라. Karl Weick, *Social Psychology of Organizing*, 재판 (New York: McGraw-Hill, 1979). 다음 개론서도 참조하라. Weick, *Sensemaking in Organizations* (Thousand Oaks, CA: Sage Publications, 1995). 크리스 아지리스가 도널드 A. 숀과 공저한 선구적 책에서 탐색했듯이 실수에서 배우지 않는 리더는 결국 아예 학습하지 못한다. Chris Argyris & Donald A. Schon, *Theory in Practice: Increasing Professional Effectiveness* (San Francisco: Jossey-Bass, 1992).

30. "모호성"은 아주 중요한 경영 용어다. 기술적 정의를 나중에 살펴볼 것이다. 모호성을 논한 선구적 저서는 이것이다. Cohen & March, *Leadership and Ambiguity*.

31. Kelley & Kelley, *Creative Confidence*, 48, 49. 디에고 로드리게스는 자신의 많은 아이디어를 영향력 있는 블로그 *Metacool*(http://metacool.com)에 발표한다. 특히 혁신의 21가지 원리에 대한 그의 2009년 시리즈를 참조하라.

32. Govindarajan & Trimble, "Strategic Innovation."

33. Jules Goddard, Julian Birkinshaw & Tony Eccles, "Uncommon Sense: How to Turn Distinctive Beliefs into Action", *MIT Sloan Management Review* 53, no. 3 (2012년 봄): 33-39, https://sloanreview.mit.edu/article/uncommon-sense-how-to-turn-distinctive-beliefs-into-action/.

34. "사용자에게 집중하는" 구글의 정책에 대해서는 다음 책을 참조하라. Schmidt & Rosenberg, *How Google Works*, 5, 212-16. "사용자 경험"의 과학에 대해서는 다음 책을 참조하라. Jakob

Nielsen, *Designing Web Usability* (Indianapolis: New Riders, 2000). (제이콥 닐슨, 《사용하기 쉬운 웹사이트가 성공한다》, 안그라픽스 역간). 그의 아주 영향력 있는 웹사이트 useit.com도 참조하라(현재는 그의 컨설팅 기업 The Nielsen-Norman Group의 일환으로 http://www.nngroup.com/articles/ 산하에 부속되어 있다).

35. 끈끈한 신앙에 대해서는 다음 두 책을 참조하라. Kara Powell & Chap Clark, *Sticky Faith: Everyday Ideas to Build Lasting Faith in Your Kids* (Grand Rapids: Zondervan, 2011). Kara Powell & Brad Griffin, *The Sticky Faith Launch Kit* (Fuller Youth Institute, 2013). 다음 웹사이트도 참조하라. https://fulleryouthinstitute.org/sticky-faith/what-is-sticky-faith.

36. 특히 기관젠더센터(CGO)의 연구를 참조하라. https://www.simmons.edu/academics/research/cgo/publications.

37. 현명한 그리스도인 리더 맥스 디 프리는 이를 "일시적 불편"이라 칭한다. 그에 따르면 새로운 것이나 혁신을 시도하는 리더는 누구나 일시적 불편을 겪는다. Max De Pree, *Leadership Jazz* (New York: Currency/Doubleday, 1992), 43-44.

38. 그들은 스티브 잡스의 말로 알려진 "진정한 예술가는 일단 작품을 발표한다"라는 말도 인용한다. 구글은 "완벽한 상태로 출시되는 새로운 아이디어는 없으며, 완벽해질 때까지 기다릴 시간도 없다. 제품을 만들었으면 일단 출시해서 반응을 보라. 개선점을 도안하여 실행한 뒤 다시 출시하라"라고 말한다. Schmidt & Rosenberg, *How Google Works*, 234.

39. 다음 책을 참조하라. Atul Gawande, "The Education of a Knife", 출전: *Complications* (New York: Penguin Books, 2002). (아툴 가완디, 《나는 고백한다 현대 의학을》, 동녘사이언스 역간)

40. Ed Catmull, *Creativity, Inc.* (New York: Random House, 2014), 70-76.

41. 감독 피터 닥터가 테리 그로스와의 인터뷰에서 한 말이다. Terry Gross, *Fresh Air*, 2015년 6월 10일, https://www.npr.org/2015/06/10/413273007/its-all-in-your-head-director-pete-docter-gets-emotional-in-inside-out.

42. Catmull, *Creativity, Inc.*, 45-65, 66.

43. "솔직함"이 조직 문화에 미치는 위력에 대한 더 자세한 내용은 다음 명저를 참조하라. Kim Scott, *Radical Candor* (New York: St. Martin's Press, 2017). (킴 스콧, 《실리콘밸리의 팀장들》, 청림출판사 역간)

44. Catmull, *Creativity, Inc.*, 86.

45. 로버트 키건과 리자 라헤이가 지적했듯이 대다수 사람과 대다수 기관이 변화되지 않는 이유는 이런 상충되는 신념을 감당하지 못하기 때문이다. 그들이 예로 든 사람은 살을 빼기로 작정했지만 잘 먹는 데 더 치중한다. 그러면 큰 신념이 작은 신념의 진척을 막는다. 기관에서 갈등을 피하려는 기조가 솔직하게 대화하려는 기조보다 우세하다면 보나마나 솔직함은 요원하다. 다음 두 책을 참조하라. Robert Kegan & Lisa Laskow Lahey, *Immunity to Change* (Boston: Harvard Business Press, 2009) (로버트 케건·리사 라스코우 라헤이, 《변화 면역》, 정혜 역간).

Kegan & Lahey, *How the Way We Talk Can Change the Way We Act* (San Francisco: Jossey-Bass, 2001) (케건, 라헤이, 《성공하는 직장인의 7가지 언어 습관》, 와이즈북 역간).

46. 크리스 아지리스는 모순된 메시지가 어떻게 자신의 반어법 표현인 "혼돈에 빠지는 4단계 지름길"을 낳는지를 보여 준다. Chris Argyris, "Skilled Incompetence."

47. 잘 보면 캣멀은 솔직함을 모든 일에 주문한 게 아니라 이야기의 창작에만 적용했다. 이야기라는 최종 목표가 워낙 중요했기 때문에 기관의 주요 인물들은 가차 없이 "시퀀스마다 감정의 뼈대만 남기고 줄거리를 다 허문 뒤 바닥부터 다시 쌓아올렸다." 그게 가능하려면 전체 창작 팀이 솔직히 말할 수 있어야만 한다. 기독교 기관의 최종 목적은 하나님이 돌보라고 맡기신 사람들이 경험하는 인간 조건의 영적 의미를 해석하는 데 있는 만큼, 거기야말로 우리가 솔직해져야 할 곳이다. Catmull, *Creativity, Inc.*, 56.

48. Catmull, *Creativity, Inc.*, 131.

49. Catmull, *Creativity, Inc.*, 132 (강조 원문).

50. 성공하는 기관의 경영 구조는 비제이 고빈다라잔과 크리스 트림블이 말한 "성과 엔진"이 되어, 가차 없이 능률적으로 목표를 추구하도록 조정되어 있다. 그들이 말한 가차 없는 엔진이 곧 캣멀이 말한 굶주린 야수다. Vijay Govindarajan & Chris Trimble, *Beyond the Idea* (New York: St. Martin's Press, 2013), 7.

51. Catmull, *Creativity, Inc.*, 132.

52. Catmull, *Creativity, Inc.*, 133.

53. 캣멀은 특히 수석 리더에게 솔직히 말하는 사람들을 보호하는 게 중요하다고 보았다. 그러면서 픽사가 디즈니 애니메이션을 합병했을 때의 상황을 예로 들었다. 디즈니에는 상사에게 직언하는 사람이 불이익을 당하는 위계 문화가 있었다. 결국 캣멀과 래시터는 디즈니 직원들을 모아 놓고 "디즈니의 누구도 허락을 기다릴 필요 없이 해법을 제시하면 된다고 강조했다. 문제를 해결할 권한을 주지 않을 거라면 똑똑한 사람들을 왜 채용했겠느냐고 우리는 물었다. 너무 오랫동안 두려움의 문화가 디즈니의 기존 관행을 벗어나려는 이들의 발목을 잡았다." Catmull, *Creativity, Inc.*, 264.

54. 픽사가 이런 특성을 구현하는 것은 놀랄 일이 아니다. 픽사는 힐 연구팀이 《혁신의 설계자》를 집필하고자 연구한 기관 중 하나였다. 실제로 공저자 중 하나(그레그 브랜도)는 픽사의 최고기술경영자 출신이다.

55. 픽사와 및 사고 모델에 대해서는 픽사 영화 〈인사이드 아웃〉에 대한 캣멀의 논의를 참조하라. 그 영화를 논하면서 캣멀은 "우리는 의미를 창출하는 피조물"로서 "사고 모델"을 통해 세상의 의미를 해석한다고 말했다. 또 "인간은 뭔가가 자신의 사고 모델에 도전을 가해 오면 거기에 저항할 뿐 아니라 아예 무시하는 경향이 있다." 그는 "우리의 사고 모델은 실제가 아니다"라고 강조한다. 그러나 일단 "잘못된 사고 모델이 … 머릿속에 들어오면 고치기 힘들다." Catmull, *Creativity, Inc.*, 178-82, 225.

56. Catmull, *Creativity, Inc.*, 86, 87.

57. Catmull, *Creativity, Inc.*, 88, 89.

58. Catmull, *Creativity, Inc.*, 92, 93.

59. Ronald Heifetz, *Leadership without Easy Answers* (Cambridge, MA: Belknap Press of Harvard University Press, 1994). (로널드 A. 하이페츠, 《하버드 케네디스쿨의 리더십 수업》, 더난출판사 역간). Ronald Heifetz & Donald Laurie, "The Work of Leadership," *Harvard Business Review*, 1997년 1-2월, 124-34, http://www.nhcue.edu.tw/~aca/fte/95-2/4.pdf. 이런 포용적 환경을 종교 기관에 적용하는 문제에 대해서는 다음 기사를 참조하라. Cormode, "Multi-Layered Leadership."

60. Hayagreeva Rao, Robert Sutton & Allen P. Webb, "Innovation Lessons from Pixar: An Interview with Oscar-Winning Director Brad Bird", *McKinsey Quarterly*, 2008년 4월, http://www.mckinsey.com/insights/innovation/innovation_lessons_from_pixar_an_interview_with_oscar-winning_director_brad_bird (강조 원문).

61. 브래드 버드가 제시한 사례를 보면 이런 솔직한 직언을 감당하는 게 얼마나 중요한지를 알 수 있다. 그는 성난 사람의 직언을 잠자코 들으면서 상대의 분노를 모욕이 아니라 열정의 표현으로 받아들였고, 이로써 형세를 역전시킬 수 있었다. 탄력의 방향을 뒤집는 작은 승리를 이룬 것이다. 그게 가능했던 이유는 그에게 직언하는 게 누구에게나 허용되다 못해 권장되었기 때문이다. 버드가 〈라따뚜이〉의 감독을 맡았을 때 이 프로젝트는 진행된 지 5년째였으나 적잖은 문제가 있었다. 감독이 되자마자 그는 그때까지 이 영화에 가장 많은 시간을 투자한 사람들을 소집했다. 그 단계까지만 해도 영화 속의 모든 쥐는 두 발로 걷도록 그려져 있었다. 쥐들이 기어 다니면 관객에게 징그러워 보일까 봐 제작진이 우려했기 때문이다. 버드는 그게 현명하지 않아 보여 비용이 많이 들더라도 쥐들을 다시 그리고 싶었다. 그의 말이다.

"쥐들을 다시 네 발로 다니게 해야 합니다. 주인공 쥐인 레미만 기어 다니다 두 발로 설 수 있어야 합니다." 그러자 다들 "윽!" 소리를 냈다. 쥐들의 두 발 보행을 보기 좋게 그리는 데 1년이 걸렸기 때문이다. … 그중 한 남자가 내게 "왜 이러시는지 알고 싶습니다"라고 따졌다. 솔직히 내가 이 영화를 맡은 건 마지못해서였다. 〈인크레더블〉의 차기작으로 바라던 작품은 아니었다. 그래서 이렇게 답하고 싶은 마음도 있었다. "내가 감독이니까요. 그게 이유입니다. 그럼 이 골칫덩이를 **당신이** 맡고 싶으십니까?" 그러나 자제하고 잠시 생각했다. 생각해 보니 이 사람들은 2년째 막다른 골목으로 떠밀렸다. 그러니 그들은 내 행동이 경솔하지 않다는 것과 자신들에게 엄청난 양의 재작업이 맡겨질 경우 그만한 이유가 있다는 것을 알고 싶었던 것이다. 그래서 나는 이렇게 말했다. "이 영화는 인간 세계로 들어가려는 쥐에 대한 영화입니다. 이 등장인물의 선택을 시각화해야 합니다. 모든 쥐가 두 발로 다닌다면 레미와 나머지 쥐들이 구별되지 않겠지요. 그러나 시각적으로 구별된다면 두 발 보행을 선택하는 등장인물의 변신을 관객이 볼 수 있습니다. 자신의 감정 상태에 따라 그가 더 쥐처럼 되었다 덜해졌다 하는 거죠. 그래야 관객이 이 등장인물에게 감정 이입을 할 수 있습니다"라고 말하는 데 6분 걸렸는데 처음에 그 남자는 얼굴을 찡그렸다. 그러나 험악한 표정이 점차 걷히더니 "좋습니다"라고 말했다. 내 대답을 듣고 나서는 모두가 "좋습니다. 방향이 확실하니 우리도 함께 가겠습니다"라는 심정이 되었다. (다음 기사에서 재인용했다. Rao, Sutton & Webb, "Innovation Lessons from Pixar.")

62. Catmull, *Creativity, Inc.*, 101.

63. 솔직함이 워낙 픽사의 철칙이다 보니 그 영향이 실리콘밸리에서 가장 개성이 강하기로 유명한 스티브 잡스에게까지 미쳤다. 그는 자신의 관점을 하도 열정적으로 주장해서 사람들의 표현으로 "현실 왜곡장"을 만든 것으로 알려져 있다. 사람들이 그가 틀렸다고 생각할 때조차도 그가 그들을 자신의 말에 동의하게 만들었다는 뜻이다. 그게 뜻대로 되지 않으면 그는 지위를 이용해서라도 강요하기로 악명을 떨쳤다. 적어도 애플에서는 그런 식으로 운영했다. 픽사도 스티브 잡스 소유였으니 그는 사람들에게 명령하여 이야기를 자기가 원하는 대로 고치게 할 수도 있었다. 그런데 캣멀에 따르면 잡스는 "자신의 직관이 이곳 사람들보다 뛰어나다고 믿지 않았고, 그래서 관여하지 않았다. 솔직함은 픽사에서 그 정도로 중요하다. 위계보다도 상위 개념이다." Catmull, *Creativity, Inc.*, 100. "현실 왜곡장"에 대해서는 다음 책을 참조하라. Walter Isaacson, *Steve Jobs* (New York: Little, Brown, 2011). (월터 아이작슨, 《스티브 잡스》, 민음사 역간)

64. 내가 가르칠 때 제시하는 모든 사례처럼 이것도 가상이므로 누구의 과오도 대중의 눈앞에 드러나지 않는다.

8. 공동체와 혁신

1. Ronald Heifetz, *Leadership without Easy Answers* (Cambridge, MA: Belknap Press of Harvard University Press, 1994), 88-95.

2. Heifetz, *Leadership without Easy Answers*, 91.

3. Heifetz, *Leadership without Easy Answers*, 92.

4. 모기업이 공장을 폐쇄한 데는 환경적 이유 못지않게 광석 가격과 관련된 경제적 이유도 있었다. 하지만 그들도 물론 똑같이 EPA를 비난했고 이런 희생양 작전은 먹혀들었다. 한 직원은 "이게 다 EPA 잘못이다"라고 말했다. Heifetz, *Leadership without Easy Answers*, 94.

5. 카운티 간부 더그 서덜랜드의 말을 다음 책에서 재인용했다. Heifetz, *Leadership without Easy Answers*, 95, 308 주 20.

6. 이 이야기는 목회학 박사과정을 밟던 내 학생 중 하나의 상황에 기초한 것이다. 내가 이야기를 약간 변경했다. 다음 기사를 참조하라. Scott Cormode, "Multi-Layered Leadership: The Christian Leader as Builder, Shepherd, and Gardener", *Journal of Religious Leadership* 1,

no. 2 (2002년 가을): 69-104.

7. Ronald A. Heifetz & Marty Linsky, *Leadership on the Line: Staying Alive through the Dangers of Leading* (Boston: Harvard Business School Press, 2002), 3장 "발코니에 올라가 조망하라." (로널드 A. 하이페츠, 《실행의 리더십》, 위즈덤하우스 역간)

8. Ronald Heifetz & Donald Laurie, "The Work of Leadership", *Harvard Business Review*, 1997년 1-2월, 124-34, http://www.nhcue.edu.tw/~aca/fte/95-2/4.pdf.

9. Heifetz & Linsky, *Leadership on the Line*, 60-69.

10. Heifetz & Laurie, "Work of Leadership", 124.

11. Heifetz & Linsky, *Leadership on the Line*, 11.

12. 물론 이것이 애도에 대한 유일한 관점이거나 최고의 관점은 아니다. 그러나 워낙 잘 알려져 있기 때문에 애도하는 사람들을 이해하는 데 좋은 도구가 된다.

13. 엄격한 의미의 "단계"라 할 수는 없다. 꼭 순서대로 진행되지도 않고 사람에 따라 얼마든지 각 단계를 오갈 수 있기 때문이다.

14. Heifetz, *Leadership without Easy Answers*, 69.

15. 하이페츠는 "포용적 환경"이란 표현을 심리학에서 차용했다. 처음에 D. W. 위니컷이 엄마와 유아의 관계를 이 용어로 묘사했는데, 심리학자들이 그것을 치료자와 내담자의 관계로 확대했다. 정식 정신과의사이기도 한 하이페츠는 그 개념을 기관의 환경에 도입하여 이렇게 요약했다. "발달 학습 과정에서 치료자는 환자를 '안아 준다'(포용한다). 엄마와 아빠가 갓난아이를 안아 주며 양육하는 것과 비슷하다." Heifetz, *Leadership without Easy Answers*, 104. 위니컷이 미친 영향은 다음 책에 다루어져 있다. Heifetz & Linsky, *Leadership on the Line*, 101-3, 238 주 1.

16. Heifetz & Laurie, "Work of Leadership", 128.

17. Heifetz, *Leadership without Easy Answers*, 83.

18. Heifetz & Laurie, "Work of Leadership", 128.

19. Heifetz, *Leadership without Easy Answers*, 91.

20. Heifetz, *Leadership without Easy Answers*, 92.

21. Heifetz, *Leadership without Easy Answers*, 94.

22. 우리 풀러신학대학원 주최로 〈청소년 사역 혁신〉, 〈청년 사역 혁신〉, 〈직업 혁신〉 등 세 가지 혁신 프로젝트가 병행되고 있다. 각 프로젝트마다 해마다 컨퍼런스를 개최하는데, 많은 교회의 리더 팀이 거기에 참석하여 혁신 과정을 배운다. 그동안 세 컨퍼런스를 거쳐 간 교회는 100여 개에 달한다.

23. 앞서 말했듯이 "일시적 불편"은 맥스 디 프리가 누구나 뭔가를 처음 할 때 느끼는 쑥스러움과 어색함을 가리켜 쓴 표현이다. Max De Pree, *Leadership Jazz* (New York: Currency/ Doubleday, 1992), 43.

24. 이번 문단의 내용은 2018년 11월 14일에 진행된 에리카와의 인터뷰에서 가져왔다.

25. 이 인용문은 2018년 8월 13일에 진행된 에리카와의 전화 인터뷰에서 가져왔다.

9. 리더십과 혁신

1. Scott Cormode, "Educating for Agility", *Theology, News, and Notes*, 2014년 봄, 34-35, https://digitalcommons.fuller.edu/tnn/174/ + download.

2. 아우구스티누스를 전공한 유수한 기독교사 학자인 제임스 오도널의 표현이다. 오도널은 1990년 대 초에 교육에 신기술을 활용하는 분야를 주도한 선구자인데, 그때 릴리재단에서 그에게 점차 부상하는 신기술이 신학 교육에 어떤 영향을 미쳐야 하는지에 대한 논문 집필을 의뢰했다. 그 논문은 아직 대다수 신학교에 웹사이트는커녕 이메일도 없던 1996년에 완성되었다. 오도널은 신학 교육의 취약성과 그것을 보완해 줄 신기술의 잠재력에 대해 썼다. 안타깝게도 취약성은 지 금도 여전하다. 릴리재단과 오번신학대학원의 의뢰로 집필된 그 미간행 논문은 다양한 경로로 발표되었고, 오도널이 조지타운대학교로 옮긴 후로는 다음 웹사이트에 둥지를 틀었다. James O'Donnell, "High-Tech Christianity", http://faculty.georgetown.edu/jod/texts/lilly.html (1996년 3월).

3. "페트라"는 가명이다. 이 논문으로 그녀는 전국적 규모의 우리 연구 그룹에서 강연했고, 사본 을 부탁한 내게 원고를 보내 주었다. "An Analysis of the Preparation for Ministry for the Presbyterian Church USA: An Appeal for Flesh and Blood." 강조 원문.

4. 이 역할 갈등은 "중간 관리자의 딜레마"를 보여 주는 전형적 사례다. 이 딜레마의 핵심은 중간 관 리자에게 권한보다 책임이 더 많다는 것이다. "수평적 조직"으로 가는 추세가 어떻게 중간 관리 자의 딜레마를 더 악화시키는가에 대한 흥미로운 논의는 명망 있는 스탠포드 학자 해럴드 J. 레 빗의 다음 기사를 참조하라. Harold J. Leavitt, "The Plight of Middle Managers", *Working Knowledge* 시리즈, Harvard Business School, 2004년 12월 13일, http://hbswk.hbs.edu/archive/4537.html.

5. 풀러신학대학원에는 "사명의 기민성"을 가르치는 과목(IS500 사명 실천)이 개설되어 있다. 대개 풀러의 석사과정 학생이 수강하는 첫 과목이다.

6. 이후의 여러 문단은 두 켈리 형제의 다음 책을 논한 것이다. Tom Kelley & David Kelley, *Creative Confidence* (New York: Crown Business, 2014). 그 책의 내용이 많은 자료에 더 짧게 요약되어 있는데 다음은 그중 세 기사와 강연이다. Kelley & Kelley, "Reclaim Your Creative Confidence," *Harvard Business Review*, 2012년 12월, 1-5. Kelley & Kelley, "Creative Confidence: The Path from Blank Page to Insight", *Rotman Management*, 2014년 겨울, 17-21. David Kelley, "How to Build Your Creative Confidence", TED 강

연, 2012년, http://www.ted.com/talks/david_kelley_how_to_build_your_creative_confidence?language=en.

7. Hilary Austen, "The Educator's Dilemma: Engaging Students in Knowledge Creation", *Rotman Management*, 2013년 가을, 23-27. 이 말을 비롯한 이후의 모든 인용문은 이 기사의 23페이지에서 가져왔다.

8. 일부 기관은 학자들이 말하는 "모호한" 상태로 존재한다. 이 단어에 대한 기술적 정의가 있다. 모호성은 다음 세 가지 조건이 갖추어질 때 발생한다. 1) 목표가 불확실하다. 딱히 규명될 수 없는 목표다. 예컨대 우리의 목표인 영적 성장은 정확히 측정될 수 없다. 2) 수단이 불확실하다. 어떤 수단을 쓰든 목표에 도달한다는 보장이 없다. 3) 이해 당사자가 여럿이다. 목표와 수단이 불확실한 경우에는 목표 자체와 방법의 효율성을 해석해야 하는데, 이때 이해 당사자가 여럿이면 해석자(와 해석)도 여럿이 된다. 이 세 가지 조건이 만나 "모호성"을 낳는다. 학자들이 지적하듯이 교회와 학교 같은 기관은 모호성이 지배한다. 따라서 그리스도인 리더는 이런 혼란한 미지의 세계를 매일 접할 수밖에 없다. 다음 책을 참조하라. Cohen & March, *Leadership and Ambiguity*. 다음 기사도 참조하라. Cormode, "Multi-layered Leadership", 81-84.

9. Mark Maletz & Nitin Nohria, "Managing in White Space", *Harvard Business Review*, 2001년 2월, 102-11.

10. 내가 학습된 본능에 대해 처음 쓴 지 20년도 더 되긴 했지만, 이것은 제임스 K. A. 스미스가 말한 문화 예배와도 상당히 비슷하다. 예컨대 그가 다음 책에 논한 "무심코 먹는 건강식" 부분을 참조하라. James K. A. Smith, *Imagining the Kingdom* (Grand Rapids: Baker Academic, 2013), 10.

11. 다음 책의 "상황을 간파하는 감각" 부분을 참조하라. Smith, *Imagining the Kingdom*, 87.

12. 다음 책의 "성화된 지각" 부분을 참조하라. Smith, *Imagining the Kingdom*, 101, 102, 151-69.

13. 기독교 실천은 이야기가 의식으로 발전한 것이다. 기독교 실천은 뮤지션이 연주 실력을 향상시키려고 연습하는 음계나 운동선수가 기술을 연마하려고 활용하는 훈련과도 같다. "이야기가 의식으로 발전한" 것이라는 개념에 대해서는 다음 책을 참조하라. Smith, *Imagining the Kingdom*, 108-19.

14. 대개 이쯤에서 혁신에 필요한 리더십 기술에 대한 단락을 예상할 만하다. 사실 기민성에 필요한 기술과 혁신에 필요한 기술은 서로 다르다. 그러나 혁신에 필요한 기술이란 곧 과정 없이 혁신하는 데 필요한 기술이다. 반면 이 책의 전체 요지는 과정을 창출하는 것이다. 혁신에 필요한 기술을 미처 학습하지 못한 사람들도 그 과정 덕분에 기독교적 혁신을 실천할 수 있다. 예컨대 "연관 능력"(상이한 분야의 무관해 보이는 질문들을 연결하는 능력)은 혁신가에게 필요한 기술로 간주된다. 경청하는 과정과 혁신된 실천을 숙고하는(또한 필요시 그런 실천을 혁신하기까지 하는) 과정을 거치려면 상이한 정황의 질문들과 관점들을 통합해야만 한다. 이 책에 기술된 과정을 따르려면 리더에게 기민성이 필요할 수밖에 없으며, 기민성은 훨씬 쉽게 학습되는 기술이다. 그것이 이번 단락의 주제다. 혁신에 필요한 기술에 대해 알고 싶은 독자는 다음 기사를 참조

하라. Jeffrey Dyer, Hal Gregersen & Clayton Christensen, "The Innovator's DNA", *Harvard Business Review*, 2009년 12월, 2-8, https://hbr.org/2009/12/the-innovators-dna.

15. Scott Cormode, "Constructing Faithful Action", *Journal of Religious Leadership* 3, no. 1 (2004년 봄): 221-76.

16. 이 말을 비롯한 이후의 모든 인용문은 다음 자료에서 가져왔다. Chris Argyris, "Teaching Smart People How to Learn", 1991년 5-6월, 99-109, https://hbr.org/1991/05/teaching-smart-people-how-to-learn?autocomplete=true.

17. Argyris, "Teaching Smart People."

18. Argyris, "Teaching Smart People."

19. Argyris, "Teaching Smart People."

20. 나이그런은 그런 연구 중 하나를 다음 기사에 기술했다. David J. Nygren, Miriam D. Ukeritis, David C. McClelland & Julia L. Hickman, "Outstanding Leadership in Religious Nonprofit Organizations: Leadership Competencies in Roman Catholic Religious Orders", *Nonprofit Management & Leadership* 4, no. 4 (1994년 여름): 375-91.

21. 나는 데이비드 J. 나이그런이 이 자료를 발표하는 것을 두 번 들었다. 두 번 다 예일 비영리기관 프로그램이 주최한 행사였는데, 우선 1996년에는 워싱턴 DC의 천주교 대학교에서 들었고, 2000년 9월에는 시카고에서 들었다. 이번 단락은 그 두 번의 훌륭한 발표를 필기한 내 공책에서 가져왔다.

22. 나이그런은 최고의 리더들이 약간 강박적일 수 있다는 말도 했다. 그들은 늘 자신이 잘못한 부분을 찾아낸다. 그도 인정했듯이 때로 그것이 극단으로 흘러 어떤 리더는 하나님이 주신 소명을 결코 즐길 줄 모른다.

23. James Collins, *Good to Great: Why Some Companies Make the Leap—and Others Don't* (New York: HarperBusiness, 2001), 35. (짐 콜린스, 《좋은 기업을 넘어 위대한 기업으로》, 김영사 역간)

24. Hugh De Pree, *Business as Unusual* (Zeeland, MI: Herman Miller, 1986).

25. Argyris, "Teaching Smart People."

10. 다음 세대와 혁신

1. 익명성을 보호하기 위해 가명을 썼다.

2. 닐슨 평가 서비스의 2016년 보고서에 따르면 미국 밀레니얼 세대의 97퍼센트는 스마트폰을 가지고 있다. http://www.nielsen.com/us/en/insights/news/2016/millennials-are-top-

smartphone-users.html.

3. Bill Simmons, *The Ringer*, 2017년 9월 29일, https://www.theringer.com/nfl/2017/9/29/16387550/donald-trump-protest-nfl-nba-colin-kaepernick-week-4-nfl-picks.

4. Atul Gawande, "Slow Ideas", *New Yorker*, 2013년 7월 29일, https://www.newyorker.com/magazine/2013/07/29/slow-ideas.

5. Joe Posnanski, "Hamilton", 2016년 12월 31일, http://sportsworld.nbcsports.com/hamilton/.

6. Steven Kerr, "On the Folly of Hoping for A, While Rewarding B", 출전: *The Organizational Behavior Reader*, David A. Kolb, Joyce Osland & Irwin M. Rubin 편집, 제6판, 548-61 (Englewood Cliffs, NJ: Prentice Hall, 1995).

7. Robert Wuthnow, *Sharing the Journey: Support Groups and America's New Quest for Community* (New York: Free Press, 1994). Wuthnow, *"I Come Away Stronger": How Small Groups Are Shaping American Religion* (Grand Rapids: Eerdmans, 1994).

8. 다음 책에 약술된 루터 부분에서 재인용했다. Lee Hardy, *The Fabric of This World* (Grand Rapids: Eerdmans, 1990), 46. (리 하디, 《직업과 소명에 대한 기독교적 관점》, 부흥과개혁사 역간)

9. Kim Scott, *Radical Candor* (New York: St. Martin's Press, 2017), 3-5.

10. Steven Johnson, *Where Good Ideas Come From* (New York: Riverhead Trade Books, 2011).

11. Andrew Hargadon, *How Breakthroughs Happen: The Surprising Truth about How Companies Innovate* (Boston: Harvard Business School Press, 2003), viii, Kathleen Eisenhardt 서문.

12. Chris Turner, "What Are 'Communities of Practice'?", 출전: *The Dance of Change: The Challenges to Sustaining Momentum in a Learning Organization*, Peter M. Senge 외 (New York: Currency/Doubleday, 1999), 477-80. Jean Lave & Etienne Wenger, *Situated Learning: Legitimate Peripheral Participation* (New York: Cambridge University Press, 1991). (《상황 학습》, 강현출판사 역간). 다음 세 책도 참조하라. Etienne Wenger, *Communities of Practice: Learning, Meaning and Identity* (New York: Cambridge University Press, 1998). (《실천 공동체》, 학지사 역간). 요약: https://www.cambridge.org/core/books/communities-of-practice/724C22A03B12D11DFC345EEF0AD3F22A. Thomas Stewart, "The Invisible Keys to Success: Shadowy Groups Called Communities of Practice Are Where Learning and Growth Happen", *Fortune*, 1996년 8월 5일, https://money.cnn.com/magazines/fortune/fortune_archive/1996/08/05/215440/index.htm. Fred Kofman & Peter M. Senge, "Communities of Commitment: The Heart of Learning Organizations", *Organizational Dynamics* 22 (1993년 가을): 5-23, http://leeds-faculty.colorado.edu/larsenk/learnorg/kof_sen.html.